家庭教育心理学

JIATING JIAOYU XINLIXUE

庞海波 ◎编著

暨南大學出版社
JINAN UNIVERSITY PRESS

中国·广州

图书在版编目（CIP）数据

家庭教育心理学/庞海波编著．—广州：暨南大学出版社，2011.6（2023.8 重印）
ISBN 978－7－81135－536－9

Ⅰ.①家…　Ⅱ.①庞…　Ⅲ.①家庭教育—教育心理学　Ⅳ.①G78

中国版本图书馆 CIP 数据核字(2010)第 107480 号

家庭教育心理学
JIATING JIAOYU XINLIXUE
编著者：庞海波

出 版 人：张晋升
责任编辑：张仲玲　张剑锋
责任校对：胡艳晴
责任印制：周一丹　郑玉婷

出版发行：暨南大学出版社（511443）
电　　话：总编室（8620）37332601
营销部（8620）37332680　37332681　37332682　37332683
传　　真：（8620）37332660（办公室）　37332684（营销部）
网　　址：http：//www. jnupress. com
排　　版：广州市新晨文化发展有限公司
印　　刷：湛江日报社印刷厂
开　　本：787mm×1092mm　1/16
印　　张：15.5
字　　数：370 千
版　　次：2011 年 6 月第 1 版
印　　次：2023 年 8 月第 7 次
定　　价：38.00 元

目　录

前　言 …… 1

第一章　绪　论 …… 1
　第一节　什么是家庭 …… 1
　第二节　个人发展和家庭发展的历程 …… 6
　第三节　家庭教育心理学 …… 10

第二章　家庭教育的历史和现状 …… 16
　第一节　家庭教育的历史发展 …… 16
　第二节　家庭教育的现状 …… 20
　第三节　家庭教育的发展趋势 …… 23

第三章　家庭教育心理的理论基础 …… 30
　第一节　儿童心理的发展与行为管理 …… 30
　第二节　对家庭教育有影响的主要理论流派 …… 38
　第三节　亲子关系的训练模式 …… 43

第四章　婴幼儿的家庭教育心理问题 …… 48
　第一节　准父母阶段 …… 48
　第二节　婴幼儿心理发展与行为管理 …… 54
　第三节　婴幼儿阶段儿童的家庭教育问题 …… 62

第五章　学前儿童的家庭教育心理问题 …… 66
　第一节　学前儿童生理的发展 …… 66
　第二节　学前儿童认知能力的发展 …… 75
　第三节　学前儿童的社会性发展 …… 78
　第四节　学前儿童的自我意识发展 …… 79
　第五节　学前期的亲子关系 …… 81

第六章　小学阶段儿童的家庭教育心理问题 …… 84
　第一节　家庭教育与儿童的认知发展和学校适应性 …… 84

第二节　家庭教育方式对儿童社会行为的影响 …… 91
第三节　父母行为与儿童自我概念的发展 …… 95
第四节　小学儿童亲子关系的特征 …… 98

第七章　儿童压力事件的心理调适 …… 103
第一节　现代社会中的儿童可能面临的压力事件 …… 103
第二节　儿童对压力事件的理解和应对方式 …… 109
第三节　儿童处理压力事件的心理技巧 …… 116

第八章　特殊儿童的家庭教育问题 …… 119
第一节　精神发育迟滞儿童的家庭教育问题 …… 119
第二节　学习障碍儿童的家庭教育问题 …… 123
第三节　焦虑儿童与抑郁儿童的家庭教育问题 …… 127

第九章　特殊家庭的教育心理问题 …… 131
第一节　婚姻关系对儿童的影响 …… 131
第二节　单亲家庭的教育心理问题 …… 133
第三节　再婚家庭的教育心理问题 …… 137
第四节　领养家庭的教育心理问题 …… 140
第五节　留守儿童家庭教育心理问题 …… 143
第六节　家庭功能不健全儿童的成长 …… 146

第十章　成为称职父母 …… 153
第一节　父母角色的认同与调适 …… 153
第二节　有效的教养方式及其训练 …… 156
第三节　称职父母的自我教育 …… 160

第十一章　家庭教育与青少年学习动机的形成 …… 166
第一节　学习动机概述 …… 166
第二节　学习动机理论 …… 169
第三节　青少年学习动机的发展特点 …… 177
第四节　家庭教育与青少年学习动机的形成 …… 180

第十二章　家庭教育与青少年道德行为的形成 …… 186
第一节　道德行为的结构 …… 186
第二节　道德发展的心理基础 …… 188
第三节　青少年道德心理的特点 …… 190
第四节　家庭教育与良好道德的形成 …… 193

第十三章　家庭教育与良好心理素质的形成 ………………………………… 205
第一节　良好心理素质的结构 ………………………………………………… 205
第二节　青少年良好心理素质的表现 ………………………………………… 208
第三节　家庭教育与良好心理素质的形成 …………………………………… 223

拓展阅读 ……………………………………………………………………… 235

前言

家庭教育的重要性正在越来越多地为人们所认识，那么，如何才能让家庭教育在人的发展、社会的发展中发挥其积极的作用呢？在我国，以往主要靠妇联、学术团体、家庭教育机构、家长学校等单位来推广和普及家庭教育的科学知识和方法，这是我们了解家庭教育并将其应用于生活的重要途径。此外，我认为，对家庭教育的认识亦须依靠心理科学的指导，其中，学习家庭教育心理学便是一个重要的途径。

做合格的父母需要学习家庭教育心理学。苏联有一门特别的中学课程，就是在初三和高三阶段，为不继续升学的学生专门开设如何做优秀父母的课程，因为那些不能继续升学的学生在走人社会之后，在 3 ~5 年内就会面临结婚和养育子女的问题，对他们来说，这门课程开得正是时候。在美国的明尼苏达大学，家庭教育指导者向那些想提高父母教育能力的学生提供家庭教育心理学课程。这门课程的开设，具有长期而深远的意义。

学习家庭教育心理学课程，会对未来的父母担任角色产生积极的影响，主要表现在以下方面：通过学习家庭教育心理学这门课程，能使未来的父母们较早意识到家庭教育的重要性，进而在平时有意识地观察家庭教育心理案例和积累家庭教育心理学的知识；家庭教育心理学是一门通识性课程，能使新一代父母通过学习后更易于接受家庭教育心理学课程的知识和家庭教育方法的培训；通过学习家庭教育心理学，可以帮助家长结合自己所受的家庭教育经历，审视个人成长和家庭教育之间的关系，从而更深入地了解自身和理解父母，妥善调节自己和父母之间的关系，形成良性亲子互动。

教师如果学习家庭教育心理学课程，会高度重视家庭、学校与社会的教育协作。我国目前处于社会转型期，社会变迁给传统婚姻家庭观念带来了冲击，离婚率上升，单亲家庭增多；城市流动儿童、农村留守儿童增多，这都给学校教育和家庭教育带来了新的挑战。这就要求学校和家庭通力合作，整合双方的教育资源，利用各种教育机会共同引导青少年和儿童健康成长。所有这些对教师提出了新的要求，教师要懂得家庭教育心理学的知识，要具有同家长沟通的能力和技巧。

学习型社会的建构需要学习家庭教育心理学。学习已成为 21 世纪的生存方式，人的素养的全面提升是社会发展的必然要求。教育已经进入终身化、大众化的时代，家庭成员共享学习快乐、分享学习时光是现代家庭生活方式转型的重要内容。家庭教育心理学为人们更好地认识家庭中个人的成长、家庭中儿童的身心发展以及科学的家庭教育方法提供了高度的理论指导。

本书是在本人长期思考和探索基础上建立的家庭教育心理学本体知识框架上完成的，

每一章节都凝聚了本人与合作者的共同智慧与辛勤劳动。各章的具体作者是：第一章：庞海波、黄湛菁；第二章：庞海波、徐童 ；第三章：庞海波、赵丽 ；第四章：庞海波、张超连；第五章：庞海波、何以坚；第六章：庞海波、黄华容；第七章：庞海波、潘建美；第八章：庞海波、李智珠 ；第九章：庞海波、刘务如；第十章：庞海波、罗燕珊；第十一章：庞海波、谢金妹 ；第十二章：庞海波、梁杨健；第十三章：庞海波、邱慧芳。

本书引证了大量国内外家庭教育心理学方面研究者的宝贵学术成果和资料，没有他们出色的研究工作，本书是不可能完成的。在此，请允许我向各位原作者表示敬意和谢忱，同时也为未能直接一一表示谢意而致歉。在资料引用或有关研究与理论观念的转述中如有不当或差错，责任完全由本人承担，恳请原作者知会本人予以订正。

在撰写过程中参阅了许多国内外文献，暨南大学管理学院博士生导师刘耀中教授、湛江师范学院特聘教授李方等同志也为本书提出过大量具有建设性的建议和修改意见，在此一并表示衷心的感谢！

暨南大学出版社的张仲玲编辑在本书的计划落实和成稿过程中，付出了很多艰苦的劳动和耐心，对于张女士的兢兢业业和对本书的悉心支持，在此表示由衷的感谢。

由于本人水平有限，书中错误、缺点在所难免，恳请各位专家和广大读者指正。

作者

2011 年 4 月 30 日于广东湛江

第一章 绪论

家庭，对于每个人来说，并不是一个陌生的词语。不管社会如何发展，家庭仍然是人们生活的重心所在。但是人们似乎对家庭没有一个系统的了解，因此，本章主要从各方面阐释家庭的概念，探讨个人成长与家庭的关系，以及介绍家庭心理学的基本知识。

第一节 什么是家庭

随着社会的发展，人们的生活节奏越来越快，每天都为生活奔波、为事业拼搏，每天忙忙碌碌，奔走在家庭与工作之间。“早出晚归”似乎成了大家约定俗成的制度，大家待在家里的时间越来越少，甚至有的人不惜以放弃家庭来成就事业，家庭与事业能否兼顾越来越受到大家的关注。在现代社会中，家庭到底扮演着怎样的角色？只是为人们提供吃住的场所吗？

一、家庭的起源及其演变

家庭不是从来就有的，很久很久以前，当我们的祖先还过着狩猎和采集的生活时，家庭的模式就形成了——一对男女共同承担保护和养育子女直至成年的责任①。许多动物也是群居的，但我们很少看到它们组成家庭。

人类学家认为，直立行走的能力是人类家庭单元形成过程中重要的进化阶段。因为双手从“爬”解放到“运用物体”以后，先人们就可以更容易地进行分工了，特别在抚养孩子方面。男人们一般去狩猎，而为了防止狩猎失败时没有可以供给的食物，女人们就负责采集水果、蔬菜等，于是，男女分担不同责任的家庭模式初步形成。这种模式保证了男人和女人之间相对平衡的关系，同时也最大限度地避免了在缺乏猎物时可能出现的饥荒。(Lancaster & Whitten，1980)② 但由于社会的发展与进步，现代男女在家庭中负责的工作已趋于相同。

这种家庭关系扩展开来就包括了与其他成员的关系，如祖父母、叔婶、堂兄弟姊妹。而这种家庭网络结构对于早期的人类与其他部落和种族的竞争起到了有力的保护作用，那

---

① 方建移，何伟强．家庭教育与儿童社会性发展．杭州：浙江教育出版社，2005

② 同上。

些长者可以帮助他人的子女和其他晚辈选择伴侣，并抚养他们的子女，这样就可以保证他们能够更好地繁衍后代。这种方式影响至今，现在有很多家庭，父母为自己适龄的儿女准备婚事，并承担了照顾孙辈的工作。

19 世纪 60 年代以前，人类很少对自己的婚姻、家庭的起源与发展问题进行研究，还没有人对婚姻、家庭的历史发展进程进行科学的研究。直至 1861 年瑞士法学家巴霍芬（J. J. Bachofen）①出版了《母权论》一书，提出了人类最初是没有家庭的，当出现了毫无限制的性关系后，人类才开始广泛开展对这一问题的探讨与研究。从此，人类学、民族学、社会学开始重点关注和研究关于婚姻、家庭的起源与发展的问题。

二、家庭的内涵

案例一：

有一个富翁，他为了金钱可以出卖朋友，甚至亲人。他曾自豪地说："我最不缺的就是钱！"可是他快乐的时间并不长，在朋友、亲人一个个离他而去时，他突然感到孤独。一天，他醉倒在他的别墅外面，保安扶起他说："我扶你回家吧。"富翁却反问："家？我的家在哪里？"保安感到困惑，指了指不远处的那个豪华别墅，说："那里不就是你的家吗？"富翁拍了拍自己的心窝，又指了指那间别墅说："那里不是我的家，是我的房子而已。"

案例二：

在日本侵华战争时期，中国人民处于水深火热之中，房屋被摧毁，亲人被屠杀，有一个大家庭原来有几十口人，最后只剩下一个老祖父和一个小孙子了，这个老祖父年事已高，病入膏肓，一只脚已踏进棺材就等着另一只脚也踏进棺材了。他觉得再活下去没什么意思了。但当他得知小孙子还在人间，便决心要找到他的孙子，否则他死不瞑目。为了找到孙子，他历尽千辛万苦，辗转数万里，找遍了大半个中国，最后一刻，他终于找到了他的孙子，他激动地和孙子紧紧拥抱在一起，说了一句意味深长的话："到家了！"

在这两则小故事中，我们可以感受到家的意义，其实故事一中那个"富翁"很穷，他穷得只剩下了冷冰冰的金钱。而故事二中的老祖父不缺金钱，在他的心中，他需要爱他的亲人，需要一份真感情，两个相互牵挂的人就是家！家在这里上升为一种信仰、一种支撑老人活下去的精神力量。其实，家，不是一张张百元大钞，不是一栋栋豪华别墅，不是一台台高级的等离子电视……它是不能用物质去衡量的，它承载着我们精神上的需求。

每个人对家都不陌生，它是让每个人都有满足感和归属感的地方。里耶也曾说过："家庭不但是身体的住所，也是心灵的寄托处。"有的人说，家就是我们的避风港，累了，我们可以躲在里面；有的人说，家是我们展翅的地方，给了我们成长和记忆……但也有人也认为家是束缚人的牢笼。其实，和睦、争吵、快乐……都是构成"家"的碎片，而这些碎片，是由我们每个人自己去一片一片地堆起来的，充满着我们的记忆和心血。

---

① 杨剑波．从血缘家庭到一夫一妻制家庭——人类婚姻家庭的变迁．今日民族，2007（7）

那么，家，到底是怎样的呢？

1999年4月，日本文部省颁布了《家庭教育手册》，内容通俗易懂，却极有深度和针对性。这里分篇介绍它的主要内容：

第一篇：孩子最大的愿望是家里人都能愉快地过日子，孩子的期望是理所当然的，作为父母必须认真面对这样的现实。并不是你提供给孩子必要的东西，孩子就能自然地成长。安宁、愉快的家庭环境需要全家人有意识地共同努力。为了孩子，也为了自己，需要对家庭进行一次再认识。

第二篇：养育孩子并不是母亲一个人的事，即使父亲和母亲的教育方针基本一致，父亲和母亲也可以站在不同的角度教育孩子，这能纠正过于密切的母子关系。父亲应自然地参与养育孩子的过程，其中，与母亲的积极配合尤其重要。母亲应注意在孩子面前不要贬低父亲，父亲也不应该在孩子面前大声斥责母亲。

第三篇：不会珍惜自己的人也不会珍惜孩子，养育孩子很辛苦，你需要保持健康的心理，因为你的烦躁不安会传染给孩子。你需要拥有自己的时间和空间，调整自己的身心。父母应相互配合，共同承担养育孩子的责任。如遇烦恼，别一个人闷在心里。鼓起勇气去家庭教育咨询中心、保健中心，和专家谈谈。因为，你脸上幸福的笑容会使孩子感受到幸福。

第四篇：在现代社会夫妻之间、父母与孩子之间都需要交流，如果什么都不说，要相互理解是很难的。夫妻之间、父母与孩子之间的对话和交流是建立幸福家庭的基础。

第五篇：全家人一起吃饭是一件很重要的事，饮食生活不仅对儿童身体的健康，而且对儿童心理的发展都有深远的影响。全家人一起吃饭的愉悦、父母费心做出的饭菜等，都会自然地将父母的爱传达给孩子。由此得到的满足感、信赖感能使孩子开朗、坚强地成长。

第六篇：父母积极向上的生活态度，孩子一定会领会到，虽然由于工作的原因，父母与孩子相处的时间可能不多。但疼爱孩子、为更美好的未来努力奋斗的父母形象，一定会深深地铭记在孩子心中。无论何时，父母都要充满信心地养育孩子，表现出积极向上的生活态度。

家庭并不是一个简单的加法算式，如“家庭=爸爸+妈妈+孩子+……”一样，而是一个复杂的方程式，需要许多纽带去联结成一个复杂的家庭网络。家庭，不是一个人的事情，而是需要每个家庭成员共同努力去维持的。它是由婚姻、血缘或收养关系所组成的社会组织的基本单位。家庭有广义和狭义之分，狭义是指一夫一妻制构成组合；广义则泛指人类进化的不同阶段上的各种家庭利益集团，即家族。家庭以社会为舞台，以社会环境为背景，如果把社会看做一个巨大的有机结合的整体，那么，家庭则是组成有机体的细胞。

家庭是社会上所有社会群体中最普遍的团体，每个人都与家庭存在着直接或间接的联系，即使是孤儿或者“单身者”，也是从家庭中产生，从家庭中派生出来的。家庭可以说是一种社会群体，但是和其他社会群体不同，它不是社会中的人们任意的结合，不是出于单纯的政治、经济、学术研究或文化娱乐目的的结合，而是婚姻关系、血缘关系的结合。[①]

---

① 赵忠心．家庭教育学．北京：人民教育出版社，1994

三、家庭的功能

家庭是小社会，社会是大家庭。社会发展中的一切现象在家庭生活中或多或少地有所反映。例如，在金融海啸的影响下，大多数家庭都会减少消费开支；在楼价不断高升的情况下，有些家庭放弃了买房的念头。而家庭具有一些亘古不变的功能，具体表现在以下四个方面：

（一）家庭的早期学习功能

孩子在呱呱坠地以后，最先接触的是生育自己的母亲，其次就是家庭了。可以说，孩子最初的学习源泉，就是母亲和家庭。学习一般是指在某种刺激的作用下，即特定条件或变数，采取适合于学习目标的行动和态度从而取得的相对持久的改变。① 也就是说，家庭就是孩子出生后学习新事物的最初场所。

在我国，由于现在有许多家庭属于双职工家庭型，因此，把不满周岁的幼儿寄托在托儿所的家庭逐渐增多。从某种意义上讲，负责照料幼儿的保育员起着极其重要的作用，因此，让保育员与幼儿的母亲保持密切的联系是积极有效的做法。有人曾做过比较，不足周岁的幼儿早晨被送到托儿所保育员手上的表情，与傍晚孩子被送回母亲怀里的表情迥然不同：孩子会笑容满面地扑向妈妈的怀抱，但是送到保育员手上时却完全不同。实际上，孩子在托儿所的时间和与母亲交往的时间是差不多的。这样看来，似乎不光是接触时间量的问题，母亲的行为和态度可能是关键。② 其实不仅是受到母亲的刺激作用，其他的家庭成员也对孩子产生刺激作用。一些托儿所保育员表示，想跟孩子的母亲一样抚育幼儿，但由于其存在着局限性，所以很难实现。而现在有许多家庭都设有婴儿房间或儿童房间，如果家庭成员之间相互交往的场所减少了，就等于儿童学习的场所相对地减少了，这对于孩子的初期学习是不利的。③ 由此可见，家庭对孩子的学习产生非常重要的影响。

（二）家庭的根据地功能④

纵观历史长河，家庭生活是人类生活的一个重要内容。但在家庭发展史的这个时间纵轴上，我们可以了解到，每个时间段家庭生活的内容并不是完全相同的。在远古时代，家族成员都是住在同一个地方的，早晨他们一起出去狩猎，到傍晚，他们就会回到居住的洞穴。而从中世纪到近代，虽然人类的生活方式产生了变化，但是，家庭还是人们生活的主要场所。那么，现在家庭又变成什么样了呢？当然，家庭仍然是人们生活的基础，但是，似乎已经不是人们的主要活动场所了。由于社会经济、政治的变化，人们形成了“早出晚归”的习惯。人们早晨就离开了家，学生去学校，工作的人去上班，晚上回家，这样日复一日地生活着。因此，现在大多数家庭成员的情况是“白天不在、晚上回家”型。但是，

---

① 方建移，何伟强．家庭教育与儿童社会性发展．杭州：浙江教育出版社，2005

② 同上。

③ 同上。

④ 同上。

不管是远古，还是今天，家庭都发挥着根据地的作用。

（三）家庭的紧张缓和功能[①]

在一天紧张的学习和工作后，我们需要休息和放松，为自己充电，从而使自己更容易投入第二天的工作，而家庭无疑是舒适、宽松的场所。现代社会中家庭的功能之一，就是缓和紧张。现代家庭的生活节奏越来越快，这本身是好的，但是，从另一个角度来看，很容易使家庭充满紧张气氛，如果忽视了家庭能够缓和紧张的作用，则很容易造成孩子问题行为的发生。

兰尼曾说过："一个美满的家庭，犹如沙漠中的甘泉，涌出宁谧和安慰，使人洗心涤虑，怡情悦性。"其实，从某种程度来说，这句话形容的是家庭缓和紧张气氛的功能。就如一条绳子，在长时间的紧绷下，总会有断了的一天，其实人也一样。随着生活节奏越来越快，竞争越来越激烈，很多家长都认识到，要不断地为孩子充电，以使他们更好地适应社会。这个苦心，是任何人都不会质疑的。但是家长要懂得把握一个度，如果"过度"，只会适得其反。很多时候，我们把孩子逼得很紧，特别是有的家长，把孩子所有的空余时间都安排在补习班里度过，以至于有的学生宁愿在学校住宿也不想回家，甚至会做出叛逆的事情，这无疑是让他感觉不到"家"缓解紧张的作用了。很多时候，家长总是抱怨孩子不理解自己的苦心，但是家长有真正地花心思去了解孩子吗？其实，我们可以换位思考一下，当我们在工作岗位辛苦了一天回到家，又有人督促你做这做那，你会感觉怎样呢？如果你能理解了，那么你应该能理解"家"的紧张缓解功能的重要性了。

（四）家庭的教育功能

一般来说，在孩子的成长过程中，随时随地都在向家庭成员学习经验、思想和行为模式，并获得各方面非正规的培养教育，因此，家庭教育是家庭内在的、固有的功能之一。[②]家庭不仅要为社会提供"生物人"，更重要的是为社会提供"社会人"。所以，家庭是实现由"生物人"向"社会人"过渡的第一个场所，也是向新生一代实施终身教育的地方。[③]这个重要功能的存在也决定了家庭并不仅仅是为孩子提供维持生存、健康发展所必需的物质生活资料，为了孩子能够适应社会生活，家庭还必须为之提供良好的精神环境，传授社会生活经验、道德规范以及社会生产的知识、技能，使之掌握独立生活和进行劳动的本领。[④]

当前，我国《宪法》及新《婚姻法》都明确规定："父母有抚养和教育未成年子女的权利和义务。""父母有管教和保护未成年子女的权利和义务。"指出教育子女是每个有子女的公民所必须认真履行的义务，不允许任何人借故推却，解释了家庭的教育功能与家庭的不可剥离性。在此，也体现了家庭教育的重要性。长期以来，家庭的教育功能处于自发状态，随着社会的发展，它日益呈现出自觉加强的趋势。这一方面说明了教育的进步，人

---

① 方建移，何伟强．家庭教育与儿童社会性发展．杭州：浙江教育出版社，2005

② 叶立群．家庭教育学．福州：福建教育出版社，1995

③ 同上。

④ 同上。

类以自我完善为目的的建构已经渗入每个家庭；另一方面也说明了家庭的进步，从维持生存的需要产生了发展的需要，这是家庭功能演变中的巨大变化。①

第二节　个人发展和家庭发展的历程

家庭不仅仅给予孩子物质支持，更多是给予其精神方面的支持。而家庭的发展与个人的发展是相辅相成的，家庭的发展对于个人的发展具有极其重要的作用。然而，在家庭发展过程中，就对于个人的发展而言，家庭教育比家庭环境的影响大得多。其实，这种情况在我们的生活中似乎随处可见。有人曾做过调查，大多数成绩优秀的学生生于知识分子家庭，而大多数成绩差的学生生于农民家庭，主要的原因是知识分子家庭比农民家庭更懂得运用家庭教育这一功能。

一、家庭教育的产生与发展

我们前面提过，从我们的家庭生活可以看到社会的变化发展，从横向看，如金融海啸、楼价高涨等，在我们的日常家庭生活中都有所体现；从纵向看，社会制度也可以影响我们的家庭生活。

（一）原始社会家庭教育

原始社会是人类从动物界分离出来的一种社会形态，生产力水平很低，都是通过狩猎、采集或简单的种植来提供食物，人们只能维持最低限度的生活。② 在生产力低下的原始社会，人们过着群居生活，他们以共同生产、共同分配的共产制作为经济基础，同时也伴随着自然、朴素的原始群婚制度。也由于这种群婚制，形成了适应共产制的经济、生产、生活各个方面的社会基层组织——家庭经济公社和氏族公社，没有个人经济出现，自然也没有个体家庭产生，也可以说，在原始社会，家庭即社会，社会即家庭。③ 这决定了当时的人们以氏族为单位进行活动。社会成员是属于氏族公社大家庭公有的，儿童要由公社实行公养公育。氏族公社就成为人的终身学校。全氏族的长辈就是全体子女共同的教师，而全氏族的子女也是长辈们共同的学生。社会性和终身性就是这种教育最大的特点。④

原始社会氏族公社大家庭教育儿童的内容和方法都很简单，主要是一些赖以生存的技能。原始社会初期，儿童在跟随年长一代进行生产劳动的过程中，学习渔猎、农耕、采集野果等方面的经验和技术，接受勇敢、团结、互助和社会习惯等方面的教育。⑤ 例如原始

---

① 叶立群．家庭教育学．福州：福建教育出版社，1995
② 同上。
③ 同上。
④ 同上。
⑤ 同上。

人通过生产劳动学会了人工取火的方法，即“燧人氏钻木取火”，农耕是“神农氏教民稼穑”，甚至“有巢氏教民构木为巢”、“嫘祖发明养蚕、教民组织”，等等。而这里的“教民”是指家庭教育的内容和方法，说明了原始社会教育的主要目的是为原始形态的生产服务。① 原始社会后期，因为部落之间的冲突，产生了军事教育，以向年青一代传授有关战争的经验和技术。这种大家庭的教育，推动了社会的发展和进步。

（二）奴隶社会家庭教育

社会生产力的发展与体制的改变相伴随，奴隶社会的生产力较原始社会有很大的进步，私有制代替了原始社会的公有制。由于生产力的进步，人们不再需要以氏族这种大团体为单位进行活动，而是划分出较小的单位，因此，一夫一妻制的家庭出现了。但是这一时期的家庭教育却打上了剥削与被剥削的烙印。

奴隶主的家庭是奴隶社会结构的基本经济基础，家庭具备组织畜牧、农业、加工作坊等经济生产和组织家庭成员消费的经济功能。② 奴隶主是家长，是整个奴隶主家庭的“主事人”，掌管生产、消费生活的一切权利。奴隶主的家庭中，有众多的妻妾子女，还有作为终身附属品的奴隶。家中设有保、傅（即家庭教师）教育子女，形成贵族专有的家庭教育。家庭教育主要是让子女学会奴隶社会的生活方式和社会秩序，区别贵贱尊卑等，目的是培养可以镇压奴隶的统治人才。③“龙生龙，凤生凤”，这一时期基本上可以说是出生决定了一切。在夏、商、周时期，有所谓“礼、乐、射、御、书、数”的六艺教育，即传授奴隶主阶级的政治思想、体育训练、生产生活基本知识、识字教育、数学教育等，家庭教育为奴隶主阶级的政治、经济、思想、文化服务，具有十分明确的目的。④ 而处于下层阶级的奴隶并没有脱离教育，他们接受奴隶主的教育，为了熟练地劳动和战斗以维护奴隶主的利益，最终还是被迫为奴隶主阶级服务，而奴隶的子女也没有人身自由，只能继续做奴隶。这一时期的家庭教育，我们可以看到的是一种带有剥削性和残酷性的教育。

（三）封建社会的家庭教育

随着封建社会的出现，奴隶社会瓦解。封建社会是以封建统治阶级为代表的封建家族社会，地主占有大量的土地和其他的生产资料，残酷地剥削和压迫无土地的农民，事实上，封建社会的出现，就是一个剥削阶级代替了另一个剥削阶级。这一时期的家庭教育受到重视，目的是为了巩固封建统治阶级的统治地位，因此，家庭教育被认为是强权政治的工具。⑤ 在封建社会里，一荣俱荣，一损俱损，一个人的命运决定着全家人的命运，因此，有“株连九族”等影响家庭的酷刑。

《大学》中“修身齐家治国平天下”的格言，“齐家”放在“治国”之前，把“修身”、“齐家”作为“治国”、“平天下”的根本，而家庭教育则是“齐家”的重要内容。

---

① 叶立群．家庭教育学．福州：福建教育出版社，1995

② 同上。

③ 同上。

④ 同上。

⑤ 同上。

从汉代起，开始重视孝廉羞耻，而孝廉首先表现在对父母的孝，是家庭的产物。封建统治阶级通过家庭教育来向孩子们灌输“纲常伦理”、“男尊女卑”、“宗法观念”等思想，目的是传宗接代、光宗耀祖，但最终目的还是维持封建统治阶级的统治。

汉代，家庭识字教育的内容就结合了生产、生活。在唐代，教育内容有数学、算学、律学等，打破了经学独霸的局面。宋明时期，“蒙馆”、“家塾”发达，还编订了许多辅助家庭教育的教材，如《三字经》、《千家文》等。到半殖民地半封建社会，由于帝国主义的入侵，在“中学为体，西学为用”思想的影响下，设立了许多学堂，有助于辅助中下层家庭教育，而其教育内容不再只是八股文，其内容丰富，有近代的色彩。

（四）社会主义的家庭教育

社会主义社会的出现，宣告了残酷、剥削、不平等时代的终结。我国是社会主义国亲，所有别方面是以公有制为主，生产资料的大部分为全民和集体所有。虽然社会制度全面革新，但家庭仍然是独立的消费单元①，子女仍需要家庭教育。在学前，子女是以家庭教育为主；在踏入学校后，学校和家庭就共同分担教育子女的任务；入子女离校踏入社会并不意味着子女脱离家庭了，子女还要与父母联系，接受父母的帮助等，从我们出生的那一刻开始，家庭伴随我们一生。

社会主义的家庭教育不是为了某个阶级而存在的。社会主义的家庭教育是综合教育，从德、智、体、美、劳五个方面全面培养有理想、有道德、有文化、有纪律的四有新人，并且在社会主义社会中，子女不仅是父母的，也是国家的，子女不仅为了个人或者家庭的幸福而努力，也为成为中国特色社会主义建设者而努力。在社会主义社会中，家庭教育的作用更加明显，受到国家的重视。

二、以史为鉴，认清家庭教育举足轻重的作用

我们回顾了家庭与个人的发展历程后，可以感受到在历史长河中家庭与个人的发展是密切相关、相辅相成的，是不可分割的。个人和家庭的发展也影响了整个社会的发展，因此，家庭和个人的发展具有举足轻重的作用。而这个道理，古人很早就认识到了，并且在家庭教育领域留下了千古佳话。

古人云：“少成若天性，习惯如自然。”也就是说，一个人小的时候形成的习惯或性格，就像是先天形成一样，会作用于终生。也就是说，孩子小时候接受的家庭教育会影响其终生。而作为孩子成长的背景，家庭的发展，则非常重要。中国古代一些有见地的父母非常重视家庭环境对孩子的影响。例如，我们的“亚圣”——孟子，其成就和他母亲注重对其的教育有密切的关系。据说，起初孟子的家在农村的一片墓地旁，孟子小的时候就学着玩哭丧、埋人之类的游戏。孟母觉得这样对孟子的成长有害，于是迁居到了集镇。结果孟子在那里学做买卖，由于受到当时“重农轻商”思想的影响，孟母不满意于孟子学商，于是又迁到一个学堂的旁边，在这里孟子受到了良好教育，孟母终于满意并定居下来。

---

① 叶立群．家庭教育学．福州：福建教育出版社，1995

中国历来对孩子的教育是非常重视的。《易经·蒙卦》说："蒙以养正，圣功也。"即对无知的童子及时施教，使之不失其正，是圣人之功。从"圣人"这个词我们可以看到，古人对孩子的教育已经发展到圣人的高度了。西汉贾谊说："心未滥而先谕教，则化易成也。"是说在孩子的思想还没有散漫时要抓紧教育，这样可以使教育目的更容易达到，得到很好的效果。

北齐思想家颜之推为了表现早期家庭教育的重要性而专门作了深刻的论述。他主张，家庭教育抓得越早越好，甚至主张从十月怀胎开始。他认为，"古者，圣王有胎教之法：怀子三月，出居别宫，目不斜视，耳不妄听，音乐滋味，以礼节之"①。他告诉了我们古代圣王胎教的方法：怀孕三个月的孕妇要迁居别宫，要让耳目清静，用优美的音乐陶冶情操，这对胎儿有良好的影响。他说："生子孩提，师保固明孝仁礼义，导习之矣。凡庶纵不能尔，当及婴稚，识人颜色，知人喜怒，便加教诲，使为则为，使止则止。比及数岁，可省笞罚。"② 就是说，孩子刚生下来就设少师、少保去教导和训练孝仁礼义。一般老百姓即使不能受古代圣王那样的胎教和超早期教育，也应当尽一切可能进行早期教育。在儿童时期，当他们能够感知成年人的喜怒哀乐，能与成年人交流情感时就要开始教育，教给他们什么是能做的、什么是不能做的，做到令行禁止。③ 这样坚持数年，儿童就会越来越懂事，免得长大了养成坏习惯再用体罚去纠正。

从古人的家庭教育思想中，我们可以体会到，古人很重视孩子的早期教育，甚至从胎教开始。其实，孩子在成长过程中，有一个成长关键期，在这个关键期，孩子的学习能力很强（约6岁前），如果错过了这个时期，则会影响孩子的一生。

据说，在古代某国，有一个时期皇位争夺战很激烈。一个乱臣夺得了皇位，并把前朝的遗孤、仅3岁的王子关在地下室，每天有人会送食物给小王子，但是禁止与小王子有任何语言上的交流，并且小王子在地下室听不到任何的声音。而到小王子18岁从地下室出来时，他不会说话，只会发出单调的怪叫声，并且智力仍停留在3岁的时候。

1920年，印度人在狼窝发现了狼孩卡马拉，她在狼群中生活了8年，刚发现时，在她身上毫无儿童的特征，没有语言能力，不能直立行走，更不会与人交流，她的动作行为跟狼很像。不仅是行为方式与狼相似，而且生活作息也与狼很相像。她白天潜伏，夜晚出来活动，还像狼一样长嚎，平时只吃生肉，而且不是用手拿着吃，要扔在地上她才吃。她被发现后，被带回人类社会生活，她花了两年的时间学会站立，6年学会像人一样行走，4年才学会6个单词，7年才学会45个单词。一直到1929年她临死时，年龄约17岁，她的智力水平连一个3岁左右的娃娃都比不上。

上述两个例子中的孩子，虽然有人类的身体，即具有"人的遗传素质"，但是没人给予他们良好的训练和教育。他们在成长的关键期，是在非人类环境中度过的，错过了这个关键期，即使后来他们回到人类社会，也无法适应人类的生活。因此，孩子的早期教育是非常重要的，而其中要数家庭教育责任最重要了，因为家庭是孩子接触这个世界的第一场

① 王利器．颜氏家训集解．上海：上海古籍出版社，1980

② 同上。

③ 同上。

所，孩子通过这个场所去认知世界、感受世界。

第三节　家庭教育心理学

做懂心理学的父母，才能培养卓越不凡的孩子。每个家长对于教育似乎都有独特的见解，讲起来头头是道，但是为什么教育孩子时，却往往得不到好的效果呢？主要是其教育方法不科学。教育家巴哈特说："一个父母胜过一百个校长。"家庭教育是一门心理科学，更是一门心理艺术。父母只有掌握这门科学，并把这门艺术很好地运用在对孩子的教育中，才能真正把孩子培养成人，塑造成才，推向成功。

一、什么是家庭教育心理学

很多家长常常会有这样的疑问：家庭教育心理学是什么？它包含哪些内容？其实，答案很简单。家庭教育心理学是一门阐述孩子心灵、研究孩子行为的科学，它贯穿于孩子教育的方方面面[①]。而心理学并没有离我们很远，可以说它无处不在地影响着我们的生活。下面的一则小故事可能会给我们一些启示：

6岁的小女孩红红看到她的同学华华有一件很漂亮的裙子，红红很喜欢，于是吵着要妈妈买一件。妈妈问红红原因，红红说："穿上这条漂亮的裙子，我就可以变成漂亮的小公主，这样大家才会喜欢我。"

"我的傻女儿，不管你穿什么样的衣服，你都是爸爸妈妈疼爱的小公主。"想了想，妈妈接着说："你知道吗，爷爷、奶奶，还有叔叔、幼儿园的阿姨都喜欢你，并不是因为你穿了漂亮的裙子，而是因为你乖巧、讲礼貌、喜欢帮助别人，你懂吗？"红红有点疑惑，但还是重重地点了点头。

孩子在小的时候经常会吵着要买这买那，有的父母是孩子要什么就买什么，有的父母则会骂道："买来干什么，浪费钱！""小小年纪就乱花钱，长大怎么办？"……不管是前者还是后者，这些话对孩子都有不好的影响。现实中的父母很少会像故事里的妈妈一样，试着问孩子"为什么要买"。虽然只有6岁的孩子也许并没有完全体会到妈妈所讲的道理，但没有关系，再遇到类似的情况，她的父母肯定还会对她进行类似的教育，随着年龄的增长，她自然会明白这些道理。

事实上，家长在不知不觉中运用着心理学的知识，与孩子进行着或深入或浅显的心理交流。例如，很小的孩子就会从爸爸的神情和语气上判断他心情很差，正在生气，于是他就乖乖地听话，不敢闹别扭，而等到他发现爸爸的心情很好的时候，就趁机撒娇；父母也

① 云晓．爸爸妈妈不可不知的家庭教育心理学．北京：朝华出版社，2009

可以从孩子的动作行为或表情来判断孩子是否在说谎，或是否又有什么新的想法或举动……从这里看，无论孩子还是家长，我们每一个人都是业余的心理学家。

但遗憾的是，在现实生活中，有越来越多的家长发出了这样的感叹：孩子的思想和行为，为什么总与我的想法有那么大的不同呢？于是，在我们的身边不时响起父母们各种各样的困惑与不解的声音：

“孩子为什么就不能好好地学习？”

“为什么人家的孩子就那么乖，我家孩子就那么顽劣？”

“他的行为我简直无法理解，他的脑袋到底装了什么？”

“我说向东，他偏会向西，他为什么就不听话呢？”

……

“孩子是一本书，从童年到少年、从少年到青年，父母都在一页页往后翻，但要真正读懂却十分不容易。”这句话似乎道出了父母的心声，为什么父母读起孩子这本“书”感觉很吃力呢？

研究表明，其原因是这样的：大部分父母在“品读”孩子时，都是从孩子的“行为”入手的，而非“心灵”。

父母更关注孩子的行为，就会出现这样的情形：孩子具有好行为，父母就高兴、就顺意，孩子一旦表现出坏行为，父母很少会静下来与孩子沟通交流，而是一味地愤怒，甚至有些父母拥有“孩子是打出来的”的错误观念，并用棍子表现父母的愤怒，他们教育孩子的常用语言是“你犯了什么错”、“你该如何如何”……这也正是很多父母对孩子的管教感到吃力的共同原因。

父母更关注孩子的心灵，情况就有很大的不同了。关注孩子心灵的父母，事实上就是与孩子进行了沟通与交流，这其实就是心灵的交流。通过这种心灵的交流，父母可以去理解孩子行为背后的心理隐情，去关注孩子隐藏起来不轻易表露的内在情感，他们教育孩子的常用语言是“你有什么想法”、“你有怎样的需要”……这也正是和谐亲子关系诞生的根源所在①。

心理学家指出，人的心理支配人的行为。作为父母，要教育孩子、改变孩子的行为习惯，就要从改变孩子的“心”开始。如果能够做到了解孩子的心理并因势利导，就可以收到意想不到的教育效果。

父母们应该走进孩子的内心世界，尊重孩子的心理成长规律，按照孩子最易接受、受益最大的方式去教育孩子、引导孩子。

那父母在家庭教育中应该怎样有效地运用心理规律②呢？

（一）应了解孩子的成长历程及心理发展历程

对于任何的工具，我们首先要对其有一定的了解，才能更好地进行利用。同样，“心理规律”就好比家庭教育的工具。从幼儿期、少年期到青年时期，在成长的各个年龄阶

---

① 云晓．爸爸妈妈不可不知的家庭教育心理学．北京：朝华出版社，2009

② 同上。

段，孩子都在经历着不同的生理成长历程与心理成长历程。与此同时，父母的教育方向也必须随之不断转换，以适应孩子的成长需要。例如：

在孩子心理发展历程方面，父母对幼儿期的孩子要给予更多爱抚和拥抱，对少儿期的孩子给予更多鼓励，对青春期的孩子要学会适当地示弱和让权。

在孩子能力发展历程方面，父母对幼儿期的孩子要着重“听”、“说”、“看”能力的培养，对学龄前的孩子要着重培养其语言表达能力和想象力，对上小学的孩子要着重培养其交往能力、自理能力等。

在孩子的智力发展历程方面，父母应运用多种方法不断地开发孩子的右脑，等等。

（二）父母应灵活运用多种心理学规律，科学地进行教育

总体来说，孩子的内心世界是丰富而复杂的，他们同大人一样有自己的生活轨迹，有自己的行为方式，有自己的思维模式。虽然他们不谙世事，但他们的内心世界又往往比成年人丰富、脆弱，即使微小如尘的事物，都可能引发他们心理上的波动。

作为父母，在呵护孩子身体的同时，更应该了解孩子的内心。而掌握一些最常见的心理学规律，恰恰是父母走入孩子内心世界，帮孩子走出困惑、排除烦恼，把他们培养成才的最佳捷径。“工欲善其事，必先利其器”，这些心理规律就是家长了解和塑造孩子最有力的心理武器。

（三）家长不知道的心理规律

家庭教育实际上是一门“动心”的艺术，如果不能把工作做到孩子的心坎上，教育的效果往往会苍白无力。

因此，在教育孩子的过程中，父母应努力探索一些“心理规律”的积极或消极影响，有效地利用心理规律，从而科学地引导孩子走上良性发展的道路。

心理规律一：南风效应

南风效应也称“温暖”效应，源于法国作家拉·封丹写过的一则寓言：

北风和南风比威力，看谁能让行人把身上的大衣脱掉。北风首先来一个寒风凛冽、冷冷刺骨，结果行人为了抵御北风的侵袭，便把大衣裹得紧紧的。南风则徐徐吹动，顿时风和日丽，行人觉得春风暖暖，始而解开纽扣，继而脱掉大衣，南风获得了胜利。

故事中南风之所以能获得胜利，就是因为它顺应了人的内在需要。这种因启发自我反省从而满足自我需要而产生的心理反应，就是“南风效应”。

通过南风效应我们可以了解到，父母在家庭教育中采用“棍棒”、“恐吓”、“体罚”之类的教育方法，其实就是不可取的“北风”式教育。而实行温情教育，多点“人情味”式的表扬，使孩子自觉地积极向上，才能达到事半功倍的效果。

心理规律二：超限效应

美国著名作家马克·吐温有一次在教堂听牧师演讲。最初，他觉得牧师讲得很好，使人感动，准备捐款。过了10分钟，牧师还没有讲完，他有些不耐烦了，决定只捐一些零

钱。又过了10分钟，牧师还没有讲完，于是他决定1分钱也不捐。等到牧师终于结束了冗长的演讲开始募捐时，马克·吐温由于气愤，不仅未捐钱，还从盘子里偷了2元钱。

这种刺激过多、过强和作用时间过久而引起极不耐烦或反抗的心理现象，被称为“超限效应”。

超限效应在家庭教育中时常发生。例如，当孩子犯错时，父母会反复对一件事作同样的批评，使孩子从内疚不安到不耐烦乃至反感讨厌。被“逼急”了，就会出现“我偏要这样”的反抗心理和行为。

可见，父母对孩子的批评不能超过限度，应对孩子“犯一次错，只批评一次”。如果非要再次批评，那也不应简单地重复，要换个角度、换种说法。这样，孩子才不会觉得同样的错误被“揪住不放”，厌烦心理、逆反心理也会随之减弱。

心理规律三：德西效应

心理学家德西曾讲述了这样一个寓言：

有一群孩子在一位老人家门前嬉闹，叫声连天。几天过去，老人难以忍受。于是，他出来给了每个孩子10美分，对他们说：“你们让这儿变得很热闹，我觉得自己年轻了不少，这点钱表示谢意。”孩子们很高兴，第二天仍然来了，一如既往地嬉闹。老人再出来，给了每个孩子5美分。5美分也还可以吧，孩子仍然兴高采烈地走了。第三天，老人只给了每个孩子2美分，孩子们勃然大怒：“一天才2美分，知不知道我们多辛苦！”他们向老人发誓，他们再也不会为他玩了！

在这个寓言中，老人的方法很简单，他将孩子们的内部动机“为自己快乐而玩”变成了外部动机“为得到美分而玩”，而他操纵着美分这个外部因素，所以也操纵了孩子们的行为。

德西效应在生活中时有显现。比如，父母经常会对孩子说“如果你这次考得100分，就给你买最新款的手机”、“如果你能考进前3名，就奖励200块钱”，等等。家长们也许没有想到，正是这种不当的奖励机制，使孩子的学习兴趣一点点地消减了，甚至改变了父母的教育初衷，会给孩子的一生带来不良的影响。

在学习方面，家长应引导孩子树立远大的理想，增进孩子对学习的情感和兴趣，增加孩子对学习本身的动机，帮助孩子收获学习的乐趣。家长的奖励可以是对学习有帮助的一些东西，如书本、学习器具，而一些与学习无关的奖励，则最好不要。

心理规律四：罗森塔尔效应

美国著名的心理学家罗森塔尔曾做过这样一个试验：

他将一群小白鼠随机地分成两组：A组和B组，并且告诉A组的饲养员这一组的老鼠非常聪明；同时又告诉B组的饲养员他这一组的老鼠智力一般。几个月后，教授对这两组的老鼠进行穿越迷宫的测试，发现A组的老鼠竟然真的比B组的老鼠聪明，它们能够先走出迷宫并找到食物。

于是罗森塔尔教授得到了启发，他想这种效应能不能也发生在人的身上呢？他来到了一所普通中学，在一个班里随便地走了一趟，然后就在学生名单上圈了几个名字，告诉他们的老师，这几个学生智商很高，很聪明。过了一段时间，教授又来到这所中学，奇迹又发生了，那几个被他选出的学生现在真的成了班上的佼佼者。

为什么会出现这种现象呢？正是“暗示”这一神奇的魔力在发挥作用。每个人在生活中都会接受这样或那样的心理暗示，这些暗示有的是积极的，有的是消极的。父母是孩子最爱、最信任和最依赖的人，同时也是施加心理暗示的人。如果父母施加的是长期的消极和不良的心理暗示，就会使孩子的情绪受到影响，严重的甚至会影响其心理健康。相反，如果父母对孩子寄予厚望、积极肯定，通过期待的眼神、赞许的笑容、激励的语言来滋润孩子的心田，使孩子更加自尊、自爱、自信、自强，那么，父母的期望有多高，孩子未来的成果就会有多大!

心理规律五：木桶效应

木桶效应的意思是：一只沿口不齐的木桶，它盛水的多少，不在于木桶上那块最长的木板，而在于木桶上最短的那块木板。

一个孩子的学科综合成绩好比一个大木桶，每一门学科成绩都是组成这个大木桶的不可缺少的一块木板。孩子良好学习成绩的稳定形成不能靠某几门学科成绩的突出，而是应该取决于它的整体状况，特别是取决于它的某些薄弱环节。因此，当发现孩子的某些科目存在不足时，父母应及时提醒孩子，让其在这门学科上多花费一些时间。

心理规律六：登门槛效应

日常生活中常有这样一种现象：在你请求别人帮助时，如果一开始就提出很高的要求，很容易遭到拒绝；而如果你先提出较小要求，别人同意后再增加要求的分量，则更容易达到目标，这种现象被心理学家称为“登门槛效应”。

在家庭教育中，我们也可以运用登门槛效应。先对孩子提出较低的要求，待他们按照要求做了，予以肯定、表扬乃至奖励，然后逐渐提高要求，从而使孩子乐于无休止地积极奋发向上，这些要求要符合孩子的年龄段。例如，一个孩子的数学成绩很差，总是不及格，家长要求孩子下次考100分是不可能的，开始可以仅要求孩子考及格，下次就65分，再下次70分……这样一步步进行。

心理规律七：增减效应

人际交往中的“增减效应”是指任何人都希望对方对自己的喜欢能“不断增加”而不是“不断减少”。比如，许多售货员就是抓住了人们的这种心理，在称货给顾客时总是先抓一小堆放在称盘里，然后再一点点地添入，而不是先抓一大堆放在称盘里再一点点地拿出。

我们在评价孩子的时候难免将他的缺点和优点都要诉说一番，并常常采用“先褒后贬”的方法。其实，这是一种很不理想的评价方法。在评价孩子的时候，我们不妨运用“增减效应”，比如先说孩子一些无伤尊严的小毛病，然后再恰如其分地给予赞扬……

心理规律八：贴标签效应

在第二次世界大战期间，美国兵力不足，而战争又的确需要一批军人，于是，美国政府就决定组织关在监狱里的犯人上前线战斗。为此，美国政府特派了几个心理学专家对犯人进行战前的训练和动员，并随他们一起到前线作战。

训练期间，心理学专家们对他们并不过多地进行说教，而特别强调犯人们每周给自己最亲爱的人写一封信。信的内容由心理学家统一拟定，叙述的是犯人在狱中表现得如何好、如何改过自新等。专家们要求犯人们认真抄写后寄给自己最亲爱的人。三个月后，犯人们开赴前线，专家们要犯人在给亲人的信中写自己是如何地服从指挥、如何地勇敢等。结果，这批犯人在战场上的表现比起正规军来毫不逊色，他们在战斗中正如他们信中所说的那样服从指挥、勇敢拼搏。后来，心理学家就把这一现象称为“贴标签效应”，心理学上也叫暗示效应。

这一心理规律在家庭教育中有着极其重要的作用。例如，如果我们老是对着孩子吼“笨蛋”、“你是猪吗”、“怎么这么笨”、“连这么简单的题目都不会做”等，时间长了，孩子可能就会真的成为我们所说的“笨蛋”。

所以，父母必须戒除嘲笑羞辱、责怪抱怨、威胁恐吓等语言，多用激励性语言，对孩子多贴正面的标签。

心理规律九：蝴蝶效应

据研究，南半球一只蝴蝶偶尔扇动翅膀所带起来的微弱气流，由于其他各种因素的参与，几星期后，竟会变成席卷美国得克萨斯州的一场龙卷风！科学家把这种现象称为“蝴蝶效应”，并作出了理论表述：一个极微小的起因，经过一定的时间及其他因素的参与作用，可以产生极为巨大和复杂的影响力。

蝴蝶效应告诉我们，教育孩子无小事。一句话的表述、一件事的处理，正确和恰当的，可能激励孩子一生；错误和武断的，则可能贻误孩子一生。

心理规律十：霍桑效应

美国芝加哥郊外的霍桑工厂是一个制造电话交换机的工厂，有较完善的娱乐设施、医疗制度和养老金制度等，但工人们仍然愤愤不平，生产状况很不理想。后来，心理学专家专门对其进行了一项试验，即用两年时间，专家找工人个别谈话两万余人次，规定在谈话过程中，要耐心倾听工人对厂方的各种意见和不满。这一谈话试验收到了意想不到的结果：霍桑工厂的产值大幅度提高。

孩子在学习、成长的过程中难免有困惑或不满，但又不能充分地表达出来。作为父母，要尽量挤出时间与孩子谈心，并且在谈的过程中，要耐心地引导孩子尽情倾诉，说出自己生活、学习中的困惑，说出自己对家长、学校、教师、同学等的不满。如果孩子总是处于压抑不得发泄的状态，对孩子的成长有消极的影响，甚至会产生严重的心理问题。

孩子在“说”过之后，会有一种发泄式的满足，他们会感到轻松、舒畅。如此，他们在学习中就会更加努力，在生活中就会更加自信！

第二章　家庭教育的历史和现状

随着改革开放步伐的加快，我国的家庭教育事业也得到了迅速发展，但同时也暴露了不少问题，追根溯源，这和我国长期以来的家庭教育思想和方式有很大的关系。本章将向大家介绍家庭教育的历史和现状。

第一节　家庭教育的历史发展

家庭教育作为家庭的基本职能之一，是随着家庭的产生发展而产生发展的。家庭是人类发展到一定历史阶段的产物。随着社会发展变化，家庭的形态、结构和性质在不断发展变化，家庭教育也在不断发展变化。

一、古代社会的家庭教育

人类家庭之发展，经历了血缘家庭、普那路耶家庭（伙婚家庭）、对偶家庭和一夫一妻制家庭几种形式。严格意义上的家庭教育，是随着严格意义上的家庭——一夫一妻制个体家庭的产生而产生的。古代社会的家庭教育，有以下三个主要特点：

（一）等级关系特别显著

阶级不同，等级不同，家庭教育的形式、目标和内容也不同。有以社会性、终身性为特征的原始社会的教育，以传宗接代为目的的封建社会家庭教育，以培养合格的国家建设者为目标的社会主义家庭教育。在古代和近代，宗法等级分明，各阶层的家庭教育都各有其侧重点。贵族阶层的子女能充分享受教育资源，而平民阶层的子女，只能在自己家里，结合日常生活、劳动向父母及其他年长者学习他们所从事的职业的知识、技能。至于一些佣人，他们夜以继日地从事繁重的劳动，顾不上子女，当然谈不上什么家庭教育。

（二）重视道德教育

古人认为，作为一个有修养的人，品行是最为重要的。

许慎云："育也，养子始作善也。"[①] 李清照的父亲说："气节和学问乃是人世间至贵

---

① 李向前，曾莺，杨佼佼．中国家庭教育批判．北京：中国时代经经济出版社，2005

之物。”清代郑板桥在家信中说：“读书中举做官，此是小事，第一要明理，做个好人。”

中国很多思想家都提出修身齐家的思想，由此可见，古人是多么重视家庭教育，许多思想家、教育家强调家庭教育要从教道德着手，使孩子学会做人。而做人的标准可归纳为：在家孝父母，为国要忠诚，求学要勤奋，生活要节俭，待人要诚实，等等。

历史上有不少生动的案例：战国触龙劝说赵太后教子爱国，质出齐国，使齐出兵帮赵打退秦兵；宋代抗金英雄岳飞之母教子铭记报国，在其背上刻下“精忠报国”四个字。

（三）注重早期教育

中国古代社会特别重视早期教育。周文王之母胎教的传说流传至今，孟母三迁、断织劝学和曾子杀猪教子等故事更是脍炙人口。

历代思想家对这个问题有过深入的思考，试图从多个角度来验证这个结论。[①] 例如，孔子说：“少成若天性，习惯如自然。”朱庆澜还说，小孩如白丝，要经过在家6年、上学和走入社会三道“染缸”。关键是第一道染缸若踩上“红底子”，以后又受良好教育，便会“大红”、“朱红”，即或受到不良影响也不会很快变化；反之，若踩上“黑底子”，则变成“黑青”。这种比喻无疑是正确的。颜之推在《颜氏家训》中也指出：“人生小若，精神专利，长成已后，思虑散逸，固须早教，勿失机也。”

知识拓展[②]

教育，素有公学与私学之分。私学大体可分为书院和家教两类，但两者中间很难划一条界线，除此之外，还有私塾和家学，我们可称之为古代家教。历史上，家学、私塾这种教学形式对于人类文明演进、文化普及、科学进步和社会发展，有着不可低估的作用。

私塾只有一位塾师，采用的是个别教学，教材和学习年限不定，主要教育内容是识字、书写、阅读、习作。私塾先生习称“西席”，古人席次以局东面西为尊，西席是对授业之师的敬称。家教加上私塾，就其形和质而论，类似于现代家教，仅名称有别而已。

子承父业式的家学，儒家教育系统中不胜枚举，北宋“三苏”即为一个例子。

家庭教育在古代社会所占的地位绝不亚于现当代社会，可以大胆地说，在当时，整个社会的进步，都有赖于家庭教育的发展，让我们看几个耳熟能详的例子：

南朝宋齐间推算圆周率达小数点以后八位数的祖冲之，把儿子祖暅调教为成就卓越的数学家，父子合作推导出计算球体积的准确公式。

徐寿、徐建寅父子两代相继成为科学家，同样在很大程度上要归因于家庭教育。

由上可看出，在科学技术的传播方面，家庭教育发挥了很大的作用，甚至可以说是主要传播途径。

倘若把视野再放宽些，家学和私塾之外，其他人们所熟知的、影响深远的教学案例，也可以作为古代的家庭教育，如明末徐光启向西方传教士利玛窦等人学习数学、历法、天文、水利之类的科学知识，谁能说那不是家庭教育？

---

① 李向前，曾莺，杨佼佼．中国家庭教育批判．北京：中国时代经济出版社，2005

② 同上。

二、现代社会的家庭教育

随着社会生产向现代化发展，科学、技术与生产日益一体化，教育的发展进入现代化的新时期。随着全国改革开放力度的逐年增大，教育制度也发生着深刻的变化，表现之一是从小学到大学的各个民办学校及传统的私学的迅速恢复和发展。家庭教育开始出现以下特点：

（一）适应时代要求

随着社会的快速发展，对人才的素质要求越来越高，只有具备很强的竞争力才能在这个社会站稳脚跟，所以家长不惜一切栽培孩子，且以牺牲孩子幸福的童年生活为代价。日本有些学者经过调查，尖锐地指出，“家长很容易被大众传播的假象所迷惑。因为他们既不是考试升大学的当事人，又很少获得有关这方面的正确信息”，家庭教育的发展方向有些倾斜，甚至讲得严重些，有些变态，我们过分地看重智育，而忽视了德育。

（二）相互合作

现如今，教育成为每个国家非常关注的问题，它关系着一个国家未来的发展，家庭教育与学校教育的相互配合，成为大家关注的焦点问题。家长尽一切可能去配合学校教育，学校教育方案的实施也需要家长的配合，许多通过学校教育不能达到的目标，都需要家庭教育去弥补。

第44届国际教育大会颁布的《综合行动纲领》中倡导：“就学校和家庭之间的协作而言，应该采取措施以鼓励家长参与学校的各项活动。”

中国教育部门也多次在有关文件中要求“教育部门和学校要积极主动地指导家庭教育。中小学要吸收善于教育子女的家长参与学校的教育工作”。

但在家庭教育与学校教育相配合的过程中，也出现了许多偏差，造成了一系列不良的影响。

曾经有日本研究者指出，学校代替家庭承担照管未成年人的职能，并因此而使学校固有的教育职能的实现出现真空；而家庭或许是作为学校职能弱化的补偿，或许迫于学历社会的压力，却出现“家庭学校化”的迹象，“家庭教育放弃本来的职能而成了学校教育的承包机构，儿童因而受到挫伤，形成变态，被剥夺了多样的发展的可能性”。

（三）以科学理论为指导

由于我国的家庭教育源远流长，现在的家长，不可避免地会受到古代先贤的影响，具体表现为教育思想过于狭隘，教育方式过于老套，成效不大。想提高我国的教育水平，必须从提高这些家长的教育思想和教育方法着手，只有整体提高他们的教育素质，才能进行下一步的改革。为此，我国国务院下达的《中国儿童发展规划纲要（2001—2010年）》，明确地把“建立多元化的家长学校办学体制，增加各类家长学校的数量”、“提高儿童家长教育知识知晓率”，作为21世纪初我国儿童生存、保护和发展的一个主要目标。全国各地因地制宜，采取多种形式，通过多种渠道，广泛深入地宣传和普及家庭优生、优育、优教的基本知识；有关学术机构和学术团体开展家庭教育的理论研究，为改善儿童成长的家庭、社会环境提供理论支持。

（四）公共事业

中共中央、国务院于1993年印发的《中国教育改革和发展纲要》明确要求：“全社会都要关心和保护青少年的健康成长，形成社会教育、家庭教育同学校教育密切结合的局面。家长应当对社会负责，对后代负责，讲究教育方法，培养子女具有良好的品德和行为习惯。”家庭教育被纳入社会主义建设的一部分，成为全社会关注的焦点问题，这无疑为家庭教育的更好发展起到了推波助澜的作用。我们对家庭教育的未来发展充满着期待与热情，希望通过家庭教育强有力的发展，带动我们国家的整个教育事业的发展。

三、当今家庭教育的新课题

当今，中国社会正处于农业社会向工业社会转型、传统工业化社会向信息化社会转型、计划经济向全面市场经济转型的重要时期。社会经济持续发展，城市化进程加速，人口结构、家庭结构、婚姻形态、婚姻关系都发生着前所未有的变化，既为提升家庭教育水平提供了一些有利条件，也给家庭教育带来许多负面影响。

如今的家庭教育也出现了一些令人担心的问题。

现在的家教中心遍地开花，绘画班、书法班、舞蹈班、器乐班（又分好多种）、英语班、电脑班，等等。从家长的出发点来看，我们并没有什么好批判的，望子成龙、望女成凤，这是天经地义的事情，但是家长不惜一切的做法，我们确实不敢苟同。报班要以孩子的兴趣为根本出发点，同时，作为家长也要考虑所要报的班的质量。据调查，现在许多兴趣班都开出了天价，如上一堂钢琴课学费竟高达几百元。

当然，还有一种叫辅导班的，对象主要是即将面临中、高考的广大中学生，这类辅导班的热度绝不低于兴趣班。盲目地报班，可能会对孩子的发展起到阻碍的作用。

社会变迁和家庭变化，使家庭教育原来存在的矛盾更为尖锐，同时又面临层出不穷的新课题。如：

①婴幼儿的家庭教育心理问题；

②学前儿童的家庭教育心理问题；

③小学阶段儿童的家庭教育心理问题；

④青春期儿童家庭教育心理问题；

⑤儿童压力事件的心理调适问题；

⑥特殊儿童的家庭教育问题；

⑦特殊家庭的教育心理问题；

⑧家庭、学校和社会的教育协作问题；

⑨如何成为称职父母的问题。

第二节　家庭教育的现状

一、学习型家庭受到推崇

根据社会发展对人才的需要，不少家庭成功地将孩子培养成才，这种成功的家庭教育案例吸引了不少尚在家庭教育这条道路上摸索前进的家长们，越来越多的家长开始努力把自己的家庭打造成学习型家庭。

学习型家庭[①]是一种新的家庭形态。作为一种新的家庭形态，不论是双亲、单亲或是其他特殊形式的家庭，也不分富裕或贫困家庭，以学习动机高低和学习能力的强弱组合为标准，划分成四种家庭形态：无学习动机和无学习能力的非学习型家庭，低学习动机和有学习能力的学习型家庭，高学习动机和低学习能力的学习型家庭，高学习动机和高学习能力的学习型家庭。学习型家庭是和前两种家庭形态相并列的一种家庭形态，只是层次、阶段有高低。

学习型家庭是一种以家庭为单位的新的学习组织形式，具有持续不断的学习、亲密合作的关系、彼此联系的网络、集体共享的观念、创新发展的精神、系统思考的方法。

其成功经验是[②]：①父母应带头学习。不管家长自身的文化水平是高是低，只要意识到自身的不足，敢于并坚持去学习，在家庭中营造一种浓厚的学习兴趣，就会感染到孩子，这样，孩子就会从小养成一种良好的学习习惯。《颜氏家训》云："而信，信其所亲；同命而行，信其所亲。"子女的教育，正是"信其所亲"在起着极大作用。父母可根据自己工作与生活的需要，跟孩子一起制定学习的内容、学习的形式及学习的时间等。[③] ②家庭人际关系应和谐。和谐的人际关系，有助于家庭成员的平等交流与对话，有助于共学与互学。家庭人际关系指的是家庭成员之间相互作用的结构和方式。核心家庭的人际关系主要指夫妻关系与亲子关系。和谐平等的亲子关系有助于孩子接受父母的教育，同时，父母也乐于向孩子学习。这种互动式的学习，有助于推动学习型家庭的创建。亲密和谐的夫妻关系、民主平等的亲子关系，是推动学习型家庭创建的十分重要的软环境。

学习型家庭之所以受到推崇，恰是因为它反映了家长的心愿，孩子的学习是当前家庭教育最重视的内容，符合家长对子女的教育期盼。

二、越来越多的家庭把智育看作家庭教育的核心内容

现在越来越多的家庭把对孩子的智育教育当成家庭教育的核心内容，追溯其源头，就

---

① 杨柳，田汉族．学习型家庭研究综述．成人教育，2007（10）

② 王丽，王玉芝．试论和谐社会背景下学习型家庭的创建．当代教育论坛，2006（6）

③ 同上。

是我们传统的“学而优则仕”的名利思想在影响我们的整个教育方向，大多数家长认为，只要孩子能出人头地，这些长辈也会跟着享受荣华富贵。

这主要表现为在家庭教育的指导思想上，过分强调孩子学习成绩的优劣。在一次对湛江某重点初中家长的调查中，110 名学生家长中，热切希望子女将来能升重点高中、考名牌大学的有 34 人，占 33.3%，其他学生家长也都希望子女将来能考上一所理想的大学，而无一位家长明确表示希望孩子长大后能为本地经济建设服务。因而，他们对孩子提出许多过高要求。孩子们感到压力很大，有的因此对学习失去信心，甚至产生逆反心理。

现在的家长都有很强的不服输精神，害怕自己的孩子会掉队，所以现在家长出现了一种随大流的现象，人家的孩子学什么，自己的孩子也一定要学。就如当前越来越热的奥数班，不管自己的孩子在这方面有没有天赋，都硬逼着他去学。还有上音乐培训班，上美术培训班，上书法培训班，等等。

湛江市团市委对全市千余名中学生进行的问卷调查表明，96.25% 的学生是为满足家长的愿望而学习，学习是他们必须完成的一项外界强加的任务。成才对他们更意味着要经历一次次考试成功的历练，最终还要考上名牌大学。事实上，一个人是否能成才，并不能仅仅由成绩来决定，成才包括很多方面，人生的机遇如此之多，谁又能说得清呢？我们应该全面地培养孩子，关注孩子与别的孩子的不同之处。

三、亲子沟通障碍问题越来越突出

当前，亲子问题越来越受到关注，家长与孩子之间的矛盾冲突越来越突出，有的甚至到了不可调和的地步，发生了悲剧性的事件，尤其是处在青春叛逆期的孩子，与家长的矛盾更为激烈，这也成了许多教育者特别关注的问题。

很多家长把自己的愿望构筑在孩子身上，毫不考虑孩子的想法，想把自己未实现的理想交由孩子来实现，认为孩子来到这个世上是帮自己实现梦想，以弥补心中的缺憾的。家长的引导需要以家长对孩子精神成长的无条件看护与支持为基础，当孩子开始在生活中找寻自己的位置时，家长需要在孩子身边，告诉他们行为的界限，做支持他们的后盾力量。这种力量超越了所有的方法与策略，也是家长帮助面对青春困惑的孩子们的一种根本性力量之所在。其实，孩子产生这种叛逆思想，不是他们的错，处于叛逆期，说明他们正在走向成熟，开始思考自己的未来，开始思考自己的人生价值。作为家长，在此时，应该给他们正确的引导，但要注意方式，如果方法不正确，会起到反作用。

四、家庭德育受到关注

教育家陶行知先生说：“道德教育是做人的根本。”“没有道德的人，学问本领越大，就越是非作恶。”从我国当前社会发展来看，对青少年进行道德教育，打好做人的基础，不仅是青少年自身发展和完善的需要，也是现代社会发展的需要。加强对青少年的道德教育是我们始终不能放松的工作。

不久前，中央综治办和中国青少年研究中心在全国范围进行未成年人犯罪调查，通过对2千余名未成年犯人和1千余名普通未成年人调查资料的分析比较认为，忽视思想道德教育是家庭教育的最大失误。未成年犯人的父母“轻德”的教育价值观，导致孩子尚未成年便走上了犯罪道路。因此，忽视思想道德教育是家庭教育最大的失误!

让我们来分析一下造成这种状况的原因①。

1. 教育观念

第一，过分重视智育而轻视德育。中国家长的潜意识里有一种自古以来的传统教育思想，如受“书中自有黄金屋，书中自有颜如玉”等思想的影响，把智育放在第一位，再加上现代社会日趋激烈的竞争和对人才不合理的评价制度助长了家长的这种价值观，很多家长“望子成龙”、“望女成凤”，使广大家长围绕在分数的指挥棒下，将大部分精力都放在孩子的学业上，认为德育可有可无，甚至认为分数是评价将来孩子是否能成才最合理的方式，所以忽视了对孩子进行最起码的文明礼仪教育和思想教育。

第二，过度放纵。有些家长错误地认为严格的德育教育是封建时期才会采用的教育模式，不适应现代家庭教育，故反其道而行之，过度地放纵孩子，他们认为这就是“民主”。在家庭教育中，表面上看起来是民主，而实质则是一种娇惯放任。即使一些孩子会帮着做一些家务，但他们还要理所当然地向家长要劳务费。这些虽然有利于培养子女独立的人格和个性的形成，但会伴随着自以为是、我行我素、老子天下第一的“小皇帝”观念。

2. 教育方式

家长不能言传身教。有些家长认为只有骂孩子、打孩子，他们才能听话，其实他们错了。大家都说孩子是父母的影子，这话不无道理，父母的日常行为、说话方式都会对孩子有很大影响。有些家长自身的道德修养很低，夫妻俩总是打打闹闹，对外人际关系也很糟糕，留给别人的印象总是虚伪、市侩、对长辈不孝敬，家长的这些所作所为，会对孩子产生很大的影响。这样的家庭，即使有再多的钱为孩子请家庭教师，也难圆望子成龙之梦；同时在家长中普遍存在着狂热追求物质利益、对生活贪图享乐、精神追求茫然的风气，对孩子的身教起着负面的影响。

一个家庭就是一个小社会。家长要注重对孩子的德育教育，努力为孩子营造一个幸福、快乐而又健康的小家庭，让孩子在这样一个环境氛围中长大成才。苏霍姆林斯基说过：“儿童的心灵是敏感的，他是为接受一切好的东西而敞开的，如果教师诱导儿童学习好的榜样，鼓励仿效一切好的行为，那么，儿童身上的所有缺点就会没有痛苦和创伤地、不觉难受地逐渐消失。”② 因此，重视对子女的思想道德教育，努力使子女成为有道德、有理想、有文化、守纪律的人应成为家庭教育的主要内容，并应为更多的家长所重视。

五、独生子女的教育问题

最近，随着我国计划生育的普遍开展，独生子女在全儿童总数中的比例逐渐增大。这给子女教育和心理学带来了一个新的课题，即“对独生子女开展研究工作的问题”。目前

① 刘培军，丁红兵．从家庭角度谈家庭德育的问题及对策．教书育人（高教论坛），2007（3）

② 王小宁．浅析双亲态度对孩子性格形成的影响——兼谈对独生子女教育问题．平顶山师专学报，1998（6）

社会上差不多凡是有独生子女的家庭，对独生子女的教育方式都存在一些问题，有些孩子受到过度溺爱，自理能力很差，遇到挫折就无法承受，在前些年的一次中日夏令营中，我们看到中国的孩子和日本的孩子在自理能力方面的差异非常大，这已经成为一个我们不得不面对的问题。

造成溺爱现象的原因是什么呢？

第一，独生子女在家庭中处于小公主、小皇帝的地位，造成他们怪异的脾气。独生子女犹如太阳系中的太阳，外面有父母亲、祖父母、外祖父母六颗行星围绕着这个家庭中的小太阳转。这些孩子过着“衣来伸手，饭来张口”的生活，他们从不知道什么叫苦，不要说自己去干一些力所能及的事情，只要他们离开这个家，他们自己都照顾不好自己。

第二，无论什么事，家长都顺着孩子的心意。久而久之，养成了他们以自我为中心，不为他人考虑的坏习惯，在成长过程中的一些不良习惯由于家长的放纵不能得到及时有效的纠正，使得这些独生子女的性格有些偏颇。

在一次问卷调查中，有20名学生家长这样写道：“孩子年纪小，他们只要把学习搞好就行了，生活服务由父母代劳。”正是这种对子女的娇生惯养和溺爱，影响了青少年的健康成长，导致这些家庭的孩子生活自理能力很差。学生并不赞成父母的这种做法。有的学生写道：“家长过多地照顾、服务，使我们思想上压力增大，有时反而对学习不利。”

家长的包办意识的出发点是好的，想让孩子把精力全投入在学习上，考入理想的大学，可是，家长这样做却事与愿违，孩子并不可能一门心思去学习，他们总把时间花在一些无聊的事上，如打电子游戏、看泡沫剧，与其让他们去干这些事，还不如让他们干一些家务，培养自理能力。

第三节 家庭教育的发展趋势

随着时代的变迁，社会发生了巨大的变化，家庭的结构、功能以及家庭成员间的关系也发生了很大的变化。这些变化给家庭教育提出了新的课程、新的挑战。

一、家庭教育的发展背景

在社会学家看来，家庭教育是家庭的一种功能，它必然随着家庭和社会的变迁而变迁。美国社会学家T. 帕森斯①考察20世纪50年代美国中产阶级家庭的变迁，指出家庭作为一种经济、政治和福利机构的重要性正日益下降，而作为一种社会化和抚养子女以及为成年人提供心理支持设施的重要性在不断上升。他认为，现代家庭恰好是与工业经济相适应的，工业经济促进了劳动的流动和儿童的社会化，并且家庭还给在竞争激烈、不稳定和没有个人情感的社会中的成年人提供了一个情感依托的根源。

---

① 骆风．东南沿海地区家庭教育发展的社会背景及其发展趋势．广州大学学报，2002（6）

家庭是社会的最小细胞，家庭生活和家庭教育最终受到经济、政治、文化、科技等因素的支配，社会变革必然影响家庭和家庭教育的变革。

发展是每个时代的社会和家庭不停追逐的目标，由小规模的生产模式发展成为大规模的公司体制，是社会生产力方面的变化。正是经济的发展带来了大量的就业机会，妇女步出家庭踏入社会工作不仅增加了收入，而且还提高了她们的家庭地位，减少了家长权威。家庭内部体制的变化，使得男性的地位逐渐下降，女性的地位逐渐上升。社会组织的增多也逐渐影响到家庭功能。家庭已不再是唯一能满足人们日常生活所需的场所。学校、工厂、警察等机构逐渐取代了家庭在个人心目中的地位，家庭对个人的重要性相对降低，但是家庭丧失了多项功能并不等于其重要性日渐轻微。

东南沿海地区是我国最早实行改革开放的地区，当地的人们也是开放思想，大胆接受新鲜事物的带头人。20 年来，本地区经历了多次思想解放运动，许多方面的改革走在了全国的前列。这就使得本地区居民对祖国的前途充满信心，能够坚定不移地沿着有中国特色的社会主义道路前进，在教育子女问题上产生了积极影响。

随着改革开放的步伐不断加快，教育事业也形势一片大好。外国文化团体来本地区举办展出、演出，外国教育团体和个人来本地区办讲座、招收学生或者充任教师的情况逐年增多，如最近几年广州每年都有十几家国外教育机构前来招生，在上海几乎每间私立学校都把拥有众多的外籍教师当做吸引学生的金字招牌，少年儿童直接同外国人接触的机会大大增加。这无疑在潜移默化之中对儿童的发展产生了积极影响，儿童的眼界不仅仅局限在国内这片有限的领域内，对国外生活文化诸多方面的了解，对他们的成长及未来人生的规划都会有强大的推动力。但过分地在意这些东西，也会有不利影响。

目前，还有许多城镇文化市场管理机构不健全，人员编制不足，涉嫌色情、赌博、暴力、吸毒活动的录像厅、游戏机室、卡拉 OK 歌舞厅、桑拿室遍布城乡，淫秽、迷信、反动的书刊到处售卖。这种黄色文化，不仅使一些辨别是非能力不足的少年儿童中毒受害，甚至使一些思想道德不够坚定的中青年家长误入歧途，造成一些家庭的堕落和毁灭。

随着生活水平的不断提高，居民的口袋逐渐鼓起来，但这并不代表着我国的教育事业的文明进程也是直线上升的。调查反映出以下问题比较突出①：一是有些家长经常参加封建迷信活动，为此还花费相当多的时间和金钱；二是赌博现象比较普遍，甚至还酿成了家庭悲剧；三是不少家长热衷于讲排场、比阔气，浪费现象相当严重，使得孩子也跟风行事，穿衣打扮讲究牌子；四是有些家长喜欢看黄色录像、听不健康歌曲，更为严重的是，家长也让孩子参与这些不健康的活动，孩子的身心都受到污染。这些消极的生活方式往往对子女的成长带来负面的影响。据有关部门调查，现在青少年犯罪呈低龄化、暴力化、团伙化的趋势。

二、家庭教育发展的大趋势

现代家庭与传统家庭相比已经发生了显著变化，结构简单、人口少、对外交流多已成

---

① 骆风．东南沿海地区家庭教育发展的社会背景及其发展趋势．广州大学学报，2002（6）

为现代家庭的主要特征。新世纪家庭教育的新趋势具体表现在以下六个方面：

（一）素质教育成为家庭教育的主旋律

20世纪末，中国教育界发生了一场深刻的变革，即由“应试教育”向“素质教育”的转变。素质教育的大讨论及各级各类学校的素质教育实践活动，必然波及家庭教育，一些家长在家教实践中已经自觉地由“应试教育”向“素质教育”转化。①

这使我们不得不去思考：素质教育究竟是什么？

1. 素质教育是孩子的笑②

素质教育是唱歌、跳舞、捉蚂蚱、扑蝴蝶。但现实总是那么残酷，理想总是那么美好，如今的素质教育却是压在孩子身上越来越重的课本，每到夜深人静之时，还能听到孩子沙沙的写字声……

就这样，久而久之，素质教育成了表面文章，一有任务，见招拆招，敷衍了事。

2. 素质教育是棋逢对手勇者胜的战斗

学校一味地追求升学率，也确实在这方面动足了脑筋，学校甚至肯花钱去买高分学生来本校就读。对于家长来说，孩子的分数不够重点学校的要求，拿钱就好，这就是所谓的择校费。当素质教育遇上应试教育，素质教育只能乖乖让路。

3. 素质教育是一条弯弯曲曲的小河

在家长的心中，学习对于孩子和整个家庭来说是头等大事，其他一切都不能与之相提并论，如果教师组织学生出去进行个什么调查研究，在家长眼里，这个教师是不称职的，是不务正业的。

溪水清澈明亮，使人联想起聪慧，因为弯曲才会发出悦耳动听的声音，这正是素质教育给我们的启示。素质教育这条路要想继续走下去，需要社会、学校、家长付出更大的心血，需要各界的支持与体谅。

4. 素质教育到底是什么

素质教育应该是追求最高境界的教育。笔者认为，新课改培训、新理念培训，都应该先从上面的头头脑脑开始，让素质教育不再是挂在嘴边的口号，让所有的人把我们的孩子真正看做孩子，树立起大教育观念。

随着21世纪进程的加快，素质教育是我们不得不面对的发展趋势，即使目前还存在着很多问题和不足，我们也不能就此而全面否定它。“全面推进素质教育是全社会的大事”、“素质教育应贯穿于家庭教育的方方面面”的理念将进一步为家长所接受，素质教育将成为家庭教育的核心内容。在具体的家教实践中，家长也该转化一下观念，把孩子的道德教育当成头等大事来抓，从孩子生活中点点滴滴的小事抓起，从纠正孩子的每个不良行为开始。新世纪家庭教育应该重视从小培养孩子的求知、生存、共处和做人能力，其中，以培养做人能力为核心。

---

① 宗秋荣．“中国家庭教育发展论坛”综述．教育研究，2004（8）

② 林元凌．追寻素质教育．湖北教育（教学版），2007（1）

（二）道德教育成为家庭教育的主要内容

道德教育是家庭教育的首要任务。家庭教育具有与家庭关系上的情感性、与日常生活上的融合性、教育形式的多样性、过程上的反复性和时间上的终身性等特点。帮助青少年完成道德修养的提高，是家庭教育的核心任务，是每位家长应该努力的方向。

家庭道德教育①，主要是指父母对子女看待事物和问题的是非标准、价值观念、处世原则等的培育、引导和熏陶，从而使他们形成相应的道德观念、道德情感和道德习惯，并使遵守这些道德规范和行为准则成为子女自觉的道德需要。

相对于学校教育和社会教育来说，家庭教育在塑造儿童的道德品质方面有着得天独厚的优势，家长的一言一行，一举一动，都将成为儿童模仿的对象，所以家长一定要从自身做起，凭借这种特殊的血亲关系、感情关系，来帮助实现儿童的道德品质培育和道德行为习惯的养成等，并且使这些观念、行为习惯能够纳入儿童经验体系和行为体系中，对其一生产生深刻的影响，成为其将来生活的参照系。

家庭德育环境②，主要包括人际环境、心理环境和文化氛围等。家庭成员之间要有良好的人际关系，彼此和谐相处、互相尊重、互相学习、共同进步，家庭成员真正做到人格上的平等、心理上的宽容、情感上的融洽。

家庭德育环境的建设应注重文化环境的熏陶和优秀传统道德的熏染作用。家长要加强自身的文化修养，父母要“晓之以理，以理服人；动之以情，以情感人”，即注重情感的作用。父母和孩子在和谐、融洽的气氛中一同“成长”、共同提高。只有塑造这样良好的家庭氛围，才能让孩子有个健康快乐的成长环境。

新世纪的道德教育与传统道德教育相比，在体系、内容上都应有所突破，培养健康心理，提倡人与自然、人与人和谐相处成为题中要义。

（三）社区家庭教育是家庭教育新的增长点

中国人的教育思想一直受传统观念的影响，实行“关门教育”，自己的孩子自己教，不允许别人插手，另一方面也是碍于面子问题，所以家庭教育与“社区教育”的联系沟通很少，但是当拥有一个教育团体时，家庭教育也许会得到事半功倍的效果。

西方谚语“教育孩子需要一个村”高度概括了孩子成长与社区教育的关系③。社区不仅是人们生活、居住的共同体，同时也是实现现代化的基础。在新世纪里，随着现代化建设步伐的加快，社区建设的力度将会明显加强，以“社区为主，政府协调，社会参与，共建文明，共育新人”为核心的社区教育模式，将对家庭教育产生重大的影响。健全的社区教育机制，使家长有机会接受各种家庭教育培训，讲究科学的育人方法；优美的社区环

---

① 刘胜梅．浅谈家庭道德教育和青少年道德行为习惯养成．重庆工业高等专科学校，2005（1）

② 宗秋荣．“中国家庭教育发展论坛”综述．教育研究，2004（8）；［澳门］田野．社会变迁中家庭教育的发展与问题．当代青年研究，1994（Z1）；万翼．新世纪我国家庭教育发展趋势及对策．江西教育科研，2001（8）；周晓娜，冯文权全．浅谈儿童家庭道德教育．现代教育科学，2006（2）

③ 万翼．新世纪我国家庭教育发展趋势及对策．江西教育科研，2001（8）；［澳门］田野．社会变迁中家庭教育的发展与问题．当代青年研究，1994（Z1）；黄晓红．社区家庭教育发展前景探究．辽宁商务职业学院学报，2004（2）

境，使家长带孩子走出家庭，学习知识，感受生活；文明的社区氛围，对家长的文明素养提出了更高的要求，使之成为孩子学习的好榜样。家庭教育走出家庭、融入社区，已成为新世纪家庭教育的基本走向。

新世纪家庭教育将走出家庭[①]，充分借助社区资源来实施家庭教育，特别是0~3岁的社区家庭教育。

（四）家庭教育更注重个性化

长期对学生评价方向的单一化以及对好学生定义的传统和片面化，导致培养出来的人才就像同一个厂家生产出来的产品，太标准，太整齐，连棱角都没有，学校总是拿一把标准尺子来对学生的各方面能力进行评价，这套标准是好是坏，我想，应该已经有了定论；学校实施的依然是统一教材、统一进度、统一作业、统一考试、统一答案的模式化教育，学生们在数不清的追求唯一“标准答案”的考试中，失去了好奇、探究的天性，失去了原本千差万别的个性，最终成为事事“听话”，时时、处处低眉顺眼的“好孩子”，成为模式化教育机制下生产的“标准件”。

20世纪80年代初，河南省安阳市曾有一位中学生，爱好体育且有跳高的特长，据专家测试，其各项身体素质和体能指标都优于同龄其他孩子，如能创造条件，精心培养，充分发展其特长潜能，完全有可能为国家又培养出一个世界跳高冠军。然而，学校领导、家长教师、社会却协同一致地要求该生同大家齐步走，向“门门优秀”的方向奋斗，结果，不仅“短”没有补上来，而且由于错过了最好的培养时机，“长”也被去掉了，个性特长就这样被扼杀掉了。在应试教育模式的桎梏下，像这样被压抑、泯灭的人才何止千万。

是时候该对我们的教育进行反思了，是时候该做些什么了。

个性化教育（IEP）主要借鉴加德纳的多元智能理论[②]，它认为每个儿童都是一个潜在的天才儿童，只是经常表现出不同的方式，表现出不同的个性而已。每个儿童的优势和薄弱环节都是不同的，表现各异。教育最重要的目标就是让每个儿童充分发展自己的个性。

世界上的每个人都是一个独立的个体，都有着不同的个性和特点。就像世人所说的，世界上没有两片相同的叶子，别人的经验我们只能借鉴，但不能照搬，每个人都有自己的发展方向。作为家长，应该充分挖掘自己孩子的优势和潜力，帮助他们在此方面有所作为。而不是一味地要他们向着整齐划一的方向发展。

教育是没有权威的，即使再高明的研究者也只能为家长提供某种思考方式和解决方式。教育家只能帮助家长成长，但绝对不能代替家长成长，真正了解孩子的还是家长。无论能为孩子提供多大多好的发展条件，这都没有关系，只要我们有耐心和爱心，去支持他们，去鼓励他们，这就够了，关键是发自真心地去支持孩子的喜好。

新世纪家庭教育以道德为核心，重在培养人的创造性，同时，更加关注孩子个性化的培养，强调生存交往能力是人获得成功的关键。

---

① 蒋月娥．注重研究家庭教育发展趋势．中华家教，2002（4）

② 言实．素质教育与个性培养．内蒙古教育，2004（1）

（五）家庭文化多元化发展

新世纪家庭文化打破了封闭、单一的传统模式①，向开放、多样的现代化模式转变，包括家庭成员间形成平等民主的人际关系、亲子之间形成开放互动的相互学习关系、家庭生活中消费娱乐等开支占消费的比例越来越大。

（六）儿童参与是家庭教育的关注点

新世纪家庭教育更尊重儿童，倾听儿童心声，儿童的参与权要贯穿家庭教育全过程。儿童在参与过程中，极其需要家长给予平等的对待，那么家长应该怎样平等地对待孩子呢？

1. 学会倾听孩子的心声

孩子和我们的地位是平等的，我们不应仅仅把他们当成孩子来对待，他们的想法我们应该去倾听，去理解。作为孩子的倾听者，我们也需要注意一些问题：在倾诉时，倾诉者的心理最脆弱、最敏感，他彷徨、脆弱、无助，倾听者只要有一丝的不耐烦或不屑，就会使他感到难堪，受到打击———尤其是孩子。所以，父母在倾听时要心无旁骛。

2. 向孩子阐述自己的观点

孩子毕竟还不够成熟，我们有时因急于纠正他们思想上的错误，会选择一些并不起什么作用的方法，要注意，你可以在倾听的基础上向孩子表达自己的思想，让自己成为倾诉者，孩子成为倾听者。你以忠实听众的代价换来的必将是另一个忠实的听众。孩子会认真地听你倾诉，在倾听中思考你的话，接受你的思想。

三、委婉地建议孩子怎样做

我们都有过这样的感受，当别人用很强硬的态度要求我们去做什么事情的时候，我们就会产生一种排斥的心理，想和他对着干，孩子和我们的想法也是相同的。我们要换位思考，尝试用一种委婉的方法告诉他们怎样做才是对的，例如，我们可以说："你看这样做怎么样？""你这样试试好吗？"请求总是令人难以拒绝的。所以当父母认为孩子错了或者希望孩子怎样去做时，千万不要用"你必须"之类的字眼，而要以建议的方式，让他们去判断和思考。一个高明的教育者总是善于使用建议。

近几年来，在报纸和电视上常见这样的事：许多非常优秀的学生经过 12 年的寒窗苦读，终于考上了一所离家很远的名牌大学。但由于从小就一门心思地学习，自理能力非常差，离开父母后，连洗衣服、打饭都不会，无奈之下，只能退学，甚至有些选择极端方式结束了自己的生命。前一段时间，报纸上还有人报道，广州一位即将出国攻读硕士研究生的本科毕业生，由于担心不能照顾好自己，而患上了精神分裂症。当我们为这些不该发生的事的主人公们痛心惋惜之际，也该从这一幕幕的悲剧中吸取教训，冷静地思考一下：怎样使孩子真正健康茁壮地成长？怎样使孩子稳稳地立足于竞争激烈的社会之中？

---

① 蒋月娥．注重研究家庭教育发展趋势．中华家教，2002（4）

与新世纪家庭教育发展的新趋势相应，要建立新世纪家庭教育的新理念，具体包括①：

（1）发挥家长在家庭教育中的主体作用，树立以儿童为本的观念，变家教中的被动为互动、主动。

（2）确立现代化的家庭教育观念。

家庭教育，起决定作用的是家长的教育观念，观念正确了，就可以使每个家庭找到正确的教育方法。现代化的家教观念要求家长认识到儿童是成长中的人，是独立的人，应当根据儿童发展的不同阶段、不同程度因材施教，帮助他们独立成人。

（3）探索多样化的家庭教育模式，带儿童走出家庭，走向社会，走向自然。

家庭教育是提高国民素质的基础。我们要始终把家庭教育放在一个关键的位置上，对它未来的发展充满希望与期待。

---

① 万翼．新世纪家庭教育发展趋势及对策．教育研究，2004（8）

第三章 家庭教育心理的理论基础

孩子是每一个家长未来的希望，是父母爱的结晶，所以每一位父母都希望学会好好地教育自己的孩子，让孩子将来成为一位成功人士。那么如何教育好孩子呢？这就涉及家庭教育的问题，作为父母，我们更应该主动了解孩子心理的发展、行为动作的表现等，以便更好地了解孩子的想法，更好地培养孩子。

第一节 儿童心理的发展与行为管理

早在两千多年前，我们伟大的思想家孔子、孟子和荀子就以性和习、性与伪的形式论述心理发展的先天和后天的影响，但这些思想都未形成独立的体系。直到 20 世纪 20 年代，儿童心理学在我国才成为一门独立的学科。20 世纪 60 年代初，我国儿童心理学工作者认真探讨了儿童心理发展的一些理论问题，并提出了以下几种不同的看法：

（1）主体和客体的矛盾是外部矛盾，是心理活动和发展的重要源泉，认知和行为的矛盾是内部矛盾，是心理发展的内因。根据辩证法的观点，外部矛盾和内部矛盾推动着事物的前进和发展[①]。

（2）在儿童不断活动的过程中，社会和教育向儿童提出的要求和儿童当前的心理水平之间存在着矛盾，这就是儿童心理发展的内部矛盾。这就像中国刚开始改革开放时的人民日益增长的物质文化需要落后的社会生产这一主要矛盾一样，是个人和现实的矛盾[②]。

（3）人的心理发展包括各个方面的发展。大家都知道，发展是一个多重矛盾体，儿童心理的发展也是这样，既包括生理和心理等内部矛盾，又包括生活实践中物和人、人与人之间等的外部矛盾，是一个矛盾综合体[③]。

（4）心理发展的内因和外因各分几个层次，随着儿童心理的发展变化而变化，内因和外因是辩证统一、不可分离的，外因通过内因起作用，内因随着外因的变化而变化，现有的内因又是在过去外因的影响下形成[④]的。

儿童心理发展是一个从量变到质变的过程，经历了一个积累的过程，儿童心理到底是怎么发展的？下面就来谈谈这个问题。

---

① 刘范．心理现象中的矛盾．心理学报，1960（4）

② 朱智贤．马克思主义关于儿童心理发展的理论．心理学报，1960（2）

③ 马文驹．是综合动力还是唯内因动力论——心理发展动力心探．心理学心探，1980（1）

④ 胡士襄．试论儿童心理发展的内外因问题．心理科学，1983（4）

一、影响儿童心理发展的因素

我们都知道，影响个人的因素有两方面，一方面是来自外界的，另一方面就是自身的，或者天生的。影响儿童心理发展的因素也是如此，一方面是来自自身的遗传和生理发展的因素，另一方面是来自社会和教育的影响。

（一）遗传和生理发展情况对儿童心理发展的影响

遗传是指经由基因的传递，使后代获得亲代的特征。有时候孩子的喜好和父母的喜好差不多，例如，小红的父亲喜欢吃番茄、西瓜，不喜欢芹菜，而小红也是这样的喜好，这就是遗传。这就说明，那种与生俱来的有机体的构造、形态、感官和神经系统等方面的特征就是遗传的生物特征。

在1920—1930年，我们发现了存在于细胞染色体上的基因是遗传的基本单位，通过染色体突变和基因变化，认识到染色体结构和数目的变化会影响遗传并引起遗传基础的变化，但对基因的分子基础和突变是如何产生的仍不清楚。20世纪40年代以来，我们发现了脱氧核糖核酸（DNA），这样就可以复制遗传物质。这方面研究的发展，为我们理解遗传在心理发展中的作用提供了更多的科学基础。

那么，遗传和生理发展到底对儿童心理的发展有什么作用呢？

大家都知道，孩子身上很多特点都是先天遗传的，如智力有障碍、先天愚钝，就是因为染色体遗传不正常，其中一对多了一个染色体，这样对后天心理的发展影响很大。由此可见，没有良好的遗传素质，就没有良好心理发展的优先条件。当然，世界丰富多彩，每个人都是独立的个体，因此每个人的遗传素质也有一定的差别，如高级神经活动类型的个别差异等。这些差异会影响儿童的性格，间接影响儿童以后的爱好，例如，有的孩子生性好动，有可能成为一个优秀的运动员；有的孩子喜欢安静，有可能成为著名的画家或作家；有的孩子喜欢欣赏，有可能成为一名鉴赏家……这种遗传的差异性为儿童发展的个别差异提供了可能性。据李其维等对双生子（同卵67对，异卵34对）智力相关的调查报告①，每对间智力的平均差和标准差，同卵是9和6.9，异卵则是15.04和14.01，差异非常显著。这充分说明遗传差异对儿童心理发展的差异具有重大的影响。

婴儿出生后，伴随着年龄的增长，生理也在发生变化，特别是大脑的发展。当婴儿的大脑在不断发育时，他的思维和行动也会相应地发展，如会慢慢地识别一些物体，会慢慢地想表达自己的想法，这就影响着婴儿心理的发展。因此，儿童心理的发展水平在一定程度上受生理发展水平的制约。

（二）社会和教育在一定条件下对儿童心理发展起决定性作用

我们前面说到，对儿童心理发展的影响因素不仅来自内部，还有外部社会条件和教育的影响。社会生活条件一方面使遗传提供的心理发展的可能性变为现实，另一方面又决定

---

① 李其维．双生子智力相关的调查报告．心理科学文摘，1980（2）

着儿童心理发展的速度、水平、方向和个别差异。

孩子出生后，会慢慢接触生活中的人和事，如妈妈爸爸的话、周围人们的讨论都会使婴儿在大脑里琢磨，这就促进了婴儿的心理发展。而且，每个孩子因为受周围影响的不同，心理的发展水平也会不同。例如，周小红的父母是教师，韩晓丹的父母是农民，那么他们对子女的教育方式就会不同，孩子从小所受的文化熏陶也会大不一样。所以，周小红的心理发展就会趋向拘谨和注重文化及教养，而韩晓丹就会趋向大方、勤劳。这是因为双方父母的文化水平和教育方式不同。

社会对儿童的作用，主要是通过成人有组织、有目的、有计划的教育进行的，而教育的内容和要求正反映了社会的要求。不同的儿童因为环境的不同，受教育程度的不同，再加上自身的遗传因素的不同，就会导致心理发展的水平、速度、方向的不同。

二、行为管理

世界是丰富多彩的，生活中的每一天都是一个不可预知的美丽图画，虽说我们不可能知道明天的事，但我们通过对儿童的发展研究，却可以了解他们发展的普遍动态，知道孩子想做什么，我们应该如何应对。

（一）学前儿童

1. 语言行为及对策

3 岁以内的孩子处于婴儿期，被我们称为学前儿童。几个月的婴儿会发出咿咿呀呀的声音，这又叫幼儿习得语言的咿呀期。其中好些音是周围人的语言甚至人类的语言都不用的，而且先天耳聋的孩子也有同样的表现。到一岁半左右，儿童开始逐步进入独词句阶段，每次用一个词表达意思。如孩子一手拉着母亲，一手指着糖果说“要，要，要”，表示他要吃糖果。当儿童快进入两岁的时候，已经能够将两个独词句迅速地连起来说，称为双词句阶段，如孩子拉着母亲的手说：“妈拿拿拿。”母亲问：“拿什么啊。”孩子回答：“拿爸爸。”儿童从两岁半到 3 岁起，说的话逐渐加长，句子里的语法关系也开始复杂起来，称为电报体阶段。那么怎样针对这些情况进行学前儿童语言教育呢？主要从以下六个方面进行：

（1）完整地进行语言教学。语言是一个群体中成员之间交往的工具，是表达的最佳方式。有了语言，人们才可以记录下自己的点点滴滴，更好地促进文化的发展。语言是社会和个人共同发明的，人们创造语言是为了更好地交流。完整语言是针对过去那种机械孤立、支离破碎的语言学习而提出的一种语言教育观，它提倡自然和完整的语言学习，认为应重视语言能力而非孤立的语言技巧，强调语言的交际意义，强调语言和认知、情绪、学习、经验等密切相连。所以父母应该从整体出发，完整地教孩子如何说话，使孩子更好地习得语言。

（2）重视交往能力的培养。儿童语言发展的研究工作很关注儿童语言的交际功能，根据社会语言学观点，儿童在语言发展过程中不仅要习得语言能力，还要习得交际能力。目前“交际”受到有关学科的重视，近来语言学界对“日常语言”更加重视，有关学者认为语言研究应重视探究人们日常的语言运用。美国 1978 年生效的《95—561 公法》规定，所有儿童都应掌握交际能力，并首次将口语和阅读、书写放在同样的地位。日常交际所使用的语言必须是有表现力的、形象的，因此还要通过文学作品教学等方法来提高学前儿童的语言交际水平。

（3）以整合方式获得儿童语言。美国儿童语言教育专家卡洛—乌尔福克在近年的研究中提出，应将儿童语言学习视为一个整合系统，语言学习系统有四个范畴：语言代码范畴，包括语音、语素、句法、语用、语义；语言内容认知范畴，包括符号化、表征、记忆、知觉、概念化、感觉；语言表达范畴，包括说、写、理解、语言制作和言语感知；交际环境范畴，包括内部交往的需要、愿望与外部的刺激和强化。在这一基础上，人们提出了整合模式。整合模式提倡以整合方式获得儿童语言，强调在发展过程中语言和其他方面的发展相互配合，如果脱离其他方面的发展进行语言教育，结果必然事倍功半。

（4）把语言教育置身于活动和游戏中。认知心理学家皮亚杰认为，儿童是在与周围环境的交换作用中发展起来的，儿童的语言也是在与周围环境的交换作用中发展起来的。20 世纪初，语言学家索绪尔和哲学家皮尔士同时提出建立"符号学"的构想。语言与其他符号系统之间有密切的联系，而且语义和语境是不可分割的，语言学习内容不需要事先挑出来，最有用的语言是在情境中经常发生的语言，因此，要让儿童在活动、游戏等具体的情境中学习高频率出现的语言。

（5）创造良好的语言环境。所有的儿童都有一种天生的习得语言的能力，而且，儿童还会因为他们不同的文化环境导致词汇的差别，由此可见，环境对儿童的语言发展是非常重要的。所以，作为家长，要为孩子创造情绪良好的环境，创造交往的机会和丰富多彩的环境。

（6）文学熏陶。我们都知道，当我们很难记住一些东西时，只要把他们编成歌曲或是其他易记的东西，我们就会记住了。同样，我们以儿歌为例，儿歌是以较小的儿童为对象，既具有儿童特点，又具有民歌的艺术风格，是儿童所喜爱的一种可吟可唱的简短诗歌。它从儿童心理出发，反映儿童生活、思想、感情，格调明快，语言亲切，具有鲜明的音乐性和节奏感，富于音乐美。它具有很多作用，如提高儿童学习语言的愿望，使儿童形成语言符号系统，能培养儿童最初的美感，促进他们思维的发展。所以利用文学作品进行语言教育，是事半功倍的教育途径。

2. 认知行为及对策

认知一般被定义为一系列的心理加工过程，包括感知觉、学习、记忆、推理和问题解决等，正是这些过程能够使我们获得关于世界的信息并对其加工处理。认知的目的是控制环境，通过对环境一定程度的控制，满足我们的需求。婴儿的基本认知过程主要包括感知觉、学习和记忆，还包括注意机制。

感知觉是婴儿认知的开端，它包括婴儿的视觉、听觉和空间知觉。

一是婴儿的视觉。现在没有哪个父母会怀疑自己的新生儿能看到周围世界中的某些东西，但孩子能看得有多清楚却是一个争论不休的问题。婴儿的视觉包括婴儿的视敏度和颜色视觉。视敏度是指精确地辨别细致物体或远距离物体的能力，俗称视力，它在婴儿出生后最初的几个月中发展非常迅速。颜色视觉是个体对光谱上不同波长光线的辨别能力，简称色觉。婴儿的颜色感知发生很早，冯晓梅在1988年采用习惯法的研究结果表明，80%的出生8分钟到13天的新生儿（被试12人）能分辨红和灰，说明出生两周内的新生儿就具有颜色辨别能力。二是婴儿的听觉。出生两天的婴儿快速吮吸奶嘴时，扬声器发出[ba]的声音，他通过快速吮吸学会了如何获得这个声音的操作。如果他制造出的声音改变成[pa]，吮吸的速度就会再度加快，这表明婴儿对音素的差异有知觉。三是婴儿的空间知觉，它包括婴儿的方位知觉和深度知觉。方位知觉是个体对自身或物体所处位置和方向的反应，婴儿对外界事物的方位知觉是以自身为中心来定位的。深度知觉是距离知觉的一种，是个体对同一物体的凹凸程度或不同物体的远近程度的反应。White（1971）的实验发现：两个月的婴儿已能在物体逼近时产生保护性闭眼反应，3~4个月的婴儿这种能力已经发展得很好了。

3. 情绪情感行为及对策

情绪是维持和促进有机体生存和发展的一种基本心理功能，它是有机体生物需要是否得到满足的反应。

情绪在学前儿童心理活动中起着十分重要的作用，学前儿童的行为充满了情绪色彩，这是学前儿童有别于年长儿童或成年人的突出特点。表情传递是人类婴儿生存的第一个心理工具，具有全人类普遍性。新生儿通过表情，诸如皱眉、微笑、哭声和四肢运动，向成人表明他们是处于饥饿或饱足、病痛或舒适的状态，或表明他们是愉快、痛苦、厌倦或愤怒。婴儿还通过表情吸引成人接近、拥抱或抚慰、哺育他。新生儿期间，新异性或运动刺激可引起注视的兴趣表情，痛刺激可引起痛苦的表情，异味刺激可引起厌恶表情。婴儿出生后的3~4周对高频语声，4~6周对向他点头的面孔会产生微笑，3~4个月会有悲伤表情。两个月的婴儿在接受药物注射时、4个月的婴儿在手臂活动受到限制时会出现愤怒表情。7个月婴儿在“视崖”实验中出现了惧怕的表情。

依恋，一般指某一个体的人对另一个特定个体长久持续的情感联结。在发展心理学中，依恋特指婴儿与成人之间形成的强烈情感联结。正因为这种感情，婴儿在不高兴时就会亲近这个人，当这个人亲近别人时，婴儿就会表现出不满。

（二）童年期儿童

童年期是指儿童从六七岁到十一二岁的时期，相当于小学阶段。在这期间，儿童以学习为主导活动，生活环境起了很大的变化，这促进了他们心理的快速发展。总的来说，这时他们处于刚入学阶段，心理水平还停留在不随意性和思维抽象概括性阶段，还不能将自己全身心地控制在学习上，所以上课时就会时不时地开小差，不能专心上课，需要家长和教师的正确引导。

1. 幼儿园到小学阶段的过渡

客观生活条件的变化和要求可以促进和改变心理的发展。幼儿进入学校，生活就会突然产生变化，会有一定的压力，感觉不适应。因此，幼儿园和学校必须重视他们生活脱节的现象，做好两者的衔接工作，帮助刚入学儿童顺利地进入学校生活的状态中。

在幼儿园方面，教师和家长应该逐渐培养幼儿学习和生活上的良好习惯，培养语言、算术的基本功，但要注意的是，这只是为儿童今后的学习打好基础，并不要求学得太多，否则会给他们增加压力，降低他们学习的积极性。在这一学习阶段，教师必须多多努力，组织大班儿观小学生上课和活动情况，帮助儿童熟悉小学生活，做好入学的心理准备。而且童参为了帮助小学教师和家长了解儿童在幼儿园的情况，幼儿园应建立幼儿的学习和品德档案制度，记录幼儿在幼儿园的生活习惯、兴趣爱好、个性品德和智力发展等情况，以便小学教师和家长更好地掌握儿童的特点，因材施教，提高教育儿童的效率。

在小学方面，开学时，首先要对入学儿童进行两周的常规训练。儿童入学前，家长就应教育孩子上课要认真，早上要早起，不能迟到，等等。当儿童一入学，教师要集中时间对儿童进行学习习惯的常规训练，教育儿童听见上课铃声就要进入教室上课，当教师来到教室时要起立问好，端正学生坐的姿势，发言要举手，上课不可喧哗等。但要注意的是，凡事不可过急，应该慢慢来，所以不管是教师还是家长，在教育孩子时都要循序渐进，采取适当的方法进行教育。

2. *童年期儿童活动的发展*

生活条件的变化在一定条件下决定着心理的发展变化，而生活条件的改变是通过活动实现的，儿童在生活中的活动就会促进心理的发展。

3. *学习动机和学习态度的发展*

学习动机是儿童进行学习的动力，所以我们必须了解儿童的学习动机。初入学的儿童还不能很好地理解生活和学习的意义，学习的动机常常是被动的，容易受外界的影响。有些刚入学的儿童对自己的学习目的不明确，学习动机也是被动的，如当问他为什么来上学时，他会说是妈妈爸爸叫他来的，或是说自己已经到了上学的年龄。而且很多孩子看见别人都背着书包上学，很羡慕，或是因为妈妈要给他买新书包，所以禁不住诱惑才上学的。因此，他们学习的动机是受外界的刺激诱惑产生的。还有些孩子因为领略到考试拿高分而被表扬的自豪，所以不断努力学习。而且当孩子越来越大时，他们学习的动机更是变为考上一个好的高中或大学，便于以后好找工作，这些学习动机是不对的。

当孩子读小学时，他们会有了自己所谓的学习动机，例如，有的说“我长大要当一名教师，为国家贡献自己的力量”等。这是因为他们在教师的教导、家长的引导、电视节目的影响下，开始觉得自己应该为国家贡献一份力量。但是这些理想太遥远，没有联系实际，一般只是停留在口头上，不能成为学习的动力。这就是随着年龄的增长，我们的理想会随之变化的原因。所以我们必须通过教师和家长的共同教育，把孩子的理想和行动联系起来。

家长在这个阶段还应该注重培养孩子的学习习惯，因为培养小学生良好的学习习惯，是发展儿童心理和解决主客观矛盾的一个重要方面。良好的学习习惯要在儿童入学的第一天起就着手培养，因为初入学的儿童完全不懂有关学习的任何习惯，所以应该趁着他们刚换环境，有积极性，抓紧时间教导他们。例如，书写时，教会他们笔的握法、坐的姿势、书写时的严格笔顺等。在家里，家长要监督孩子做作业时不可以三心二意，要认认真真、一笔一画地完成作业。

此外，家长要注重孩子综合素质的提高，多发现孩子的天赋（但不要把自己的想法或未完成的心愿强加在孩子身上），培养他们的兴趣。这样，孩子的特长将会得到更好的发挥。

4. 童年期儿童的劳动活动

劳动最光荣，小学生的劳动主要是指广义的劳动，包括自我服务的劳动、家务劳动、公益劳动、生产劳动四种。劳动可以发展儿童的肌腱，参加打扫卫生等劳动，可以使孩子的整个身体活跃起来，促进血液循环，增强体质。劳动可以培养良好的道德品质，发展个性，锻炼坚强的意志。劳动还可以增长知识，发展智力，如通过种蔬菜，会了解到很多关于蔬菜的知识。

上小学后，家长应该让孩子自己吃饭、穿衣、梳洗，自己整理书包、削铅笔，自己整理被子、叠衣服，而且应该让孩子在能力范围内打扫卫生，在外面通过实践教育孩子。而且在每次劳动后，让孩子谈谈自己的优缺点，然后家长再加以正确的指导，这样会培养孩子正确看待自己和他人的品质。

童年期儿童参加劳动是一个不断努力和理解的过程。苏联的鲁庚根据实践经验，将小学生在劳动课中掌握劳动技能的动作综合成四个阶段，并提出了教师和家长在确定儿童掌握劳动动作时的评定标准：

①掌握动作的方式。看儿童只是模仿，还是在学习别人的动作时加入自己的新动作，或者能够在更高水平上进行独立的创造性的活动。

②对个别动作进行分析。看儿童是否能区分和联合个别的动作，把它们应用到新情境中去。

③动作和结果的关系。看儿童是只注意动作本身，还是能把动作和结果联系起来考虑。

④理解动作的目的性的程度大小。

⑤在劳动中词的意义所起的作用的大小。

以上是评定儿童掌握劳动动作阶段性的标准，下面来说说小学生各阶段的发展情况。

第一阶段：

学生掌握的动作是通过模仿的，他们尽量回忆教师所教的动作及其顺序。

学生在开始学习时，只能做一些孤立、简单、彼此不相联系的动作；只能注意一种动作，不能同时注意两种动作，而且在动作过程中，各部分不相协调。

学生不能很好地把动作和结果联系起来。他们首先注意的是动作而不是结果。

学生不会使自己的动作和目的配合起来。

词的作用比演示的作用小，教师如果只用没有演示的口头指导，不容易引起小学生劳动的积极性，而且也不容易使他们理解怎样操作。

第二阶段：

小学生开始摆脱完全的模仿，在教师的指示下，利用过去掌握的简单动作，有的自己还能想出点主意来。

学生能够把个别动作结合成一组动作，并应用于新情境之中。

学生的兴趣已从动作转移到结果，并能自己调节，排除一些多余的、不必要的动作。

学生理解动作的目的时，有时会为了达到目的而忽视中间环节。

词的作用增加。学生能根据教师的指示，照着去做。

第三阶段：

学生能根据任务要求独立地做出简单的动作，并能把这些动作连接起来。

学生能预见不复杂的动作结果。如在劳动前能讨论怎样做得更好些。

学生能对自己的动作进行简单分析，知道哪些是对的，哪些是错的。

动作有目的性，但没有完整的工作计划。

词的作用越来越大，无需教师演示学生就能理解指示，并能讲述自己的操作过程。

第四阶段：

学生能按照教师的指示，独立地把某些复杂动作结合成统一的、有目的的动作，并把基本的动作应用于新情境。

学生能预见动作的结果，并能将动作和结果联系起来。

学生不仅能看到近的目的，还能看到远的目的，并能制订计划，实现这一目的。

学习自我检查的能力提高。

词的作用更大，不用演示。学生能独立地编制计划、讲述计划。

以上四个阶段，表示小学生掌握劳动动作的发展过程，它同样适用于家长了解孩子的发展动向，有利于家长更好地教育孩子。

5. 童年期儿童语言的发展

童年期儿童语言发展特点是：口头语言在幼儿语言发展的基础上继续发展；和上阶段完全不同的是书面语言和内部语言显著地发展起来。

(1) 口头语言的发展。

随着儿童年龄的增长，他们的口头语言也在不断进步，如发音的精确度增加，词汇不断丰富，句子结构日益复杂，等等。正如我们很多人英语表达能力不行，但成绩好一样，这时期的孩子也在口语表达方面存在不少的问题，如神态紧张、声音偏低、发音不准，内容简单、词语缺乏，语句重、脱节，语病普遍存在。为什么会有这些情况呢？下面来简要地解释一下：

口吃，俗称结巴，男孩多于女孩。口吃的基本特征：言语发音器官的肌肉痉挛，往往第一个字说不出来，中途某个词难发或间断，产生个别词的多次重复现象，说话很费力气。产生口吃的原因有：因为突然发生意外，儿童产生震惊，引起口吃；在生人面前很紧张，思维堵塞因而产生口吃；儿童因为觉得好玩，常常模仿口吃的人说话而产生口吃。听口吃的人说话要有耐心，不要催促、责备、讥笑，更不可以模仿寻开心，那会增加口吃儿童的自卑感。这种病不是吃药或手术可以治疗的，根本原因在于消除紧张和自卑的情绪。训练朗读有利于口吃的矫正。

嗫嚅，即发音含糊不清，如大舌头或某些发音不正确的现象。引起嗫嚅的原因，大多与口吃相似，基本上是非器质性的，部分是由于发音器官不健全。这些缺陷可以及早医治，或多练习朗读。

口头语。有些儿童在讲话时常夹杂“这个”或“恩”等多余重复的词汇，这可能是讲话时思想跟不上言语，逐渐养成了口头语。这就需要家长和教师一起帮助儿童慢慢说，逐渐克服。

(2) 内部语言的发展。

幼儿期儿童在产生内部语言的过程中，主要出现一种自言自语的过渡形态，这种形态可视为幼儿内部语言发展的萌芽。随着幼儿年龄的增长，自言自语的形态逐渐减少，最后被内部语言所替代。

儿童进入小学后，思维会进一步发展，在这个基础上，儿童的内部语言迅速得到发展。如在学习数学的过程中，教师要儿童解答计算题，这就要求儿童要仔细思考，慎重下笔，这就会促进儿童内部语言的发展。

书面语言对内部语言的发展也起着积极的推动作用。例如，我们读文学作品时，都会思考作品里的人物形象或事情为什么要发生等，这都需要内部语言。

内部语言的发展，还与集体生活中的其他互动相联系，特别是我们在进行团队活动时，如篮球比赛，我们都需要独立的思考。

(3) 书面语言的发展。

书面语言对儿童心理的发展意义重大。儿童在小学阶段，主要是打好读、写、算的基础，他们在学习书面语言的过程中，无论是认识字形，还是提高阅读和书写能力，都要通过分析、综合的积极思维活动，即通过对词句仔细的分辨，以及积极的记忆过程来进行。因此，书面语言的掌握对儿童认识发展的过程有着重大的作用。那么，如何让儿童掌握好书面语言呢？大家要知道，书面语言的掌握有一定程序，包括识字、阅读和写作三个过程。

识字是儿童掌握书面语言的基础。汉语是由形、音、义三者构成的，儿童识字常在口头语言的基础上进行，所以他们对常用词的音和义基本上已经掌握，而对字形的辨认和识记比较困难。由于中国汉字结构比较复杂，所以很多初入学的儿童常常只是笼统地反映字形的大致轮廓，容易忽略字形结构的细节，造成写字时缺斤少两。所以，根据这些，教师和家长可以采用“综合—分析—综合”的方法，先让孩子看一个大致的轮廓，然后再细致分析字形结构和笔顺等，最后得出新的综合体。

培养孩子良好的阅读习惯。阅读不但可以提高孩子的语言感知能力和阅读朗诵的水平，还可以提高普通话水平和写作水平等。阅读速度也是阅读能力发展的一个重要标志，儿童开始是一个一个地念，慢慢地开始流畅地、有感情地阅读，这说明儿童的阅读能力提高了。

鼓励儿童多思、多写，提高书面表达能力。小学儿童写作能力的发展，一般经过三个阶段：一是准备阶段，也就是口述阶段。让小学生从口头造句、看图说话开始，提高口语表达能力。二是过渡阶段。可以从两方面过渡，一方面将口述内容写成书面的东西，另一方面是模仿阅读过的材料，练习写成文字。三是独立写作阶段，就是儿童根据题目的要求自己独立写出文章。

第二节　对家庭教育有影响的主要理论流派

一、精神分析学派

精神分析理论是现代心理学和社会心理学的主要理论之一。该理论是在治疗精神障碍的实践中产生的，后来成为一种强调无意识过程的心理学理论，有时称为“深层心理学”，创立者是奥地利精神病学家弗洛伊德（S. Freud）。精神分析理论的产生有其深刻的历史人文背景，其观点方法在近一个世纪以来经过众多的心理学家的努力得到不断发展，形成众多派别，不仅在西方心理学中占有重要地位，而且成为一种影响当代西方文化的重要社会思潮。其对于社会心理学的影响更是入木三分，以至于“不考虑精神分析的影响，就不可能理解现代西方社会心理学的整个面貌及其某些基本特征和方向”。精神分析学说的影响尤其表现在动机、人格、社会化、态度、群体动力学等理论领域。当代心理学界一般认为精神分析理论的代表人物是弗洛伊德和荣格（C. G. Jung）。

（1）弗洛伊德的经典精神分析理论。弗洛伊德认为人的意识有意识和无意识之分，意识是与直接感知有关的心理部分，是人能体验到的部分；而无意识是包括个人的原始冲动、各种本能及与本能有关的欲望部分，这些欲望和冲动因受到禁忌和法律等的控制而压抑到意识之下，虽然不被意识到但未被泯灭，仍在不断活动，随时有可能被召回到意识之中，这可召回的部分就是处于意识和无意识之间的潜意识。人被压抑的欲望以性欲为主，弗洛伊德认为性的后面有一种潜在的力量促使人去寻求一种不受约束的快乐或快感，他称之为“力比多”。“力比多”是人的本能能量，是人作出一切行为和人格发展的原动力，自我本能和性本能都是指向生命的生长和增进，可以合成卫生的本能；与之相对的是死的本能，即个体可能存在的某种侵略、破坏或自我毁灭的本能。他把人格分为本我、自我和超我。本我是最原始的、无意识的结构部分，由本能和欲望组成，“力比多”在人格结构中与本我联为一体；超我则按社会的道德准则行动，按至善的原则活动，遵循伦理原则；自我是人格的意识部分，既要满足本我的即刻要求，又要按超我的客观要求行事，自我遵循“现实原则”，依现实可以允许的尺度而控制和压抑本我的冲动，是我们经历到的真实存在。弗洛伊德认为人格的发展亦即本我、自我和超我在个体身上的平衡过程。另外，梦的解释、俄狄浦斯情结（Oedipus Complex）、焦虑和自我防御机制等也都是弗洛伊德精神分析理论的重点内容。

（2）荣格的集体无意识学说。与弗洛伊德认为情结的产生源于个体早期童年生活中的创伤性经历不同，荣格认为情结的产生还一定有人类本性之中某种更深层的原因。荣格在分析个体的人格时把个体结构看做意识、个体无意识和集体无意识的统一体。正是在这种探索中，将弗洛伊德提出的无意识概念发展为集体无意识，其主要内容是“原型”，即遗传的先天倾向。他认为人们的科学和艺术创造活动都是原型在起作用。荣格的精神分析被称为“分析心理学”。

知识拓展

精神分析的创始人—— 弗洛伊德

西格蒙德·弗洛伊德生于摩拉维亚的弗莱堡。1873 年进入维也纳大学攻读医学，1881 年成为医生，专攻精神病学，后不久开始从事后来使他声名鹊起的精神分析研究。1908 年，在“心理学星期三聚会”的基础上，他创立了维也纳精神分析学会，1910 年发展为国际精神分析学会，1919 年创建国际精神分析学出版社。他认为本能的冲动与社会的利益之间存在着冲突，它在社会压力作用下得到升华之前是以自我为中心的。而本能被区分为自我本能和性本能，人依赖这两种本能完成个体生存和种族延续的生命进化过程。同时他在潜意识概念的基础上提出了人格是由本我、自我和超我三部分构成的，人格的发展也就是本我、自我和超我在个体身上的平衡过程，其实质是个体的社会化过程。弗洛伊德将挫折和死的本能视为个体侵犯和攻击的根源，而消除的主要机制是包括压抑、升华与移置、字句作用等在内的自我防御。其代表作有：《梦的解析》、《日常生活中的心理病理学》、《性学三论》、《精神分析引论》、《超越唯乐原则》、《文明及其不满》、《群体心理学与自我的分析》、《自我与本我》、《图腾与禁忌》、《摩西与一神教》等。

新精神分析学家 —— 霍妮

卡伦·霍妮（Karen Horney，1885—1952），出生于德国的汉堡。1913 年获柏林大学医学博士学位。1914—1918 年在柏林精神分析研究所学习和工作。1919 年私人开业。1932 年移居美国，任芝加哥精神分析研究所副所长。1934 年她私人开业并在纽约精神分析研究所任教。后因与正统的弗洛伊德学说决裂，她建立了美国精神分析研究所，并任主任直到去世。霍妮虽然也完全接受弗洛伊德精神分析学派的一些基本概念，如无意识、压抑、心理防御机制等，但她与弗洛伊德的不同之处在于强调社会与文化因素的作用，强调当前现实生活的压力。她认为人的本性中本不存在所谓基本正常的倾向，因此，也不存在对所有个体都有解释力的"常态心理学"，所有对于个体心理或个体行为的分析都是基于某一特定文化的思考，一个人的情感和态度，在很大程度上都是由他所处的社会文化条件而决定的。她的主要贡献是使病理心理学重新面对现实的冲突（婚姻、职业、文化等），提出了社会适应不良的概念。主要著作有《我们的内心的冲突》、《我们时代的病态人格》、《精神分析的新道路》等。

二、行为主义学派

19 世纪末 20 世纪初，美国心理学界出现了一种新的思潮：行为主义心理学。1913 年，美国心理学家华生（J. Watson）发表了《一个行为主义者眼中所看到的心理学》一文，宣告了行为主义心理学的诞生。华生在巴甫洛夫条件反射学说的基础上提出，心理学应该摒弃意识、意象等太多主观的东西，只研究所观察到的并能客观地加以测量的刺激和反应，无须理会其中的中间环节，华生称之为"黑箱作业"。他认为人类的行为都是后天习得的，环境决定了一个人的行为模式，无论是正常的行为还是病态的行为都是经过学习而获得的，也可以通过学习而更改、增加或消除，认为查明了环境刺激与行为反应之间的规律性关系，就能根据刺激预知反应，或根据反应推断刺激，达到预测并控制动物和人的行为的目的。他认为，行为就是有机体用以适应环境刺激的各种躯体反应的组合，有的表现在外表，有的隐藏在内部，在他眼里人和动物没什么差异，都遵循同样的规律。

行为主义认为心理学是一门行为的科学，科学的研究只限于以客观的方法处理客观的资料，内省不是客观的方法，用内省法所得到的意识经验，更非客观资料，心理学的目的应是寻求预测与控制行为的途径。他们认为心理学应当研究"客观观察所能获得的并对所有的人都清楚的东西"，也就是人的行为，并提出"刺激—反应"（S－R）的行为公式。行为主义主张客观的研究方向，有助于摆脱主观思辨的性质，更多地从实验研究中得出结论。行为主义心理学的主张中最重要的有以下四点：①强调科学心理学所研究的只是能够由别人客观观察和测量的外显行为。②构成行为基础者是个体的反应，集多个反应即可知行为的整体。③个体行为不是与生俱来的，不是由遗传决定的，而是受环境因素的影响被动学习的。④经由对动物和儿童实验研究所得到的行为的原理原则，即可推论解释一般人的同类行为。

行为主义发展到20世纪30年代后，因其严守自然科学的取向而受到了批评。有些原属行为学派的学者不再坚持“客观的客观”的原则，转而接受意识为心理学研究的主题之一的理念。行为主义心理学中持有此种理论取向者，被称为新行为主义心理学。新行为主义学派的主要代表人物是托尔曼（E. C. Tolman）、赫尔（C. L. Hull）、斯金纳（B. F. Skinner）。新行为主义认为，有机体不是单纯地对刺激作出反应，它的行为总是趋向或避开一个目标。在动物和人的目的与行为之间，必须有一个“中介”因素，这就是个体的认知。也就是说，在“刺激—反应”过程中，加进一个中介变量“O”，使行为主义的模式成为“S－O－R”。新行为主义强调客观的实验操作，冲击了内省心理学，促进了心理学的广泛应用和程序教学的开展，但陷入了还原论和机械论的境地。

三、人本主义学派

人本主义心理学是20世纪50年代和60年代在美国兴起的西方心理学思潮和革新运动，其代表人物主要有马斯洛（A. I. Maslow）和罗杰斯（C. R. Rogers）。在人本主义心理学出现之前，心理学中最有影响的两大学派是精神分析学派和行为主义学派，而人本心理学是作为对这两大学派的反对力量出现在心理学舞台上的，所以人本主义也号称心理学第三势力的理论。它一方面反对精神分析学派从对心理障碍患者的观察去推论人性，认为这种观察得到的是“病态的人”；另一方面反对行为主义者从对动物的观察去推论人性，认为行为主义者眼里的人是“大一点的白鼠”。

人本主义心理学家重视主观性及实现倾向，把实现倾向与心理健康相提并论。他们主张研究人的价值和潜能的发展，因为他们相信人的本质是善良的，人有自我实现的需要和巨大的心理潜能，只要有适当的环境和教育，人们就会完善自己、发挥创造潜能，达到某些积极的社会目的。为此，他们从探讨人的最高追求和人的价值角度出发，认为心理学应改变对一般人或病态人的研究，而成为研究“健康”人的心理学，揭示、发挥人的创造性动机，展现人的潜能的途径。他们是整体取向而非还原取向，认为人是一个独一无二的整体，不能对其进行片面孤立的研究。

人本主义方法论不排除传统的科学方法，而是扩大科学研究的范围，以解决过去一直排除在心理学研究范围之外的人类信念和价值问题。其中马斯洛基于他对人类基本需要的理解而提出了动机理论，该理论按照自下而上的层次排列人的基本需要，依次是生理需要、安全需要、社交需要尊重需要、自我实现需要，这些动机得到满足才能达到心理健康。马斯洛的动机理论是建立在乐观主义的假设上的，即人的内在天性是善良的。内在天性有成长与实现的动力，但比较微弱，容易因遭受挫折、否认、压抑而引发疾病与神经症。马斯洛认为自我否认是心理疾病及困扰的主因。

在人本主义心理学中，罗杰斯特别注意人的成长过程，其人格理论也常被称为“自我理论”，他认为一个人在自己的发展过程中，由于与环境交互作用，逐渐把“自我”与环境分化开来。“自我”是整个现象场中与我们自身相联系的那部分知觉及其附着的意义，它是被个人看做“自己”、“主我”和“客我”的那部分现象场，也就是说“自我”是人的全部经验中的一部分，通常代表着这样一些含义：我是怎样的，我属于哪一类人，我能做或应该做哪些事情，等等。

四、认知心理学

认知心理学是以信息加工观点为核心的心理学，又称为信息加工心理学。它研究与人的认识活动相关的全部心理活动，包括知觉、注意、记忆、言语、问题解决和推理等。认知心理学派兴起于20世纪50至60年代，其后得到迅速发展。认知心理学以其新的理论观点和丰富的实验成果迅速改变着心理学的面貌，给许多心理学分支以巨大的影响，当前已成为占主导地位的心理学思潮。

认知心理学起源于对行为主义心理学的反对。20世纪上半叶，占统治地位的行为主义认为只有可观察的行为才是心理学的对象，心理学不能研究主观的心理过程。这种观点长期阻碍了心理学对高级心理活动的研究。认知心理学突破了这一限制，着重研究高级心理活动。在这一点上，认知心理学继承了格式塔心理学的观点。

认知心理学也受到心理学以外的学科的影响。第二次世界大战期间，通信技术的迅速发展，要求通信工程师描述系统的特性和规律。心理学家看到信息通道的特性与人类认知过程的相似性，因而利用通信技术和信息论的概念、观点来描述人类系统。香农把人的认知过程看成信息通道处理信息的过程。从此，输入、输出、编码、译码、噪音、信息等概念被引入心理学。另外，心理语言学的兴起，改变了行为主义的语言学习理论。乔姆斯基认为语言的掌握不仅是积累的过程，而且有某种先天的内在规律。认知心理学依据心理语言学的理论，研究人的言语过程的心理结构和智力操作。因而，概念掌握、理解、语义知识等也都是认知心理学的研究内容。

认知心理学把人的心理活动看做是信息加工系统，由感官搜集的信息，经过分析、存储、转换，然后加以利用。这些活动叫做信息加工过程。认知心理学设计实验，利用客观研究方法来研究这些过程，如反应时的测量、记忆测验等。认知心理学家也对被试的口语记录进行分析，以研究心理过程。他们根据研究结果建立有关认知过程的模型。认知心理学虽然假设所有心理活动都有其生理机制，但是认知模型并不一定代表脑中的真实机制。

认知心理学派从形成至今，只有短短40年左右，它还处在发展的初级阶段，有许多不成熟的地方。可见，有关一些基本原则的争论还将继续下去，它本身也会发生变化。

第三节　亲子关系的训练模式

一、给父母们的问题——你想培养一个怎样的孩子

可爱的小红不知所措地看着正在闹脾气的爸妈，他们在吵什么呢？

原来两个人在“如何培养女儿”这个问题上发生了激烈冲突：妈妈说她希望女儿能从小学开始练习舞蹈，将来成为一个伟大的舞蹈家，希望有朝一日自己能够坐在台下欣赏女儿表演的《天鹅湖》。那洁白的翅膀，那婀娜的身姿，那暗自神伤的眼眸……想到这里，妈妈不禁陶醉起来。可是爸爸却希望女儿成为一位像居里夫人那样又美丽又智慧的女性，不能像个花瓶。小红妈妈也不甘示弱，说丈夫这是“陈旧迂腐”，都什么年代了还希望孩子一心献身于科学事业。

两个人吵得不可开交，小红看得大惑不解，哭了起来。

看了上面的例子，我们来探讨一个问题：我们想培养一个怎样的孩子？

1. 是聪明吗

人的智力有很大差别，有人聪明，有人愚笨。这种智力上的差异，西方国家一般用“智力商数”（IQ）这个专门术语来表示。有研究证明，孩子大脑的发育主要发生在六岁之前，所以很多家长都抓住这段时间把孩子培养成一个不折不扣的天才。刚会说话就教孩子背唐诗、背九九乘法表，刚能数到一百就开始天天做心算、口算，刚能坐稳就开始弹钢琴，刚能拿笔就开始背着画夹游走于各个名师的家门……常常看到一些孩子可怜巴巴地求妈妈让他出去玩一会儿，结果得到的却是妈妈的责骂。

难道为了把孩子培养成天才，就要剥夺孩子们珍贵的童年吗？难道父母们忍心让自己的孩子在童年留下一片空白吗？

2. 是漂亮吗

每个妈妈都希望自己的孩子长得漂亮、可爱，惹人喜欢。所以很多家长从不吝啬自己的钱，总是给自己的孩子买最漂亮的或是名牌的衣服，都把孩子打扮得像公主、王子一样。但是，孩子还这么小，怎么能用这种方式教他们美丽的含义？

3. 是出名吗

很多父母都希望自己的孩子成为“小金铭”，一夜红遍大江南北。但已经从北京大学国际关系学院毕业的金铭最了解一个人的名气意味着什么，它意味着会失去自由。她知道即使自己出名了，自己还是自己，没有改变什么。名气不能给她带来其他的东西，一个人不能为名所累，一生为了名利奔波。而且一旦成名，就会有很多人关注你，媒体偷拍你，让你没有自由。这样好吗？

4. 是富有吗

很多家长都寄予孩子很高的期望，表达父母深沉的爱的方式之一，就是希望孩子好好

学习，将来找到一份好工作挣大钱。其实，很多父母只是希望孩子将来有个舒适的生活就足够了，但还有少部分人在追求物质享受，让孩子形成了不正解的金钱观，不利于孩子正确价值观的形成。

5. 你的孩子快乐吗

舒红生活在一个高级知识分子家庭，从小就喜欢笑，但上小学之后，她变得沉默寡言了，笑容也没了，这是为什么呢？

自从上小学后，父母为了使舒红考上一个重点中学，进而考上名牌大学，让舒红上完课后还要进补习班，回家就要做练习，使舒红没有一点自己的空间。父母以为这是为孩子好，所以没有观察到什么。但渐渐地，父母感觉到孩子的笑容少了，话也少了，和父母沟通也没有了。可惜的是，舒红的父母没有考虑到自己的孩子是因为受到压抑才变得不开心，而是认为孩子学习太专心了。

作为父母，你们有没有类似的情况呢？当你们把对儿女过多的爱放在学习上时，就会忽略了儿女们心灵的呼唤，抹杀了儿女的快乐。

6. 网络、吸烟、早恋、厌学、叛逆……哪些正困扰着你和你的孩子

肖明是一个很听话的孩子，平时从不会打游戏、旷课，成绩一直很优秀。最近，肖明和陈涛因为都喜欢打篮球而成为好朋友。陈涛成绩不好，而且喜欢抽烟，上课老是和老师顶嘴。当肖明劝陈涛时，陈涛告诉他说："你不知道，吸烟很好玩的，而且你不觉得吸烟看上去很有男人味吗?"一开始，肖明还坚定不移地相信吸烟不好，但久而久之，当他接触更多的吸烟的人，而且这些人都有女朋友后，他开始动摇了。肖明开始处于吸与不吸之间，他看上去非常矛盾，肖明的父母也发觉了孩子的变化，他们开始找孩子聊天，当得知孩子为此困扰时，他们通过举例子和爱的教育，让孩子又重新坚定了不能吸烟的信念。

看到这里，不知道妈妈们有没有这样的经历，当孩子处于成长期，他们会受到各方面的诱惑，从而使自己处于矛盾的边缘，作为父母，应该随时考虑什么阶段孩子会受到什么困扰，从而及早地引导孩子走上正确的人生道路。

7. 孩子经常闯祸，背后的原因你知道吗

小明的父母非常生气，因为孩子经常闯祸，不是今天和某个同学打架，就是明天上课不守纪律。他们都认为孩子太顽皮了，"孺子不可教也"，所以就不再重视孩子的学习，认为孩子不会有什么作为。幸好小明遇到了一位好老师，这位老师不但在学习上鼓励小明，在生活上也是无微不至，更为重要的是，这位老师把他认为小明闯祸的原因一一细致地说给他父母听，从而使父母又对孩子重拾信心，这样小明的成绩越来越好了。

试想，如果家长只会一味地怪罪孩子闯了什么祸，而不去分析孩子闯祸的原因，那么孩子注定就是被埋没的对象。不知道父母们看到孩子经常闯祸会怎么处理呢？

二、父母实践篇

谈了这么多，家长应该怎样进行亲子关系的训练呢？我们还得具体问题具体分析。古希腊医生希波克利特认为人体内有四种体液，即血液、黏液、黄胆汁和黑胆汁，他根据哪一种体液在人体内占优势而把气质分为四种基本类型：多血质、胆汁质、黏液质和抑郁

质。因为气质表现为人的心理活动的动力特征，所以我们将从这四方面探讨亲子关系训练模式。

（一）多血质亲子训练

多血质的特点是：反应速度快，活泼好动，喜欢与人交往，适应能力很强，容易接受新事物，注意力和兴趣易于转移，情绪不够稳定，容易受情感支配且情感体验不深刻，具有明显的外倾性。所以多血质的孩子有朝气、热情、乐观开朗、爱交际、机智灵活、爱运动，但容易形成情绪多变、粗枝大叶、浮躁、缺乏耐性和毅力的不良习惯。

所以，对于多血质的孩子，家长们要注意培养他们吃苦耐劳的品格、认真严谨的作风、稳定的兴趣，真诚待人、戒骄戒躁、虚心听取别人的意见，正确看待失败和成功，不轻言放弃。

＊训练要点

父母要培养孩子从小学会控制好自己的情绪，如孩子愤懑时，要教会他们不能以暴力解决问题或发泄不满，而应该学会找人倾诉，正确地找到宣泄的方式。

家长要培养孩子的恒心和毅力，教会孩子只要认定做一件事，就要认真努力地完成。而且家长在这方面有着示范的作用，所以家长要做好、做完每一件事，给孩子树立好榜样。

家长要通过事实和亲身教育，培养他们的责任感和纪律性。

家长要教会孩子正确看待自己和别人。

家长应该从小注意培养他们的抽象思维能力。多做数学题或看图说话可以培养孩子的这种能力。

多血质孩子兴趣广泛，所以自己的爱好很容易变，如果家长想让孩子有优势，那就要注重发展孩子的特长。例如，如果孩子喜欢苹果、香蕉、梨三种水果，那就要用提问或测试的方法看看孩子到底最喜欢哪种水果。同样，找出孩子的优势和爱好也是如此，当孩子正为这些迷茫时，如果家长不站出来帮忙，孩子有可能就这样迷茫地走下去，找不到自己的优势。

（二）胆汁质亲子训练

胆汁质的特点是：反应迅速，行为敏捷，热情主动，精力旺盛，性子急，易冲动，刻板，不灵活，具有外倾性。所以胆汁质的孩子对人热情，坦诚直率。情绪高涨时，精力旺盛，积极参加各种活动；情绪低落时，对什么都不感兴趣。他们敢于挑战困难，富有冒险精神，自主性强，不愿意在别人的强迫之下做事。

所以，对于胆汁质的孩子，我们要培养他们的自制力、耐心、韧性，克服消极情绪，让孩子多尝试新鲜的事物。

＊训练要点

胆汁质的孩子爱与人争辩，好胜心很强，而且很容易出口伤人，这样不但会导致孩子树敌众多，不利于孩子培养良好的交际能力，而且还会使孩子过于追逐名利。所以，家长要培养孩子平和的心态，淡然处世，正确对待成功与失败，与人争辩得再厉害也要保持一颗平淡的心，以免伤害了他人，又少了一个朋友，多了一个敌人。

家长要特别注意，这种孩子不喜欢受人强迫，喜欢自主，家长们要孩子做某件事时，一定要注意说话的方式，而且不能强迫；批评他们时，更要注意不要太凶，要举例子教育，以免引起他们过激的反应。但是，家长们应该在生活中注意慢慢培养他们的自制力，让他们学会克制自己的情绪。

在孩子做事时，家长要经常提醒孩子做事一定要认真执著，不可以因为一时的挫折就放弃，做事要有耐心。

家长不要因为学习或是其他原因就限制孩子的活动，这样孩子会变得很压抑，而且根据这种孩子容易激动的性格，很可能会物极必反。因此应该尽量让孩子到热闹的环境中去玩耍、思考、感悟，发现自己的优势并为之努力，找到自己的人生定位。

胆汁质的孩子工作效率高低起伏，情绪高涨时，干劲大，工作效率就高；情绪低落时，萎靡不振，工作效率就低，这是不好的。因此家长要帮助孩子调整低落情绪，在情绪低落时多找孩子聊聊天，带孩子走出这一情绪低落期。

（三）黏液质亲子训练

黏液质的特点是：反应迟缓，做事稳重，沉默寡言，忍耐自制，镇静沉着，情绪不易外露，不灵活，可塑造性强。所以黏液质的孩子比较内向，不爱说话，情感不易外露；一般情况下都显得安静随和，善于忍耐和克制，不轻易发脾气，情绪稳定；勤奋踏实，稳重细致，做事力求稳妥；喜欢钻研，兴趣比较稳定集中；不喜欢长时间谈论一个问题，愿意自己动手干。

但黏液质的孩子思维缓慢，反应迟钝，理解问题常比别人慢些；认真执著，坚持原则，但也容易固执己见，钻牛角尖；不爱与人交往，不太关心他人；固执、保守、害怕冒险；受外界环境的影响较大，习惯安静的环境，对新环境的适应能力较差。

＊训练要点

黏液质的孩子思维比较缓慢，所以在很多事情上反应很迟钝，如教师提出问题时，别的孩子都马上反应过来，而黏液质孩子却需要一点时间，这会增加孩子的负担，觉得自己不如人，失去学习的信心；他们在体育活动中，如跑步时听到枪声反应慢。因此要从小训练他们的思维速度和反应速度，增强他们的理解能力。

家长要鼓励孩子多说话，注重与人交谈，关注他人，提高交际能力。而且这种孩子不善于表达自己的情感，所以很多事都闷在心里自己承担，这样，孩子的心理压力会很大，所以家长应多与孩子沟通，了解孩子的想法，鼓励孩子向父母和朋友表达自己的情感。

黏液质的孩子做事比较认真执著，能坚持原则，但是如果他们不能明辨是非就容易变得很顽固，有时候坚持一个错误的观点不知变通，导致一直研究下去，那就会让孩子失去很多学习或研究其他观点或理论的机会。所以家长在教育孩子时要尽量采取讲道理的方式，教孩子明辨是非。而且这种孩子因为很认真，所以很容易沉迷于游戏或其他新鲜的不良习惯中，如沉迷于上网，家长要时时注意并教育孩子。

（四）抑郁质亲子训练

抑郁质的特点是：反应速度慢，易紧张、疲劳，情绪容易波动且体验深刻、强烈而持久，善于觉察到别人不易发觉的细小事情，多愁善感，缺乏自信。所以抑郁质的孩子感受性高，耐受性低；不随意的反应性低；内倾性明显；情绪兴奋性高而体验深刻；性情脆弱；情感发生缓慢而持久；动作迟钝；柔弱易倦。

这种孩子自卑多疑，多愁善感，想象力丰富，不爱与人交往，宁愿一个人做自己喜欢的事，不喜欢人多的场面。他们厌恶强烈的刺激，如尖叫、噪音、危险镜头等；遇到问题优柔寡断，缺乏决策的魄力和行动的勇气。

*训练要点

抑郁质的孩子善于观察，做事很小心，所以也比较敏感，因此他们很容易受周围环境的影响，有可能因为一些人的话语和表情而改变自己的想法，影响自己的决定，显得很没有自信。因此家长要培养孩子的说话能力，正确判断别人的想法，做任何事情都要有信心。

抑郁质的孩子好静不好动，性格比较孤僻，属于内向型，再加上很敏感，所以很多很平常的事都会被他们想得很复杂，惹得他们郁郁寡欢，而这之后又不向别人倾诉自己的感情，使他们把自己封闭起来。所以家长要培养他们积极乐观的心态，多运动，敞开自己的胸怀，和更多的人交流，拓宽交际圈。

抑郁质的孩子对新知识、新事物接受较慢，而一旦接受后就能牢记。所以家长不应该因为孩子一时的缓慢而骂他们愚钝，失去教育他们的信心，其实他们会学习得很好的。

抑郁质的孩子感情比较脆弱，动作比较迟缓，回答别人问题时，常常含糊其辞，不给出很明白的回答，有时显得比较拘谨。所以家长要培养孩子正确看待失败和成功、锻炼和他人交往的能力，提高表达能力。

第四章　婴幼儿的家庭教育心理问题

青少年是祖国的花朵，如何让这些花朵茁壮成长，成了经常要思考的社会问题。众所周知，婴幼儿时期是对孩子进行培养的关键期。我们怎样才能做好父母，把孩子培养成一朵人见人爱的花儿呢？现在我们来探讨一下。

第一节　准父母阶段

孩子是上天赐给父母的宝物。在得知快要当父母后，准父母自然异常兴奋，简直是得意忘形。然而，在此以后，准父母更应注意日常生活，特别值得重点提醒的是，准父母要有健康的心理，以确保孩子的天性健全，天生聪颖。因此，准父母必须学习这门塑造人的艺术，事先做好各种准备，避免因父母的无知而造成孩子身心发展受到阻碍和损伤的现象。

父母都希望有一个健康、聪明、活泼、可爱的孩子，这就必须重视优生，并积极地创造条件去塑造一个优生的胎儿，这应从身体和心理这两方面的保健做起。

一、准母亲的身体健康是胎儿的守护神

胎儿生活在母体里，并从母体里吸取各种营养。因此，母体健康至关重要，母亲必须注意自己的日常生活习惯，为胎儿的健康发育创造一个良好宜人的环境。

（一）注意清洁卫生

孕妇每天必须采用温水淋浴，水温适合便好，不宜过高。孕妇的衣着应以宽松、透气、吸汗、容易洗涤为宜。衣服不能系得太紧，以免影响血液流通，加重浮肿。

（二）注意劳逸结合

若身体许可，孕妇可以照常工作，操持家务。但要劳逸结合，既不要担心劳累便整天躺在床上休息，又不要干重活，更不能长时间弯腰或蹲着工作。因为这种姿势会增加腹部的压力，压迫胎儿，影响孕妇和胎儿的血液循环，以致影响到胎儿的生长发育。

孕妇应当参加轻体力的家务劳动，也可以每日坚持散步 1 个小时。在医生的指导下，做适合孕妇的保健操，每日早晚进行 1 ~ 2 次，每次 15 ~ 20 分钟，这些都有利于胎儿的

发育。

虽说孕妇不要整天躺在床上，可是，充足的睡眠是必须的。每天，孕妇应确保 8 ~9 小时的睡眠，怀孕 7 个月后，每天要午睡 1 ~2 小时。上下午工间休息 30 分钟。睡姿以左侧卧位为宜，这样能减轻子宫的向右旋转，缓解子宫供血不足。

（三）注意身体健康

根据气候的变化，孕妇要适当地增减衣服，以防感冒。在病毒性疾病流行时，应避免去公共场所，做好预防工作。还有，在怀孕期间，为了降低病毒感染或 X 射线辐射的几率，要防疾病、防污染（一氧化碳污染、铅污染等）、防辐射（少用电脑、手机、吹风机等）、避烟酒等。

此外，孕妇走路时要平平稳稳，不应蹦蹦跳跳，防跌倒。孕妇要按期进行产前检查（7 个月前，每月检查 1 次；7 个月后，每半个月检查 1 次），确保胎儿健康。

（四）注意孕期营养

1. 孕早期（头 3 个月）

怀孕早期常出现恶心呕吐、食欲不振、偏爱酸食等现象，不要过分担心，这是正常的妊娠反应。可采取“少吃多餐”的用餐方法保证胎儿的营养供应。营养一定要全面，每天的食物中要包括蛋白质、脂肪、碳水化合物、矿物质（锌、铜、钙等）、维生素（维生素 B1、叶酸等）和水，这六大营养素缺一不可。蛋白质的质量要有保证，将动物蛋白质（如蛋、鱼、鸡、鸭、肉、虾等）和植物蛋白质（如豆类及豆制品）同时摄入，效果更好。孕妇每日要摄入 400 克主食及其他副食品中的碳水化合物，尽管不想吃，至少也要摄入 200 克。孕妇每日要摄入钙 800 毫克。

2. 孕中期（4 ~6 个月）

在此期间，胎儿发育迅速，需要增加各种营养素，蛋白质的需求量尤其大，多种矿物质和维生素也急需补充。孕妇的食物类别应多种多样，主食要兼顾粗细，米面要和杂粮（如小米、玉米、燕麦等）搭配；要多吃富含蛋白质的食品（如优质动物内脏）；要多吃新鲜绿叶蔬菜和有色菜（如胡萝卜、南瓜、茄子、黄瓜、海带、紫菜等）以及各种水果；要增加植物油脂（如豆油、花生油等植物油，花生仁、核桃仁、瓜子仁、芝麻等油脂含量较高的食物）；要补充矿物质中的钙、铁和维生素中的 D、A、C。

3. 孕晚期（7 ~10 个月）

这时期，胎儿生长最迅速，需要的营养素最多。但孕妇会由于胃部不适或饱胀感而消化功能减弱，所以饮食宜少吃多餐（每日可进五餐），清淡可口，易于消化，减少食盐，不宜吃过咸的食物。蛋白质每日摄入量不少于 80 克，脂肪和碳水化合物不宜摄入过多，继续保证足量的钙和维生素 D 的摄入（如海鱼、肝、蛋黄、奶油）。

（五）注意禁止事项

（1）少吃过甜、过咸、过分辛辣的食品。

（2）不吃腌制食品，如香肠、腌肉、熏鱼等，因为这些食品里含亚硝胺，多吃会使胎儿畸形。不吃不新鲜及变质的食物，如不新鲜的肉、鱼、贝壳类食物，未煮熟的海鲜食品，都不宜吃。

（3）不吃加工食品和罐装食品，其中含有的人工合成色素等的化学物质已使营养成分受到破坏。

（4）不碰烟、酒、咖啡及含有酒精、色素、防腐剂的饮料。

（5）不要乱服用药物。若身体不适，必须在医生的指导下服用药物。

（6）不要待在过于喧嚣的地方，避开吸烟、病菌流行的人群。

孕期每日膳食中的食物种类及摄入量①

孕期 / 食物种类 食物数量	孕早期	孕中期	孕晚期
米、面	200~250克	275~350克	300~400克
杂粮（小米、玉米、燕麦）	25~50克	25~50克	50克
蔬菜（以绿叶蔬菜为主）	200~400克	400~500克	500~750克
水果	50~100克	200克	100克
豆类及豆制品	50~100克	50~100克	100克
动物类（肉、鱼、禽、水产品、内脏等）	150~200克	150~200克（其中内脏50克）	200克（其中内脏50克）
蛋类	50克	50~100克	100克
乳类	200~250克	250克	250克
植物油	20克	30~40克	30克

二、准母亲的心理健康是胎儿的智慧神

怀孕期间，准母亲要有育儿的心理准备，参加一些育儿培训班，学习育儿的知识，这是必须的。

在整个怀孕期间，孕妇应保持良好的心理状态，经常保持愉悦的心情。因为母亲和孩子是连为一体的，母亲开心，胎儿才开心，出生后孩子才活泼开朗，像个开心果；母亲不开心，胎儿也不开心，出生后的孩子也会郁郁寡欢，像个苦瓜脸。这个道理是：人的情绪变化在身体内部会引起种种生理变化，如孕妇情绪不好或过度焦虑、惊吓，易使胎儿畸形，造成胎儿腭裂或唇裂，严重者甚至流产。所以，孕妇要注意自我心理保健，遇到烦恼之事要善于控制自己的情绪，不要感情冲动、愤怒、悲伤或生气。一切要为胎儿的发育着想。

孕妇要慎防产前抑郁症和产后抑郁症，如情绪低落、食欲不振、极度缺乏安全感。若

① 韩棣华．0~3岁孩子成长的关键期．北京：北京出版社，2004

只是轻度的表现，可通过孕妇自己的心理调适和转移注意力来解决；若表现严重，孕妇就必须去咨询医生或心理医生。其实，孕妇不用过于担心，只要开心，一切都能吉祥如意。

当肚子一天一天地膨胀起来，分娩的时刻越来越逼近时，孕妇情绪可能较为复杂。一方面是害怕和忧虑，另一方面是喜悦和兴奋，当然，也少不了疲惫和急躁。无论怎样的心情，都应尽量调整自己的心态，以最愉快的心情开始对胎儿的教育，俗称“胎教”。

现代医学证实，胎儿确有接受教育的潜在机能，主要是通过中枢神经系统与感觉器官来实现的，孕中期正是开展胎教的最佳时期，万万不可错过。目前，国内外广泛采用的胎教措施主要有以下几种：

（一）音乐胎教法

主要是以音波刺激胎儿听觉器官的神经功能，从怀孕 16 周起，便可有计划地实施。具体方法有：

（1）孕妇从怀孕 26 周开始让胎儿听胎教音乐，每次不超过 20 分钟，每天 1～2 次。选择在胎儿觉醒有胎动时进行，一般在晚上临睡前比较合适。

（2）用录音机放音，孕妇距音箱 1.5～2 米，音箱的音强在 65～70 分贝。

（3）如果用耳机在孕妇腹壁放音，则耳机为 60 分贝即可。重要的是，要根据腹壁的厚薄来确定分贝的大小。

（4）怀孕 8 个月后反复播送一首固定的乐曲，可为出生后的孩子培养音乐爱好，并为开发孩子的想象力打下基础。

（5）孕妇自己哼一些歌曲。

播放内容有：

（1）以优美、动听的音乐为主，如中国乐曲《春江花月夜》等，外国音乐《摇篮曲》、《天鹅湖》等。

（2）根据胎儿的反应选择歌曲类型。若活泼好动，则应选择节奏缓慢、旋律柔和的乐曲；若文静少动，则应选择轻松、欢快、跳跃性强的乐曲。

温馨提示

进行音乐胎教时，一定不能将录音机放在孕妇肚子上，否则会产生严重的后果。如下面的案例：

湖北有个罗女士，怀孕后，为了生一个聪明的宝宝，便到音像店买来胎教音乐磁带，每天调高录音机音量，对着肚子放音乐。有时候，由于她怕胎儿听不到音乐，干脆将录音机直接贴在自己肚子上。孩子出生一个月后，罗女士总感觉孩子不对劲，好像完全听不到外界的声音。日前，罗女士抱着自己的孩子来到武汉大学中南医院听力测试中心，想给孩子做个全面听力检查。经过听力测试中心医生的检查，这个孩子被诊断为听觉神经受到损害，以致听力受损。更让罗女士吃惊的是，医生说这可能与她怀孕期间进行的音乐胎教有关。

专家对此事议论纷纷，武汉大学中南医院听力测试中心医生叶林峰认为，罗女士是因为直接将扬声器放在腹壁上，声波进入母体，使腹中胎儿受到高频声音的刺激，长此以往，便容易对胎儿的耳蜗及听觉神经造成损伤，引起听力障碍，甚至耳聋。

（二）抚摩胎教法

婴幼儿的天性是需要爱抚的。胎儿受到母亲双手的轻轻抚摩后，会有一定的条件反射，从而激发胎儿活动的积极性，形成良好的触觉刺激。通过反射性躯体蠕动，促进胎儿大脑功能的协调发育。每晚睡觉前，孕妇先排空膀胱，平卧床上并放松腹部，用双手由上至下，从右向左，轻轻地抚摸胎儿，就像抚摸易碎的东西那般轻柔，每次持续 5 ~ 10 分钟。但应注意手活动要轻柔，切忌粗暴。

（三）运动胎教法

怀孕 24 周以后，可以在孕妇腹部明显地触摸到胎儿的头、背和肢体。自此时开始，孕妇每晚可以平卧床上并尽量使腹部放松，用手抚摸腹部，使胎儿像运动健将一样在宫内做"体操"或"散步"。这样反复锻炼，可以帮助胎儿建立起有效的条件反射，并增强肢体肌肉的力量。经过锻炼的胎儿出生后，肢体的肌肉强健，抬头、翻身、行走等动作都比较早。但要记住，若出现胎儿踢蹬不安的情况时，便应立即停止刺激，并轻轻抚摩，以免发生意外。

（1）轻轻拍打或抚摸胎儿，每天 1 ~ 2 次，每次不超过 5 分钟。若胎儿以轻轻蠕动作出反应，可继续抚摸；若胎儿用力挣脱或蹬腿，应停止拍打或抚摸。

（2）运动训练的时间要固定，最好安排在 18 时至 21 时之间，此时胎儿胎动频繁。

（3）怀孕 3 个月以内及临近产期时都不宜进行运动训练。在训练高峰期（7 ~ 8 个月）时，每次运动训练也不宜超过 10 分钟。

（四）语言胎教法

怀孕 20 周，胎儿的听觉功能已经完全建立。母亲的说话声不但可以传递给胎儿，而且胸腔的振动对胎儿也有一定影响。实验证明：胎儿偏爱父亲低沉、宽厚的语音。另外，据医学研究证实：父母经常与胎儿对话，能促进其出生以后在语言及智力方面的良好发育。想想，如果先天不给胎儿的大脑输入优良的信息，尽管性能再好，也只会是一部没有储存软件的"电脑"，胎儿会感到空虚的。因此，对胎儿进行语言教育尤其重要。具体方法：

（1）讲故事给胎儿听。父母必须先熟悉故事的内容，然后用丰富的想像力，把精彩的故事绘声绘色地说给胎儿听。说故事时，要饱含激情，充满爱意和快乐，不要单调乏味、敷衍了事。

（2）随时与胎儿交谈。从早上到晚上，一天里，做了什么，想了什么，都跟胎儿说。例如，"早安"、"晚安"之类的问候语，对天气等各种环境的描述。

（3）多到户外散步，增长见识。散步时，无论是看到什么，如花、人、树等，都可以将它们变成和胎儿说话的有趣的话题，详细地描绘给胎儿听。例如，看见鸟儿，可以跟胎儿说鸟儿是什么样子的、会不会唱歌之类的话。

（4）利用形象语言。多看一些有各种色彩的文字或数字，加强视觉效果，刺激胎儿的色彩辨别能力。教导文字时，除反复念之外，还要用手描绘字形，并牢牢记住文字的形状与颜色，而且要有形象化的解说，以 n 为例，可以对胎儿说，n 好像是一个门口，然后选出一个与 n 有关的东西教给胎儿。教导数学时，也要用形象的教导法，如告诉胎儿 1 加 1 等于 2 时，不妨说妈妈有一个糖果，如果爸爸给我一个糖果，那么，我们有两个糖果。

（5）父母可以给胎儿起一个中性的乳名，如“欢欢”、“乐乐”等，经常对着胎儿叫名字，使胎儿牢牢记住。这样，婴儿出生后哭闹时再叫那个乳名，便会使婴儿感到来到子宫外的新环境并不十分陌生，相反，还有一种安全感，婴儿也就会很快地安静下来。

（6）出世后跟进。等小孩出生以后，最好把胎教所用过的东西，放在婴儿的面前，再慢慢地讲解一次，以便来唤起婴儿在子宫里的记忆，有利于婴儿的学习与发展。

三、准父亲的积极配合是准母亲的定心丸

怀孕不仅是母亲的事情，而是整个家庭的事情，尤其与父亲密切相关。父亲是母亲最亲密的家人，因此，父亲必须时时刻刻地照顾母亲的起居饮食，关注母亲的心理状况，以积极配合的心态给准母亲一颗温馨的定心丸。快速适应角色的转变，承担准父亲的任务，应具备以下准父亲的良好心理要素：

（一）适度兴奋，抑制无聊

父亲大概是人类有史以来最古老的“行业”。不管是何种行业的男人都可以成为一名称职的父亲，但是，每个第一次当父亲的人，也都会感到既兴奋又害怕、困惑，更有甚者，觉得慢慢地等待有点无聊。这时，准父亲可以在准母亲的肚子旁边，以温和轻柔的语气，对腹中的胎儿说说话，让他能熟悉自己的声音。这会让准父亲觉得兴奋、觉得胎教并不只是准母亲的事情。种种复杂的心情随着产期的逼近而愈演愈烈，像十五个吊桶一样，七上八下，这就更难掩饰即将成为父亲的兴奋和喜悦。然而，有时候，准父亲也许会觉得如此马拉松式的长跑等待好像是永无止境的，无聊的情绪便会浮现；准父亲也许会觉得妻子经常太情绪化了，身体也不够美观。若出现这种心理，准应该及时抑制、调整，试着站在妻子的立场上想想，试着哄哄她，选个浪漫的地方与她共进晚餐，送一束鲜花给她，或替她按摩。

（二）摒弃“大男人”心理，主动关心呵护

自古以来，父亲总有点“大男人主义”，不干家务活，极少主动关心妻子，但一旦妻子开始向母亲的角色转变，男性必须摒弃“大男人”的心理，主动地做一个关心呵护妻子的优秀的“准父亲”。胎儿讨厌烟味，准父亲不要在妻子面前吸烟。自己的事情自己做，如帮忙洗碗、沏茶，看完的报纸自觉地放回原处等。千万不要有“大孩子”的心理，以免给妻子造成不必要的心理负担。除了这些家务活外，准父亲还应主动约妻子到空气清新、人流不多的公园散步，和妻子一起去上育儿培训班，使准母亲心情舒畅，也给准母亲带来安全感。

（三）倾听妻子心声，共商育儿大计

女人本来就比男人爱唠叨，尤其是怀孕中的女性。在孕期中，妻子仿佛吃了火药似

的，只要不小心跌倒或碰撞了一下，便会苦恼大半天，唠叨大半天，这些类似的情况也许会使丈夫感到厌烦。然而，身为丈夫，便要耐心地倾听妻子的这些心声，还要与妻子一起商讨育儿大计，比如起名字、买婴儿用品、上学。另外，准父亲还必须了解去医院的最近路线、住院手续、住院用品等分娩时会遇到的问题，也要了解在家中分娩的注意事项。准父亲会有这样的忧虑，想做好父亲却不知要怎么做，担心自己会成为一个不合格的父亲。其实，不需要给自己太大的心理压力，有时，当父亲最大的快乐源自于自己产生的困惑！

第二节　婴幼儿心理发展与行为管理

父母是孩子的第一任教师，就必须承担起帮助孩子塑造健全的人格与良好的性格等心理发展的重任。许多父母都明白这个道理，然而，却因为严重缺乏基本的心理学知识，而与孩子长期处在种种心理纠纷中，不能自拔。在家庭教育中，一些父母有教子失误甚至失败的经历。其实，心理学与教育密切相关，心理学是教育的理论依据之一。因此，父母教育孩子就必须先了解孩子心理发展的特点。如鲁迅所说："孩子的世界，与成人截然不同，倘不先行理解，一味蛮做，便大碍于孩子的发达。"

一、婴幼儿心理发展概论

（一）婴幼儿心理发展的含义

婴幼儿心理发展是一种连续的、稳定的变化过程，而这种变化是在个体内部进行的。换句话说，是一种在一定环境下，主动、积极的建构过程。① 随着年龄的增长、个体各种内外条件的相互作用，心理发展了。其发展的内在因素是主体的生长和成熟，积极主动地学习；而促进其发展的外部条件是外界的环境和教育。值得注意的是，由于患病、疲劳而引起的心理上的偶然变化，就不能称为心理发展。并非所有的心理变化都是心理发展，只有积极的心理变化才能称为心理发展。另外，这里的婴幼儿指的是0～3岁的儿童，探讨的也就是0～3岁儿童的心理发展。

（二）婴幼儿心理发展的一般特点

1. 发展的程序性

如计算机的程序语言一样，一旦颠倒出错，就没法运行。同理，婴幼儿身心的发展在正常的条件下总是指向一定的方向，并遵循一定的先后顺序，而且这种顺序是不可逆转也不可逾越的。婴儿身体动作的发展经历了抬头—翻身—坐—爬—站—走到有方向和顺序，即"首尾原则"，还有"远近原则"等。

---

① 但菲，刘彦华．婴幼儿心理发展与教育．北京：人民出版社，2008

2. 发展的不平衡性

从出生到成熟，从不懂到知之甚多，各个阶段各个方面的发展均不相同，其速度及程度也会有所不同。儿童年龄越小发展的速度越快，各方面的变化也是最快的，这是婴幼儿阶段心理发展的规律。新生儿一周一个样，满月后一月一个样，周岁后发展速度就缓慢下降，两三岁后的孩子，短时间内变化不明显，呈波浪式发展。思维、感知觉、言语、想象等各种能力的发展在不同的阶段也有所不同。

3. 发展的个体差异性

虽说大多数婴幼儿沿着共同的规律发展，但其发展的水平、发展的速度、发展的类型、发展的优势领域及时间的早晚却存在千差万别。例如，有的儿童有着较强的想象能力，有的儿童有着较强的注意能力，等等。这都是正常的表现，儿童按着自己内在的时间表在不断地进步和成长。

4. 发展的连续性和阶段性

连续性是指一定时期的发展变化总是在前一时期积累的基础上逐渐发生的，后一阶段的发展也总是以前一阶段的发展变化为基础的。① 也就是说，每一心理因素都是逐渐由较低水平发展到较高水平，由一个阶段发展到另一个阶段，一个阶段经过发展，由量变到质变，必然过渡到更高一级的阶段。

心理发展存在着明显的年龄阶段特征。如少年期是心理反抗期，而青年初期，大约是高中阶段，心理的逆反性减少或消失。可见，各年龄阶段，都具有不同于其他阶段的特点。

从辩证唯物主义的心理学观点来看，儿童心理的发展是一个由量变的不断积累，最终达成质的“飞跃”即质变的过程。

5. 影响婴幼儿心理发展的环境因素

中国老百姓有一句口耳相传的老话：“三岁看大，七岁看老。”事实上，这是用一种朴素的发展观点来看待儿童心理发展过程中的各种影响因素之间的关系。“三岁看大”是指儿童的遗传和生理成熟因素对儿童成长的早期影响，而“七岁看老”则强调了儿童后天的教育与环境因素对其发展的作用。② 所以，影响婴幼儿心理发展的因素包括生物因素和社会因素。进一步细分，生物因素包括遗传因素和生理成熟；社会因素包括自然环境与社会环境、教育。教育在婴幼儿心理发展中的重要作用主要体现在：家庭教育、幼儿园教育、同伴关系的相互影响。

以上各种因素对婴幼儿心理发展的作用并不是孤立的，而是相互依存、相互渗透的，不存在单一决定论，即不存在单纯的遗传决定或环境决定心理发展。此外，遗传和环境对心理发展的相互作用在个体发展的不同阶段和不同领域所产生的效果都不一样。例如，在发展的低级阶段，一些比较简单的初级心理机能（如感知、动作、基本言语等）受遗传与成熟的制约性较大；而较复杂的高级心理机能（如抽象思维能力、道德、情感等）则更多地受环境和教育的制约。

---

① 但菲，刘彦华．婴幼儿心理发展与教育．北京：人民出版社，2008

② 但菲，刘彦华．婴幼儿心理发展与教育．北京：人民出版社，2008

二、婴幼儿行为管理

父母用心理发展的理论知识指导对婴幼儿的行为管理，才是父母学习婴幼儿心理发展知识的初衷。因此，父母应该“对症下药”，根据婴幼儿在各年龄阶段不同的心理特点，引导婴幼儿的行为，使其成为一个高智商、高情商、性格开朗活泼的儿童。

（一）新生儿期（出生至28天）

1. 身体发育

正常新生儿出生时体重约为3千克，出生3~5日后，出现生理性体重下降，出生10日后，每日约增加40~50克。一般正常的新生儿身长约50厘米，满月时身长为55.5~56.5厘米。新生儿皮肤的外观呈玫瑰红色，皮脂腺分泌旺盛。

2. 心理发育

新生儿生来就具有一些生理反应能力，能对环境中的某些刺激自动地作出反应。新生儿的感觉器官特别灵敏，例如，冷觉、温觉和痛觉十分发达。出生时，新生儿只会无规则地乱动，动作不协调，也不能改变自己身体的位置。新生儿出生后就具有某些情感，如新生儿生来就会笑，用笑表达愉快之情，这是本能的笑，是生理性微笑；还会用哭来表达不愉快之情。3周后，由于经常接触母亲的爱抚、搂抱和喂奶，注视母亲的脸，进而建立了条件反射，出现社会性微笑。每当听见人声，看到人脸就会微笑。这是依恋母亲情感的开端。

3. 行为引导

（1）引导新生儿适应新生活。

新生儿一直住在温暖的子宫里，既舒适又安全。脱离母体后，便需要父母帮助其适应母体外的新生活。第一，逐步适应母体外的温度。出生第1周室温要高，应不低于24摄氏度，新生儿的身体要用绒布被裹紧，以后室温逐渐降低，满月时应保证18摄氏度，并松开包被，改用睡袋。第二，独立自动入睡。父母应该创造一个安静的睡眠环境，从开始就让他养成放在小床上独自入睡的好习惯。这对将来培养孩子的卫生习惯和独立性很有利。第三，加强哺乳训练。为了使新生儿不饿肚子和掌握熟练吸吮的技巧，出生第一个月可以不规定喂奶时间。第四，培养清洁的习惯。每天边给新生儿洗刷边说话，帮他养成爱清洁的好习惯。

（2）感觉训练。

新生儿的感觉训练是通过视觉、听觉、触觉、嗅觉和味觉来进行的，可以通过看亮光、看人脸、看彩球、看黑白、看形状、看环境来训练视觉。以看亮光为例，可在房内挂光亮适度、柔和的乳白色或彩色灯，光线不要直射孩子的脸，可以一会儿开灯，一会儿关灯，以锻炼瞳孔扩张与收缩。说到看人脸，要求母亲每次接触新生儿时都要面对他的脸，向他眨眼、伸舌或动嘴唇，这样，到了满月时，新生儿见到人脸就会产生社会性微笑。

可以通过听心跳声、听音乐声、听说话声、听玩具声和听环境中的声音来训练新生儿的听觉。当孩子哭闹时，母亲将其搂抱在左胸部位，使其听心跳声，他会立即停止哭声。

因为心跳声与他在胎内听见的母亲心跳声的节奏相同，使他有安全感。说到音乐声，可以用小型录音机播放优美悦耳的轻音乐，固定1~2首乐曲，在新生儿觉醒时每天定时放5分钟。

可以通过触摸新生儿的脸、手和身体来训练他的触觉。成人要经常用手轻柔地抚摸新生儿的每一根手指，使他紧握的小手放开，并在每次抚摸后用不同的物体，如硬的木棒、软的毛巾等，去触碰他的手掌心，使他感觉到不同物体的触觉刺激。

（3）动作训练。

父母帮助新生儿通过头部活动（转头、抬头、竖头）、四肢活动（抓手指、弯脚、迈步、手臂伸屈）和全身活动（游泳活动、升降活动）来完成动作训练。成人用手指或其他物体触碰新生儿脚心，使其自动作弯脚反射数次，以活动腿部的肌肉。成人还可以将新生儿抱起举高，再使其身体下降，头颈后倾10°~15°，可引起新生儿四肢伸展、随后缩屈的全身反应（以新生儿的安全为前提）。

（4）抚爱教育。

父母应让新生儿经常看到笑脸，听到笑声。在给新生儿喂哺、清洁、换尿布，以及穿、脱衣时，母亲要边护理他边说话，以笑脸和笑声去逗引他，激起他愉快的情绪。新生儿睡醒后，通过亲昵地搂抱他、抚摸他、吻他的脸等动作与他逗乐。若他学会某一动作，要吻他，以示爱意。

温馨提示

对新生儿的一切行为引导都必须以孩子的安全为基础。训练视觉的玩具有彩球、彩灯、妈妈脸谱画、大幅人像画、红色塑料玩具等。训练听觉的玩具有八音琴、响铃棒、拨浪鼓、能捏出声响的橡塑娃娃或动物等。训练触觉的玩具有小皮球、小木棒、塑料圆环、布娃娃等。总之，选择适合新生儿的玩具必须是有颜色、有声响的，要小型、柔软、光滑而无锐利尖角边缘的，分量要轻且易抓握。

（二）婴儿期（1~12个月）

1. 身体发育

出生后的1~6个月是孩子一生中生长发育最快的时期，以后就逐渐减慢。5个月时，婴儿的体重是出生时的2倍，1岁时增加到3倍。应定期测量婴儿的体重和身长，分析生长发育的趋势，以便了解婴儿的发育和营养状况。健康的婴儿于6~8个月开始萌出乳牙，也有早在4个月或晚至10个月出牙的，均属正常范围。发育好的及时出牙，牙质优良；否则出牙延迟，牙质欠佳。

2. 心理发育

从满月到1岁是婴儿的身体和心理发育最快的时期。在这段时期内，婴儿从吃奶到断奶，从躺卧到行走，从哭叫到咿呀学语，从被动受人摆布到主动与人交往。婴儿的感觉和动作的发展速度都很快，知觉发展较晚、较慢，开始有了明显的注意、初步的记忆能力和简单的口语能力。

3. 行为引导

由于婴儿在第一年中身心发育比任何时期都快，一个月比一个月的变化大，现分为

1～6个月和7～12个月两个阶段来进行引导。

以下是引导1～6个月婴儿的方法：

（1）生活习惯的培养。

第一，生活要有规律。饥、饱、醒、睡、活动、休息、哺喂、排泄等都必须有规律和秩序。第二，培养良好的睡眠习惯。睡眠环境要安静；保持睡前婴儿的稳定情绪，以利入睡，避免婴儿过度兴奋、哭闹、发脾气，若情绪不好，父母可以低声哼唱催眠曲或播放舒缓乐曲，促使婴儿情绪稳定，获得安慰，以利入睡；培养婴儿自己入睡，不要以拍、摇、晃、抱着走等方式使他入睡，此习惯一经养成，就难以改过来。第三，培养良好的饮食习惯。定时喂奶，养成专心吃奶、自己抓握奶瓶的习惯，适应吃各种辅助食品。第四，培养良好的排便习惯。婴儿出生第一个月，大小便次数多，无需培养排便习惯；从4个月左右开始用固定的“嘘嘘”声刺激排尿，用“嗯嗯”声刺激排便。第五，培养良好的清洁习惯。勤换尿布、勤洗澡、勤洗手脸，排便后洗臀部、勤换衣服。

（2）动作训练。

应遵循发展规律：第一，从上到下的头尾规律，动作训练顺序应从竖头、抬头开始，然后翻身、学坐和爬，最后才训练站立。第二，从中央到边缘的近远规律，上肢从小臂开始到前臂到手腕到手到手指，下肢从大腿开始到小腿到脚到脚趾。第三，从大到小，手部动作是按照从粗拙到精细的顺序发展来进行的，从用手一把抓物体到拇指与四指抓握物体到拇指、食指捏物体到用手操作餐具到执笔画图到穿衣扣扣子等动作。

（3）感知觉训练。

1个月时训练婴儿集中精力听声音。2～3个月时训练视力集中，从几秒钟开始逐渐增加到5～10分钟，注视物体的距离从1～1.5米增加到4～7米。4～5个月时训练婴儿用眼寻找躲藏在身旁的母亲或寻找掉在地上的玩具，并训练婴儿听各种人的讲话声，从中分辨亲人的声音。6个月时训练婴儿注视远距离的物体，如天上的月亮、飞机、小鸟，并要训练婴儿分辨不同的声调，如高声、禁止声、赞扬声等。也要训练感觉的协调能力，如训练婴儿通过视觉发现玩具，通过用手主动去触摸，通过用唇、舌去品尝，感知是什么东西，同时婴儿此时期常看手、玩手、挥手、吮手。

（4）听说话、学发音、识图认字形的训练。

婴儿睡醒吃饱后，偶尔啼哭时不要去抱他，让他哭一会儿进行发音锻炼。父母对孩子的正确方式是：多逗引，引起婴儿倾听，逗引发音的兴趣；多说话，经常与婴儿对话，让他听得愈多，学发音愈快；多做表情，说话要面对婴儿，让他看人脸的各种表情，听不同的声调，模仿嘴部张合的口型变化；多重复，说话简短、重复，便于对某些语音建立条件反射，易于婴儿模仿发音；多看图与字形，图形宜简单，字形与图形同等大小，反复出现在婴儿眼前，促使“印象记忆”。

（5）情感与适应社会能力的训练。

第一，培养良好的情绪。让他睡足、吃饱、玩好，使他有愉快的情绪。第二，建立亲密的情感。父母要经常对婴儿微笑，表示亲热，搂抱他和抚摸他的身体，和他讲话、逗乐，并要小心对待婴儿哭闹，不能对他发怒，使他受惊，也不能处罚或不理他，否则都会使婴儿的心灵受到损伤。第三，丰富婴儿的生活。经常带他外出接触周围的人，给他买玩具，如彩色挂图玩具、积木、音乐磁带、小乐器、图书以及运动器具等，成人还要经常和婴儿进行谈话，为他唱歌，抱他跳舞，与他逗乐、做游戏等。第四，多与周围的人进行交往。接触婴儿的陌生人态度要亲切、友好。

4. 温馨提示

训练视觉的玩具有色彩鲜艳的彩灯、彩花、气球、娃娃、小动物等。训练听觉的玩具有声响悦耳、便于抓握的手摇铃、摇鼓、发声娃娃以及录音机等，训练触觉及动作的玩具有能触摸的布制玩具、积木、皮球、气球、悬挂玩具等。

以下是引导7~12个月婴儿的方法：

（1）适应新的生活制度。

睡眠时间：7~9个月的婴儿一昼夜睡眠15小时左右。夜间10小时；日间5小时，共睡3次，每次2小时左右。10~12个月的婴儿一昼夜睡眠14小时左右。夜间10小时；日间4小时，共睡2次，每次2小时。

饮食时间：7~9个月的婴儿每日进食5次，两餐间隔4小时，时间可为上午6时、10时，下午14时、18时，晚上22时。10~12个月的婴儿每日进食5次，两餐间隔4小时，时间可为上午7时、11时，下午15时、18时，晚上22时。

活动时间：睡醒后活动时间（包括哺喂、清洁时间）7~9个月为2小时，10~12个月为2~3小时。

（2）饮食习惯的培养。

7~8个月时学习双手抱奶瓶吃奶和喝水、自己拿饼干或面包吃；9~10个月时帮助婴儿学会两手捧杯喝水；11~12个月训练用小茶匙在碗里勺食物送进嘴里。最好用两只勺，一只让婴儿学吃，一只由成人喂食。

此时期的婴儿在动作、感知觉、语言和认识能力、情感与适应社会能力上基本与1~6个月的婴儿相同，只是发展得成熟了。也可以继续让孩子玩耍1~6个月时的玩具，但若条件许可，还是新增一些玩具为妙。7~12个月婴儿的玩具和游戏以训练爬、站、走和手与手指的精细动作为主，发展感知觉，增加认识，听说话模仿发音，学单词以及逗乐性、娱乐性的玩具和游戏。

（三）幼儿期一：2岁儿（1~2岁）

1. 身体发育

体重增长和身高增长都比第一年减慢。12个月时孩子的乳牙只萌出6~8颗，15个月时约有10颗乳牙，18~24个月时有12~18颗乳牙。发育好的孩子在2岁时20颗乳牙出齐，一般到2岁半时全部乳牙也都能出齐。

2. 心理发育

1~2岁的孩子将用第一年心理发展过程中学会的本领进一步去探索生活，企图发挥自己的能力去获得生活经验，这是孩子在获得和发挥人的能力方面迈出的第一步。此时期婴儿手的动作逐渐精细，有初步的理解能力，对周围充满好奇心，依恋父母，情绪多变，易冲动，缺乏道德认识，自控能力差，独立性开始萌芽。因此，此时的婴儿特别需要父母的正确指导和教育。

3. 行为引导

（1）睡眠习惯及能力的培养。

经成人提醒，小儿到了睡眠时间会走到床前，学着自己脱鞋袜，配合成人帮助自己脱衣服。上床后安静入睡，知道“躺下”“闭眼”“不讲话”的词义。

（2）饮食习惯与能力的培养。

要求小儿吃完规定的食物，并培养其爱吃各种食物。小儿开始学自己进食时，帮他系上围裙，教会右手握勺，左手扶碗。每次进食时准备两把小勺，小儿一把自己学吃，成人握一把喂食。若是硬食，教小儿咬下一小块，慢慢用牙嚼碎再吞下。

（3）清洁习惯及能力的培养。

常说“宝宝洗洗手，小手真干净”、“宝宝洗洗脸，小脸真好看”来哄小儿洗手、脸，使他对洗手、脸感到愉快。小儿吃完三餐饭及点心后，都要喝少量白开水来漱口，清洗口腔。先由成人示范，直到教会小儿为止。此外，还要教小儿用手帕擦嘴、擦汗等。

（4）动作能力的训练。

教小儿走路：先是训练小儿朝着指定方向或多方向平稳地独走，稍大后，训练小儿跨过障碍物行走，让他学会提脚跨步的动作。

引导小儿平衡地走：在地上画两条平行线或放两根竹竿（长约200厘米），教小儿在两条线中间行走，保持身体平衡，不踩线，不跌跤。

教小儿跑步：可以教一岁半的孩子跑步，成人示范，教孩子追球、追人、追机动玩具等。

教小儿搭积木：1岁至1岁半的孩子可以搭2~3块积木，以后慢慢增加到5~6块。要求一块接一块拼成长形火车状，再叠成高楼状。1岁半到2岁的孩子能搭6~8块积木，随意搭成各种简单的形状，如两块积木上加一块搭成桥形等。

此外，还可以教孩子拾物和取物，如捡树叶、石子、收拾玩具等；按成人指示，给妈妈拿鞋子，给爸爸拿报纸等。

（5）语言能力的训练。

引导小儿理解成人的语言，学习听懂普通话，模仿正确发音，逐步讲出日常生活中经常接触到的词。以下词语可供参考：

名词：眼睛、耳朵、鼻子、嘴等身体部位，衣服、裤子、鞋子、毛巾等日常用品，妈妈、爸爸、小朋友等人称，汽车、飞机、自行车等交通工具。

动词：吃、说、唱、笑、哭、拿、洗、坐、走、看、接、听、咬、擦、爬等。

形容词：好、坏、小、高、苦、甜、多、少、脏、冷、热、亮等。

另外，可以教小儿唱儿歌，如《洗澡》（小宝宝，洗个澡。洗干净，身体好）等。给小儿进行音乐方面的艺术教育。看图说话，用手指认识的图案和字。

（6）认识能力的训练。

采用直观教育的方法开掘小儿的认识能力，可采用实物、玩具、图片、木偶表演等方式进行教育，同时，还可以采用语言的引导相结合。教小儿认识自己身体的主要部位、常吃的食物、日常用品的名称、常见的交通工具的名称及响声、太阳、月亮、颜色、大小、节假日，等等。提高小儿注意观察事物和图片的能力。

(7) 社会适应能力的训练。

第一，父母应当经常带孩子到小朋友多的地方去，让孩子多和同龄朋友交往，建立感情。接触陌生同伴不能心急，先接近1~2个，熟悉后有了感情，再逐步扩大接触面，使孩子有一个适应过程，为愉快地、自愿地上托儿所或幼儿园做准备。第二，教孩子玩不同种类的玩具，知道玩法，学会等待轮流玩，或与同伴交换玩，教导孩子抢同伴玩具不好，玩完玩具后要放好，这些可以培养孩子的分享意识和良好的生活习惯。第三，教孩子辨别是非，用巧妙的方式告诉他，什么是对的，什么是不对的。第四，教导孩子要礼貌待人，学说“早上好”、“再见”、“谢谢”等礼貌用语。通过及时的表扬来强化孩子良好的社会行为。

4. 温馨提示

引导孩子时，要注意孩子的情绪反应，不可强迫孩子，只能积极引导。成人还可以通过以下辅助的玩具来提高孩子各方面的兴趣和能力：

发展感知觉的玩具：不同颜色和不同形状的积木、木板等，球、盒、碗、娃娃等。

发展动作的玩具：平衡板、小攀登架、拖拉玩具、机动玩具、投掷玩具、遥控玩具等。

发展语言及认识能力的玩具：小白兔、熊猫、马、羊、象等动物形象的玩具，汽车、火车、飞机、坦克等交通玩具，会叫的娃娃、会动的爬猴、跳蛙等声控及机动玩具，小铲、小桶、塑料船等玩沙和玩水的玩具。

成人要充分运用这些玩具或自制的一些游戏引导孩子健康快乐地成长，并使孩子的智商、情商等各种品格都得到良好的发展。

(四) 幼儿期二：3岁儿 (2~3岁)

1. 身体发育

满3岁时，体重约为13~14千克，是出生时的4~4.5倍，身高约为95~96厘米，是出生时的2倍。在2~3岁时，幼儿20颗牙已出齐。

2. 心理发育

2~3岁的幼儿心理发育较前一时期明显增快，出现更多的智能活动，表现为对周围环境中的事物产生浓厚的兴趣和好奇心，喜欢观察、提问、有强烈的求知欲。在游戏活动中会去掌握各种基本动作，尤其是手指的精细动作，学会运用手参加简单的劳动（如拾树叶、浇花等）及自我服务（如穿、脱鞋袜，洗手、脸等），感到自己很能干，开始表现出最初的自我意识，什么都想自己尝试去做，主动性强，常会要求独立行动，并在遭到成人阻止时会反抗，继续坚持己见。这时期幼儿的道德感、美感及责任感开始萌芽。如看见同伴的玩具被抢时会大哭，会同情弱者，愤恨强者。穿上新衣去照镜子会感到自己美，玩玩具后会收拾整理，有责任感等。这一时期也是语言发展的关键期。

3. 行为引导

此时期，父母仍要对孩子进行卫生习惯、饮食习惯等方面的引导，具体方法还可以借鉴2岁时的方法。不过，此时的孩子在动作、语言和认识方面发生巨大变化，因此父母更应该注重训练孩子这些方面的能力。

这时候的孩子非常好奇，喜欢到处碰碰撞撞、翻东翻西，对周围的一切都异常地感兴趣。父母应当引导孩子，哪些东西能摸、能摔、能拆，哪些不能碰、不能吃。成人必须十分注意孩子的动向，以防他处于危险之中，一切以孩子的安全为前提。

2~3 岁是幼儿掌握基本语言的关键期。

（1）教孩子学说普通话。语言学家得出的结论是：1 岁半到 5 岁是学习语言的关键期。所以，必须教孩子学普通话，若学习能力好，还可以教孩子简易的英语。在关键期里学习特别快和容易，所以必须抓紧这个时期进行语言学习。

（2）慢慢地教幼儿读完整的句子或长句子，包括主语、谓语和宾语等其他句子成分，引导他尝试多用复合句说话。当接触到新事物时，引导幼儿用自己的话去描述，如带幼儿到公园玩，引导幼儿描述公园的环境。

（3）鼓励幼儿主动提问，如问“这是什么”“为什么”“你上哪去”等之类的话语。教孩子礼貌用语，学会主动向人打招呼。在家里，向爷爷、奶奶等亲人问好；在外面，要主动向别人问好。如“您好”“晚安”等。

（4）教孩子背诵儿歌和古诗。儿歌和古诗的篇幅都短小，幼儿容易接受。学古诗前，先向幼儿解释古诗每句的含义，然后再教朗诵。也要教幼儿看图说话、听故事。在走路时，可以教幼儿数数。例如，1、2 左右踏步走；玩玩具时，也可教小儿数数。

在认识方面，采用彩色图书进行直观教育，多问幼儿“这是什么”、“这是为什么”，引导幼儿认识更多的事物，并适当给予他们鼓励，激发他们思考的能力。

4. 温馨提示

此时期除了上一阶段幼儿所玩的玩具以外，应随着幼儿身心发展的需要增加发展语言及认识能力的玩具，如数字小卡片、彩色数字方木、数字拼板、找对画片等计数玩具，以及圆、方、三角等几何图形的七巧板、积木等几何图形玩具。所选择的玩具应有利于幼儿的数数、语言、认知等方面的发展。

第三节　婴幼儿阶段儿童的家庭教育问题

我国著名教育家陶行知先生曾说：“6 岁之前是人格陶冶的最重要时期。这个时期培养得好，以后只需顺势培养下去，自然成为社会优良分子；倘若培养得不好，那么，习惯成了不易改，倾向定了不易移，态度坏了不易变。这些儿童到了学校里，教师须尽九牛二虎之力去纠正他们已形成的坏习惯、坏倾向、坏态度，这是事倍功半。”[①] 因此，我们更应该注重婴幼儿的家庭教育。

---

① 赵忠心．家庭教育学．北京：人民教育出版社，1994

一、婴幼儿的智商教育

智商对孩子的学习、生活至关重要，因此，父母不能忽视对孩子智商的开发与辅助性教育。父母可以借鉴本章第二节的一些方法，训练孩子的感知能力、认知能力、语言能力、观察力和记忆力等各种能力。许多能力是一种潜在的能力，需要父母帮助孩子去挖掘，使其成为显性能力。

二、婴幼儿的情商教育

心理学家们普遍认为，情商水平的高低对一个人能否取得成功也有着重大的影响，有时其作用甚至要超过智力水平。情商包括以下五个方面的内容：一是认识自身的情绪。二是妥善管理自己的情绪，即调控自己。三是自我激励。四是认知他人的情绪。五是人际关系的管理，即领导和管理能力。心理学家还认为，情商水平高的人具有如下的特点：社交能力强，外向而愉快，不易陷入恐惧或伤感，对事业较投入，为人正直，富于同情心，情感生活较丰富但不逾矩，无论是独处还是与许多人在一起时都能怡然自得。专家们还认为，一个人是否具有较高的情商，和童年时期的教育培养有着密切的关系。因此，培养情商应从小开始，父母担当了这个重任。

婴幼儿的模仿能力极强，父母的行为会潜移默化地影响到婴幼儿，父母必须谨慎自己的行为，时时刻刻检讨自己的行为，对孩子言传身教，树立父母的威信。

父母对孩子要有适度的情感投资。婴幼儿情绪的发展具有易受感染的特点，父母应当做点事情使孩子有良好的情绪体验，使孩子天天快乐。

（1）树立快乐的榜样，用乐观向上的情绪感染孩子，让孩子模仿父母的愉快心情。与其苦口婆心地劝孩子要开开心心，倒不如给孩子树立榜样，因为好榜样胜过千言万语，孩子的模仿能力很强，而且很喜欢模仿周围的人。这是心理学上的模仿效应。

（2）父母要营造和谐、有默契的家庭氛围，为孩子的健康快乐成长提供良好的环境，对孩子产生潜移默化的影响。因为合适的氛围有助于教育。

（3）父母用行动告诉孩子，自己是爱他的。比如，摸摸他的手、背，吻吻他的脸，让孩子从细微处感觉到父母无微不至的照顾。

（4）父母对孩子要宽严并行，且要有度。对孩子的良好表现进行积极中肯的赞扬，但并不要求孩子十分优秀。对孩子的错误、危险行为要予以制止，并给予恰当的友好批评、指正。批评孩子的目的不是为了惩罚本身，而是为了让孩子认识到错误所在，避免再犯。比如，孩子由于好奇心强烈，喜欢拆东西，若不小心把名贵手表给拆坏了，不要一味地打骂他，而要耐心地教育。

（5）培养婴幼儿的自信。一个人是否自信影响一个人的学习、事业、社交和生活。父母培养婴幼儿的自信从鼓励做起，比如，当孩子学走路时，刚踏出第一步，便鼓励说“宝贝，很好，真乖”；当孩子拿鞋子给父母换时，应说“宝贝，真懂事”，甚至给他一个吻。这都在他心里留下关于成功的回忆，是自信的萌芽。

（6）培养心理承受能力和自控能力。当今的社会，独生子女居多，万般宠爱集于一身，容易养成孩子的“小皇帝”“小公主”心理。这会使孩子长大后难以适应复杂的社会，经受挫折与困难时，缺乏心理承受能力。孩子得不到想要的东西，如糖果，就会哭闹。有了糖果，又可能嫌少。因此，父母应当给孩子一些恰到好处的挫折教育。不能一哭闹，便答应他的无理要求。应在他做了不对或不好的事时，给予“批评”的挫折，让他能够承受，听父母的话，懂得道理，学会今后约束自己的行为，增强自控能力，逐步锻炼小儿的心理承受能力。就像小树一样，经受了风霜雨雪后才能长得更壮实。

父母除了要关注孩子的身体发育和健康外，也要每时每刻留意孩子的心理状况。婴幼儿还小，没有危险意识，父母就得更加注视孩子的每一个举动了。除此之外，父母还要培养孩子的独立能力、社交能力等各种能力，使孩子成为一个懂感恩的、人格健全的人。以下有一些特殊的案例可供参考。

让宝宝乖巧可爱

东东两岁，平时在家里是个既懂事又听话的孩子。然而，每次有客人来家里做客，他就像变了个人似的，兴奋、顽皮。他一会儿要吃东西，一会儿要看电视，一会儿玩电话，一会儿在沙发、床上乱蹦乱跳，不停地大叫大喊，对着客人扮鬼脸，爸爸妈妈为此头疼。

这种症状是由于某种心理需求引起的。有的宝宝表现欲强，总想引起别人的注意；有的宝宝缺少玩伴，生活单调乏味。其实这是宝宝寻找自我的一种方式，这就如同成人用逛街、唱歌、运动等方式来宣泄感情一样，其实也是一种心理暗示，他们需要父母给予更多的爱和关注。聪明的宝宝知道，如果家里来了客人，不管他怎么捣乱，父母都不会太责怪他。

父母的正确引导和言行对孩子很重要。有的家庭对宝宝过分宠爱，对宝宝的各种行为表现放任自由，就会使孩子变得越发任性而无所不为。有的父母对宝宝过于严厉，使得宝宝的心理长期受到压抑，也是不可取的。

父母可以从以下三个方面入手，让宝宝在客人面前也变得乖巧可爱：

一是客人来之前，先给宝宝一定的心理准备，并跟宝宝讲道理，还可以提出奖惩措施；二是在向客人介绍其他客人的时候，也不应忘记把宝宝介绍给客人，并在客人面前有意赞扬宝宝，让宝宝觉得自己没有因客人的到来而被忽视，满足宝宝的表现欲；三是如果宝宝在客人来的时候提出过分要求，父母不要妥协或训斥，可以用沟通的方式来引导，因为训斥有可能使宝宝产生逆反心理，适得其反。

教会孩子道歉认错

妈妈带着两岁的东东到社区散步，遇到熟人闲聊起来。熟人的宝宝看中东东手中的娃娃，伸手就想玩。妈妈对东东说：“乖，给妹妹玩吧，都是好朋友。”东东死活不肯。连哄带骗，终于让东东将娃娃放了手。可过了一会儿，东东又去抢，还把别人家的宝宝推倒在地。

两岁的孩子在这个时候开始逐步进入社会，在幼儿园里他们会遇到老师和其他孩子，宝宝的世界里突然多了那么多人，刚开始宝宝并不太懂得如何和他们相处。

分享、交换、合作游戏，属于比较高级、复杂的交往方式。宝宝们并不太能理解，所以当矛盾产生时，他们的行为具有攻击性，甚至诉诸武力。父母首先要明确孩子的交往意愿，如果宝宝不知道该如何去玩，父母可以通过示范来帮助宝宝，这个时候需要父母有足够的耐心去引导宝宝。

遇到冲突时，父母应保持公平，不要判断谁对谁错，而应该从实际出发。如果自己的孩子被欺负了，应帮自己的孩子说话，反之应该教他道歉认错。这样宝宝就会慢慢收敛攻击行为，选择可接受的方式来维护自己的利益。

如何应对大哭大闹

有位年轻爸爸，他的女儿两岁多，平时脾气就不小。自打完乙脑加强后，孩子的脾气更大了。有天妈妈在值夜班，十一点左右孩子醒了，哭着要找妈妈，手乱打、脚乱踢，把玩具全都给扔了，吵吵闹闹。又有一次，孩子身体不舒服，上吐下泻，妈妈又值夜班。晚上十二点左右，孩子又闹，让爸爸出去又让进来的，反复许多次，闹了两个多小时才睡。白天也是，一不乐意就让人出去，趴在地上大哭大闹，没完没了，任何人都不能靠近她。年轻的爸爸没有教育孩子的经验，非常担心孩子在精神上有问题。在此之前，他打过她一次，他担心是不是因为打她，吓出什么问题了，他不知道怎么做才好。

类似小女孩的问题，原因出在以下四个方面：

一是孩子天生气质就容易激动。身体不适、别人说话做事影响她、心里有什么不愉快等，脾气就会很容易发作，对身边的人进行攻击。

二是对母亲的依恋。可能从小妈妈与她在一起的时间比较长，妈妈较多了解她，又能满足她的需求，所以就对其他人产生抗拒。

三是爸爸对孩子性情不了解。孩子不只是吃饱睡好，还有活动、游戏、情感、认识、理解等需求，而爸爸似乎不懂得孩子的情绪，导致孩子感到压抑和不愉快。

四是环境改变打破了孩子的生活常规。即使有些不好的习惯，一旦从小养成，孩子就难以适应突然的变化。要改变也应慢慢使孩子适应，才不会那么容易激怒她。

对这样的宝宝关键在于教育。

首先，要掌握宝宝的基本情形、身体状况和心理特征，才能有的放矢。盲目管教，不仅吃力不讨好，而且还会造成伤害。

其次，教育宝宝更要讲究方法。在宝宝要东西的时候，能够满足或应该满足则满足；满足不了，或者不应该满足，就坚决不要迁就。这样做，对宝宝性格塑造很重要。

最后，父母既要提供合适的环境，让宝宝开心；也要多带宝宝到户外，与别的宝宝或自然环境接触，增强他们对环境的适应能力。

第五章　学前儿童的家庭教育心理问题

人们通常把正式进入小学阶段学习的儿童统称为学前儿童。学前教育是当今教育体系中必不可少的一门知识学科，也是人生初始教育的源头。学前儿童教育的重要内容之一是学前家庭教育，因此家长要重视学前儿童的心理状况，以保证孩子健康成长。

第一节　学前儿童生理的发展

一、学前儿童的生长发育

生长是指身体各个器官与全身的大小、长短和重量的增加与变化，是机体量的变化，是能观测到的，如头围变大。

发育是指细胞、组织、器官、系统功能的成熟与完善，是机体在质的方面的变化。3～6岁儿童，一般在幼儿园时，他们的生长发育相对婴幼儿时期有所减慢，每年体重大概增长2公斤，身高增长7公分，处在一个体格生长比较稳定的阶段。

成熟是指机体的生长与发育达到一种完备状态。例如，淋巴系统在出生后迅速发育，在12岁时已经发育成熟，以后逐渐退化①。

学前儿童生长发育的过程是复杂的，当然，这个过程要遵循一定的规律。

（一）学前儿童年龄阶段以及前阶段的特点

婴儿期

从出生到1岁，也称乳儿期。婴儿期是小儿生长发育最快的时期，需要摄入适量的营养素，才能保证正常的生长发育，并预防营养不良、佝偻病、贫血等。但此时消化与吸收功能尚不够完善，与摄入需要很不适应，因此易发生腹泻等消化系统疾病，并导致小儿生长发育障碍。这一时期提供母乳喂养与及时合理添加辅食极为重要。科学证明，母乳对婴儿的健康成长具有其他乳品不可替代的作用。但当今社会，部分年轻妈妈为了保持完美身材而不愿意用母乳喂养婴儿，这便导致了部分婴儿因免疫力弱、抵抗力低而易患上各种疾病。例如，与实行完全母乳喂养的婴儿相比，只吃配方奶粉的婴儿患腹泻的危险增加了

---

① 郦燕君．学前儿童卫生保健．北京：高等教育出版社，2007

80%，中耳炎的危险增加了70%。因此，许多专家建议尽量喂养母乳，这才有利于婴儿健康成长。母乳的具体作用如下：

1. 母乳喂养对宝宝的好处

（1）母乳含有婴儿所需的全部营养，有助于婴儿发育。对婴儿来说，母乳的各种营养配得刚刚好。由于婴儿的肠胃消化及肾脏排泄功能还没发育完全，无法承受过量的蛋白质与矿物质，母乳中的蛋白质与矿物质含量虽不如牛乳，却能调和成利于吸收的比例，使婴儿能够更好地吸收，也不会增加消化及排泄的负担。母乳中也有良好的脂肪酸比例，不但容易吸收，还含有足够的必需脂肪酸，可使婴儿正常发育。

（2）母乳中还有足够的氨基酸、乳糖以及丰富的牛磺酸等物质，有利于促进婴儿大脑细胞的发育和婴儿智力的提高。

（3）母乳不但能提高婴儿的免疫能力，保护婴儿免于感染，预防腹泻、呼吸道感染，更能降低婴儿的过敏体质。婴儿配方奶粉以母乳为标准，尽可能地模仿出与母乳“像”的配方，但是不论如何模仿，有些东西就是模仿不出来。最典型的就是多种抗感染的因子，如免疫球蛋白、补体、溶菌素及抗发炎与免疫调节因子等。

（4）有的研究还指出，吃母乳的婴儿以后发生儿童糖尿病与儿童癌症的机会较低。对于婴儿的免疫机能最重要的是产后7天内分泌的初乳（含抗体、排便因子），母亲应尽可能地哺育给婴儿。母乳中含有抗体、免疫球蛋白A、T淋巴细胞和HLA－DR分子等，为儿童提供一定的免疫力，能预防糖尿病。

（5）哺喂母乳对于婴儿的人格发展与亲子关系的培养有极其密切的关系。哺乳的过程中，婴儿和母亲有皮肤对皮肤、眼对眼的接触，满足了婴儿对温暖、安全、爱的需求。

2. 母乳喂养对母亲的好处

（1）哺乳期间，排卵会暂停，可达到自然避孕效果，有助于推迟再一次妊娠。

（2）研究指出，哺育母乳可以减少患卵巢癌、乳腺癌的危险，保护母亲健康。

（3）不会影响母亲身材，母乳喂养可有效地消耗怀孕时累积的脂肪，可促进身材的恢复，并避免产后的肥胖。

3. 对家庭、社会的好处

（1）经济。假如用人工喂养，每月奶粉要花费数百元甚至上千元，还需购买奶瓶、奶嘴等。母乳不用花钱购买奶粉、奶瓶，更减少婴儿生病看医师所需额外付出的精力与金钱，减少了家庭疾病负担，提高了父母的生活品质。

（2）人工喂养的婴儿需较早补充维生素、矿物质，而母乳喂养的婴儿不需或添加较晚。

（3）心理学家早已证实，婴儿期被抱得较多的婴儿，长大了不会乱哭，也更能独立。

（4）母乳喂养的母亲对婴儿比较慈爱，有助于孩子的智能发育，不可能遗弃或虐待她们的孩子，有助于家庭和睦、社会安定。

4. 母乳的一些新作用

（1）催眠。母乳含具有镇静助眠作用的天然吗啡类物质，婴儿受哺后会很快入睡。

（2）促进生长。母乳中含有促进生长的因子EGF，能促进细胞增殖，使婴儿较快生长发育。

（3）杀灭寄生虫。每滴母乳含50 000个巨噬细胞和5 000个淋巴细胞。这些细胞进入婴儿胃肠后对有些寄生虫有杀灭作用。

（5）预防冠心病。母乳能使儿童得到较多的微量元素铜，这对保护婴儿心血管系统有积极作用。

（6）人奶可防呼吸系统疾病。芬兰科学家发现母乳中含有的肌醇可大大减少早产儿患呼吸系统和眼部疾病的危险。研究人员将221名患有呼吸系统缺陷的早产儿分为两组，一组喂人乳，一组喂不含肌醇的婴儿营养品，结果显示第一组未患支气管发育不良症，且存活超过75%，第二组多患支气管发育不良症，存活只有55%。

（7）现代营养学研究发现，新生儿的肠道发育不成熟，需要经过一段时间生长、分化，并完善其消化、免疫和环境屏障功能。母乳中所含的多肽类生长因子有使肠道细胞成熟和分化作用，因而母乳对婴儿发育是必不可少的。

幼儿前期：1～3岁，也称托儿所年龄期。这个时期，幼儿的身高、体重增长减慢，但中枢神经系统发育加快。随着幼儿接触周围的事物增多，幼儿的语言、思维、动作等能力不断发展，但由于幼儿对危险事物识别能力不足而容易发生意外事故[①]。例如，已经能翻身及爬动的幼儿，在没有大人看护的时候可以从大床或没有栏杆的小床上跌下来，或者把一些异物如黄豆、花生米等放入口中而误吸入气管，造成气管异物。因此，家长应该留意幼儿的举动，以免发生意外。同时，此年龄阶段的幼儿免疫力较低，容易患传染病，应按时进行各种免疫接种。此期间幼儿的乳牙已出齐，其膳食也从母乳转换到普通饭菜。充足而全面的营养是保证幼儿健康成长的物质基础，为了维持幼儿的正常生理功能和满足生长发育的需要，每日必须供给幼儿六种人体不可缺少的营养素。

1～3岁幼儿每日所需的六大营养素：

（1）蛋白质：它是构成人体细胞和组织的基本成分，每日供给量应为35～40克。主要来源于肉、蛋、鱼、豆类及各种谷物类。

（2）脂肪：它的作用是提供热量，调节体温，保护神经及体内器官，促进维生素吸收，每日供给量应为30～40克。主要来源于动植物油、乳类、蛋黄、肉类和鱼类。

（3）碳水化合物：它是提供人体活动和生长发育所需热能的主要来源，每日摄入量应为140～170克。食物中的谷类、豆类、食糖、蔬菜、水果都可提供碳水化合物。

（4）矿物质：其中钙是幼儿骨骼和牙齿生长的主要原料，每日应保证供给600毫克。钙质在奶类、蛋类、鱼类、豆类及蔬菜中含量较高。铁是人体造血的主要原料，每日应保证供给10毫克左右。主要应从动物肝脏、蛋黄、瘦肉、绿叶菜及豆类中摄取。锌可以增进食欲，促进幼儿生长发育，在动物内脏、花生、香蕉及豆类中含量较高，每日应摄取10毫克。碘也是幼儿生长发育必需的一种非常重要的营养素，它与幼儿的智能发展和体格发育密切相关，每日应保证摄取70微克。碘在各类海产品中含量极为丰富，食用碘盐也是补碘的好办法。

（5）维生素：它的作用是维持正常的生理功能和生长发育。其中最为重要的是维生素A、维生素B1、维生素B2、维生素C、维生素D，主要来源于蔬菜、水果、肉、蛋、豆、

---

① 郦燕君．学前儿童卫生保健．北京：高等教育出版社，2007

奶及粗粮。1~3岁幼儿维生素D的每日摄取量应为400国际单位。

（6）水：是人体最主要的成分之一，维持体内新陈代谢和进行体温调节等，这一阶段的幼儿每日每千克体重应补充水分125~150毫升。

幼儿期：3~6或3~7岁，也称幼儿园年龄期，医学上称为学龄前期。孩子与外界的接触机会日益增多，因此，孩子处于很活跃的阶段，但总体生长较缓慢，速度平稳。在这个时期，孩子的体格发育方面出现了下列一些特点：体重每年增加不足2千克，身高的增长也比较稳定，每年大约5~7.5厘米。从外表上来看，孩子显得细长了些，因此在这一时期孩子的活动量在加大，体力的消耗也增加了，所以家长觉得孩子消瘦了。在体重和身高的测量中，家长会发现两者的增加都比1岁以前慢了许多。除了体重、身高外，牙齿也有变化。一般来说，孩子在两岁半左右，20颗乳牙全部长齐，到6岁左右，在最后1颗乳牙的后面的上、下、左、右共长出4颗大牙，叫做第一恒磨牙，又叫六龄齿，这是最先长出的恒齿。与此同时，前面上下4颗乳牙开始松动起来，按出牙的顺序，逐一脱落并长出恒牙，故家长可认教这一年龄阶段的孩子学会刷牙了，要告诉他为什么要刷牙，并让他喜爱刷牙，保持口腔卫生，否则容易发生龋齿。为了引导孩子刷牙并保持刷牙的良好习惯，家长可以抓住孩子的心理状况。例如，部分孩子喜欢可爱的动物，也就是说，当孩子看到或想起自已的牙刷印有可爱的小动物的标志时，就会激发刷牙的欲望以及兴趣，这样一来，孩子便会慢慢养成刷牙的习惯了。家长可以带孩子到超市，让孩子挑选自已喜爱的牙刷，孩子拥有了自己的喜爱的牙刷后，家长就无须担心孩子不刷牙了。

为了使这一年龄阶段的小儿健康地成长，家长应给孩子质量较好的食品，保证其营养的需求。但在日常生活中，由于生活环境的问题，3~6岁的孩子容易养成挑食、偏食、吃零食的习惯，而不好好吃饭。于是，孩子的消瘦更为明显，身体的抵抗力下降，容易患各种疾病，应引起家长的注意。

偏食是造成3~6岁儿童发生反复呼吸道感染的重要影响因素之一。目前我国近一半的儿童都有不同程度的偏食行为，让儿童能均衡摄取食物，已经成为家长们的一个大难题。

偏食儿童到底“缺”在哪里？专家指出，主要是两个“7”的缺乏，一个是“7”类膳食摄入不全，即肉、鱼、蛋、奶、蔬菜、水果、谷类吃得少，导致多种营养素缺乏；另一个是“7”种维生素矿物质缺乏，即维生素C、维生素D、维生素E、叶酸、钙、铁、锌的缺乏非常明显。因此，父母想要儿童健康成长，一定要注意这个“7+7”的全营养补充，在揭开儿童偏食的小秘密后，帮助偏食儿童逐步改善偏食习惯，均衡儿童每日的膳食摄入。“行为+营养”完美补充，为儿童强健的体魄打好坚实的营养基石。

此时期有些儿童不爱吃新食物的部分原因是出于自我保护的潜意识，对待新食物儿童们都会有一种天生的“陌生感”，儿童对“眼熟”、“嘴熟”的食物更有偏好度，这也是造成偏食的原因之一。

儿童在尝试熟悉某种新食物前，会反复观察和尝试食物，“一闻，二玩，三吃”，但很多父母都不太了解儿童的这种行为，阻止儿童把玩食物，从而妨碍了儿童熟悉新食物。因此父母应尽量每天都更换菜式，让孩子从小接触更多的食品，养成不偏食的习惯。

随着家庭生活水平的提高，许多家庭会储有面包、糖、橄榄、饼干、巧克力等零食。

小孩爱吃零食也使家长忧虑孩子是否能健康成长。学前儿童进餐时因食量较小或没吃饱而较快产生饥饿感，于是靠吃零食解决饥饿。调查中发现，有些孩子只要是可以吃的零食都爱吃，而且可以吃个不停，家长给他们一包牛肉干都可以全部吃完，饱得不行还是不肯拿走，直到真的不想吃了，就用吃的东西在那瞎玩，弄得满地都是，刚吃完这个不一会儿又喊着“我还要，我还要”，如果不给他们，就在一旁不停地边哭边哼哼，一给他们就马上乖到不得了。等吃饭时间一到，他们却只吃一点点饭菜而已，然后又玩碗里的东西。小孩不断地吃零食，大人又不注意适时地制止，会导致孩子食欲不振、不好好吃饭甚至厌食，严重的还会使他变成一个无法自制、任性的小孩。有些家长只要小孩子一哭闹，就马上给他零食，这只会帮助孩子养成只吃零食，不好好吃正餐的习惯。

每次遇到这种情况，家长都倍感烦恼。有些家长忍不住会批评小孩子，如打屁股、打小手等。而孩子呢，不但不听教导，还会大哭大闹，甚至有些孩子会还手。这种情况发生在自己身上时该怎么办呢?

首先，家长应该让孩子定时进餐，不随便给孩子零食。当孩子要吃的时候，鼓励他忍耐到吃东西的时间，父母的态度要坚决，以帮助孩子建立良好的饮食习惯。同时，还可以陪他做游戏来转移他对零食的注意力。

其次，家长要在三餐之外安排合理的加餐时间。大约上午10时、下午4时给孩子吃两次间食即可，不能不论什么东西，不论什么时候，有则给他吃，吃则尽他的量，那么孩子正常进餐时就没有食欲了。如果孩子吃饭时间闹情绪，不要理他，冷淡他一段时间，他自己会主动要求进餐的，千万别造成孩子可以用不吃饭来要挟大人的结果，应当让孩子独自进餐。这样可以使大人、孩子两不误。慢慢地，孩子便会养成少吃零食的习惯。

总而言之，父母此时要注意教育方法，要有耐心。当孩子哭闹时，父母可采取漫不经心的态度，让孩子明白自己的哭闹吓唬不了谁，让他渐渐安静下来。有些孩子自尊心太强，父母可适当给他一个“台阶”，帮他“收场”，然后再通过“拥抱—对视—谈话”的方式进行教育。

此期的幼儿神经系统发育仍然较快，智力发育得到进一步的增强，求知欲强，喜欢问“为什么”，喜好模仿等。运动的协调能力不断完善提高，能够从事一些手工操作，能够学习简单的图画和歌舞，是上幼儿园的佳期，是为进入小学学习奠定坚实基础的良好时期。当孩子问“为什么”的时候，父母应该尽力回答，并且解释清楚直至孩子点头示意明白为止。至于问题涉及深奥的原理时，父母可以编故事或举例子来让孩子明白，避讳的是父母因不知道而不回答或者因孩子频繁地问“为什么”而感到厌烦甚至批评孩子，这不仅会削弱孩子的好奇心，更重要的是会挫伤孩子的自尊心，给孩子留下心理阴影，导致孩子以后都不再敢勤奋好学了。相反地，父母应该表扬孩子，并鼓励孩子留意观察身边的事物，遇到不懂的问题可以随时向父母请教，引导孩子积极深入地思考，促进大脑更好地发育。

孩子有天生的好奇心、模仿性，生活上常有这样的事：3岁左右的幼儿拿着汤匙吃东西，吃得狼狈不堪，还把瓷匙敲碎；人没有扫把那么高，却拿着扫把扫地，父母刚把垃圾扫拢，幼儿却把垃圾扫开。像以上行为，孩子可能会遭到父母责骂。其实，这正是孩子表达主动性、独立性的行为，是孩子模仿大人的动作的表现，父母不但不应该责骂，还应该给予鼓励、表扬和引导。

（二）学前儿童生理发展的规律

人体从婴儿到成人经历了复杂的变化发展过程，这种变化不仅表现在肉眼能够看到的身高、体重增加，而且表现为身体各个器官的分化和功能成熟。学前儿童生理发展规律有以下四个方面：

1. 学前儿童生长发育是有阶段性和程序性的连续过程

各年龄期按顺序衔接，不能跳跃，前一年龄期的发育为后一年龄期的发育奠定必要的基础，身体各部的生长发育有一定的顺序，而且每个年龄阶段发展产生的阻碍都会影响儿童的发育。胎儿时期的形态发育是头部领先，其次为躯干，最后为四肢。儿童动作发育顺序为首先会抬头、转头，然后为翻身、直坐，最后才会站立和行走，也就是遵循“头尾发展规律”。身体各部分的生长发育一般遵循由上到下、由简单到复杂、由低级到高级的规律①。

2. 生长发育的速度是波浪式的，身体各部的生长速度也不均等

孩子的生长发育并非是呈直线、平均速度增长的，而是呈波浪式非等速地增长，有时快些，有时慢些，但总的来说是有一定规律的。

就拿看得见的身高、体重、头围来说，婴儿在出生后 1 周岁内增长最快，特别是出生后前半年，孩子的身高比出生时增加 1/4，体重增加一半；1 周岁时，头围增加 1 倍，体重可达出生时的 3 倍，以后渐减；第二年仅增加 2.5 ~ 3.5 千克，以后就不会这么快，每年大概增加 2 千克，保持一个相对稳定的增长速度。

身高的增长在生长的两个高峰阶段时，身体各部发育的比例也有所不同。在第一次发育高峰期时，是从胎儿时的大头、较长的身躯和短小的两腿，发育成儿童时期的各部分比例都较匀称的体形；第二次发育高峰期时，下肢迅速发育，向上则是躯干得到发展，而头部发育不明显，最后达到较小的头、较短躯干和长腿的成人形态。

所以在婴幼儿的不同时期，身体各部分的比例是不同的，不能用一个标准来衡量。在增长相对稳定时期，家长不能误认为是生长停滞。掌握此规律，可以根据不同发育速度保证给孩子提供充分的营养，并根据身体各部分的发育速度安排适合孩子年龄的活动和锻炼，以保证孩子的正常发育。当然，我们还要了解各年龄阶段孩子的一些细小动作的发展（见“学前儿童动作变化一览表”）。

学前儿童动作变化一览表

1 个月	腿仍然弯着；出现微笑；能够发出细小的喉音；如果你将小玩具放在他的手中，会握住几秒钟就掉了
2 个月	身体继续变直；可以把头抬起 45 度，并能坚持一会；能基本上拿住放在手中的东西；会发出咿呀的喉音；眼睛能随物体转动，头能转向发出声音的方向

① 郦燕君．学前儿童卫生保健．北京：高等教育出版社，2007

（续上表）

3个月	身体变直，腿已经伸展开；可以抬起头，逗弄时能发出笑声；会试着用手抓东西；俯卧或抱直时能抬头片刻，头也能转动自如；视线可以随着物体移动，听见声音会寻找声源
4个月	可由仰卧位转向侧向位，渐渐能够从仰卧位翻到俯卧位；俯卧时能用上肢支持着抬起前胸；喂奶时可以用双手扶住奶瓶，还可以长时间地玩弄挂在眼前的玩具；成人扶住他的腋下可以站立；能拿着东西往嘴中放；可以独自坐着，不过身子会前倾；开始牙牙学语，发出尖叫声，有时还会“自言自语”；认识亲近的人，看见熟悉的人或玩具会发出声音
5个月	趴着时头部抬起；能从仰卧翻成俯卧；能拿着东西往嘴中放，发喉音时能长时间拉长声音；看见熟人或熟悉的玩具也会发出声音
6个月	可以向所有方向扭动；能够从俯卧位翻向仰卧位；不用扶着也可以坐几秒钟；能抓住悬挂的玩具，再大些时可以将积木在手中传递；对不同声音表示不同的反应。
7个月	能独立坐着，不过身子前倾，背部还撑不起来，有时需要用双臂放在前面当支柱；开始能够向前爬；能自已吃饼干，会摇发响的玩具，已经可以自主用双手抓玩具；开始发出“爸”“妈”等音节
8个月	不用他人扶着可以坐得很好；可以自由翻身；能长时间玩弄玩具，观赏玩具或用玩具互相敲击；可以把自已推向前，头能挺直，做出踢腿的动作；能用眼睛找想要的东西；模仿成人发音
9个月	能用四肢支撑起身体；会点头；能抓住栏杆站起来；开始试着用拇指和食指捏起细小物品，用食指抠东西，会用手撕纸；能对简单语言做出回答性动作。如说“再见”，会摆手，说“谢谢”
10个月	可以四肢伸直爬行；能独立站立片刻，被成人牵着能走几步，能从成人拿着的碗里喝水；一只手可以拿起两个东西；会弯腰拾取物体；会模仿成人叫“爸爸”“妈妈”，认识常见的人
11个月	由成人扶着，可以慢慢走路，但有些跌跌撞撞；可以自已吃东西、拿笔、传递东西，可以把积木放在容器中；能指出身体的某些部位；能理解简单的词义，如“灯”、“吃饭”
12个月	会独自走几步；可以用碗喝水，还可以把小球放进容器中；能执行简单的任务

（续上表）

1岁~1岁3个月	会扶着别的东西走路；在没有别人帮助的时候，能独立站起来；再大一点能独立行走、下蹲；会搭起数块积木；会用画笔画画；有时还会试着脱鞋子；会主动叫“爸爸”“妈妈”
1岁3个月~1岁半	能够叉开双腿，抬高肘部，较熟练地自己走路；会扶栏杆上下小滑梯；可以自己搭积木，达到三四层高；自己吃饭，翻动书页，还能学会拉拉链；能认识简单的图片，会说简单的词，如“再见”“给我”“不要”等
1岁半~2岁	走路比较稳定，双臂放下；能独自上下台阶，但在把脚踏向下一级楼梯时，一定要把双脚放在同一层楼梯上在保持好平衡；可以抓住门把手把门拉开，可以旋松瓶盖，喜欢自己洗手；会自己擦鼻涕，逐渐会用勺子吃饭；在成人的启发下会用积木搭成简单的形状；会说两三个字构成的句子，见不同的人会打招呼；知道某些常见用品的名称和用途；认识红色，能握住笔随意图画
2岁~2岁半	可以用脚尖走路；能往上跳，从较低的物体上跳上跳下；会自己洗手、洗脸；可以独立脱裤子、往线上穿珠子，可以扣上大的、简单的扣子；会模仿成人的简单动作；能说明一件简单的事情，会说简单的儿歌，能唱短歌；认识自己的用具，如杯子、毛巾等；有时会主动要求上厕所；认识红、绿颜色
2岁半~3岁	下楼梯时，在最后一个台阶可以双脚一起蹦到地面；会走平衡木，会双脚向前跳；会解开也会扣衣服的纽扣，会穿、脱袜子及部分衣裤；能够给图画上颜色，区别红、蓝、绿、黄等常见的颜色；会握笔画竖线；掌握剪刀的用法；能用语言表达自己的要求，会简单讲出听过的故事的情节；懂得饭前洗手，学会自己去用便盆
3岁~6岁	会单脚站立10秒钟，还会一只脚跳；慢慢地会抓住蹦跳的球；会脚跟对脚尖地向前走，还可以倒退着走；会自己穿衣服，会模仿着画些简单图形

3. 学前儿童身体各系统的生长发育不均衡，但统一协调

人体各器官的发育分为四种类型：一般型器官的生长；生殖型器官的生长；神经型器官的生长；淋巴型器官的生长。学前儿童的骨髓、视觉器官以及反映脑大小的头围等，只有一个生长突增。大脑在胎儿期和出生后发育一直领先，出生时的脑重是成人脑重的25%，6岁时是成人脑重的90%。正是因为儿童在5~6岁时大脑发育迅速，各种身体机能、语言发展和动作发展也是比较快的。

学前儿童身体各系统的生长发育不均衡，但统一协调，互相适应，互相影响。例如体育锻炼能增强心肺功能，促进消化吸收，并有益于骨骼的生长。

4. 每位学前儿童的生长发育都有着自己的特点，存在差异性

儿童的生理发展具有规律性，但是在一定条件下，由于遗传、环境、教养等影响，每个儿童无论身体外形还是内部功能都会存在着个体差异，如儿童的高矮、智愚、胖瘦等。尽管是同年龄、同性别的儿童，他们的发育速度、发育水平以及发育到成熟的时间等各方面都不会一致，同卵双生子之间也存在差异。

（三）影响学前儿童生长发育的因素

影响学前儿童生长发育的因素有内在的遗传因素和外在的环境因素。学前儿童生长发育的过程实际上就是个体遗传因素和环境因素相互作用的过程。

1. 遗传因素的影响

遗传对学前儿童的生长发育起着重要作用。研究表明，同卵双生子头围测量值很接近，身高的差别很小，这说明骨骼系统的发育受遗传因素的影响较大。

2. 环境因素的影响

环境因素的影响主要包括营养、体育锻炼、疾病、生活制度等。营养是保证学前儿童生长发育的物质基础。

3. 营养的影响

宫内营养不足不仅影响体格生长，还严重影响脑的发育和以后的学习能力；出生后营养不良，可影响体格生长，如瘦小儿童以及“大头娃娃”（大头，锃亮的脸蛋，鼓鼓的肚子，两条腿细得像青蛙的腿；背部皮肤皱巴巴的，头发灰白色，两腿发青，同时身体的免疫、内分泌和神经调节功能低下）。营养对生长发育中的学前儿童的形态、机能会产生暂时的或永久的影响。但营养过剩或不平衡则会导致儿童肥胖，影响儿童健康成长。

4. 体育锻炼的影响

体育锻炼是促进学前儿童的身体发育和增强体质的有效手段。体育锻炼可以促进机体的新陈代谢，增强呼吸和心血管的发育，减少疾病，增强儿童体质。

5. 疾病的影响

疾病直接影响学前儿童的生长发育。急性感染、长期慢性疾病、内分泌疾病、先天性疾病，如先天性心脏病、肾小管酸中毒、流行性乙型脑炎等，这些疾病都威胁着儿童的生命，对儿童的生长发育有重要的影响。

二、学前儿童疾病的表现

由于学前儿童年龄较小，一旦患病，往往自己不能表达出来，一般表现为精神状态不佳或者厌食，只有靠成人认真观察才能发现病情。儿童生病会有一定的迹象，家长应该每天细心观察儿童，一旦察觉儿童有生病的迹象，应及时送儿童就医。

学前儿童生病迹象可从多方面观察，例如，观看儿童精神及神情，健康的小儿比较活泼，眼神灵活，而患病的儿童不爱玩，无缘无故哭闹，眼神呆滞等。再如，正常儿童腋下体温维持在36℃～37.4℃，体温若为37.5℃～38℃则是低烧，体温高于39℃则为高烧。一般小儿生病都会影响食欲，并伴随一些症状。如小儿吃得多、喝得多、尿得多，同时皮肤经常生疮，应检查是否患有糖尿病。正常的尿液清晰透明，淡黄色，当小儿尿液呈现红色时，可能是得了急性肾炎；当尿色加深呈棕绿色或者橘黄色时，可能是肝、胆疾病。但服用某些药，如维生素B2等，尿液也会呈现黄色。

还有小儿不同情况下发出的哭声可暗示不同的病症，如夜间哭闹、多汗，人称“夜哭郎”，应该检查有无佝偻病，小便时哭闹则多为泌尿道感染。

腹痛在儿科门诊或急诊中很常见，原因除了胀气或便秘外，有些是肠套叠或先天性巨结肠症，甚至细菌性肠炎、卵巢畸胎瘤、胆道囊肿、肺炎、急性阑尾炎等造成的。而婴幼儿及孩童只会简单地说肚子痛或以哭闹表现，须配合理学或影像检查才能查知病因，家长不可忽视。一般来说，疼痛部位在上腹正中则可能是急性胃炎等；疼痛部位在脐周围则可能是急性肠炎、蛔虫症等；疼痛部位在右下腹部则可能是急性阑尾炎等①。

咳嗽是呼吸系统疾病最常见的症状之一。学龄前儿童常见慢性咳嗽的病因有：反复上呼吸道感染或上感后，鼻、副鼻窦、支气管炎，咳嗽变异性哮喘，过敏性咳嗽，支气管异物，慢性咽、扁桃体炎，肺结核，嗜酸细胞性支气管炎，支原体、衣原体感染，病毒性肺炎，被动吸烟，支气管扩张等，以上疾病均与小儿体质、过敏、营养、免疫力有关。呼吸道内壁为粘膜覆盖，当患上述疾病时，会刺激粘膜引发粘膜损伤，呼吸道感染或上感后多见于学龄早期儿童，于上感其他症状消退后，干咳要持续 3 ~ 7 周，也就是说一般会咳嗽数周。反复上感甚至数月，常伴有细胞或体液免疫低下，因此可行免疫调节和平衡治疗。

第二节　学前儿童认知能力的发展

认知（cognition）指人们获得知识或应用知识的过程。人脑接受外界输入的信息，经过头脑的加工处理，转换成内在的心理活动，支配人的行为，就是认识的过程，这是人最基本的心理过程，包括感觉、直觉、记忆、思维、言语等。总之，人的认知过程是一个主动寻找信息，接受信息，并在一定信息结构中加工信息的过程。在本节中，我们主要介绍学前儿童的思维发展、记忆发展、创造力发展以及言语发展。

一、学前儿童的思维发展

思维是借助语言、动作、表象实现的，对客观事物概括、间接的认识，是认识的高级形式，它能揭示事物的本质特征和内部联系，并主要表现在概念形成和问题解决过程中。皮亚杰通过大量的观察实验，把儿童思维发展过程分为几个阶段。感知运动智力阶段——儿童思维发展的萌芽（0 ~ 2 岁）。这一阶段分为 6 个子阶段。分别为：反射练习时期（0 ~ 1月），儿童出生后以先天的无条件反射适应外界环境，并通过反射练习使先天反射（吸吮等）更加巩固，还扩展了原先的反射（吸吮拇指、玩具等）；习惯动作时期（1 ~ 4.5 个月），在先天反射基础上，儿童通过机体的整合作用，把个别动作联结起来，形成了一些新习惯，如寻找声源、眼随物动等；有目的动作逐步形成时期（4.5 ~ 9 个月），儿童在视觉与抓握间形成协调，这样儿童活动开始涉及对物的影响而不再囿于主体自身，最终出现为某一目的而行使的动作，智慧动作开始萌芽；手段与目的分化并协调期（9 ~ 11、12 个月），这一阶段目的与手段已经分化，智慧动作出现，儿童能运用不同动作图式对付

---

① 郦燕君．学前儿童卫生保健．北京：高等教育出版社，2007

新事物，但不会创造和发现新动作顺应世界；感知运动智力时期（11～18 个月），当幼儿偶然发现某个感兴趣的动作时，不只是重复以往动作而是在重复中作出一些改变，第一次有目的地通过调节来解决问题；智力的综合时期（1.5～2 岁），这时是一个向前运算过渡时期，其显著特征是儿童除用身体与动作寻找新方法外，开始运用表象模仿别人做过的行动解决眼前问题，例如，这个阶段的儿童开始用身体的一部分来代表物体，如用一个手指来代表一把牙刷，这标志新阶段开始。前运算时期（2～7岁），这一阶段由于符号功能出现，使儿童从具体动作中摆脱出来，凭借象征性图式在头脑中进行“表象性思维”，这种思维有三个特点：具体形象性、不可逆性、刻板性。儿童只具备一些日常生活中的概念，还没有真正的逻辑概念。例如，一个 3 岁儿童画画，他掌握的只是爸爸妈妈的象征符号，圆形的头、鼻子、眼睛、嘴巴等，一般会把妈妈画得胖胖的，把爸爸画得高瘦，而自己就特别的小。

二、学前儿童的记忆发展

（一）学龄前儿童记忆力发展特点

（1）无意识记忆占优势，有意识记忆在发展。学前儿童还不会向自己提出记住客观事物的任务，经常是自然而然地记住一些简单的生活经验、诗歌、童话、故事和图画等。被记忆的东西常常是直观、形象、具体和鲜明的，是一些能激起兴趣和情感的事物。例如，孩子听妈妈讲了《喜羊羊与灰太狼》的故事之后，会记得喜羊羊是好的，而灰太狼因为要吃羊所以是坏的，当再次听到狼的时候，便会不由自主地说出狼是大坏蛋。

（2）形象记忆占优势，语词记忆能力慢慢提高。学前儿童根据事物的具体形象（如图片、实物和图画等）来识记的能力较强，因此在培养时，运用直观的教材可以取得较好的效果。例如，妈妈向他们介绍“苹果”这一物质时，如果没有图片而是简单地说苹果是红又圆的，那么，当儿童看到一个红又圆的西红柿时，他们会误认为是苹果。相反，如果妈妈在叫他们认识苹果的时候能够拿出一张苹果的图片，那么孩子们便能直观地认准苹果的形状等特点，不会混淆苹果和西红柿。

（3）大脑容易兴奋，也极不稳定，表现为容易记住，也容易遗忘。

（4）记忆的精确性和巩固性较差。对此，父母可以通过和幼儿聊天再次提起幼儿当天所接触的新事物，让幼儿在回忆中加深对事物的印象，在不知不觉中增强自身的记忆力。

（二）如何培养学前儿童的记忆力

首先要注重记忆品质的培养，主要包括记忆的敏捷性（记忆的速度）、持久性（减少遗忘）、正确性（记忆准确、不易混淆）和准备性（记忆的恢复速度）四个方面。具体训练方法有：

1. 图像记忆

让儿童看一张画有 10 种动物的图片，限制一定时间内看完，然后将图画拿开，让孩子说出图片上都有哪些动物。开始看的时间可以长些，而后时间慢慢减少，这样可以同时锻炼孩子观察的敏捷性和准确性。

2. 实物记忆

观察商店橱窗的商品，然后让孩子说出陈列的商品名称；观察文具盒里的用品，然后背出盒中的东西；观察公园的花坛，然后背出育有几色花草等，从实物观察中，提高识记能力。

3. 数字记忆

从两位数开始，任意说1个数字。如从5到8，每个数字之间保持1秒钟的间隔，让孩子重复说出，能通过，则将数字增到3位、4位、5位……还可以记门牌号、电话号码、历史年代等各种数字材料。

4. 词汇记忆

讲述一段故事后，让孩子重述，看能记住多少词；在一定时间内说出一些儿童熟悉的词汇，看儿童能记住多少。

在生活中培养有意识记忆，经常向孩子提出记忆的任务，如让孩子帮助父母记住家中存放东西的地方，父母单位的名称、电话号码，家住的门牌，亲友的名称，自己放玩具的地方。让孩子重述故事，背诵童诗，让他尽快记住，从而增强有意识记忆的能力。

三、学前儿童的创造力发展

梅斯基和纽曼对儿童的创造力作了如下的定义：创造力是一种能力，它能使一个人以一种听取和欣赏他们讲话的方式来表达自己的意见；创造力是一种素质，它能使人发现别人以前未能理解的定义。当幼儿创造出一种表达自己思维的方式和发现新问题时，就说明他具有创造力。例如，一个5岁的儿童在沙滩玩耍的时候用沙子堆一座塔，但是沙子不停地倒塌下来。当他用积木搭建一个塔时，他发现木塔不会倒塌，因此他以后不会再用沙子搭塔，而是一提到搭塔便会用积木来搭建。这说明这个儿童发现了“用积木搭建东西比用沙子搭建容易”这个事实①。这就是一种创造性活动。

好奇心是创造力发展的起点。学前儿童的好奇心比较强，喜欢打破沙锅问到底，带着好奇心去认识、探索世界。

第一，父母应重视幼儿创造力的表现，正确对待孩子的“淘气”，要重视、鼓励幼儿的创造行为，要在保护他们的探索精神的基础上引导发展。如果幼儿在探索过程中“闯祸”，父母也应予以理解和宽容，这样才能激发、培养幼儿的创造力。

第二，父母应进行创造性的游戏活动，通过游戏，使幼儿认识周围世界，有助于幼儿提高肌肉协调能力。游戏可自由玩耍，也可以父母与子女一起玩。如堆砌积木、爬、跑、荡秋千、玩沙、玩水、用胶泥塑造东西、扔球、跳舞、戏曲表演、绘画 、穿衣、穿鞋、玩拼板、编故事、编谜语、听音乐等。

第三，父母应进行环境教育活动，应带幼儿走出家门，走进大自然，开阔幼儿的视野，丰富他们的知识，激发他们的好奇心，增强他们的探索兴趣，如观察云彩和天空。在

① 周念丽．学前儿童发展心理学．上海：华东师范大学出版社，2006

一个暖和、多云间晴的日子里，母子可以躺在地上观看天空，可以看到各种形态的云；太阳可能被云遮住，鸟群可以在空中飞过，绚丽多彩的晚霞，飞机可能从空中飞过，后面可能带着长长的雾气尾巴等。这时，幼儿可能会想到许多问题：云怎么看上去会动？太阳为什么中午小而早晚大？鸟儿、飞机为什么能在空中飞翔？云有许多颜色吗？能不能编造一个云的故事呢？

四、学前儿童的语言发展

学前期是儿童学习语音的最佳时期。随着年龄的增长，声母、韵母的发音逐步提高，而且发音错误率逐渐降低，3 岁时只有大约 10% 的儿童能正确发出所有的声母、韵母的正确发音，而到 6 岁时，则上升为 70%。可见，儿童的语音发展与发音器官的成熟程度有着十分密切的关系。

3 岁半以前儿童的话语常常漏缺主要词类，词序紊乱。3 岁半以后出现较多复杂修饰语句。如运用介词“把”：他们把绳子接起来跳。“把”字前后两个名词的关系以及第二个名词与紧接着的动词的关系，都受严格的限制，不能任意调换和删除。到五六岁，儿童的关联词比较丰富，但还常常用得不恰当。

1 岁半到 5 岁期间是儿童习得语言的速度最快、效果最佳的时期。这个时期，儿童可以通过多听儿歌、听故事、看图书、看童话故事来学习语言，这样学习效率很高。与此同时，学前儿童在学好母语的前提下可以学习第二语言，不过要注意学习方式，不要把母语与外语混淆了。

第三节　学前儿童的社会性发展

一、社会性的简介及其产生

独自一人是谈不上“社会”的，当身边再有一个人时，“社会”就构成了。假设一个人远离了社会生活，失去了人际交往，那他只能是一个自然人，永远不具有社会人所具有的社会性。一个家庭是一个小社会，一个单位也是一个小社会。人每天都在各种社会群体中，充当各种角色，表现自己的“社会性”。例如，一个学前儿童眼中的叔叔阿姨对别人的态度、打交道的方式、怎样受别人的影响、怎样影响别人等，都是学前儿童社会性的表现以及表现自己的社会性的场合。

儿童从出生那天起便生活在社会之中，就是说儿童一出生就预示着其社会性发展的开始。美国心理学家马斯洛的需要理论指出，儿童除了基本的生理需要外，还有社会性需要，如安全的需要、归属和爱的需要等。社会性需要是每一个人生活所必需的，如果这类需要得不到满足，就会使个人产生焦虑、痛苦等情绪。人自从出世后便成为各种社会团体中的一分子。从婴幼儿时期起，人就想与他人亲近，希望得到别人的鼓励、表扬、爱护等。例如，处于学前的儿童，无论在家还是在幼儿园，都希望常常得到父母以及教师的表扬，尽管只奖励一朵小红花，学前儿童都会感到很高兴、很满足。沙赫特做过实验说明：人长时间与他人隔绝是很难忍受的。社会性需要是人类的一种基本需要，也是人类区别于动物的一个根本特征。

二、社会性对学前儿童发展的意义

只要我们细心观察，便会发现这样的现象——学前儿童中，同样是智力中等或智商水平较高的人，有些儿童与他人的关系和谐，乐于与他人分享，礼貌谦让，惹人喜爱；可有些儿童却与他人的关系比较紧张，不喜欢和别的小朋友一起玩，攻击性强，受人排斥。比较分析可得知：有的学前儿童适应他们所生活的社会，有的学前儿童不适应他们所生活的社会，与周围的人格格不入，甚至逆反、对立。社会性是学前儿童生存发展所必需的内容，并影响学前儿童的身体和心智的发展。

良好的社会性会促进孩子的身体健康。比如，当一个儿童和其他小朋友和平相处时，他会感到很开心、愉快。这种开心与愉快使他的内分泌系统处于平衡状态，这有利于生长与发育。有医学专家经过研究得出结论：习惯心平气和的儿童比容易烦躁的儿童免疫力更强，更不易患传染病。与此相反，如果儿童社会性发展不良，那么无论他发火还是生闷气，都会使得他的内分泌系统发生某种程度的紊乱，这种紊乱对他的生长发育会产生消极的影响。有医学研究指出，幼儿心情紧张可能导致发烧、呕吐、腹泻等；长期神经紧张可能导致幼儿生长发育迟缓。成人疾病之中的高血压、心脏病、慢性肠炎、糖尿病，也都与神经紧张有关。

社会性还会影响学前儿童的心志发展。社会性发展较好的孩子，其适应能力和自制力都比较强，与老师、同伴相处融洽，情绪稳定、乐观开朗、自信心强，比其他幼儿表现得更有毅力。相反，社会性发展不好的孩子，不仅不会学习如何做人，还会导致不诚实、虚伪、道德水平低下等现象。

第四节 学前儿童的自我意识发展

一、自我意识

自我意识是指主体对自己的意识，也就是主体对自己和自己心理的认识。人由于自我意识的发展，才能进行自我观察、自我分析、自我控制和自我教育等。动物是没有自我意识的，只有人类才有自我意识，这是人类与动物的区别特征之一。自我意识是儿童社会性的重要组成部分，也是其社会性发展的基础。自我意识的内容有多种看法，我国学者从知、情、意这一角度出发，认为自我意识包括自我评价、自我控制、自我体验三个方面。

自我评价包括自我感觉、自我概念等。学前儿童对自己或别人的评价往往是成人评价的简单再现，对于成人的评价，学前儿童有一种不加考虑的轻信态度。例如，学前儿童一般只能评价一些外部的行为表现，还不能评价道德品质等。当问他“为什么说你自己是好孩子”时，4 岁儿童回答“我不打架”或“我不抢玩具”，而 6 岁的儿童则可以说到一些内在的品质特点，如“我听话，遵守纪律”或“我谦让，对小朋友友好”。如果成人对儿童的评价不客观、不正确，儿童往往会提出疑问、申辩，甚至表示反感。例如，小华、小军和小燕在一起玩耍，小燕因被小华欺负而哭，老师闻声过来。但是因为小军一直以来在老师眼里都是一个比较调皮捣蛋的学生，于是老师来不及问清原因便批评了他。小军明明知道不是自己的错，于是向老师提出申辩，澄清自己的清白，这便是小军自我意识的表现。

自我控制指目标受到阻碍时，个体抑制自己的行为或改变行为的能力。从科普的观点来看，学前儿童的自我控制分为五个阶段：2 岁前分别为神经生理调节阶段、知觉运动调节阶段、外部控制（服从控制者的命令）阶段；2 岁左右自我控制能力逐渐发展起来，即利用表征能力，以符号代替物体，在没有外界监控的情况下服从控制者要求、延缓自己要求的行为；4 岁以后儿童开始运用语言进行自我调节和控制了。

自我体验包括自我感受、自尊、自爱等，自尊是自我体验的核心内容。自尊是一种胜任、值得敬重的自我体验。自尊是个体对自我价值的一种积极的评价和体验，它是在社会化比较过程中实现的。

二、促进学前儿童自我意识发展是家庭心理教育的重要任务

从 20 世纪 80 年代初实行计划生育政策以来，我国当今社会独生子女已经成为一个普遍的社会现象。由于独生子女家庭教育中出现了问题，一部分独生子女产生了明显的以自我为中心的意识，考虑问题大都是围绕着自己的利益，唯我独尊。这种思维方式导致了目前学前儿童发展中的两个极端问题——伤害自己和伤害他人。学前儿童心理障碍形成的一个主要原因是自我中心，遇到问题的时候，一般是从自己单一的角度出发，欠缺换位思考，把问题的原因归于外界而产生怨恨、委屈的心理；而对他人伤害的原因也主要是由于以自我为中心。我曾在幼儿园见过这么一个镜头，一位幼儿园的小朋友看到另外一位小朋友在吃饼干，于是他伸手去抢饼干，可他因不得逞而打了一下那个在吃饼干的小朋友。他的神情动作好像在告诉我们，那个饼干他应该可以吃，吃不到的话便要伤害别人以求心理上的安抚。从这看来，在儿童早期，帮助儿童逐步建立积极的人际关系的思维方式，是家庭教育的一个重要任务。

学前儿童的自我认识、自我的情感体验和自我控制都在不断地发展。在学前阶段的家庭教育中，要注意鼓励孩子，为孩子多提供锻炼的机会，让他们自己做事，增强他们的自信心，培养他们独立活动和控制调节自身的能力，从而促进他们恰当的自我意识的发展。

第五节 学前期的亲子关系

一、父母与孩子的关系

亲子关系即父母子女关系。法律上指父母和子女之间的权利、义务关系。父母和子女是血缘最近的直系血亲，为家庭关系的重要组成部分。

一般来说，亲子关系随着子女年龄的增长而变化，称为“亲子关系的发展”。婴儿幼小时，十分依赖父母的抚养，不但要父母喂养、照顾，心理上也依赖父母。一方面，婴儿从父母那里获得安全感以及信任感；另一方面，父母又可以从婴儿身上获得作为父母的幸福感与满足感。子女到了幼儿时，除了继续抚养之外，父母还要进行适当的管教，让幼儿学习生活中所需的基本知识以及为人的是非准绳，让幼儿逐渐获得管理与控制自己欲望及行动的能力。到了学前阶段，父母要鼓励儿童与外界接触，从生活和社会中学习。例如，父母要鼓励儿童表达自己的意见，亲身参与家庭的讨论，让孩子意识到自己是家庭的一分子，在家庭中占有重要的地位。到了青少年阶段，子女对父母的依赖减弱，关系疏淡，与父母以平等的关系相处。

父母与孩子是一种鱼水关系。如果我们把夫妻结合形成的家庭比喻成一个水桶，那么桶里的水就像是生活内容，桶里的鱼就像是孩子。当一切平安无事时，小鱼会自由自在地游泳，当这个水桶再也容不下它时，它就必须学会再与别人结合成一个新的水桶……如果这条鱼还没有真正长大，水桶便突然破了呢？水桶破了，水就会漏出来，如果水漏尽了，这条鱼的生命也就结束了。这种情况下，这条鱼无论如何都不会眼看着水漏光的，它会自觉地采取补救措施，而最直接的办法，就是用自己的身体堵住这桶中的漏洞。如此，既能保证自己的安全，也可以让这桶从表面看上去还是桶。这个比喻说明：为了保持一个完整的家，当看到家里出现不和谐时，如父母间的争吵，孩子会采取一定的方式进行补救，比如大声哭闹或者打电话告诉爷爷奶奶等。从这看来，父母应该意识到当时的争吵已经对孩子的心理造成了一定的影响，孩子失去了安全感，这时父母就应该立即停止争吵并抚慰孩子的心灵，尽量不要让孩子看到争吵时的恐怖画面。

二、父母的教养方式

父母是孩子的第一任教师，对子女的一生有着深远的影响。孩子身上出现问题，也就折射出家长在教育孩子上存在问题。

许多家长都会有这样的疑问：有的家长不管孩子，这孩子也很争气，学习纪律各方面都很好；有些家长不管孩子，孩子各方面表现都很差；有的管得很严，孩子叛逆；有的管得很严，孩子上进。这究竟是为什么呢?

父母的教养方式不但是儿童各项能力发展的准备，而且是儿童社会适应能力高低的决定因素。若父母能给予儿童适当与充分的爱，则可维持儿童心理的稳定，能使儿童学业与智力等各方面的能力得到良好的发展。

父母的教养方式有多种分类方式，可分为放任式、权威式、民主式、关怀式以及忽视式。其中民主式和关怀式属于积极的教养方式。

权威式的教养方式是指父母对孩子的要求十分严厉以及期望值很高，常常以高标准要求孩子的行为。父母向孩子提出这些要求和标准时不考虑孩子的感受以及能力，甚至不留给孩子和自己商量的空间，坚持“父母至高无上”的观点。一旦孩子和自己讨价还价，父母便会惩罚孩子。这种教育方式忽视和抑制了儿童的想法和独立性，子女多表现为焦虑、退缩、胆小怕事等负面的情绪和行为。

民主式的教养方式就是父母对待子女宽严兼施，依子女的兴趣、能力及需要，满足合理的要求，尊重子女，讨论家庭大事时给孩子发表意见的机会等，与子女关系亲密。这种方式，易使孩子养成独立的个性、善于适应生活、保持稳定的情绪与建立良好的习惯，有助于培养资质优异的儿童。

关怀式的教养方式是指父母能了解子女、重视子女，对子女有积极的评价，时常给予子女适当的鼓励表扬，能设法帮助子女解决困难及消除烦恼，子女也很信赖父母，遇困难时喜欢向父母求教。

忽视式的教养方式是指父母对孩子的成长表现出漠不关心的态度，只是对孩子的成长提供食品和衣物等物质，很少对孩子进行精神上的关心与奖励。例如，有些父母重男轻女，对儿子关怀备至，而对女儿则只满足物质需要，很少关心女儿精神上的需求。无论出于什么原因，这种极端的忽略可以看做是虐待孩子。在这种环境中成长的孩子出现适应障碍的可能性很高，他们会因为得不到父母的关爱而对学习不感兴趣。有学者研究指出，在这种抚养方式下成长的儿童，在今后生活中有很大的犯罪倾向。

从上面可以看出，父母教养方式对孩子的健康成长有重要影响。在和谐的家庭气氛中，父母的关爱、鼓励，以积极的态度教养子女，可以让子女感到安全，建立积极的自我观念，并有较大的抱负及成就动机，而有助于适应生活、人格发展及学业表现。积极的态度要加上适宜的教养方式，例如，民主式、关怀式的方法，给子女以独立自主的空间，子女的能力才能得到更充分的发展。

三、父母意识

父母意识指父亲、母亲对于妊娠、分娩、育儿及亲子的态度，对为人父母的自信心与责任感，以及成为父母后对自身及配偶的评价及情感体验等[①]。母性意识与父性意识都具有丰富的心理结构和内涵。调查发现，中国的母性意识中存在着明显的消极体验和自我丧失感，父性意识中则存在着突出的育儿焦虑。为了学前儿童更好地成长，具有更好的学习

① 周念丽．学前儿童发展心理学．上海：华东师范大学出版社，2006

能力，其父母应该具备以下意识：

（一）注重学前儿童的智商发展

例如有意识地拓宽孩子的知识面，当父母从幼儿园接孩子回家时，父母可以向孩子解说看到的任何事物来增加他的知识面，如各种商店的用处、红绿灯的用处、广告牌的设计与作用等。当父母与孩子在公园散步观光时，父母可以有意识地向孩子介绍各种动植物的名称，特点等，甚至可以看着天空给孩子讲一些天文知识。此外，在家里，父母也可以通过鼓励孩子看图编故事来增强孩子的想象力与创造力。

（二）注重学前儿童的情商发展

例如，独立自主能力的培养，即让孩子做自己能够做的事情，提供机会让他决定一些事情，如穿衣服。父母可以让孩子选择自己喜欢的衣服，如何搭配也由孩子决定。再如，出去玩可以让孩子选择玩的地方。平时孩子要自己做事情，父母尽量不要拒绝，如果要拒绝，需要告诉他原因，并对他的这种热情给予肯定与赞美。作为父母，应该以赞赏教育为主，多表扬，多鼓励。不要打孩子，因为那是最伤害孩子心灵的。

（三）培养幼儿自我独立性以及不要过度保护孩子

欧美国家的父母非常重视孩子独立性的培养，推崇“个人奋斗”，而不是依赖父母和其他人，他们主张从小就培养孩子的独立意识。孩子一出生就让他独宿一室，极少与父母同住。孩子刚学走路时，跌倒了，也是让他自己爬起来。而中国的父母却刚好相反。孩子从出生到五六岁都会和自己一起睡，当孩子学走路时跌倒了便马上扶起来，并紧张得不得了，心痛疼孩子受伤了，导致从小就过度保护孩子。调查发现，这样的孩子长大后欠缺自立的能力。

（四）采用适当的教育方式

父母要注意对孩子说话的口气和方式，要认真听孩子讲话，使孩子感到你在尊重他。例如，不硬逼孩子吃饭，不用命令的口吻叫孩子做事，不当众斥责孩子，不要对孩子说“不争气”“笨蛋”“没出息”等，因为这样会深深伤害孩子的自尊心；相反，父母应该以平等的态度对待孩子，尊重孩子的人格，但这不等同于娇惯孩子。事实证明：受到父母充分尊重的孩子，大多乐于与父母合作，懂礼貌，举止大方，自我独立意识强，心理学家认为这是孩子受到应有尊重后的良好反应。

第六章　小学阶段儿童的家庭教育心理问题

家庭是社会的细胞和基本单位，是儿童成长的第一所学校，也是铸造孩子良好性格和人格的重要场所。而父母是孩子的启蒙老师，也是终生的示范者。因此，家庭教育的好与坏直接影响儿童的身体健康、学习成绩，甚至影响儿童的心理健康发展。

第一节　家庭教育与儿童的认知发展和学校适应性

一、家庭教育

家庭教育在一个人的成长和发展过程中的作用是不可低估的，父母的职务作用对子女的影响是任何人都无法代替的。俗话说得好，“父母是孩子的第一任教师”。家庭教育既是摇篮教育，也是终身教育。家庭教育因其特殊的地位和影响，在我们的大教育系统工程中起着举足轻重的作用。

（一）家庭教育的概念

家庭教育是在家庭生活中，由家长（其中首先是父母）对其子女实施的教育。但是，随着社会的变迁，家庭教育的概念和内涵正在发生变化。20 世纪 60 年代，美国学者艾娃（Avery）认为，家庭教育就是家庭内部的事情，是对家庭成员进行家庭中的角色与责任的教育，以使每个人承担自己的义务，保证家庭的和睦。[①] 而按照现代观念，家庭教育包括生活中家庭成员（包括父母和子女等）之间相互的影响和教育，以及聘请专门从事家庭教育的教师对子女的教育。家庭教育的对应英语是“home education family education teaching in home”。家庭教育简称“家教”。

（二）家庭教育的变化

1. 家庭教育的观念正在转变，更加重视孩子的教育

以前，有许多家长认为自己的义务是解决孩子的吃、穿、住、用问题，为孩子提供一个不愁吃、不愁穿的生活环境就行了，教育孩子是学校教师的工作。因此，他们对孩子的

---

① 曾燕波. 中小学生家庭教育现状的调查报告. 中国青年政治学院学报，2006（5）

教育不闻不问，用自己是否能满足孩子的物质需求来衡量自己对孩子所尽的责任，缺乏对孩子的精神世界和内心世界（心理发展）的关注。尤其是在农村，由于知识文化水平比较低，大部分家长忽略了家庭教育。但在今天，随着社会的发展，人们越来越认识到知识的重要性、教育的重要性、家庭教育的重要性，教育观念有了不少的改变。现在许多家庭都舍得投资，为孩子购买各种学习资料，用在孩子身上的钱越来越多，甚至成倍地增加，也更加关心孩子的学习和生活情况，对孩子的品德教育更为重视，强调孩子的全面发展。

2. 家庭教育的方法不断理性化

许多家长"望子成龙""望女成凤"，一旦孩子在某一方面没有达到自己的要求就冷嘲热讽，破口大骂，甚至大打出手，其实这是一种错误的教育方法，不但不能教育孩子，还会打击孩子的自信心，也可能造成孩子怯懦的性格。现在这种现象虽时有出现，但已不多。今天，许多家长都会采用物质激励、精神鼓励、思想教育等一些比较科学化的方法来教育孩子。

3. 家庭教育的内容不断扩大

受传统观念的影响，家长们认为所谓的家庭教育就是教育孩子在学校里要听老师的话，认真学习；在家里要听家长的话，帮忙做家务；平时要诚实，真诚待人，与人和睦相处；养成良好的生活习惯，等等。当前，许多家长已经认识到未来社会竞争对人才素质全面发展的需求，更加关注家庭教育的其他内容。这使得家庭教育的内容愈加丰富多彩。除了上述内容，家长们已经开始把教育的目光投向其他方面，如道德品质教育、学校功课辅导、兴趣特长的培养、身体素质锻炼、心理健康问题、日常生活指导、理想追求、日常交友等。总的来说，现在的家长对孩子的一些基本情况，无论是生活和学习，还是生理和心理，虽然不能说十分了解，但都还是比较了解的。

（三）家庭教育存在的问题

1. 过度的保护和过分的溺爱

现在的社会独生子女比较多，家长往往把孩子当成心肝宝贝，担心一不小心孩子就会受到伤害，真是"捧在手里怕摔了，含在嘴里怕化了"。因此，许多孩子放学回到家里什么也不用干，连最基本的家务如洗碗、洗菜、洗衣服等也不会。他们或是不愿干，或是家长不让干。这种家庭的家长特别宠爱孩子，过分溺爱子女，包括孩子力所能及的事和家务全都包办，替孩子穿衣、系鞋带，上学放学替孩子背书包，对孩子缺乏客观评价，以孩子为中心，尽量满足孩子的所有要求。在这种教育之下，孩子难以形成正确的自我评价，变得自私、任性、难管教、不听家长的话，在面对挫折、困难时缺乏必要的经验和勇气。这是一种没有原则和分寸的爱，是会妨碍孩子的成长的。

2. 百般袒护和严宠不一

出于爱孩子的原因，有些家长对孩子的错误总是百般袒护，为孩子开脱。面对别人的批评，家长总是不愿从自己的孩子身上找原因，更不用说纠正孩子的错误，因为他们觉得批评孩子是对孩子的伤害。面对孩子的错误，家长总是强调客观的原因，总习惯看到别人的不足。许多家长认为孩子只要学习好，不违反法律，犯点小错误是可以理解的。这会导致孩子的任性、执拗、唯我独尊，很难认识和改正自己的不足和错误。还有一些家庭父母双方教育孩子的态度不一致，导致父母双方一方管一方宠，这样往往很难奏效。[①]

3. 以成绩的好坏评论孩子的一切

孩子的功课分数，是家长最关心、最敏感的话题。许多家长把“知识渊博，有技术和专长”视为家庭教育的目标，只要成绩好就行了，以为一好百好，导致“学习至上，成绩至上”成为孩子追求的唯一目标。于是，家长包办了孩子的家务劳动，一是心疼孩子，二是不屑于让孩子干“杂活”，怕影响孩子的学习。这种家庭教育的误区导致家长整天围着分数转，认为考试成绩不好，一切都不好，而忽略了孩子其他方面如心理、德育、品行、性格等的发展，震惊全国的“夏斐事件”就是因为孩子考试成绩不理想，被母亲打成重伤，最终死亡。

4. 专制、粗暴型的棍棒式教育

有些父母“望子成龙”“望女成凤”心切，对孩子期望过高，对孩子的学习情况评价过低，又不能掌握正确的教育方法，信奉“黄荆条子出好人”“不打不成才”。在孩子考试成绩差的时候，父母不是为孩子分析试卷，找出错误的原因，而是不分青红皂白地一顿责骂或棍打。个别家长遵行说一不二的教育方式，对孩子极不尊重，既无民主，也无平等，对子女的过错不是说服教育，而是打骂惩罚，从而导致了这类孩子生活在恐惧、紧张之中，这些孩子的个性特征表现为怯懦胆小，缺乏独立见解，依赖性强，具有明显的反社会倾向。长期下去，这种教育方式容易造成孩子心理上的不良后果，使孩子觉得缺乏家庭温暖，无心学习，久而久之，也会对父母产生一种畏惧心理。有些孩子的说谎行为多与父母过于严厉、动辄打骂的教育方式有关。[②]

5. 不闻不问，放任式教育

由于快节奏的生活、巨大的生活压力、激烈的竞争环境，繁忙的父母没有时间，也没有精力关心和教育自己的孩子，于是放弃对孩子的指导，听之任之，一切由孩子自己做主，一切活动由孩子自己安排，想干什么就干什么。有些家长认为“树大自然直”，现在管那么多也没用，还是顺其自然，等孩子长大就好了。这样一种放任型教育会让孩子觉得自己总是被家长忽略。孩子也会由于得不到关心而随心所欲，逐渐形成富于攻击、冷酷、自我显示甚至放荡的不良品质，常常会有情绪不安，反复无常，对周围事物漠不关心的心态。

6. 不良的家庭氛围

有些家庭里父母感情不和，家庭关系破裂；家庭成员性格急躁，没有耐性，动不动就发火，动不动就争吵不休；家庭成员对待生活和学习的态度是消极的，得过且过，缺乏积极进取的精神；家庭成员之间的关系很冷淡，互不关心，各自为政。这些不良的家庭氛围，往往会对孩子产生一些消极的影响：首先容易形成孩子孤僻、冷漠的个性，容易产生悲观失望的消极思想情绪。生活在矛盾重重、感情破裂的家庭里，孩子的心理会受到压抑，过早地承受感情的折磨，承受孤单和冷漠。其次，容易形成自私、急躁的个性。家庭成员表现出来的自私、急躁情绪会潜移默化地影响孩子的成长。最后，容易形成自卑的个

---

① 吕磊．家庭教育不能走入误区．甘肃教育，2007（1）

② 李小融．中小学生心理健康教育．成都：四川教育出版社，2006

性。不良家庭氛围中，没有民主，只有专制。孩子不能发表自己的看法，常常会感到自己是多余的，认为父母对自己不讲理。

二、小学儿童的认知发展

“认知”这一术语有广义和狭义之分，一般认为，广义的认知和认识的含义基本相同，是人脑反映客观事物的属性与联系，并揭示其意义与作用的高级心理过程，狭义的认知是指信息加工的过程，即个体获取、加工、贮存、运用信息的过程。①

认知发展是指个体的认知能力随年龄和经验的增长而发展变化的过程，涉及感知觉、注意、记忆、思维、想象等认知过程及其品质的发展、认知结构的完善和解决问题能力的提高等方面。小学生的认知发展是其学习的基础，而学习又进一步促进了小学儿童认知能力的发展。②

(一) 小学儿童知觉的发展

知觉是人脑对直接作用于感觉器官的客观事物的整体反映。正是因为知觉，人们才能识别各种客观事物。小学生的认知发展始于知觉，如观察就是一种有计划、有目的、比较持久的知觉。③

小学儿童由于生理和心理还不够成熟，虽能知觉一些事物，如一个物体的形状、大小、颜色、声音、硬度和光滑度等属性，但他们的知觉多具有无意性，而且知觉的精确度不高。但随着年龄的增长，小学儿童的知觉也会不断地发展，呈现出以下特点：

1. 小学儿童知觉的无意性减弱，有意性逐渐增强

小学低年级学生的知觉具有很强的无意性，较少会带着一定的目的知觉事物。他们之所以知觉某一事物，往往是因为他们被该事物的某些表面特征，如形状、大小、颜色等的与众不同深深地吸引了。小学儿童的注意仍以无意注意为主，因此不能长时间地知觉某一事物，如小学低年级学生上课时很难做到整堂课都看着黑板认真听课。

但随着年龄的增长，到了小学高年级，学生知觉的有意性会逐渐增强，慢慢学会了按照一定的目的和计划有选择性地知觉事物，而且知觉的持续性也会不断提高。

2. 小学儿童知觉的精确性由低向高发展

小学低年级儿童对事物的知觉往往是片面的、零碎的、模糊的，很难做到清晰地知觉某些相近的事物，如学习过程中，容易混淆相似的数学公式，在书写中容易把符号和字母漏写或写错，难以区分形近字和同音字。到了小学高年级时，学生已逐渐能对事物进行一些较为细致的观察和分析。因此，知觉的精确性会不断地提高。

3. 小学儿童知觉的经验由寡向多发展

由于知识、经验的差异，即使是同一儿童，在知觉不同的事物时，其知觉水平也不

---

① 郑雪，陈少华，张兴贵，曾毅．小学生心理健康教育．广州：暨南大学出版社，2006

② 同上。

③ 唐红波．小学生常见心理问题及疏导．广州：暨南大学出版社，2005

同。[1] 知识、经验丰富的知觉水平就高，反之则低。初入小学的儿童，由于经历过的事物少，许多事物对他来说都是新的，因此知觉水平不高。但随着学识的增长，获得的知识和经验越来越多，见识也越来越广，知觉水平就会越高。因此，家长和教师应让儿童多接触大自然与社会，丰富儿童的知识，以促进儿童知觉能力的发展。[2]

（二）小学儿童注意的发展

注意是一切心理过程的开端并贯穿心理活动始终，是一切实际活动的前提和向导。小学生注意的发展呈现出以下特点：

1. 注意的集中性和稳定性逐渐提高

小学低年级儿童由于其高级神经系统发育不够完善，有意注意的集中性和稳定性都比较差，控制自己注意力的能力还不能满足自身发展的需要，在学习和做事情的过程中容易分心。但随着年龄的增长，学生注意的集中性和稳定性都会有所提高。因此，家长在教育孩子的过程中不可以强制孩子集中注意力，更不应该在孩子分心的时候大声责骂甚至殴打，而应通过一些生动直观的教育方法教育孩子，尽量延长孩子注意力保持的时间，从而保证事情达到预期的效果。

2. 无意注意向有意注意发展

小学低年级学生因为神经系统功能尚未发育成熟，无意注意占优势，如上课过程中走廊上有人大声说话，往往会引起小学生的张望。到了小学后期，由于高级神经系统的发展和成熟，小学生学习行为习惯的形成和自控能力的提高，加上教学的要求和训练，小学生逐渐了解了自己的角色和学习的意义，有意注意逐渐得到发展。

（三）小学儿童记忆的发展

记忆是人脑对经历过的事物的反映。记忆是一个复杂的心理过程，它包括识记、保持、再认或回忆三个基本环节。从信息论的观点来看，所谓记忆，也就是对信息的输入、编码、储存和提取的过程。小学儿童记忆发展的特点主要表现在：

1. 由无意记忆向有意记忆发展

随着年龄的增长，儿童的无意记忆和有意记忆都在发展。一般来说，小学一到三年级学生记忆的无意性强，无意记忆的效果明显优于有意记忆的效果。到了高年级，小学生有意记忆的发展逐渐赶上无意记忆的发展，并占主导地位。这时，他们往往能主动地记忆那些自己不感兴趣的或抽象的材料，如强迫自己背外语单词。

2. 由机械记忆向意义记忆发展

小学低年级学生由于知识经验缺乏，抽象逻辑思维尚未发展，对记忆材料不能理解或不能很好地理解，因此只有依靠机械记忆来完成。随着知识经验的增长，理解能力的提高，在小学高年级意义记忆已逐渐取代机械记忆，并占主导地位。

3. 形象记忆向抽象记忆发展

小学低年级儿童对具体形象材料的记忆效果明显优于对语言材料的记忆效果。在学习

---

① 郑雪，陈少华，张兴贵，曾毅．小学生心理健康教育．广州：暨南大学出版社，2006

② 郑雪，陈少华，张兴贵，曾毅．小学生心理健康教育．广州：暨南大学出版社，2006

过程中，需要借助形象来记忆是小学低年级学生学习的主要特点。到了小学高年级，儿童逐渐能够以抽象言语进行识记，但还不能脱离具体事物作为支撑。

（四）小学儿童思维的发展

思维是人脑借助语言、表象和动作实现的，以已有知识为中介的对客观现实的概括和间接的反映，是认知的高级形式。小学生的思维发展是学习的前提，学习反过来又促进小学生思维的发展。小学儿童思维发展的特点主要表现在：

1. 从具体形象思维逐步过渡到以抽象逻辑思维为主要形式，但仍带有很大的具体形象性

小学生的思维同时具有具体形象的成分和抽象概括的成分。[①] 小学低年级学生的思维以具体形象为主，他们看到的往往只是事物的表面特征，无法把握事物的本质及事物间的联系。随着知识经验的积累，从中、高年级开始，小学生逐步掌握了许多新的概念，这些概念很快与新知识发生联系，使得自己的知识结构更加巩固和扩展，并逐步学会了区分事物中本质的东西和非本质的东西，学会掌握初步的科学定义，学会独立进行逻辑论证。但是，这时的抽象逻辑思维依然离不开直接经验和感性认识，思维仍具有很大的具体形象性。

2. 思维的基本过程逐步完善

由于客观的原因，小学低年级学生还只能在直接观察事物的条件下进行分析、综合、比较。随着儿童抽象思维的发展，他们逐渐学会了同时考虑事物变化的多种因素和条件并加以分析比较。因此，小学高年级学生能够在概念和表象的基础上，进行更高水平的分析、综合、比较。

（五）小学儿童想象的发展

想象是人脑对已有表象进行加工改造从而形成事物新形象的心理过程。想象可以分为无意想象和有意想象。有意想象又可以根据想象内容的独立性、新颖性、创造性程度的不同分为再造想象和创造想象。小学儿童想象发展的特点主要表现在：

1. 有意想象增强

小学低年级儿童的想象具有学前儿童的特点，仍以无意想象为主。到了中、高年级，小学生则会按照一定的目的构思进行想象。在这一过程中，有意想象逐渐增强，并占主导地位。

2. 想象更富于现实性

小学生的想象常常千奇百怪，与现实有一定的差距，不能准确地反映客观现实。但随着年龄的增长，对世界的认识愈多，小学生的想象也会更富于现实性，如低年级的学生喜欢听童话故事、动画故事，而高年级学生逐渐对英雄故事、惊险故事、科技读物感兴趣，因为后者更接近生活现实。

---

① 郑雪，陈少华，张兴贵，曾毅．小学生心理健康教育．广州：暨南大学出版社，2006

3. 想象创造成分增多

小学低年级儿童的想象具体、形象、生动，具有再现性和模仿性，创造性成分不多。但到了高年级，小学生凭借已有的经验和表象，不仅能够形成富于创造性的再造想象，而且比创造性想象更复杂的，独创、新颖的成分明显增多的创造想象也逐步增强。

三、学校适应性

学校适应性的问题，是小学生入学时普遍存在的问题。从幼儿园步入小学，这是儿童人生的一大转折。但面对环境的改变、自身角色的变化，小学儿童会表现出诸多的不适应。

（一）小学儿童入学后遇到的问题与原因分析

1. 学习时间的不同

幼儿园的学习时间比较少，大多数时间都是在游戏中度过的。小学则不同，每天大概有5小时的集体学习时间，学习时间明显增多。学习时间的增多会使许多小学生感到学习的辛苦与疲劳，甚至会对学习产生厌烦情绪。

2. 环境的改变

为了激发儿童的好奇心和求知欲，幼儿园里的每一个角落通常都会粘贴一些图画或图片。此外，幼儿园里的娱乐设施比较齐全。到了小学，教老师会要求学生不要随便在墙上乱贴乱画，而且学校提供的娱乐设施也少了很多，有些学校根本就没有，使得儿童的课外生活少了许多乐趣。因此，儿童容易感到学校生活的单调、枯燥。

3. 教师授课内容与形式的的不同

幼儿园主要是通过“玩”的形式来学习，“在玩中学，在学中玩”，帮助孩子在实践中积累生活经验，而且学习的内容一般比较形象化。教师也往往是以“哄”的方式教育孩子，一般不会要求孩子做他不愿做的事情。但上了小学，因为要学习一些比较系统的抽象的知识，如语文、数学、外语等，就要进行专门的读、写、说、算的训练，这对刚刚进入小学阶段的孩子来说是比较困难的。因为他们必须按照学校的步骤，跟着教师的节奏，一步一步地、慢慢地学习，但太慢了也不行，会“掉队”，跟不上，学习压力明显增大。

4. 学校规章制度的不同

幼儿园里虽然也有规章制度，但很少，而且作用也不大。与幼儿园不同，一踏进小学，孩子就会面临许许多多的规章制度，如《小学生日常行为规范》《小学生守则》等，要按照学校的作息时间表上课，认真听课，不能早退，还要完成教师布置的家庭作业。与幼儿园时期许多事情都是父母帮忙或包办不同，小学生要自己整理书包，轮流值日，打扫卫生，参加一些集体活动。这都需要孩子具备比较好的自我约束能力和自理能力才行。因为习惯了幼儿园的生活，有些孩子一时适应不了，容易产生焦虑、紧张等不良反应。

5. 师生关系的不同

在幼儿园，实行的是“一教一保”的教师搭配形式，教师非常关心孩子，对每一个的孩子的生活习惯、性格特点及学习特点都很了解，在教育方面往往能够做到“对症下药”。

保育员伴随孩子左右，能随时帮助他们解决一些实际问题。因此，师生关系比较亲密。在小学，由于每个班只有一位班主任，班主任很难对每一位学生都很了解，也不可能随时都在孩子的身边，教师对孩子单独关照的时间少，许多事情都需要孩子自己去做，进而容易造成孩子主观上的一些担忧，设想一些问题出现后自己该怎么办。

（二）应对小学儿童学校适应性问题的对策

为使小学生更好地适应学校生活，家长应正确认识自己的孩子，与学校教师一起帮助孩子度过这一适应期，使孩子健康成长。

1. 对孩子进行“心理铺垫”

在孩子进入小学前，家长应该主动向孩子说明幼儿园与小学的许多不同，规章制度的不同、教师的不同、教学模式的不同、学习任务与目标的不同等，让孩子做好心理准备，不要到了学校就方寸大乱，要让孩子懂得学习不是一种任务或负担，而是一种乐趣。

2. 要做孩子的“有心人”

父母要时刻关注孩子各方面的变化，包括生理和心理的，当孩子表现出不良反应时，要主动与孩子交流，消除孩子内心的恐惧，帮助孩子走出困境，逐渐适应学校教学。父母还要聆听孩子的倾诉，表达尊重和温情，多与孩子分享他们的内心感受及他们在学校里的快乐。

3. 爱而有度，适可而止

父母爱孩子，这是情理之中的，但不能过分娇惯、宠爱孩子，也不能过于严厉。刚进入小学，孩子一时难以适应，很多事情不会做，也可能做得不够好，但家长不应为孩子包办一切，也不应厉声指责痛骂孩子，而应鼓励教育孩子，否则孩子的自尊心和自信心会遭受严重的打击，从而会对学习产生厌恶心理。

4. 培养孩子的自制力和自理能力，使孩子养成良好的习惯

小学的学习和生活环境都与幼儿园很不一样，这就要求孩子具有更强的自制力和自理能力，养成良好的学习和生活习惯，以便更快适应小学生活。例如，父母对孩子不能过分溺爱，不能娇惯；要从培养孩子料理生活琐事的能力做起，有意识地要求孩子干自己能干的事情，从收拾自己的玩具、用具，打扫房间的卫生、洗小衣物等小事做起，培养对劳动的兴趣；培养孩子的自理能力，最重要的是让孩子养成习惯，经常提醒孩子自己应该做哪些事情，自己可以做哪些事情；采取信赖态度，尽量不去干涉或禁止，要放手让孩子自由行动，使其充分运用其智力和能力，获得成功或者失败的感受。

第二节 家庭教育方式对儿童社会行为的影响

孩子的成长不仅靠教师、学校，还要靠父母、家庭，但现在很多家长对如何教育子女缺乏真正的了解。有些家长用老一套方法，对孩子的过失，不是骂就是打，不但没起到教育效果，还适得其反。有的家长总爱拿自己的孩子与别的孩子对比，或者让孩子按照自己

的要求去做，“应该怎样怎样”，严重挫伤了孩子的积极性，妨碍了孩子的健康成长。无论是何种教育方式都会潜移默化地影响孩子的成长，但不同的教育方式对儿童社会行为的影响不同。

一、家庭教育方式的概念

家庭教育方式一般是指父母在教育、抚养子女中所通常运用的方法和形式，是教育观点和教育行为的综合体现。

每一个孩子的成长环境都不相同，而家长的教育观念和教育行为无疑在很大程度上影响到孩子心理的成长和社会行为的形成，这正应了一句俗话，即“种瓜得瓜，种豆得豆”。①既然家庭教育方式如此重要，了解各种类型的家庭教育方式的典型特征及其影响，有利于家长采取合情合理的教育方式，走出误区，给孩子带来阳光，引导孩子走上成功的道路。

二、家庭教育方式的类型及其对孩子的影响

（一）民主型

这是一种理想的教育方式，有利于儿童社会行为的健康发展。父母与孩子以平等的方式交往，尊重孩子的人格和权利，主动和孩子沟通，鼓励孩子发展个性。当父母与孩子意见产生分歧时，给予孩子解释说明的机会；当孩子犯错时，宽容对待，耐心教育，以理服人，给予孩子改正错误的机会。在这种家庭教育方式下的孩子，一般心理都比较健康，乐观、开朗，积极上进，与人为善，讲道理，做事有分寸，有安全感，发展比较全面，能够区分是非，并勇于承认错误，大都表现出健康人格，能够较好地自我接纳，并具有良好的社会道德规范。

（二）专制型

这是一种控制性非常强的家庭教育方式。家里的一切父母说了算，父母享有绝对的权威，按照自己的意志支配子女的学习和生活，完全忽略了子女的兴趣、要求和感受，并且不允许子女反抗。这种教育方式会使父母只专注于孩子的缺点，而忽略了孩子的优点。它的基础是惩罚，当孩子犯错或没达到家长的要求时，家长二话不说就破口大骂或大打出手，甚至在惩罚的前后都不说明理由，造成孩子受罚却不知错在哪里，不小心再犯同样的错，便会遭到变本加厉的惩罚。在这种家庭教育方式下成长的孩子，情感冷漠、自卑、孤僻、不合群，容易形成粗暴、敌意和冷淡的性格。他们往往感觉不到父母对他的爱，同时会从内心深处生出对父母权威的惧怕，表面上是很顺从，内心却很叛逆，此外，其社会交往能力往往较差，学习情况也大都不尽如人意。

---

① 缪静．种瓜得瓜种豆得豆——家庭教育方式对孩子心理的影响．家庭与家教，2003（9）

（三）溺爱型

溺爱，是一种失去理智，直接摧残儿童身心健康的爱。其实爱孩子也是一门艺术，科学、适度的爱，是孩子成长必不可少的。但是某些家长爱子心切，不能理智地教育孩子，对孩子采取过度保护的态度，对孩子的要求，不管合理与否，百依百顺，为孩子安排好一切，这导致孩子过分自私，在行为上和心理上过度依赖家长，缺乏面对困难的勇气，遇到挫折非常容易崩溃。

（四）放任型

这是一种既不管教也不关心孩子的家庭教育方式。由于客观或主观的原因，父母对孩子从不干涉，也不过问，对孩子学习和生活漠不关心，认为“树大自然直”，不懂得怎样教育孩子。这种教育方式会降低孩子对友情的需要，而增长其攻击倾向；不利于培养孩子的社会道德观，同时在能否努力学习、能否勤劳节俭等方面有显著的副作用，孩子通常比较叛逆、离群，容易走上犯法的道路。

（五）干涉型

很多家长不尊重孩子的独立意识和人格，把孩子看做自已的附属品，而不是一个独立的个体，对孩子的兴趣爱好、选择、交友、隐私等干涉过多，指责过多，让孩子感到非常无奈，容易拉大父母与子女之间的距离。过多的指责和干涉，也会使孩子手足无措，缺乏自信，容易产生自卑、郁闷、压抑，甚至反感的心理，不利于孩子的健康成长。正确的办法应该是多建议、多鼓励，而非多干涉、多指责。

（六）矛盾型

父母双方在教育孩子的过程中教育要求不一致，主要表现为一个要管，一个要放；一个要严，一个要宽。有时夫妻二人还故意在孩子面前扮演黑白脸，以为一个打，一个拉，有哄他的，有吓唬他的，是最有效的教育方法，这其实大错特错了。有的家长对孩子的要求不能一贯到底，某一计划刚实施到中途就放弃了。有些家长的言行本身就互相矛盾。孩子长期处于这样一种矛盾、紧张、压抑的状态中，很容易形成双重的人格，在个性上也容易出现阳奉阴违、两面性等。

（七）否定型

由于对孩子期望过高，无论孩子取得多好的成绩，父母永远都不会满足，总是觉得孩子不够优秀，用“你本来就应该这样”否定了孩子的成果。在这种家庭里，听不到父母对孩子的鼓励和表扬，甚至孩子在表现不好的时候还会遭受恐吓、威胁。长期下去，它会给子女的身心带来巨大的压抑，导致子女具有较高的谦卑倾向和攻击性倾向以及较低的恒心。

（八）残缺型

单亲家庭中由于孩子缺少父爱或母爱，其在家庭教育方式中获得的教育带有缺失性，这类孩子往往寡言少语、性格孤僻，心理容易畸形发展。

三、建立良好的家庭教育方式

（一）家长要树立正确的教育观

良好的家庭教育方式的构建，是离不开正确的家庭教育观的。现在存在的不正确的教育观，直接导致了不正确的教育方式，比如重智育而轻德育，这样家长就只关心孩子的学习，对于别的方面就太放纵孩子，在学习上又对孩子太严格。还有的是对孩子期望太高，忽略了孩子的身心发展规律，使孩子过早地背上沉重的负担。因此，家长应该淡化分数意识，多为孩子创设问题情境，激发孩子的求知欲；把期望值放低一点，对孩子的挫折与失败要理解和宽容，多给孩子以鼓励和帮助。

（二）家长要以身作则，言教与身教相符合，创造良好的家庭环境

家庭环境具有强大的影响力，它给孩子耳濡目染、潜移默化的力量。孩子是祖国的未来，也是家庭的希望，“可怜天下父母心”，谁都疼爱自己的孩子，谁都关心自己孩子的成长与进步。在平常生活中，小孩会不知不觉地模仿父母的言行举止。所以，家庭中父母间的关系非常重要，只有温馨和睦、民主宽松的家庭氛围才会对孩子产生积极的影响。家长应形成良好的道德行为，为人忠诚正直，不要当面一套，背后一套；自己的日常言谈举止要文明，讲究卫生；本身要有孜孜不倦的求知精神和认真的学习态度；要创造和谐的家庭教育氛围，和孩子建立朋友关系，并能多与孩子进行心灵与思想上的交流，拉近家长和孩子之间的距离。这些都会给孩子带来潜移默化的影响，有利于陶冶孩子高尚的情操，帮助孩子形成良好的行为习惯，使孩子无论在学习上还是在生活中都变得积极上进。

（三）严格要求与关心爱护孩子

家长对孩子的学习、生活、行为、语言等方面提出一定的要求是应该的，这是对孩子的一种约束，但是不能一味地板起面孔来教育孩子，而要根据不同场合对孩子适时地给予关心。但是，家长在爱孩子的同时，也应该严格要求孩子。在日常生活中，小学生往往会提出许多无理的要求，父母对孩子长期过分溺爱，孩子长大后，如果其越来越高的物质享受要求得不到满足，而且缺乏约束自己的道德标准时，就很容易走上犯罪的道路。因此，家长对孩子正确的言行和合理的要求应该给予支持和鼓励，对不正确的言行要求不但不能满足，而且应进行说服教育。

（四）实施民主型家庭教育方式

父母与孩子建立起比较平等的关系，把孩子看做一个独立的个体。既尊重孩子的自主和爱好，又坚持自己的合理要求，并说明原因，如果孩子违反了，能够进行及时、适当的批评、惩罚，并给予正确的引导和教育；既高度控制孩子，又积极鼓励孩子热爱生活和自主发展，和孩子进行适度的交流，能够听取孩子的意见，接纳孩子的观点，并说出自己的

想法，还要对孩子的优秀表现予以适当鼓励。这种教育方式增强了孩子的自尊和自信，满足了孩子的归属感，给孩子以安全感，也使孩子在犹豫、彷徨或遇到困难和挫折时，可以从家庭的关怀中吸取力量，得到指引。

第三节　父母行为与儿童自我概念的发展

自我概念是个体心理发展成熟的一个标志，是心理健康的人的核心特质。小学阶段是一个人成长的关键时期，是形成积极的、正确的自我概念的重要阶段①。

一、自我概念的概述

自我概念是指人们对自己的比较稳定的看法，即一个人对自身存在的体验，实际上就是自我认识。它包括一个人通过经验、反省和他人的反馈，逐步加深对自身的了解。自我概念是一个有机的认知机构，由态度、情感、信仰和价值观等组成，贯穿整个经验和行动，并把个体表现出来的各种特定习惯、能力、思想、观点等组织起来。

Piers harris 提出的儿童自我意识概念，反映了儿童对自己在环境和社会中所处的地位的认识，是个体在长期的生活中形成的一种相对稳定的、综合的自我观，是儿童社会性发展的核心，其形成和发展对个体实现社会化目标、完善人格特征具有重要作用②。

二、儿童自我概念的发展

随着年龄的增长，在自我与客观环境的相互作用下，小学儿童凭借自己不断积累的知识和经验，加之对世界的认识，使他们对自身生理和心理的认识得到不断发展，在认知能力不断提高的同时，与他人的交往日渐频繁和扩大，自我概念也逐步发展。

儿童自我概念的发展主要表现在：

（一）儿童自我概念的发展由“理想化”趋向“现实化”

小学低年级儿童对自我的认识往往比较积极乐观，有时甚至有点过分地高估自己。但随着年龄的增长，自我认识能力的提高，儿童的自我概念渐渐趋于客观化、实际化。例如，儿童小时候总是认为自己有多棒，但越到高年级就越认识到自己知识面的狭窄以及与他人的差距。

---

① 马锦华．小学生自我概念偏差与教育对策．教育探索，2005（2）

② 朱相华，杨永杰，李娇，龚广厚，刘华，陶敏．受虐待小学生自我概念的发展特点及与虐待经历的关系．中国行为医学科学，2007（1）

（二）儿童自我概念的发展表现出由模糊简单到复杂的特点

小学低年级儿童对自我的认识往往比较笼统化、理想化，此时儿童的自我概念也比较简单。随着年龄的增长，生活范围的扩大和经验的增加，儿童自我概念变得更加分化，更加具有复杂性。

（三）儿童具体领域的自我概念表现出性别差异①

小学儿童自我概念的发展存在性别差异，主要表现为女生相对于男生有更好的表现，更容易合群，行为问题少，但情绪问题多。在学习上，男生的抽象思维比女生好。如男生对数学等科目比较感兴趣，而女生则对语文等语言类科目感兴趣。

三、父母行为对儿童自我概念的影响

作为孩子的第一任教师，作为孩子仿效的对象，家长的示范作用是全方位、立体化的，父母的言行举止会直接影响孩子的行为习惯、性格、品行和心理，进而影响孩子的自我认识和自我概念的形成。

（一）父母行为对儿童行为习惯的影响

著名教育学家魏书生曾说："行为养成习惯，习惯形成品质，品质决定命运。"在生活中，许多家长也意识到了良好的行为习惯对孩子的成长和未来生活的重要性。因此，家长们都非常重视培养孩子良好的行为习惯，有的甚至还帮孩子做了培养计划。但是，一些家长在要求孩子做到的同时，自己却没起到表率的作用。例如，家长要求孩子按时起床，整理内务，打扫卫生，做事情要认真，不能挑食，要诚实，不能撒谎，但家长自己却喜欢睡懒觉，缺乏卫生意识，东西到处乱扔乱放，做事情马马虎虎、丢三落四，有时甚至以哄骗或说谎的形式拒绝孩子的要求，没能兑现对孩子的承诺，久而久之，孩子也会照着父母的样子去做。俗话说，"孩子是家长的影子，是家长的'再版'"。试想，父母自身都没做好，没能发挥榜样的作用，又怎能很好地教育孩子呢？

（二）父母行为对儿童性格的影响

"可怜天下父母心"，每一个父母都希望自己的孩子能够成才，都在想方设法教育好自己的孩子。可是，并不是每位家长都能够注意自己的行为，采取正确的方法教育孩子。父母教育孩子时的一些不良行为，会在无形中对孩子的性格产生影响，成为孩子成长的绊脚石。如有的家长过分专制、粗暴，孩子稍有差错，就大加训斥，甚至拳脚相加，总是以命令的口吻对待孩子，强迫孩子做不想做的事情，且总是一味地否定孩子的思想和成绩……长期这样，会引起孩子强烈的不满情绪，使孩子形成自卑、孤僻、冷漠、执拗的性格，影响孩子对自我的评价，最终不利于孩子形成正确的自我概念。

---

① 徐丽敏．儿童自我概念的发展及社会互动的作用．辽宁师范大学学报，2002（1）

（三）父母行为对儿童心理的影响

儿童的心理是一块非常脆弱的地方，需要家长好好地保护，不能任意践踏。但在实际操作中，父母往往忽略了自己的行为在无意中对孩子造成的心理伤害。有些家长过分宠爱、娇惯孩子，对孩子百依百顺，把孩子的事情全都包办，不让孩子自己动手、动脚、动脑，把孩子的手、脚、脑都束缚起来了，这样导致孩子什么事都不能做，也不会做，认为凡事有父母在，逐渐养成了“唯我独尊”、过度依赖父母的心理。有的家长管教过严，对孩子非打即骂，孩子长期受压抑，受到无理的批评指责，在这样的家庭中，孩子容易形成自卑、暴躁、偏激、反抗的心理，不能正确地认识自身的价值，影响儿童心理的健康发展。

（四）父母行为对儿童品行的影响

在小学生中，我们有时会看到这样一些违反道德规范、损害他人和集体利益的不良品行，如撒谎、偷窃、破坏行为、对抗行为、攻击行为。但孩子为什么会变成这样呢？这无不与父母的教育行为有关。例如，父母言行不当，喜欢在背后议论别人，尤其是在孩子面前讲一些不适宜在别人面前讲的话，并叮嘱孩子“千万不能把这事告诉别人”，这样孩子就会很容易学会“当面一套，背后一套”的不诚实行为；父母对孩子教育苛刻或忽冷忽热，孩子为了避免惩罚和做自己不想做的事，或引起他人的注意，就会撒谎；有的父母有贪小便宜的习惯，总想从别人那里捞点好处，如把单位的一些东西带回家，受家长的影响，孩子也会模仿家长，拿别人的东西，这就助长了孩子的偷窃行为，有些父母关系不好，经常在孩子面前吵架、打架，家庭用品或孩子成了他们的出气筒，这为孩子提供了活生生的学习榜样，导致孩子的破坏行为和攻击行为；还有些父母对孩子提出过多的命令和要求，喜欢“指手画脚”“唠唠叨叨”，处处限制孩子的行为，这容易引起孩子的反感，产生对抗行为。

四、形成良好的父母行为

（一）尊重孩子

父母爱孩子，但也要尊重孩子。对孩子的期望要从实际出发，不能过高，也不应过低，更不应强迫孩子做他不愿做的事情。在孩子没能达到家长的要求时，家长不应动辄打骂、指责孩子，对孩子实施暴力；对孩子也不能采取纵容的方式，百依百顺，要什么给什么。孩子虽小，但也是有隐私的，为人父母者应该给孩子一些私人的空间，不要过于唠叨，什么都管，什么都干涉。家长只有尊重孩子才会赢得孩子的尊重。

（二）注意个人修养

有些年轻父母不注重个人修养，没能形成正确的人生观和价值观，个人素质不高，自私自利，斤斤计较，爱贪小便宜，工作敷衍了事，人前人后两个样，总是对别人评头论足，自以为是，经常在孩子面前酗酒、打麻将。久而久之，孩子耳濡目染，渐渐养成习惯，学得一身坏毛病。一旦这些坏习惯形成了，要想再改就很难了。因此，父母要不断提高自身的综合素质，端正自己的人生观和价值观，以正确的言行教育孩子。如家长带着孩子去市场买菜，在与卖主讨价还价后称得的重量明明是3斤2两，但家长却说最多只有3斤，可能连3斤都不够，等到付钱时还要少给2块。这样的事情如果经常在孩子面前发生，就会对孩子造成不良的影响。

（三）做孩子的表率

父母应该是孩子的榜样。父母教育孩子不能仅仅是单纯说教。当然，教育孩子，“说”是一种重要方式，但是要想让孩子接受说教，必须做到说得有理有力，精确不啰嗦，且适时。其实，家庭教育的一个重点是“渗透性”，即言传身教，就是说家长要求孩子做到的，首先自己要做到。从这一点讲，既然我们要求孩子养成良好的行为习惯，好好学习，能够接受挫折，那么我们自己首先就要有良好的行为习惯，不断追求新知识，要有能够接受孩子的挫折的心理准备；在孩子没有达到我们的期望的时候，要能够正确对待。如家长要求孩子凡事要有时间观念，要态度认真，做事情要迅速、干脆利落，可自己在处事方面却表现出马马虎虎、丢三落四、拖拖拉拉的情况，这样孩子学习的动力也会不足。

第四节　小学儿童亲子关系的特征

一、亲子关系的概述

（一）什么是亲子关系

亲子关系是家庭教育的中心问题，是指父母与子女的关系，这包括血缘和非血缘的关系，这个关系是永远不能改变的，是孩子成长极为重要的因素。费孝通教授认为，亲子关系是被抚育者和抚育者之间的关系，是以婚姻来确立的。换句话说，亲子关系是建立在婚姻基础上的，即由夫妻关系衍生出来的血缘关系。它包括父母要抚养教育子女和子女要赡养尊敬老人这两方面的内容，遵循着父慈子孝的道德规范①。

（二）亲子关系的类型

家长与孩子的沟通由于个性和一些方法的不同总会造成一定的分类和区别，经过研究调查可以发现一些基本的亲子关系类型，并且这些类型都能或多或少地反映一些对孩子成长教育积极或消极的作用。

---

① 李东．现代社会亲子关系面临的问题与对策．江西青年职业学院学报，2007（2）

1. 养育型

这类父母只将注意力集中在孩子的饮食上，改善孩子的生活条件，很少关心孩子的心理品质，很少考虑对孩子的教育方式，对孩子的要求是“只要不惹大事就行”。他们认为，养育孩子是他们的责任，而教育孩子则是学校的任务，因此自己没有教育孩子的义务。这种模式下的孩子与父母形成一种简单、直接、表面的交往，父母对孩子缺乏监督、教育，导致孩子在学习方面表现平平，得过且过，行为自由散漫；个人的行为、喜好极易受到外界的影响。

2. 财产拥有型

这类父母有一个顽固的观点：孩子是我的，我有随意对待孩子的权力。他们通常把自己所有的价值观强加给孩子，按照传统的家规约束孩子，不尊重孩子选择的自由，对孩子有绝对的权威，可以凭自己的意愿和情绪对待孩子，如批评、指责孩子，指挥、命令孩子。在这种亲子关系下成长的孩子，容易失去独立的个性，成为被动服从的机器。

3. 亚平等型

亚平等型是一种较有利于子女心理健康的良好的关系。父母在孩子的面前有一定的权威性，同时孩子也有较充分的民主。他们对孩子既有控制力，又使提出的正确要求能被孩子接受；既非常注意鼓励孩子的独立自主和进取心，又鼓励孩子提出与自己不同的见解。父母对孩子指导而不支配，自由而不放纵，尊重而不溺爱，鼓励而不怂恿。父母和子女的关系基本平等，既有父母子女亲情，又有朋友之间的友谊。

4. 泛爱型

父母对孩子非常溺爱，期望值非常高，过度保护、干涉、娇惯，对孩子完全赞赏，尊重过度，尽量满足孩子所有的要求。结果是导致孩子无法形成正确的是非观和价值观，不利于孩子良好个性品质的形成，而且容易使孩子形成胆小怕事、缺乏信心、唯我独尊、蛮不讲理的性格，表现出强烈的攻击性的特点。

5. 冲突型

亲子间出现明显的冲突，父母攻击子女，子女反击父母。这种攻击主要表现在三个方面：身体攻击；言语攻击；心理攻击。

二、小学儿童亲子关系的特征

亲子关系对儿童的能力培养、智力发展和健全人格的形成都起着重要作用，同时对儿童以后的心理健康也会产生深远的影响。要了解亲子关系的作用，需要首先了解小学儿童亲子关系的特点。

小学儿童亲子关系的特征：

（1）对于小学低年级学生来说，由于学习生活环境的改变，他们难以适应学校生活，因此，父母、家庭仍是他们的“避风港”，对父母怀有浓厚的感情。

（2）三年级时，由于年龄小，父母对孩子仍然关爱倍增，此时孩子对父母有较强的依恋性、依赖性，亲子间的关系特别好。

（3）随着年龄的增长，到了四五年级，儿童的独立性和反抗情绪都增强了，总希望能独立处理一些事情。可是在父母眼里，孩子永远都长不大，仍喜欢为孩子安排好一切，因此亲子间关系有下降趋势。

(4) 到了六年级，因为孩子逐渐懂事了，又面临着升初中的考验，父母也非常关心孩子的学业，彼此间关爱的增加、交往的密切，会促进亲子关系向良好状态发展。所以亲子间关系又有所好转。

(5) 有研究表明，女孩的亲子关系要好于男生，这可能是因为性别的作用，女孩比男孩成熟早。

三、亲子关系对儿童身心健康的影响

(一) 亲子关系的不同侧面对儿童的影响

1. 父母的教育态度和方式对儿童的影响

家长对孩子期望过高，让孩子感到压力太大；对孩子的交往和行为干涉过多，容易引起孩子的反感；过分关爱或者评价不妥，使孩子无法正确认识自我；对孩子的行为表现，父母的态度不一致，会给孩子带来不愉快、憎恶、讨厌等内心感受，这都会影响和谐亲子关系的形成，造成父母与孩子之间的冲突，使父母与孩子之间无法进行推心置腹的交流，因此父母无法了解孩子的内心世界，无法给予孩子最需要的营养，也不利于儿童的健康成长。

明明是小学六年级的学生，同时也是家里的独生子，父母对他要求很高，他也没令父母失望过，成绩一直都很好。但偶然的一次考试，明明只考了90分，在班里排十几名。父母知道后大声指责了他一顿，说他不争气，以这样的成绩与清华、北大还有一大段距离……明明很伤心，并下决心下次一定要考满分。但事与愿违，由于过度紧张与担心，明明第二次的考试更差了，只有85分。每一次都是这样，越是想考好，就考得越差，明明的成绩就这样掉下来了。真令人可惜！

2. 父母的文化程度和职业对儿童的影响

父母的文化程度也是家庭系统的结构要素之一，会直接影响家庭的环境和儿童的发展。文化程度高的父母对教育孩子很自信，有自己的一套方法，很少表现出溺爱和放任、专制和惩罚等行为，而是更多地以理服人，给予孩子一定的自由和自尊。而文化程度低的父母往往不懂怎样实施有效的家庭教育。职业的不同也会影响父母自身的抱负、自尊、价值取向，进而影响他们对孩子的要求及教育态度、方式，从而潜移默化地影响孩子的发展。

3. 家庭环境对儿童的影响

家庭环境对孩子的影响是很大的，不同的家庭环境会形成不同的亲子关系，进而对孩子的性格和心理产生不同的影响。如两个同龄的孩子，一个生活在快乐幸福的家庭里，一个生活在充满危机的家庭里，两个孩子的性格将有很大的差别，前者会以乐观向上的性格面对生活，而后者会以自卑憎恶的心理面对生活。所以说，一个家庭父母感情的好坏，家庭成员间的矛盾以及家庭经济条件的稳定等都可以影响孩子的一生。

（二）亲子关系对儿童不同侧面的影响

1. 良好的亲子关系是儿童认知能力发展的前提

父母是孩子接触到的第一位教师，也是对孩子影响时间最长的教师。他们的一言一行，潜移默化地对子女产生着影响，并成为儿童学习的榜样。良好的亲子关系，有利于父母观察和了解孩子在认知方面的特点，使他们有的放矢地去指导、开发儿童的潜能，鼓励、支持孩子大胆地探索和认识未知的世界，能在指导和教育过程中收到事半功倍的效果。

2. 亲子关系对儿童学业的影响

除了智力低下和受教育机会的缺乏，亲子关系不良也会导致儿童学习的困难。在这种家庭里，家庭成员间亲和程度低，夫妻之间、亲子之间经常发生冲突，如夫妻吵架、打架，孩子成了父母的出气筒，这样的家庭氛围会导致孩子的焦虑、紧张和不安，无法专心认真地学习。

3. 亲子关系对儿童交友的影响

和谐的亲子关系会使儿童感受到被爱与被尊重，对自己、他人和周围环境采取积极乐观的态度，乐于与父母以外的人交往，从而形成良好的同伴关系和师生关系。父母的人格、关怀和家庭的民主氛围，也会间接地影响儿童的其他人际关系，有助于培养儿童与他人的交际能力。

（三）特殊家庭亲子关系对儿童的影响

在破裂的家庭结构（即双亲一方或双方由于死亡、离婚等原因而造成的一方或双方不在的家庭，或孩子跟随再婚者生活，受到继父或继母的冷遇和歧视的家庭）中容易给孩子带来过分紧张的生活气氛和感情冲突，家庭缺乏温暖和关怀，儿童的心灵就会受到严重的创伤，导致他们失去生活的目标，在智力、同伴关系、亲子关系、情绪障碍、自我控制和问题行为等方面，与完整家庭的儿童相比都存在显著差异，显示出更多认知、情绪和社会行为问题，儿童往往变得更富于攻击性、冲动、依赖和焦虑，易于向不良的方向发展。许多问题儿童往往出现在这些家庭里。

四、培养良好亲子关系

好的关系胜过许多教育，父母什么时候与孩子关系好，对孩子的教育就容易成功；什么时候与孩子关系不好，对孩子的教育就容易失败。很多研究都已经证明，良好的亲子关系是子女心理健康的重要条件，因此，通过一定的模式形成良好的亲子关系是十分重要的。

（一）对孩子的成长采取鼓励教育

在生活学习方面，孩子每一个小小的收获，家长都应与他们愉快地分享，如在孩子参加书法比赛获得第一名时，我们要对此表示祝贺，使孩子感受付出努力得到成功的喜悦，同时，也要提醒孩子学习不能靠运气，要靠不断的努力。家长要引导孩子不要为分数而读书，让孩子明确读书是为了求知，考试考得好应当高兴，考不好也不用灰心，应找出问题的所在，不断矫正自己的学习方法，不但要喜欢学习，更要善于学习。在教育孩子时，家长不要强迫孩子参加课外的学习班，应顺其自然，如孩子小时想学钢琴，我们就请来家教老师，等孩子长大了，对写作有兴趣，我们应鼓励他多看文学作品。在关心孩子读书的同时，家长应鼓励孩子积极参加各种活动。其实孩子多参加社会活动，不但不会影响学习，反而会促进学习。能力的锻炼是全方位的，任何一种能力都能帮助学习。如孩子参加烹饪班后，就会对做家务产生兴趣，以后写有关做家务的文章就会得心应手。

（二）真正尊重了解孩子

教育孩子的前提是了解孩子，了解孩子的前提是尊重孩子。也就是说家长要把孩子当做平等的、独立的人看待，对孩子的一切思想、情感、愿望、喜好加以重视和认真对待。有些家长喜欢在公共场合拿自己的孩子与别的孩子相比，说自己的孩子怎样的不好，这严重伤害了孩子的自尊心，会造成孩子认为自己事事不如人的自卑心理。秘密是孩子成长最好的营养品，没有秘密的“水晶人”是永远长不大的。父母应允许孩子有秘密，不偷看孩子的日记和信件，不偷听孩子的电话，不强迫孩子说出不想公开的秘密；要学会“察言观色”，了解孩子的所思所想，不强迫孩子做他不愿做的事情，如为孩子报名参加各种各样的课外辅导班。

（三）营造轻松的家庭氛围

首先，因为父母是孩子的第一任教师，每时每刻都在对孩子产生着潜移默化的影响，父母间应感情和睦，不要一天一小吵，三天一大吵，破坏自己在孩子心中的形象，营造冷漠、紧张的家庭氛围。其次，父母要以身作则，多垂范，少说教。父母教育孩子时不要总是冷语相讥，拳脚相加，而要变啰唆或批评为就事论事，有重点地讲明道理，与孩子在一起的时候要尽量营造愉快的气氛，拉近与孩子间的距离。最后，变命令式的教育为民主式的商量。父母不应总以命令的口吻要求孩子干什么或不干什么，在作出与孩子有关的决定之前多与孩子商量，征求孩子的意见。

（四）学会倾听，加强与子女的心灵沟通

父母要经常与孩子进行沟通，用心倾听孩子的内心世界，聆听孩子内心的想法和需要，了解孩子的生活和学习状况，使孩子的情感得到抚慰。那么，家长到底应该怎么沟通，怎么才能找到这个心灵的桥梁？首先，要提高自己的素质，包括心理素质、专业素质和综合素质，采用角色换位的方法，站在孩子的角度了解孩子所需所想；其次，要自我检讨，反省自己走过的路，反省自己哪些教育方法不对；再次，父母要真诚。在生活中，家长最了解孩子，孩子也最了解父母，家长的一举一动孩子都很清楚。因此，父母不要装，要真诚，以一颗真诚的心，真正体贴关心孩子的生活学习，帮助他们成长。

第七章　儿童压力事件的心理调适

现实生活中，个体承受的压力处处存在。胎儿从在母体内的成长发育时起，就开始承受来自四面八方的压力。自然分娩更是一个需要经受巨大压力的过程，这是物理学意义上的压力。成长的路上，儿童要面对的不仅仅是物理学意义上的压力，更多的是心理学意义上的压力。

第一节　现代社会中的儿童可能面临的压力事件

一、压力及其来源

压力是现代社会人们最普遍的心理和情绪上的体验。压力存在于社会生活的各个方面，人人都经历过，如第一次发表演讲、第一次求职面试、身处陌生的环境、亲人患病或死亡、工作变动或丧失等。生活中，压力是不可避免的，它就像一把双刃剑。适度的压力可转化为生存、生活、学习以及工作所必需的动力和活力，但是过度的压力却会引发紧张、焦虑的情绪，久而久之会破坏人的身心平衡，造成情绪困扰，甚至损害身心健康。

（一）压力的概念

压力（stress）也叫应激，这一概念最早于1936年由加拿大著名的生理心理学家汉斯·薛利（Hans Selye）提出。他认为压力是表现出某种特殊症状的一种状态，这种状态是由生理系统中因对刺激的反应所引发的非特定性变化所组成的。在当代的科学文献中，压力这个概念至少有三种不同的含义。

第一种，压力指那些使人感到紧张的事件或环境刺激。如有一份“压力很大的工作”，就是将可能带来紧张的事物本身当做压力。

第二种，压力指的是一种身心反应。比如有人说“我要参加演讲比赛，我觉得压力好大”，这里他就用压力来指代他的紧张状态，压力是他对演讲事件的反应。这种反应包括两个成分，一是心理成分，包括个人的行为、思维以及情绪等主观体验，也就是所谓的“觉得紧张”；另一个是生理成分，包括心跳加速、口干舌燥、胃部紧缩、手心出汗等身体反应。这些身心反应合起来称为压力状态。

最后一种，压力是一个过程。这个过程包括引起压力的刺激、压力状态以及情境。所谓情境是指人与环境相互影响的关系。根据这种说法，压力不只是刺激或反应，而是一个过程，在这个过程里，个人是一个能通过行为、认知、情绪的策略来改变刺激物带来的冲击的主动行动者。面对同样的事件，每个人经历到的压力状态程度却可以有所不同，就是因为个人对事件的解释不同，应对方式也不同。

（二）压力的产生

心理压力产生的原因是相当复杂的，心理学家将这些具有威胁性或伤害性并会带来压力感受的事件或环境称为压力源。生活中的压力源可能存在于人们自身，也可能存在于环境中。但是，人类最主要的压力源是人，人际关系是造成压力的最主要来源。心理学家在研究中把造成压力的各种生活事件进行分析，提出了三种类型的压力源：

1. 躯体性压力源

躯体性压力源是指通过对人的躯体直接发生刺激作用而造成身心紧张状态的刺激物，包括物理的、化学的、生物的刺激物。如过高或过低的温度、微生物、变质食物、酸碱刺激等，这一类刺激是引起生理压力和压力的生理反应的主要原因。

2. 心理性压力源

心理性压力源是指来自人们头脑中的紧张性信息，如心理冲突与挫折、不切实际的期望、不祥预感以及与工作责任有关的压力和紧张等。心理性压力源与其他类型压力源的显著不同之处在于它直接来自人们的头脑中，反映了心理方面的困难。生活中的压力事件处处可见，但为什么有的人无动于衷，有的人却耿耿于怀，区别常常源于人们内心对压力的认知。如果过分夸大压力的威胁，就会制造一种自我验证的预言：我会失败，我应付不了。长此下去，会产生所谓的长期性压力感，畏惧压力。

3. 社会性压力源

社会性压力源主要指造成个人生活方式上的变化，并要求人们对其作出调整和适应的情境与事件。社会性压力源包括个人生活中的变化，也包括社会生活中的重要事件。个人生活的改变常常会给人带来压力。

二、儿童可能面临的压力事件

压力事件是指一定令个体感到紧张，产生威胁性的刺激情境或事件。它是儿童生活的一部分，现代社会中儿童可能面临的压力事件主要是心理方面的。

对于儿童而言，学习、考试、生病、父母离异或死亡等都是常见的压力源；有时候成人本身便是儿童压力的来源，如家长对儿童身体或心理上的虐待；部分教师的管教不当也会造成儿童身体或心灵的伤害。总而言之，对儿童来说，心理压力也是一种身心经历，当儿童感觉到周围的各种环境或事件后，如果觉得这些事物或事件具有潜在的威胁性，而自身又不能很好地适应或改变时，就会产生心理压力，这些压力事件根据压力源的不同主要可以分为以下两个方面：

（一）家庭的压力

家庭是儿童成长的第一个环境，父母是他们的启蒙老师，家庭教育对一个人的成长，特别是对12岁以下儿童的德育教育来说，起着学校以及社会教育所不可替代的重要作用。家庭氛围、父母的素养是孩子健康成长的基础，父母的一举一动都能给儿童以潜移默化的影响，家长的素质、思想认识水平和观念在一定程度上影响着孩子整体素质的发展。

1. 家长期望过高

新疆一位12岁的小女孩觉得自己平时怎么“玩命”也达不到父母的要求，每次走出学校的考场，回家就像进了“刑场”，她感觉自己要受如此漫长的罪，还不如死了好，于是2008年6月底，她吃下了十几片安眠药。

一个11岁的男孩，有一天晚上竟然趁着家人熟睡而离家出走，而且一连几天都不上学。这名男孩的学习成绩其实是挺不错的，只是语文成绩没有比邻居家的同学考得好，母亲便老是以邻居家的同学为例责备他。他觉得妈妈很残酷，对他还不如对别人好，所以他的不满表现为厌恶上学，后来演变成害怕上学。他想不上学，父母当然不允许，没法子，他只好离开家以逃学。

随着社会经济的发展，我国社会的家庭结构发生了很大的变化，从过去几代同堂的大家庭向独生子女的小家庭过渡，独生子女是家中的宝贝，父母望子成龙的心情特别迫切，非常重视早期智力开发，学业上更是对子女要求很高。许多父母总是希望自己的子女比别人的子女在各方面都要优秀，“望子成龙，望女成凤”的心理驱使他们对子女产生过高的期望，往往还将这种期望通过他们的不合适语言和行动等方式传达给子女。他们处处给孩子施压，几乎剥夺了孩子所有的本该自由支配时空的权利，期望他们能在各方面全面发展、出人头地。

他们用自己几十年的生活、工作与学习经验去要求与评价十几岁，甚至才几岁的孩子，在他们眼中，孩子似乎总是与他们的要求相差太远。大多数父母总喜欢说：“你怎么没有考100分呀？你看看某某家的孩子，人家既懂事，又有礼貌，学习成绩又好。”“要不，我给你买台学习机，但是你要考到全校的前五名。”在有的父母看来，这是一种期望、鼓励、鞭策，以为所谓的“重赏之下，必有勇夫”也能成为教育孩子的方法，于是他们开始买学习机、工具书及学习资料，送孩子到某某培训班，请某某老师吃饭，请教师帮忙辅导，带孩子外出旅游等。有的父母甚至拿多少钱来衡量孩子的成绩，第一名奖多少钱，第二名又是奖多少，诸如此类的情况数不胜数。

这些庸俗的家庭教育方式使得孩子们不堪重负，所谓的好孩子就成了“书虫”；不听话的孩子就成了“潜能生”；会玩心计的孩子成了“蚂蟥”，每天都“勒索”父母一些现金，至于所谓的第几名等到期末考试再说。家长的期望凝聚着他们对子女最深沉的爱，但如果期望过高以至超过了儿童的心理承受能力，就无异于拔苗助长，给儿童以非常沉重的负担。

2. 教育方式不当

北京一位15岁少女常对父母施行暴力。父母不给她零花钱，就会引来打骂。母亲称是小时候对其太溺爱所致。“我们不给她零花钱，就会引来打骂！”这个假小子一样的女儿一头板寸，抽烟喝酒样样来……如今，寒心的父母经常不敢回家。

一天深夜，16岁的少年张明在回家时发现父亲又在毒打小妹。在张明的家里，父亲打孩子早已成为两代人主要的情感表达方式。父亲经常打骂他们，为了一点小事，动不动就拳脚相加，时常打得他们伤痕累累。父亲一次又一次的毒打，在张明心里种下了仇恨的种子。这次，父亲对妹妹的毒打激起了他仇恨反抗的火焰，于是他在愤怒之下将42岁的父亲一刀捅死。

租住在江西省宜春市宜丰县城的13岁少年阿明，唆使邻居家8岁小孩偷其母亲的手机，并在得手后将手机以100元卖掉。据了解，阿明的父亲因偷盗被判刑，母亲为生计摆摊，根本无暇顾及他的日常生活。

以上的例子可以看出，如果家长对儿童的教养方式不当，就会给儿童造成很大的心理压力。现代社会，家长的教育方式可分为4种类型：溺爱型；专制型；放任型；民主型。

"溺爱型"易养成孩子唯我独尊的任性性格，自私且依赖性强，独立性与生活自理能力差，不能承受一点委屈和挫折，不被同伴接受，在人际交往中往往容易遭受失败。采取这类教育方式的家长往往只是满足孩子物质上的要求，而忽略了或较少在精神生活方面去关心子女，不去严格地管理和教育。孩子说什么就是什么，要什么就给什么，根本不管孩子说得对与不对，要得应该还是不应该。在这种教育方式下成长起来的孩子，往往缺乏独立性，有强烈的依赖心理，而且自私孤傲。这种教育方式所产生的消极影响在我国实行独生子女政策以来日趋严重，已成为社会各界所关注的社会问题。

"专制型"教育下的儿童虽然依赖服从，但是性格软弱、优柔寡断，会形成"被动型人格"，同时由于心理太过压抑，容易产生逆反心理。采取这类教育方式的家长由于受封建家长制作风影响，在教育子女时往往采取命令的口气，采取打、骂、吓唬等简单粗暴的手段，只知道严格管教，而不懂得运用科学的教育方法。他们很少在精神上关心孩子，不知道孩子究竟在想些什么。采取这种教育方式，一是使孩子变得胆小怕事、瞻前顾后、唯唯诺诺，二是使孩子变得粗暴，显得没有教养，继承家长的坏习惯去对待别人。

"放任型"教育下的儿童因为缺少父母的关怀，缺少约束，容易变得情绪不稳定，他们具有攻击性，也容易产生自卑情绪，性格孤僻、不合群。采取这种教育方式的家长往往对子女的行为，特别是子女的缺点错误不闻不问，任其自流，或不做正确的引导。即使偶尔问了，也只是敷衍几句，并不把教育子女当成一件大事来对待。他们认为，树大自然直，人大自然好。俗话说的"只养不教"就是指这种类型。

"民主型"的家庭最有利于儿童的身心健康发展。这是一种比较好的教育方式，采取这种教育方式的家长对子女疼爱而不溺爱，要求严格但不自以为是，他们能够根据孩子成长过程中不同时期的生理、心理特点有规律地教育孩子，注意启发诱导，言传身教。在这种比较民主的气氛中生活的孩子，也会形成一种民主的作风、良好的品性，养成良好的习惯。

3. 家庭氛围不和谐

一位心力交瘁的母亲带着读初三的儿子来就诊。"这孩子不知为什么，经常拿烟头烫自己。"男孩的手臂上有多个烫痕。"为什么要烫自己呢，你不觉得疼吗?""烫一下，我就感到满足，感到轻松……”据介绍，和大多数自残的孩子一样，这个男孩子也来自一个不太正常的家庭，父母离异，家庭暴力不断。在这样的环境里，他感到无比压抑，再加上他从小性格内向，不爱与人交流，缺少父母的关爱和朋友的友爱，结果导致他遇到压力无法排解，最后便通过自残的行为来释放自己的心理压力。

家庭氛围不和谐，主要表现在夫妻关系和婆媳关系上。有的大吵大闹，有的沉默对抗，有的冷嘲热讽，有的同床异梦，甚至分道扬镳。家庭不和睦不仅使家人之间身心疲惫，而且会对儿童的成长产生极大的影响。

在学习上，绝大多数儿童的成绩不理想不是因为智力不行，而是家庭环境的不良影响所造成的。同一家庭中如果不同的成人对培养下一代所持的态度不同而且经常发生争吵，就会使孩子不能形成统一的标准，从而失去方向性，增加随机性。例如，母亲告诉孩子应该这样做，父亲告诉孩子应该那样写才好，父母之间的意见不一致让孩子夹在中间很为难，干脆“我不学了”“你们吵吧我走”；孩子的母亲主张孩子继续上学，而父亲却坚持孩子辍学经商，为此经常吵闹不休，使孩子无所适从、情绪不稳定、精力不能集中，影响学习效率，对学习的兴趣减退，从而导致学习成绩下降。在心理上，家庭不和谐所带来的紧张状态是引起孩子情绪不稳定、心灵失衡的主要原因。父母经常当着孩子的面吵架，孩子好像一只受伤的小鸟，变得惊恐不安。家人之间的争吵尤其是父母的争吵，使孩子感觉自己成了父母眼中的一根草，无暇顾及。当孩子遇到委屈时得不到安慰，他们心里就感到孤独、无助，开始变得厌倦、冷漠、郁闷、愤怒、悲凉、缺乏安全感，对家庭有敌意；有的则产生强烈的逆反心理；有的则感到自卑，破罐子破摔，自甘堕落。一些天性内向的孩子生活在不和睦的家庭里，成了家长的出气筒，本来就不善言谈的他们，习惯性地产生了自我保护的心理，不和周围的人说话，不和父母交流，有什么事就憋在心里，慢慢地开始自闭。

在行为上，家庭氛围不和谐容易导致孩子处理问题时行为过激。父母子女之间缺乏沟通，缺乏互相了解，父母对自己的行为缺乏正确的认识，对子女缺乏正确的行为指导。如果经常看到父母用打架、吵闹来解决问题，孩子就会将武力与解决问题联系起来，不懂得运用理智的方法去解决问题，不注意控制与缓和自己的情绪，性格暴躁、易怒，容易用过激行为解决问题。缺少父母的疼爱，得不到家庭的温暖，有些儿童为逃避这种不和睦的家庭气氛而离家出走、流落街头，一旦受到不良因素的影响，因为没有收入，为了生存，他们选择了偷盗、抢劫，最终走上了犯罪道路。浙江省对未成年人犯罪进行调查时发现：在押未成年犯罪嫌疑人中，残缺家庭、不和睦家庭出身者合计占68%以上。这表明残缺家庭与不和睦家庭对未成年人健康心理的形成带来了严重影响。

总而言之，家庭氛围不和谐对儿童的发展很不利。这些家庭中的儿童身心备受煎熬，较一般家庭的儿童会表现出更多的消极情绪，并因此影响到他们的学习、心理及社会性各方面的发展。

（二）学校的压力

学校是传递社会文化、培养社会成员的专门组织，能为儿童的发展提供必要的物质条件和学习环境，也是儿童与玩伴交往的重要场所。因此，学校与儿童的心理发展也是密不可分的，其中的一些消极因素也阻碍着儿童心理的健康发展。

1. 学习任务繁重

2010年5月下旬，南京一名初二男生坠楼身亡，这位14岁少年没有留下任何遗书，有的仅是口袋中尚未做完的试卷。

中国的孩子普遍学业压力繁重，繁多的作业、考试的压力，常常使得他们不堪重负。虽然上级一再强调素质教育，但仍然离不开应试教育的范畴，抓考试分数、比升学率，把原本处于“满负荷”学习状态的孩子推向“超负荷”学习状态，使尚处于发育状态的孩子过度紧张和疲劳。早上6点之前起床，午休时间难有保障，下午放学已近傍晚，吃完晚饭继续做家庭作业，晚上10点之前一般难得上床，平均每天睡眠不足8小时。双休日至少得上半天学，还得完成大量家庭作业，许多孩子还要参加提高班、补习班、家教辅导等。另外，以学习成绩作为单一的评价指标，不仅会使学校将过多的精力用在提高孩子的学业成绩上，而且使孩子在发展中许多重要的方面被忽视，限制了孩子的全面发展，剥夺了孩子生活中的许多乐趣，也使孩子丧失了释放负面情绪、缓解压力的渠道。孩子天真活泼、爱动爱玩，过多地占用他们休息和玩耍的时间，违背儿童身心发展规律，会给孩子的学习和心灵带来严重的伤害，容易引发厌学症、学校恐惧症等心理问题，也妨碍了孩子的全面发展。据统计，我国每年都有一些中小学生因为不堪学习重负而放弃宝贵的生命，还有更多的中小学生在学习过程中不堪重负。

2. 来自教师的压力

一名学生在日记里写道：“语文课上，老师又把那几个好学生提问了一遍，其他的同学连看都不看一眼，更不用说被老师视为‘另类’的我们这几个坏学生了。唉，哪有教师不喜欢好学生的呢？谁让我们学不如人呢？可是我想问问老师，大家同在一个教室里学习，为什么我们会被分为‘三六九等’，为什么您的眼里要有好中坏差，为什么您总是把几个好学生挂在嘴边，我们几个还是您的学生吗，这是不是太不公平了……”

教师的期望对儿童的心理发展是一种巨大的教育力量，适度的期望，可以激发学生的无限潜能，但是如果过度期望，就会产生负效应。如教师迫于成绩的压力而产生焦虑情绪，采取不当的教育方式，甚至出现体罚，那将严重挫伤学生的自尊心。如果教师对一些学生了解不够、关注不多，就容易造成对这些学生的评价偏低，一旦如此，几个月或者几个学期以后，这些学生便逐渐产生失落感，在教师那里他们得不到适时的表扬和赞叹，久而久之，便否定了自己的一些行为和想法，慢慢不相信自己的能力与水平，也就越来越不自信，此时自卑感却慢慢占了上风。另外，教师对少数心目中的优等生日益产生的偏爱，对多数属于中间状态的学生来说，是一个沉重的压力，普遍滋长严重的自卑心理，再加上老师片面地认识学生，对优等生日趋偏爱，更进一步加深小学生的心理压力，使学生的自卑心理日趋严重。许多儿童在家尚能和父母愉快相处，但到学校就表现得过分退缩，这与教师的严厉态度和不正当的惩罚是有直接关系的。

3. 同伴交往的压力

小珊就要过10岁生日的前3天里，她的5个最要好的朋友相继告诉她，她们不能来参加她筹划了很长时间的生日派对了，其中一个还告诉她，她们要到另一个女孩家玩，而小珊不在被邀请之列。当时她伤心极了……

随着儿童自我意识发展、独立性增强，与同伴交往的愿望越来越强烈，而当儿童受到同伴或群体的拒绝、谴责或惩罚时，儿童会产生交友恐惧感。如果不善于控制和调节，便很容易成为“不受欢迎的儿童”，从而游离于集体之外，儿童的性格会因此向封闭的方向发展。不受欢迎（特别是遭到同伴的拒绝）是一个压力源，经常遭到同伴拒绝的儿童或被同伴忽视的儿童在成长过程中可能会出现这样那样的精神和社会问题，如果任其发展会导致儿童的焦虑和心理不健康。因此，同伴关系不良是儿童在成长和发展中的一个危险的压力源。

现代儿童绝大多数在生理保健方面均能得到及时、足够的照顾，但是各种因素使孩子们承受的心理压力却越来越大。心理压力具有双重作用，适度的压力可转化为生存、生活、学习以及工作所必需的动力和活力，也是激发人内在潜能发展的重要条件，但过度的压力则会引起身心疾病和产生许多消极的影响。压力太大会使儿童身心无法承受，进而引发一系列的问题。因此，家长和教师必须改善保健观念，除了关注孩子生理上的需要外，还要关心儿童的心理压力问题，并积极培养儿童自我调适压力的能力。

第二节　儿童对压力事件的理解和应对方式

一、儿童对压力事件的各种反应

一般而言，面对压力，儿童会表现出各种各样的反应，在情绪方面会表现出混乱、紧张、难过、生气、感到挫折等，在行为方面则表现为和他人打架、和教师顶嘴、挑逗别人等，在生理上则是头疼、胃痛、肠胃不适等。

（一）儿童心理压力引起的情绪反应

儿童对压力的情绪反应包括较正面的兴奋到较负面的生气与焦虑，面对大部分的压力时都是相当不舒服，会带来不愉快的情绪，如沉默、哭泣、过度忧虑等，表现有神经失调、睡觉不安稳、爱哭闹、不讲理、对大人的话语或命令表现得很不耐烦、常常因为害怕而纠缠大人、夜惊（从睡梦中突然惊醒甚至坐起）、梦游、梦魇、生气与焦虑、缄默、易哭泣、过度忧虑，等等。

忧郁的孩子

张晨，四年级男生，中等个子，皮肤较黑。他来到咨询室时，皱着眉头，表情忧郁，说起话来显出与年龄不相符的过分成熟。下面是他说的一段话：“我爸爸是北京大学的老师，他平时对我特严厉，除了平时上课，还让我上学校办的数学特长班。特长班里老师留的作业有时候特难，我想半天也做不出来，这时爸爸在一边就会变得很不耐烦，用手指着我的头骂：‘笨蛋，猪脑袋！’这还算好的，更多的时候爸爸会对我说：‘到楼下转圈去，转够20圈再上来，看你到时候还会不会算！’我们家住5楼，晚上还好，白天一个人这样围着大楼转圈，如果碰上熟人，尤其是同学，我觉得特别羞愧，有时候觉得简直不想活了。我心里也知道爸爸是为我好，但是我特别希望爸爸采取一种启发式的方法，态度不要这样粗暴，我想那样的话我会学得更好。”经了解发现，张晨的学习成绩其实很好，数学在班里也是前几名，但是由于父亲的期望值太高，使儿子感受到了太大的压力，以致不仅影响了他的学习积极性，也使得孩子缺乏自信，在情绪上表现出与年龄不相符合的忧郁，心理健康当然也出现了危机。

（二）儿童心理压力引起的行为反应

对儿童的研究显示，面对不同程度的压力时，儿童常会呈现不同形式的特殊行为：轻度压力会使儿童产生一些生理性行为，如拒食、攻击性行为，欺负伙伴、说脏话等行为；中度压力会使儿童注意力减弱、耐心降低、烦躁感提高，有些会产生重复刻板的动作，对环境的反应力减弱；高度压力会产生压抑行为，但有时也会造成攻击行为甚至对自己攻击，造成许多自伤或自杀。

霸道的孩子

刘智，男，五年级学生，身体结实，是同学中有名的“混世魔王”，动不动就打人，谁都不敢招惹他。据同学反映，刘平时在学校里横行霸道，经常和同学打架，不仅欺负男生，也欺负女生，经常揪女同学的辫子。最近一段时间，他要挟一个叫赵雄的男生，让赵每天放学之后，不许马上回家，他去玩儿，要赵雄站在一边等他，什么时候他高兴了，才让他走，否则就打他，并威胁说，如果赵雄向老师、家长告状，那么……可怜的赵雄只好无奈地成了刘智的小跟班。刘智总是一副满不在乎的神情，对他人的防备心理极强。对于所问问题，总是应付了事（后来发现，刘智所回答的问题，几乎都是假话）。但是，当听到有人说他父亲坐过监狱时，刘智一下子怒火万丈，向对方冲了过去，被拉开之后，貌似坚强的他坐在椅子上放声大哭起来。这时我们才知道刘智虽外表霸道，但内心其实很脆弱、自卑，压力很大，其外在的蛮不讲理，只不过是其内心压力释放的一种形式而已。

（三）儿童心理压力引起的生理反应

在生理方面的反应，加拿大学者舍利指出，长久而持续的压力反应本身会导致疾病。美国医学上也认定许多身体疾病与心理压力有关，较为一致的结论是：长期高度的压力会危害身体健康，而降低压力却会使人更有活力、精力更充沛。就儿童而言，承受心理压力时，身体一般会有这类状况：诉说身体不舒服但又没有任何外在症状，食欲下降、偏食并持续一段时间、体重减轻、睡眠不安、便秘、头痛眼花、胃痛、遗尿等，儿童的这些外表变化是很容易观察到的。

恐学症

青青今年8岁，刚念一年级，原先是一位十分活泼可爱的孩子。可是近半年来，每天早上上学前，她就千方百计找借口赖在家中不肯走，或说发寒、肚子胀、胃痛，或说昨天晚上没有睡好、吃不消等。但一到双休日不用上学时，一切异常情绪都烟消云散。后经医生检查，发现小青青原来是得了恐学症。“恐学症”是一种较为严重的儿童心理疾病，多见于7~12岁的小学生。由于学生害怕上学，具有恐惧心理，也称为学校恐惧症。常见的表现是：儿童害怕上学，甚至公开表示拒绝上学，上学时感到勉强、不高兴，该上学的时候不去或提出苛刻条件，一旦到校又借故回家，或在上学当日清晨或前一天晚上诉说头痛、头晕、腹痛、呕吐等不适，以上症状在节假日不出现。

二、儿童压力事件的应对方式

（一）应对的含义与分类

在对应对概念的界定上，一直存在着歧义，但对其本质的理解基本上是一致的。我们认为，应对是指个体面对压力情境或事件时，调动自身内部或社会资源以对该情境或事件做出认知调节和行为努力的动态过程。应对可以分为积极式和消极式。采用消极、不健康的应对方式只能暂时逃避压力，并不能解决问题，有时还会导致恶性循环，产生更大的压力，进一步影响心理健康。寻求社会支持，积极筹划与行动，重组认知，接受和主动克制、放松、宣泄和积极转移等方法则是相对积极、健康的应对方式，有助于压力的缓解和消除。

（二）儿童如何应对压力事件

儿童时期是个体发展的“危机期”，这一时期的儿童要面对来自生理、心理、环境等方面的重大变化，承受学业、人际关系等方面的更多的压力。众多研究表明，儿童所经历的危机性生活事件和转折性生活事件并不多，而日常生活压力却对他们的适应及心理健康具有重要影响，并且日常生活压力事件同时聚合在一起所形成的“多重效应”对儿童的危害比单一的危机性生活事件或转折性生活事件都要大。因此，如何帮助儿童更好地应对日常的生活压力，保持良好的心理健康水平已经成为关心教育、关注儿童健康成长的所有人士注意的焦点。儿童的认知能力还没有完全成熟，认知容易出现偏差，社会经验、生活阅历少，缺乏应付压力所需的方法和技能，再加上他们易冲动，情绪情感具有急风暴雨式的特点，因此完全有必要对儿童加强应付压力的方法和技能的训练。

首先，帮儿童清楚地了解有哪些应对的方式。可以通过课堂讲授、举办讲座等形式，让儿童知道面对压力时，有哪些可供选择的应付方法。当儿童遇到困难、承受压力时，他们知道有哪些有效的方法可供选择，如问题解决，积极的认知建构，或者寻求一定的社会支持。只有他们了解并知道了这些方法，才有可能在实际生活中有意识地运用这些方法。

然后，帮儿童明确不同的应对方法会带来不同的结果。积极的应对会有利于问题的解决，有利于减轻压力，使他们更快地从消极的情绪状态中解脱出来，从而能很好地维护身心健康。而消极的应对带来的却是不良的后果，例如可以采用角色扮演法，选取真实的生活情境，由儿童自己演示不同的应对方法导致的不同结果。儿童在实际扮演过程中亲身体会，既形象生动又深刻。旁观的儿童通过榜样的作用、替代学习，也能深刻地认识到这一点。

最后，帮儿童掌握应付压力的方法和技能。这个过程主要是让儿童充分地练习所学会的方法和技能，既能帮儿童实际掌握应付压力的方法，提高应付压力的能力，也能巩固前两个过程的学习效果。角色扮演是可供选择的很适合的方法。结合儿童的生活实际，设置一定的情境，让儿童通过自己实际演习所学的方法和技能，同时指导者给予恰当的反馈，对他们的进步及时给予鼓励，对他们的不足之处在给予充分肯定的基础上耐心地指导。如此通过练习、反馈、再练习、再反馈……儿童便可以很好地掌握应对的方法和技能。

这三个训练步骤的顺序并非一成不变，训练者完全可以根据儿童的实际情况进行灵活调整。

（三）家长和学校如何应对儿童压力事件

1. 教育要适应儿童身心发展规律

家长和教师在对儿童进行教育时，要更新教育观念，科学地遵循儿童身心发展规律，促进其健康发展。为此，家校双方要调整自己的期望，使之与儿童的身心发展相协调，同时要改变我们的教育方式，切忌简单、粗暴和专制，要培养儿童的自尊、自信、自爱。注意学习目的性和兴趣的培养，创设宽松的学习氛围，减轻学生过重的学业负担，使他们学得开心，学得轻松，同时促进其全面发展和个性的张扬。

2. 建立温馨的家庭，建立良好的亲子关系，改善教育方式

作为父母应努力克服自己性格上的缺陷，互相谦让，建立一个温暖和睦的家庭，尽可能让孩子与父母在一起生活，多给孩子温情，多与孩子进行肌肤接触和言语交流，多倾听孩子的心声，建立并保持良好的亲子关系。在教育方式上力求民主，尊重孩子、赏识孩子，多用表扬、肯定、鼓励的正面教育，还要信任孩子，尽力满足孩子独立性的需求。

3. 开设心理健康教育课，设立儿童心理咨询机构

学校要有计划、更深入、更细致地对儿童进行心理健康教育，培养其良好的心理素质和健全人格。教育儿童了解、关心、体谅他人，多与同伴进行感情交流，在交往过程中培养良好的社会交往技能。设立“儿童心理咨询机构”则可以使孩子们的心理郁积有一个排解和倾诉的渠道，同时可深入了解儿童的心理状况。

4. 学校加强与社会、家庭的密切配合

在家校结合方面，可以摸清学生的家庭情况，并对独生子女、父母离异子女等学生进行专门调查研究，建立档案；建立班级家教小组，沟通家校联系，听取家长的建议和要求；可通过建立互访制度，通过家访、传递书信等形式进行联络；举办家长学校，定期向家长介绍当前家教的形式、特点及对策，普及心理卫生知识，提高家长的心理素质。

5. 学生的课余生活，鼓励多参加集体活动和户外活动

学习生活一成不变，总显得枯燥乏味，学生的业余生活应该更加丰富多彩，充满活力，这样才能减少压力，并消除压力。建议儿童多参加集体活动，增强集体荣誉感，也可以更加合群。同时，多参加户外活动，亲近大自然，呼吸新鲜空气，这些都不失为缓解压力的好办法。

（四）应对儿童压力事件的案例

儿童时代，一个人生理和心理都会发生急剧变化。如果在这一阶段遇到心理问题，没有解决好，就可能影响今后的一系列发展，本应无忧的年纪也会从此蒙上阴影。因此特别选取青少年中最常见的由承受过度压力而引发的心理问题，提醒家长注意儿童的心理健康。

考试焦虑症

【个案】“我现在一拿到试卷，脑子里就一片空白。”小莉从小成绩优异，可进入六年级后，成绩一降再降，由于一心想考重点初中，她一直都在自我加压的情绪下紧张学习。总复习开始后，她每次拿到试卷，脑子里就一片空白，公式忘得精光，以前会做的题现在也不会做了。她说：“我觉得自己无颜面对父母，还不如死了算了。”

【应对】每个学生都有考试焦虑症，只是程度因人而异，显然小莉是得了典型的考试焦虑症。这时，父母和家长的耐心鼓励很重要。家长应该先接纳孩子的紧张焦虑，听孩子说说他的担心与不安，让他慢慢放弃那些不利的想法，进而改善考试焦虑的情形。孩子也可以找一个亲密朋友，把种种委屈都发泄出来。

【小贴士】所谓“考试焦虑”，是指由考试所引起，在生理或心理上的紧张。生理上的紧张，如心跳加速、呼吸急促、头脑一片混乱或空白等；心理上的紧张则大多以担心的形态呈现，如担心考试时自己有一大堆题目不会写、担心考不好被父母责骂等。

强迫症

【个案】自从进入高中后，琳琳觉得学习比以前更紧张了，可是她回到家的第一件事却是要将家里所有的东西进行整理、归类。做完了这些事后，才能集中思想做作业。有时放好的东西又会再拿出来重新放，这样的事总要重复几次，最终必须做到全部让自己认可才终止这一行为。这花费了琳琳许多宝贵的时间，为此她感到很烦恼，但她表示，自己也控制不住自己。

【应对】一般来说强迫症的背后都有一个潜在的原因，比如父母追求完美，对孩子要求很高等。如果家长发现孩子经常发呆、做功课特别慢、咬指甲、耸肩膀等就得注意了，这很有可能是一种强迫性的行为，这时家长要注意观察孩子，了解一下孩子为什么会这么做，并及早带孩子去看医生。

【小贴士】强迫症是一种通过仪式化行为来减轻内心焦虑的精神疾病，病患会产生挥之不去的想法，出现不得不做的行为，主要表现为强迫思维或强迫行为。强迫思维是指反复出现在患者脑海里的某些想法、冲动、情绪等，患者能认识到这些是不必要的，很想摆脱，但又摆脱不了，因而十分苦恼。

性别角色模糊

明明是个男孩，今年10岁，长得白白净净。由于父亲去世早，他从小就和外婆生活在一起。开学一周后，他的一些异常举动引起了教师的注意，如说话嗲声嗲气，经常抱着年轻女教师撒娇。一个月后，他不仅要抱女教师，还经常去抱女同学，有时还会亲女孩子。

【应对】明明这样的表现显然是性别角色模糊，心理专家研究后发现，由于明明从小的社会关系网中几乎都是女性，这使他产生爱跟女孩玩、认为她们同自己一样的想法。为了改变这一性别偏差，可以请他的外公和学校的男教师经常和他谈心、交流、玩耍，同时有意识地安排一些男同学和他一起做游戏，使他在男性榜样的示范下，肯定自己是个男子汉，并逐渐学会勇敢、坚强。

【小贴士】所谓性别角色模糊是指个体对自己性别角色认同的错位。一般来说，大约从3岁起，儿童开始逐步形成性别角色的概念。如果小男孩把自己看做一个与周围女孩子一样的人，在打扮、表情、举止上努力模仿女性，即成为女性化男孩，反之也一样。

长相烦恼

【个案】小亮今年正读初中，是班上的学习委员，但是身材瘦长，长相不佳。情窦初开的年纪，他喜欢上了班上的一位女孩子，没想到表白后，女孩转身就逃，一边逃还一边喊："难看死了。""我是不是真的很难看?"小亮不停地问自己，当天回去就照镜子，镜子里的他小眼睛、塌鼻子，他越看自己越觉得难看，于是产生了自卑心理。他想"改头换面"，但没办法，于是常常失眠，开始在意别人对他的评价，人多的地方再也不敢去了，成绩一落千丈。

【应对】男孩更多地忧虑自己的身躯不够高大，女孩则担心自己的形体不够优美。进入初中的学生，随着生理的变化，都渐渐开始注意自己的形象，其中不少青少年甚至由于容貌或生理上的缺陷而产生了严重的精神负担，可以说体形烦恼在青少年各种心理烦恼中占有很高的比例。心理专家建议，告诉这类孩子，体形上没有十全十美的人，俊男美女也有不足，告诉他们气质才是最重要的，要学会欣赏自己的才华，比如小亮虽然眼睛小，但很有神；虽然长相普通，但身材不错。

【小贴士】体形烦恼是一种性心理障碍，一般出现在青春发育期。此时面对性别差异的突然出现，青少年往往缺乏足够的心理准备。他们会不由自主地与他人进行对比，一旦出现较大的差距，其中的一些人就会产生体形烦恼。

社交恐惧症

【个案】"要我上台发言，还不如把我杀了。"小张是名初中生，性格内向。上小学时，由于爱斜着眼看同一排的女生，引起了对方的反感。调换座位后，仍无法改变这种行为，后来连男生也不愿意坐在他旁边了。从此他便认为世上最难打交道的是人，十分害怕与人交往。教师说，每次遇到同学必须轮流上台发言，他宁愿装病逃学，也不敢面对朝夕相处的同班同学说话。小张显然是得了社交恐惧症。

【应对】内向的孩子在青春期过程中如果不注意调整心理状态，就会惧怕与人交往，从而引发社交恐惧。因此作为父母应及时审视自己对待孩子的行为是否恰当，并尽早纠正不恰当的教育行为，对孩子给予更多表扬和鼓励。孩子则要注意训练用大胆而自信的眼光看别人，为建立自信心打下基础。

【小贴士】患社交恐惧症的人，面对不熟悉的人讲话、在众人注视下运动或与异性交往时，往往会出现显著的、持续存在的担忧或恐惧，担心自己将面临窘境或耻辱。患者对所恐惧的环境一般采取回避行为，即使坚持下来也十分痛苦，经常会出现焦虑、多汗、面红耳赤等症状。

学习障碍

【个案】小丽今年刚刚入学，可是父母却发现孩子写作业时十分粗心，经常多一笔少一画，把答案写错。一次试卷发下来，父母发现中间竟然漏做了很多题，而小丽却说自己根本没看见这些题，父母觉得孩子学习态度有问题，故意不肯做题，于是打了她一顿，但整整一个学期，这种情况始终没有得到改善。

【应对】专家指出，小丽其实是有书写障碍。一般这类患者的眼睛似乎与别人的不一样，好像“懒惰的眼睛”，会漏掉许多明显的信息，表现在学习时视而不见，可以把整道题丢掉，事后却说自己没看见这道题。这种孩子最易受到教师和家长的误解，其实这是一种特殊的学习能力障碍。只有进行有关的视知觉训练才能见成效。因此，遇到孩子学习表现不佳时，家长和教师应当首先了解自己孩子的学习心理出现了什么问题以及严重到什么程度，从而为孩子设计一个个别化的教育方案，针对特殊的学习能力不足进行培训。

【小贴士】学习障碍是指智力正常，但因学习能力落后而导致成绩低下的现象。研究表明，大约有5%～10%的在校生属于学习障碍儿童。学习障碍包括若干不同类型，包括书写障碍、阅读障碍、数学障碍（又叫非语言学习障碍）等。

抑郁症

【个案】小张正读初一，是某校的特困生之一。有一天他找到班主任老师，紧张而急促地说：“我完了。一个多月了，晚上几乎通宵失眠，白天神思恍惚还经常呕吐。”说着懊丧地抬手扶了扶眼镜，右手腕上一道伤疤赫然而现，这是他不久前试图割脉自杀留下的痕迹。

【应对】经过心理专家的咨询，发现小张得了抑郁症。专家建议，为了避免心理问题导致情绪低落，学生可以把自己的生活和学习安排得充实一些，避免因过多的空想和胡思乱想而产生失落感，多参加一些文体活动，使自己心情舒畅起来。另外，还可以多与父母及亲近同学谈心交流，向他们倾吐心头的积郁，使自己心情愉快起来。

【小贴士】抑郁症是一种以情绪异常低落为主要临床表现的精神疾病，其特征是无趣、无力、无望、无能、无助，症状包括极度忧伤、绝望、疲劳、身体疾病。患有抑郁症的人，其情绪低落的程度和性质都远超正常变异的界限，不同于日常生活中的各种烦恼那样容易逐渐地“烟消云散”。

第三节 儿童处理压力事件的心理技巧

一、儿童心理健康的标准

随着物质生活水平的不断提高，人们越来越关注自己的精神生活。因此，心理健康也逐渐成为一个热门话题。但是，究竟什么是心理健康？心理健康有什么标准？一般认为，心理健康包括两个方面的含义，一是没有心理疾病，二是具有一种积极向上发展的心理状态。根据长期在中小学的调查研究和心理咨询实践，并参考和借鉴国内外的相关研究，我们认为主要可以从以下三方面来考察儿童的心理健康：学习、人际关系和自我。其中，又可以具体分为以下七点：

1. 智力发育正常

智力是个体观察、领悟、想象、思维、推理等多种心理能力的综合体现。智力随年龄增加而提高。正常发育的智力指个体智力发展水平与其实际年龄相称，是心理健康的重要标志之一。智商（IQ）在 80 分以上属智力正常，智商低于 70 分属智力落后，智力发展落后于实际年龄属心理发育异常，常伴有适应能力低下，是儿童学习困难的主要原因之一。少数儿童具有超常智力或特殊才能，其智商在 120 分以上，这部分儿童如果心理发展不平衡，也可能伴有适应能力缺陷。

2. 稳定的情绪

心理健康的青少年，在乐观、满意等积极情绪体验方面占优势。尽管也会有悲哀、困惑、失败、挫折等消极情绪出现，但不会持续长久，他们能够适当表达和控制自己的情绪，使之保持相对稳定。

3. 能正确认识自己

心理健康的青少年自尊、自爱、自重，他们能客观地评价他人，更重要的是能正确地认识自己、评价自己和把握自己。对自己有充分的了解，清楚自己存在的价值，对自己感到满意，并且努力使自己变得更加完善。对自己的优点能发扬光大，对自己的缺点也能充分认识，并能自觉地去努力克服。有自己的理想，对未来充满信心，在学习、工作等各方面不断取得新的成就。

4. 有良好的人际关系

心理健康的儿童少年，有积极、良好的人际关系。尊重他人、理解他人，善于学习他人的长处，以补己之短，并能用友善、宽容的态度与别人相处。他们在别人面前能做到真诚坦率，从而容易得到别人的信任，并建立起融洽的人际关系。在集体中威望很高，生活充实，是同学们的知己。心理不健康的儿童不能与人合作，对人漠不关心，缺乏同情心，有猜疑、嫉妒、退缩现象，不能置身于集体。

5. 稳定、协调的个性

人格亦称个性，是每个人所独有的心理特性或特有的行为模式，它是在先天素质的基础上，在环境的长期影响下逐渐形成的。心理健康者具有相对稳定的、协调一致的个性系统。个性系统的心理结构（亦称人格结构）由个性倾向性（包括动机、兴趣、理想等）、个性心理特征（包括气质、能力与性格）和“自我”三部分组成，其中气质、性格和“自我”是人格的重要部分。人格表现为一个人的整体精神面貌。心理健康的人有健全的“自我”，对自己有正确的认识，并能对自己进行客观的评价，能对自己的个性倾向性和个性心理特征进行有效的控制和调节。健全人格的基本特征是：相对稳定的情绪状态、坚韧的毅力、灵活的应变能力、强烈的责任感和良好的自制力。

6. 热爱生活

心理健康者热爱生活，能深切感受生活的美好和生活中的乐趣，积极憧憬美好的未来；能在生活中充分发挥自己各方面的潜力，不因遇到挫折和失败而对生活失去信心；能正确对待现实困难，及时调整自己的思想方法和行为策略以适应各种不同的社会环境。

7. 心理活动与心理发展年龄特征相适应

一定的年龄应有相应的心理活动特点，如儿童青少年应朝气蓬勃，而老年人应稳重、老练。心理健康者其心理活动与心理发展年龄特征应是相适应的。

只有达到以上七个标准的儿童，才可以说是心理健康。因此要提高儿童的心理健康水平，应从以下三个方面做起①：

第一，要重视儿童学习过程中的心理健康。这就要求家长及教师要给孩子设定适度的学习目标，并以循循善诱的方式开导、教育孩子，使孩子产生乐学、勤学的自觉、积极的态度，因为乐学，孩子就不会认为学习是负担。

第二，要重视儿童人际交往过程中的心理健康。换言之，要重视孩子周围社会支持系统的建立。这不仅需要父母以民主、理解的态度教育孩子，还应积极培养孩子与他人（尤其是同伴）的交往能力，在这一过程中，教师的积极配合对孩子的发展也很重要。只有这样，才能培养人格完善、心理健康的儿童青少年。

第三，还要培养儿童在自我认识和悦纳方面的心理健康。要培养学生的自信心、自我接受力，以积极的态度对待自己。要做到这一点，重要的是要积极锻炼儿童对挫折的忍耐力，提高其面对压力的应对策略，这不仅有利于培养儿童坚强的个性，也是一条较为积极的解除压力的途径。

二、儿童心理压力的调适

根据雷札鲁斯的压力的调适模式，透过理性的认识和评价，决定何者为压力事件，进而采取适当的方法调适。但是由于儿童年龄太小，不可能自己来调适和化解压力，心理学家指出，对儿童来说，成人是最重要的影响力量。因此，父母、师长有责任帮助儿童克服心理压力②。

首先，洞悉儿童压力反应的各种表现，了解引起心理压力的事件。

---

① 俞国良，王燕．减负、日常生活压力与学生的心理健康．教育科学研究，2000（3）

② 赵静，袁爱玲．儿童心理压力及其调适能力的培养．山东教育，2004（15）

当儿童已经表现出一些心理压力的信号，如情绪不安、诉说很累、哭泣时，成人要帮助他们克服压力。首先必须听他们倾诉，了解孩子心理上有什么压力，压力是从哪里来的，要多抽出时间与儿童面对面交谈。在大多数情况下，只要成人能够及早发现，恰当引导儿童倾诉，心理压力就会得到舒缓。

案例：一位有经验的父亲说："当儿子出现沮丧焦虑的情绪时，我就骑上摩托车带着他到郊区兜风，找一块草地，或者大树下，坐下一起谈心，郊区的美丽环境让孩子放松了，他常常会一下子把烦恼都说出来。我总是微笑地看着他，告诉他我年轻时遇到过的各种压力和挫折，但我很坚强地支撑过来了。人一辈子会遇到很多意想不到的压力和打击，弱者总是倒地而亡，强者永远都是傲立于风雨中。我的谈话让孩子很激动。我们父子的沟通就像朋友，没有障碍。从小到大我都是这样帮助孩子克服压力和焦虑的，看着他一次次勇敢站起来。"

其次，帮助儿童养成良好的性格，提高适应能力。

在雷札鲁斯压力的调适模式中，情绪常被视为压力的导因，而不是最后的结果，个体的情绪反应会影响心理压力的解决。当面对压力时，较之情绪不稳定或性格悲观的人，有良好的情绪反应并以乐观和坚强的性格面对困难的人，能够积极地面对问题和解决问题，因而不会产生过多的心理压力。据此，家长和教师应该着力帮助儿童形成健康积极的情绪和乐观向上的性格，扩大孩子的生活圈，丰富孩子的业余生活。孩子孤僻不合群、自私等不良心理的形成，往往与他们的生活圈狭窄有关系。前几年，美国儿童中有一种"大楼症"，由于高层建筑的发展，儿童们放学后独居一室，缺少正常的交往，因而产生孤僻、恐惧等心理，甚至影响智力的正常发展。要让孩子自己选择适宜的游戏和运动，培养他们注意力集中、专心完成一项工作的能力。同时，应在日常生活中培养儿童的自尊心和自信心，当儿童有较强的自尊和自信时就会有勇气、胆量和辨别力去面对压力。很强的适应能力是遏制心理压力产生的最有效法宝。由于个体存在于充满竞争的社会之中，压力是客观存在的，因此，个体必须不断地使自己适应周围的环境，才能从根本上化解心理压力。所以，从小培养儿童适应各种环境的能力至关重要。

最后，减少使儿童产生压力的外界因素。

家长和教师应了解儿童的能力，对孩子的期望应该合理，不应过高或过低。鼓励孩子、培养孩子广泛的兴趣爱好，但不要强迫孩子去学这学那，应该多听听孩子自己的意愿，不要过低估计儿童的能力，应把一些适合孩子年龄的事情交给他自己去做，重视孩子的想法和言行。要让孩子认识到：每个人都是独立的，都有自己的强项和弱项，没必要总是拿自己的弱项去比别人的强项，重要的是把自己的强项用好。这样会使儿童形成平和的心态和健康的心理品质。

第八章　特殊儿童的家庭教育问题

家庭是特殊儿童生活的场所，是特殊儿童不可缺少的港湾，也是他们接受教育、健康成长的重要阵地。本章将简要阐述精神发育迟滞儿童、学习障碍儿童、焦虑儿童与抑郁儿童的家庭教育问题。

第一节　精神发育迟滞儿童的家庭教育问题

一、精神发育迟滞的概念

精神发育迟滞（mental retardation）又称精神发育不全，是一种可由多种原因引起的脑发育障碍所致的综合征，以智力低下和社会适应困难为主要特征，可伴有某种精神或躯体疾病。如人们平时说的儿童“脑子笨”在心理卫生界就称为“精神发育迟滞”。

一直以来，家长对这种现象认识不清，当自己的小孩出现了精神发育迟滞的症状时，他们只能一个劲地着急，但又摸不着头脑。如一个6岁的小孩，学会走路、说话都比别的孩子晚。其家长不知原因，只听老人所言的“贵人话语迟”，结果家长也认为孩子长大后会自然好转，而没有去寻医问药。谁知到了学龄期，小孩的语言表达能力仍大大差于同龄儿童，反应迟钝，上不了学。家长买回一年级的书本来反复教她，她还是跟不上。家长看到自己的女儿长得身高体胖又漂亮可爱，而自己的家族又没有傻子，这时才感到万分焦虑，不知道什么原因。又如一对农村夫妇的儿子已经七八岁，仍然不怎么会说话、脑子反应慢，而这对夫妇缺乏医学知识、思想落后封建，认为小孩中邪了，花费钱财去求神问鬼，让小孩喝那些神公巫婆的药物。这样不但花费了自己的血汗钱，还把小孩折磨得苦不堪言，耽误小孩的治疗。精神发育迟滞是多方面造成的，不仅仅是因为遗传。作为父母，很有必要了解精神发育迟滞方面的知识，及早发现、及早解决小孩的问题，不要耽误了小孩。

二、关于精神发育迟滞的认识

当家长发现自己的小孩有以下现象时，就要尽快带上小孩到正规医院做检查，检测其是否精神发育迟滞：

（一）记忆

精神发育迟滞儿童的记忆过程缓慢、健忘，新的知识需要多次反复的强化才能记住。他们的记忆容量小，不能够记住比较多的材料，如果正常儿童一天能记住 20 个单词，精神发育迟滞儿童就只能记住五六个，而且对所识记的材料保持时间也比一般儿童短。他们经常缺乏对记忆材料意义的理解，不善于有目的地去记住或回忆这些材料，只是硬生生地塞到脑子里去，回忆和再现内容也往往是断断续续的、凌乱的、很不精确的。

（二）感知觉

一般精神发育迟滞儿童的感觉器官如眼睛、皮肤、耳朵等没有明显的异常病变，但对事物的感受能力比不上正常儿童，对任何事物的兴趣不高，容易感到劳累。他们的知觉速度缓慢，而且知觉范围狭窄。他们不会积极主动地去观察周围的世界，往往满足于对事物表面的、片面的了解。比如，在认识事物时，他们常常会被物体的外部特征所吸引，从而忘记了自己的主要任务，容易分心走神。

（三）思维能力

感知觉、记忆的缺陷，尤其是语言发展的缺陷，使精神发育迟滞儿童的思维能力发展受到了很大的限制。思维的抽象性是这类孩子的基本缺陷。他们在思考问题时，常受一些简单的直接形象的支配，不能理解隐藏在事物或现象后面共同的、本质的东西。精神发育迟滞儿童对数的概念理解也深受实物的影响，大部分人习惯于用手指头计算，难于心算或以表象运算。与思维的这种具体形象性相联系，精神发育迟滞儿童的概括能力很差。此外，精神发育迟滞儿童对提出的问题不善于推理，更不能进行逻辑思维。注意力不集中或者集中注意力的时间较短。

（四）语言

精神发育迟滞儿童的语言发展缓慢或异常。大部分精神发育迟滞儿童两三岁以后才开始说话，许多年龄较大的孩子还保持着正常儿童三四岁时使用的语言，极个别的还保持着情境性语言。有些病情严重的儿童几乎不愿意开口说话，他们的词汇很贫乏，对词义掌握不好，语法结构也常常是不完整的，甚至是语无伦次；他们的句式也很简单，极少使用复杂的句子。有的十来岁的儿童甚至不能说出一个完整的句子，另外，还有一些儿童有发音缺陷、构音困难、口齿含糊的情况。

（五）个性特征

精神发育迟滞儿童由于受到不良的生活条件和教育环境等因素的影响，产生了一系列独特的个性特征，容易兴奋、任性、哭闹、胆小、自言自语、懒散、依赖性强、自信心差等。精神发育迟滞儿童的情绪体验比较简单，他们感受到的几乎只是满意和不满意，没有细致差别的体验。他们对生活中的一些重要事件的体验是极其轻浮的和表面的。有的孩子情绪变化很快，说哭就哭，说笑就笑，容易感情用事。他们的高级情感如良心、义务感、责任心等比正常儿童形成得更晚、更困难。在意志品质方面，精神发育迟滞儿童常常不了解自己行动的目的，不善于支配自己的行动去达到预定的目的，依赖性很强。他们缺少毅力，害怕困难，欲望的诱惑、消极的情绪都可以使他们改变计划好了的行动。

上述心理特点可以相互影响、相互制约。感知觉的缺陷影响了记忆、语言和思维能力的发展，思维的障碍又必然加重其他心理活动的障碍；个性特点对认知活动的各方面都有影响。

三、父母的应对方式

精神发育迟滞儿童，对于他们的父母、亲属乃至整个社会来说都是一个沉重的负担。严重者长期由家庭、政府或集体单位供养生活，他们影响家庭、国家或集体经济及亲属的工作、学习、生活。但家长要面对现实，建立信心，要有治疗信心，去了解患儿智力低下的程度，并按其智力、运动发育年龄开始训练，制订训练计划，不能操之过急，自己要坚信科学的进步、科学的作用，只要长年坚持康复训练和治疗，孩子的智力和运动发育是可以改善的。

（一）承认事实，积极应对

父母要了解儿童生长发育的一般知识，发现孩子语言发育或动作笨拙、脑子反应迟钝时就要立即去医院检查。脑子发育有最佳时间段，越早可塑性越大，不要错过时机，否则后悔不已。弱智、痴呆，父母可能一时接受不了，但作为家长要及时调整心态，认识到这是客观存在的，最应该做的就是及早干预、及早治疗，相信科学，相信医疗技术。

（二）药物治疗

1. 对症治疗

精神发育迟滞儿童通常有运动性兴奋、有自伤行为、易鲁莽冲动或有很强的攻击性，等等，由于这些原因，家长有时很难制伏这些小孩，在教育上有困难。在这种情况下，家长可以在医生的指导下，并遵循综合治疗的原则给小孩服用一些适量的抗兴奋药，如卡马西平等。

2. 对因治疗

如果某些孩子精神发育迟滞是由中毒、代谢或营养等生物学因素所致，家长就要进行对症治疗，如使用解毒剂、抗感染药和补充对应的营养等，及时治疗这些病情较轻的患者。

（三）正确评价小孩的智力水平，正确对待小孩

家长要根据小孩的客观状态、社会适应能力和智力水平给予适当的教育。如果是边缘或轻度弱者，要积极进行早期教育，以勤补拙，基本可以正常地生活。如果是中度弱智者，则主要能掌握生活、生存技能和工作技能，父母不要寄予太高期望在这种小孩身上，更不能打骂逼迫，否则欲速则不达，使他们产生畏惧、害怕等心理障碍，最后事与愿违，

智力水平和生存能力得不到提高。如果是重度弱智者，父母只要以训练康复为主，在别人的帮助下可以生活。

（四）精神发育迟滞儿童的操练①

精神发育迟滞儿童的视知觉能力与手、眼、舌协调能力是相互联系的，进行手、眼、舌协调能力训练能起到促进大脑发育的作用。家长最好能根据弱智儿童机体能力低下、动作笨拙的特点，要求小孩每天做5分钟的手、眼、舌操训练，对手指、双眼、舌头进行训练，以利于提高智力。

1. 手操训练

首先让小孩伸出双手，看一看手心，再看一看手背，接着数手指，反复数十遍。然后仔细数、认真记，两手十指不分离，可以心数，不用开口，数到的手指向前弯一下。其次十个手指有长短，各有各的名称，要求小孩说出其名字，小指使劲向外伸，其他手指紧握于手心。再者中指长得最大，伸出中指不断摆动。最后拇指的邻居是食指，小指的邻居是无名指，伸出食指数黄豆，伸出无名指相互碰一碰。

2. 眼操训练

要求小孩学习时有正确的坐姿，目不斜视，直盯着正前方，随着家长手上的物品用慢速从一数到十。经常训练小孩眼睛持续看物体一分钟左右，使注意力集中，加深对物体的印象。让小孩面对着镜子，指出家长所说的五官中的任何一个，目的是使其视线在短距离内随着家长的指令移动。家长与小孩站在窗前，要求小孩站直，眼睛朝着窗外看，心数有多少辆车从自已眼前经过。如此坚持练习可加强小孩的注意力。

3. 舌操训练

叫小孩将舌头在嘴中上下左右移动，教小孩绕口令，让其每天说上两三次，两手捏捏耳朵、指指鼻子、搓搓脸，每天训练15分钟，兴奋大脑皮层，使听觉和脑发育缺陷得到补偿与促进发育，强化调节神经系统，消除疲劳。

四、个案介绍

一个叫小壮的小孩已经6岁多了，独生子，爸爸在国企上班，妈妈在家照顾他，现在于幼儿园大班上学，只有2~3岁小孩的智力，身体不协调，手、眼、脑不协调，走路、看人、说话都能表现出来，下肢力量弱，手的精细动作特差。父母一开始以为他还小，不大在意，后来随着年龄的增长，小孩仍然是这样。父母意识到了问题，赶紧把他带到医院检查，最后确定是精神发育迟滞症。当听到这一结果时，小壮的双亲都傻了眼，认为自己是高级知识分子，又没有家族病因史，所以无法接受这一事实。后来经过医生的解释分析，他们才调整心态勉强接受了现实。他们立即向心理医生寻求帮助，小壮的病主要是因代谢和营养所致，所以其父母应在日常生活中给他补充适当的营养和在医生的吩咐下服用适量的药物。药物治疗的同时，小壮还被要求每天都做手、眼、舌操训练，父母给他灌输早期

① 段玉梅，宋瑛．舌眼手操训练对学龄期精神发育迟滞儿童智商的干预．健康心理学，2000（4）

适当的教育，反复教育他，教他画画、做一些简单精致的手工。所谓“好事多磨”，小壮的父母坚持不懈，坚信自己的小孩终有一天会痊愈，为小孩倾注了最大的努力，给予他许多父母无法做到的细心和耐心。几年后，小壮的情况变得乐观起来，再次带其去做检测时，医生告诉父母，如果继续如此教育小壮，小壮肯定能够实现基本的生活自理。这个过程虽很缓慢、很艰辛，但最终拯救了自己的小孩，挽回了幸福的生活，何乐而不为呢？

第二节　学习障碍儿童的家庭教育问题

一、学习障碍的概念

国内有关学习障碍的定义是很复杂的，所指的对象通常是以学业成绩低下为主要表现，因此，也被称为“差生”或“低成就学生”。他们的共同特点是：智力属于正常范围，但由于各自不同的原因，不能适应普通学校教育中的学习，最终导致学业不良。这种不良是可逆的，在一定的补救和教育条件下是可以转化的。这一概念较有代表性的定义是：有适当学习机会的学龄期儿童，由于环境、心理、素质等方面的问题，致使在学习技能的获得或发展中存在障碍，表现为经常性的学业不良。这类儿童没有智力障碍，智商在70以上。

在中小学学校，班上经常会有一两个学生学习不行，跟不上。很多人都想不明白，这些学生脑子不笨，学习努力，但学习成绩就是跟不上别人。或者语文学得还可以，而数学是一塌糊涂。更有甚者，他们学习上的毛病老是改不过来，不是把拼音字母写反，把数字写颠倒，就是分不清上下左右、里外高低。家长和教师对这种现象感到很头疼，结果有的家长和教师把这样的儿童视为弱智儿童，转到弱智学校。家长和教师这样的决定无疑是错的，因为他们没有了解弱智儿童和学习障碍儿童的区别，给予了小孩错误的教育，这自然对小孩有很大的不良影响。因此，家长和教师很有必要知道学习障碍儿童的特征，以便区别弱智儿童与学习障碍儿童。

二、学习障碍儿童的特征[①]

（一）认知特征

同样的信息刺激经过不同个体的认知处理后会变得不同，有些学习障碍者正是由于脑功能的问题，在信息加工过程中出现了偏差，产生了认知障碍。

---

① 刘春玲，江琴娣．特殊教育概论．上海：华东师范大学出版社，2008

1. 知觉特征

视知觉有障碍的儿童无法对刺激进行知觉整合，常常没法把所看见的东西视为一个整体或单一体，而将知觉对象弄得支离破碎。具体表现为区分视觉形象困难、知觉形象背景困难、寻找隐蔽的图形困难、空间判断困难、方向感差、视觉想象力差等。这类儿童会将有方向特征的数字、拼音或字母等混淆，产生镜像书写，如“b→d”；他们对符号与字的辨认困难，常常表现出书写或辨认的问题，如“日”与“田”；在阅读或做算术题时，容易将不同的文字混在一起，或出现漏读、漏做等现象，给人以粗心、马虎的印象。

听知觉有障碍的儿童一般在模仿发音上没有什么问题，但对声音的分析能力较差，例如，他们难以区分音调的差异或主音与伴奏音的不同，因此在语言学习等任务中有明显的障碍。这类儿童在听觉记忆中往往采用逐一记忆的方式，难以将声音组合成有意义的单位，所以记忆的速度较慢，记忆的量也较少。同时，他们对声音的知觉速度也比一般儿童慢。

2. 智力特征

经过研究，学习障碍儿童总体智商偏低，学习障碍儿童的言语智商明显低于其操作智商。所以，如果家长测量知道儿女的总体智商偏低时，不要立即下结论认为他们就是弱智儿童了。

3. 注意特征

注意不良：在学习中注意力难以集中，容易分心、健忘，在听课过程中不由自主地走神，控制不了自己的思想。

多动：经常处于兴奋状态，跳跳嚷嚷的，很难安静地学习，过度运动。

冲动：急性子，没耐心，难以按次序等候，喜欢插嘴、打断别人的活动或交谈。

4. 记忆特征

一般来说，学习障碍儿童在记忆的广度、精确性、短时记忆、机械记忆和意义记忆方面都不及正常学生。他们难以将短时记忆转化为长时记忆，缺乏对记忆材料的组织能力，在记忆的使用上比一般儿童差。

5. 语言与思维

许多学习障碍儿童在幼儿阶段就表现出语言发展迟缓的问题。他们普遍存在语言及思维能力相对较低、思维的发展水平和速度都低于同龄儿童、思维的独立性差、在进行思维判断时往往仅凭直觉、冲动性居多的表现。他们在语言的运用方面也不及一般儿童，这种差异到中学阶段更加明显。例如，他们做阅读理解感到困难，读不懂数学题的意思，等等。

6. 元认知特征

元认知就是关于认知的认知，是个体对自身认识活动的自我意识和自我监控。学习障碍学生的元认知发展有明显的不足，主要体现在：①元认知知识的不足，不能很好地对外界信息进行分析，并根据外界情境主动选择和使用有效的学习策略。研究者发现，学习障碍儿童不会学以致用，不会自觉地使用学到的知识技巧去解题或考试。②元认知调节能力的不足，使学习障碍学生不能积极、准确地监控问题解决的过程。如学习过的知识硬邦邦地塞到脑子里，过于机械化，不会对信息进行深入的加工。

（二）运动协调

学习障碍儿童的运动协调能力低于同龄儿童的平均水平。有些学习障碍儿童获得扔、拿、跳、跑等能力的时间较晚，其行为动作表现为笨拙、蹒跚，走路姿势不正确，平衡能力差，等等。

（三）社会情绪和行为

1. 社会认知与同伴关系

学习障碍儿童解决社会问题方面的能力较弱，对建立并维持适当的人际关系、解决人际冲突等缺乏适当的技巧。他们常常表现出不合群、孤僻、受同伴的接纳度低等现象，有些学习障碍儿童从幼儿阶段便受到同伴的排斥，而这种不当的人际关系会随年龄增长而愈发显著。

2. 自我概念与成就归因

与正常儿童相比，他们对自我、学业等方面的评价都比较消极。他们倾向于将自己的失败归因于稳定的、内部的、不可控的因素，认为学业失败是由于自己的能力低，而不是由于努力的程度不够而造成的；他们倾向于将成功归因于不稳定的、外部的因素，如运气和命运，认为成功具有一定的偶然性。

总之，学习障碍儿童是一个高异质性的群体，每一个个体都有自己的独特性，家长要教育好他们，首先要理解其特征，根据其特征去进行教育实践。

三、学习障碍儿童的教育①

为了有效地教育学习障碍儿童，家长必须懂得教育的技巧和艺术，使他们更好地学习。对于任何学习障碍儿童，家长都应做到：

1. 耐心细心

学习障碍儿童的接受能力比较弱、灵活性差，家长在教他们解题或干什么时，即使讲解了一两遍他们还是不懂，但也不能在他们面前唉声叹气或说一些中伤他们的话，而是要耐心地教到他们学会为止。家长教育小孩，当小孩学不会时，要细心观察小孩的反应，及时给予鼓励，不要让小孩失去信心和兴趣。

2. 幽默宽容

当教师在家长面前批评他的小孩或小孩在学校调皮捣蛋时，家长要忍耐住，要宽容大度，不要乱发脾气，以幽默轻松的方式去解决小孩的毛病。

3. 及时纠正

如果发现小孩有不好的行为和错误偏激的思想时，家长要及时给以暗示并及时纠正其错误。

---

① 周平，李君荣．学习障碍儿的教育指导．北京：人民军医出版社，2002

4. 赞赏教育

家长要善于发现小孩的长处，即使是微不足道的进步，都要给予表扬和鼓励，让他们体验到成功，具有成就感，以激发、提高他们的学习兴趣和欲望。

但在生活中，学习障碍儿童的表现是多种多样的，有的表现为具有某一方面的障碍，有的表现为具有多方面的障碍。家长在根据以上四点教育小孩的同时，还要根据小孩的具体情况，进行有针对性的教育。

1. 认知、语言障碍儿童的教育

在人类的各种能力特性中，认知、语言是最重要的功能。在我们的日常生活行为、学习行为、与人交往等方面，认知和语言能力发挥着极大的作用。所以，对有认知、语言障碍儿童的教育是极为重要的。家长要使小孩情绪稳定并得到释放；根据状态，给予适当的语言刺激；强化身体动作反应、声音反应。必须注意的是，在对有障碍的孩子进行语言指导时，不仅要使用画册和卡片进行单词的指示，还要注意对发声、发音进行声音的训练和指导，可以让小孩模仿动物的鸣叫声，汽车、火车和乐器的声音，模仿单音和单词的发音。

对于听觉认知障碍的儿童，家长要培养其对周围声音的认知、识别的能力，注意辨别并表现各种各样的鸣叫声。如带他们倾听各种动物的叫喊声，让他们多听男女老少的声音，以学会辨别音色。

对于视觉认知障碍的儿童，家长要教他们学会辨别各种各样的颜色，并知道有多少种颜色，看到不同的颜色会说出颜色的名字，学会辨别各种各样的形状，判断大小、多少等。

对于语言障碍的儿童，家长最好带他们到热闹的场所，为小孩制造与他人进行寒暄、会话的机会，用语言表达自己的要求和体验，表达自己的想法和感受。家长平常多与小孩沟通，要求小孩每天都向家长说他们在学校的所见所闻以及他们的收获等。

2. 注意力障碍儿童的教育

（1）加强集中注意力的训练方法。如在家空闲的时候，家长可以拿着一把尺子，让孩子在自己放手的时候抓住尺子。还有当玩具汽车驶到小孩的身边时，要求其注意这瞬间，并挡住汽车的去向。

（2）扩大注意范围的训练方法。让小孩多看短跑运动比赛，看比赛时小孩的目光会随着运动员的身影转移，一直盯着运动员到达终点，从起点到终点距离逐渐拉长。另一种方法就是让小孩看图片，开始把图案遮住，然后不断地扩大显露的部分，使小孩们的注意力范围随着图案展开面的增大而不断扩大。

（3）延长注意力持续时间的训练方法。让小孩看长时间的变魔术节目，魔术的重头戏都是在后头，小孩会很好奇、很期待地一直看到最后的。如果时间允许，家长可以开小车或骑自行车、摩托车带着小孩浏览一些小孩感兴趣的风景区，浏览时间最好是足够长。

3. 运动不协调儿童的教育

运动有障碍的儿童，有的表现为对跳绳、球类运动等全身运动协调有困难，有的表现为不能很好地使用筷子、绑系东西。对于这类儿童，家长要让他们多参加玩球、摩擦皮肤等触觉形式的刺激活动，或玩溜滑梯等本体感觉刺激活动，或玩木马、荡秋千等前庭刺激活动来增强其全身运动的协调能力。家长最好鼓励或教给他们一些手工，学会编织东西以提高他们的眼手协调能力。有条件的家庭可以让小孩去学一下舞蹈，面对着镜子，让他们在做动作的同时认识自己身体的部位。

4. 社会适应能力有障碍儿童的教育

由于社会适应能力有障碍儿童行为的自我控制有问题，极少说话，甚至不能适应学校生活、不能融于集体、被伙伴排斥、不能遵守生活规律，家长应提供一个宽容、和谐的，能够使孩子安心的家庭环境，使孩子有安全感，改变对自己以及对他人的看法，减少过激行为。给予他们理解和关心，减轻他们的心理压力，对不安定、多动、突如其来的行动，可配合药物治疗，改善症状。多带孩子到人多的地方，多带其走访亲戚，有条件的可带其多游览一些地方。

四、个案介绍

一个工人家庭的小孩怡昕，内向文静，读二年级。她读书很勤奋，其他学生玩得上气不接下气、忘乎所以的时候，她仍然在埋头学习。外人一定以为这个小女孩很乖巧、成绩很优秀。可经过了解才知道，怡昕每次考试成绩在班上都是倒数，作业经常出错，老师对此很纳闷。老师与家长交谈后，家长去找心理医生弄清楚其中的原因，原来她的女儿主要是视听知觉障碍和记忆思维障碍，他们获得了心理医生的建议。父母每天都陪伴着她学习，耐心教导她读题和解题，一遍，两遍，三遍，一直教到她学会。在教她的过程中，父母都保持着微笑，细心纠正其错误，哪怕有一丁点进步都适时赞扬她。由于她有视听知觉障碍，父母让她多听音乐、多欣赏风景，鼓励其唱歌、画画；每周都以如上所述的锻炼注意力的方法训练她两次，让她的注意力得到提高。现在，怡昕的情况得到好转，成绩有了些许起色。

第三节　焦虑儿童与抑郁儿童的家庭教育问题

一、焦虑与抑郁的概念

焦虑症是一种持续不安、紧张、恐惧等的情绪障碍。病人基本的内心体验是害怕，如提心吊胆、忐忑不安，甚至极度惊恐或恐慌。这种情绪是不快的和痛苦的，会有一种迫在眉睫或马上就要虚脱晕倒的感觉；这种情绪指向未来，它意味着某种威胁或危险即将到来或马上就要发生，而实际上并没有任何威胁或危险，或者，用合理的标准来衡量，诱发焦虑的事件与焦虑的严重程度不相称。焦虑者总是处于永恒的预先之中——“之后会发生什么事情呢?”他们总是趋向于想到最坏的事情极有可能或者至少可能会发生——“有问题吗？会变坏吗?”他们会最大限度地采取可能的措施来防止他们想到的困难——“最好采取防护措施，我们永远不知道会发生什么事情。”因为这些理由，日常生活中最小的事件都会变成一件十分复杂的事情，都会使其惶恐、紧张不安、躯体不适，以致精神运动性不安和植物神经紊乱。

抑郁症是由各种原因引起的以抑郁为主要症状的一组心境障碍或情感性障碍，是一组以抑郁心境自我体验为中心的临床症状群或状态，是一种不愉快的心境体验，是扰乱小孩生活的一种情感障碍性疾病。它可能会影响小孩的全身、思维、情绪、行为和自我感知方式。抑郁症亦能在很多方面改变他，例如，对他人的观感，对工作环境或社会环境感觉，甚至是有关一些诸如他的外表、房子、衣服等的感觉。

如果是持久的情绪抑郁或情绪低落，通常要持续两周以上，是抑郁心境的重要表现、特征性症状。与正常人遭遇挫折所产生的情绪抑郁低落有所不同，可以在身处顺境、无客观不良生活事件作用的情况下发生，令家人和亲友百思不得其解，甚至病人自己也找不出原因，感到莫名其妙就心情不好、情绪低落；有些抑郁症情绪发作之前，可能会有社会心理生活事件发生，但这种生活事件与其抑郁之发生并无明显的因果关系，并且不因生活事件的消除而情绪好转。如果情绪低落，抑郁往往持续数周、数月，不经治疗可长达年余或数年，难以消除；一般的安慰、劝解、疏导，改变环境均难以改善其抑郁情绪。在情绪抑郁低落期间，高兴之事不能使其情绪得到改善。抑郁情绪并不会随着时间的迁延而淡化，相反而日益加重。抑郁情绪会影响工作、学习、生活和社交。具有抑郁症的人会随之产生其他症状，如认知障碍、精力减退缺乏症状。抑郁症的抑郁情绪的发生，有其病理生化代谢的基础。部分抑郁症（内源性抑郁症）的情绪低落有晨重夜轻节律的变化，这种变化有其生化代谢基础。早上及上午情绪低落明显，而黄昏时分开始减轻，晚上更轻些。而外源性原发性抑郁症，则往往早上情绪好些，下午尤其是晚上重些。

二、导致焦虑与抑郁的原因

（一）出现焦虑情绪的原因

我们这里只要讨论儿童产生焦虑情绪的原因，刚入幼儿园的儿童是最容易出现焦虑心理的，此阶段的小孩虽然已经能很好地理解外表与事实的区分，但在理解他人信念上仍有很大困难。越是入园焦虑反应强烈的儿童越不能很好地理解他人的心理与行动，还不具备“爸爸妈妈放学后会来接自己”的信念，对父母把自己送到幼儿园很不解，以为父母不要自己了，会经常追问“爸爸妈妈为什么会把我送到这里来”。那是因为儿童“心理理论发展”与其社会行为发展存在密切联系，“心理理论”不是先天的，多种心理因素影响着儿童“心理理论”能力的形成与发展，家庭中兄弟姐妹的数量、家庭的教育方式等都对儿童的“心理理论”发展有着重要影响。此外，气质类型不同的儿童出现焦虑情绪的程度也不同。对新的事物和陌生人退缩、接纳性差的儿童，消极情绪最显著；善于接受新事物和陌生人的儿童适应性强、活泼灵敏，就不容易有消极焦虑心理。

（二）出现抑郁情绪的原因

家族遗传性因素对儿童抑郁起一定的作用，性格内向、文静，不爱交际、不喜欢抛头露面、孤僻、多疑，常常注意事物消极面或遭受意外挫折的人，容易陷入抑郁状态。但导致精神抑郁的原因很多，而起决定作用的是后天的生活环境和教育。例如，家庭不和，父母离异，子女得不到一个安静幸福的家，感受不到父母的爱，给子女造成心理的创伤，心理发展不健全；父母责罚不当，使小孩长期精神、肉体备受折磨，长期感到委屈，不能得到解脱，不能得到倾诉，从而产生叛逆心理；父母行为放荡不羁，使小孩受歧视、被冷落，或小孩自身有某种生理缺陷，遭到嘲笑厌弃，久而久之小孩就会产生自卑心理，自我压抑；小孩犯错、做错事，父母严加批评、教育不当，使得小孩灰心失落、丧失自信心，出现心理障碍；家长过度管束、对小孩期望过高，使得小孩感到有压力甚至有时喘不过气，如果小孩承受能力低就会造成意志消沉，郁郁不乐。

三、家长的教育措施

作为一种心境，焦虑是人们经常遇到的情绪状态。长期处于高焦虑状态可直接导致焦虑性神经症、过度焦虑反应等情绪和精神障碍。焦虑情绪会产生很多消极影响，如恐慌和紧张情绪，感到最坏的事即将发生，常坐卧不安，缺乏安全感，整天提心吊胆、心烦意乱，对外界事物失去兴趣；对外界刺激易出现惊恐反应，常伴有睡眠障碍和植物神经紊乱现象，导致入睡困难、做噩梦、易惊醒、眩晕、心悸、食欲不振、腹部发胀并有灼热感等。由于焦虑在儿童发展中有很大的普遍性，而现实中焦虑常常带有一定的内隐性和掩蔽性，许多家长往往忽视这个问题，认为小孩是胆小，因而没有及时给予小孩帮助而最终导致问题严重化。我们应该正确对待有抑郁和焦虑情绪的儿童，这类儿童的情况相对于其他类型的障碍儿童是比较容易解决的。有这方面障碍儿童的家长可以参照一下以下建议：

（一）创设温馨的家庭氛围

家庭是对儿童成长影响最直接、最深刻的微观环境，是决定儿童心理发展的重要因素。父母应努力创设一个温馨的家庭氛围。这首先要求父母之间的关系和谐；其次，父母与子女之间要建立亲密无间的亲子关系，让幼儿感受到父母对自己的爱与关怀。

（二）父母应加强学习，不断提高自己的教养水平

首先，父母要了解幼儿身心发展的规律和特点。根据幼儿身心发展的特点，调整或改变自己的教养方式或行为，消除或减少幼儿的焦虑情绪；其次，要努力学习并掌握先进的教养理念和策略；再次，要加强自身个性的修养，为幼儿树立良好的榜样。如果发现自身有焦虑情绪，应有意识地进行调整，不要在孩子面前表现出来。

（三）改善父母的教育行为

首先，在家庭中要采取民主的态度对待幼儿；其次，要关心幼儿，善于倾听与沟通，了解幼儿的心理活动状况，适时地给予指导和帮助；再次，要敢于放手，让幼儿在各种活动中锻炼和提高自己的能力；最后，慎用批评，杜绝体罚。

(1) 家长要给以深切的父爱、母爱，信任、理解、尊重、关心抑郁孩子，每天都给予

小孩温馨的问候、照顾，如“你今天想吃什么菜，你在学校开心吗”等，满怀信心地寄予他们厚望，让他们感到自己被重视、被疼爱，以消除他们心中的抑郁。

（2）家长可向教师寻求帮助，与教师联系，取得教师的配合，改善师生关系，让小孩得到老师的注意、关爱，感受到上学的乐趣；改善家庭关系和家庭教育条件，使小孩享受到生活的乐趣，愈合心灵创伤。例如，希望教师多表扬小孩，让小孩多参加课外活动，鼓励小孩参加集体活动游戏；在家中让小孩寓学于乐，陪伴小孩看一小时左右有教育意义的娱乐电视节目，等等。

（3）家长最好每个月带小孩去两三次游乐场，让小孩尽情玩耍，抛开一切的不快，扫除心中的愁云。如我邻居的小孩虽然还是读二年级，但每天都有非常多的作业，每天都要早早起床去上课。一个星期下来，邻居的小孩已是疲惫不堪，感到很吃力。于是，小孩的父母就带他到公园的游乐园玩耍，玩了一天后，小孩情绪立即好转，也不感到劳累了。也许有些家长担心小孩玩得多会收不回心，只想着去玩了。因此，家长要在小孩玩完后说一些鼓动性的话，如“如果考到好成绩了或被老师表扬了，我还会带你来玩的”。

（4）善于发现小孩的特长，为其制造一切可发挥展示个人特长的机会，交给他们力所能及的工作，让他们感受到自己的价值。一个小孩学习成绩虽差，但从小就很喜欢唱歌、跳舞，每当看到别人跳舞或听到歌声后，她都能牢记在心中，并会很快跳出一段舞或记住那些歌词。她的父母发现了她的爱好后，大大鼓励她并让她学音乐，长大后考上了国家重点大学。

（5）让小孩多参加集体活动，多接触一些人，使其在集体的理解、信任、关心中变得自尊、自重、自爱、自强。

四、个案介绍

景杰生活在三口之家，父亲是一名司机，母亲是一位教师。他的家庭本来是很和谐幸福的，后因他父亲误杀了人而被捕入狱。母亲因此而病倒，他们被外人指责、辱骂。景杰在学校被同学嘲笑，羞辱他是一个杀人犯的野种等。他因为这样而感到很痛苦，没有人可倾诉，没有人开导他，他渐渐害怕去上课，每晚睡在床上想到白天在学校发生的不愉快的事情就忧虑、紧张、不安。日复一日，他最终产生了抑郁与焦虑情绪。母亲发现他的异常后，立即寻找自己的同事即心理学老师聊天诉说，之后他的母亲接纳了同事的建议。从此以后，母亲更加关心疼爱景杰，与景杰说一些心里话，互相说出自己每一天所发生的事情，一旦发现他有不正确的心理想法就及时纠正、开导他。每顿饭都精心为他做，陪伴他学习。景杰的母亲还私下与他的老师交谈，希望老师多关心他，在班上向学生说明景杰家里发生的事情，解除学生的误解，并希望老师在班上多表扬他。景杰母亲的所作所为让他感受到了家庭的温暖和学校的爱护，他体验到了生活的快乐，逐渐恢复了往常的良好心态并愉快地生活着。

第九章　特殊家庭的教育心理问题

美满婚姻是孩子健康成长的前提。夫妻恩爱，婚姻幸福，孩子生活在温暖融洽的环境中，能愉快健康地成长。但如果由于特殊原因导致家庭功能不健全，那作为父母又该如何减少这种情况对孩子造成的不良影响呢？

第一节　婚姻关系对儿童的影响

家庭是社会的细胞，是儿童接受教育的第一所学校。对父母而言，建设和维护良好的婚姻关系不只是谋求自身幸福的重要生活环节，而且是使家庭对孩子发挥积极作用的必要保证。最理想的家庭模式也许应该是夫妻双方已经拥有了和谐美满的婚姻，然后再考虑生孩子。但在现实生活中，大多数家庭是一边协调夫妻之间的关系，一边迎接新生命的到来。

在现实生活中，良好婚姻的建立并非一日之功，而且夫妻之间也不可能没有一丝矛盾或不满，对大多数父母而言，一方面要注意在孩子面前控制自己因婚姻生活不如意而产生的消极情绪，避免孩子因此而受到不良的影响；另一方面也要积极努力，通过对自身进行调整、适应，改善与配偶之间的关系，这才是美好家庭生活的根本所在。

研究证明，婚姻冲突和孩子幸福之间呈负相关，就是说，父母的婚姻冲突越激烈，孩子越会感到不幸福。在离婚的家庭中，除了缺少一个家长、经济困难以外，婚姻冲突本身对孩子发展的消极作用是明显的。有研究表明，包括高冲突没有离婚的家庭、低冲突没有离婚的家庭和已经离婚的家庭，发现低冲突未离婚家庭中的孩子心理适应和自我知觉最好。

一、父母对抗对孩子的影响

有的父母有明显的矛盾冲突，而且冲突以外显的方式在孩子面前表现出来，双方互不尊重，互不谅解，常常激烈地争吵和打架，有的父母甚至把子女当做自己发泄的工具，殴打孩子。有的父母尽力使子女加入到自己的一方，一起与对方对抗，结果子女成为父母冲突的替罪羊。在这样的家庭生活的孩子，往往会出现强烈的攻击心理。

此外，还有另外一种对抗方式，即父母双方没有争吵，但他们在心理和情绪上相互敌对，言语很少，夫妻关系名存实亡。在这样的家庭环境中成长的孩子往往会有心理抑郁，严重的话，还可能出现精神分裂。有些孩子亲眼看见父亲对母亲的暴力，却又无能为力，那种无助感会一直笼罩着孩子心里的天空。

家庭是孩子出生的地方，是最重要的生活环境，是成长的基石，家庭生活是否和谐，对孩子身心发展影响肯定是很大的。生活在和谐家庭的孩子，身心发展会比较健康，成长过程中也会收到较好的家庭教育。因此，处理好家庭关系也是教育好子女、促使子女身心健康发展的重要前提。

二、父母离异对孩子的影响

如果真像一位哲人说过的那样，婚姻好比一座神秘的房子，外面的人纷纷往里挤，而里面有些人却不断往外涌，则无论如何不是一种值得鼓励和支持的现象。因为离婚尽管在一定程度上使夫妻两人得到解脱，使他们可以各自寻找新的幸福归宿，但是对于孩子来说，无疑是一个重大的打击和伤害。幼小的孩子虽然没有分辨是非的能力，但他们却形成了与父母纯真的感情——亲情，父母离异后这种亲情也即分崩离析，子女不得不与父亲或母亲分开，仿佛像失去方向的漂泊的小船。

孩子的模仿能力很强，孩子一生中很多待人接物的态度、方法都是直接向父母模仿学到的。父母的行为会给家庭生活染上独特的色彩，继而影响孩子的人格形成。离异家庭的孩子在失去父母其中一方后，很可能导致其性格上的偏失。在双亲健全的家庭里，孩子的成长会比离异家庭中的孩子要健康得多。

但是，并非所有单亲家庭的孩子的成长都是如此消极，只要处理得当，结束一段无法挽回的婚姻也不是一件坏事。“人生是要面对的，既然我们无法选择，就要去面对，不要为自己无法改变的事情而痛苦。我们应该坚强，自强、自立、自尊，想想爱我们的妈妈，她养大我们更不容易，多难呀，为什么要责怪生活呢，要和妈妈一起坚强，给妈妈也给自己更多快乐和人生的希望。我们在成长，成长中带着希望，哪有一帆风顺的人生呀！不变的是生活，变化的是我们在成长！”一个单亲家庭的孩子如是说。

三、父母分居对孩子的影响

有些家庭因为婚姻不和谐，导致夫妻双方分居，随着市场经济的日益发展和对外开放的不断扩大，夫妻一方长期外出工作，不仅打破了昔日的家庭生活方式和生活内容，而且如果父母处理不当，处于家庭中的孩子，往往或多或少会出现心理问题。这些孩子心理异常的表现是：爱哭闹、胆子小、不合群、紧张恐惧、有分离焦虑（指由于惧怕与父母分离而产生的一种明显的焦虑情绪）。有时，父母暂时的分居，对子女也会产生明显的心理影响，因此分居的父母一定要关注好孩子的心理变化，不能疏忽大意。

四、父母再婚对孩子的影响

父母再婚子女的最大心理问题，是难以适应新的家庭环境。当孩子突然进入一个新的家庭环境时，原有的环境与新的环境之间有很大的矛盾，由于孩子的适应能力较差，调整起来有一定的困难。他们的情绪波动较大，具有攻击性。对父母产生仇视心理，容易怀疑他人。再婚家庭中成长起来的孩子，一般自信心差，自卑感强，学业也差。但是，如果再婚后能够给予孩子足够的关爱和呵护的话，孩子不仅能够重新获得那份缺失的爱，甚至会受到再婚父母良好的影响。

父母方面需要加强自身修养，不断提高自身的思想道德和文化素质，强化目的意识，处处以身示范，并多去了解孩子，与他们进行必要的情感交流与心理沟通，为孩子的健康成长构建民主和谐、热爱期待、求知进取的交流沟通的良好家庭氛围，促使孩子健康成长；另一方面则要增强孩子的自我意识，使他们在复杂的家庭环境中，自觉规范自己的行为，提高认识，增长知识和才干。

有人说，婚姻家庭就是爱情的花圃，花圃要有足够的空间来成长，有计划地栽种，有时要翻土，有时要施肥，有时要移植，有时要铲除。种花要看季节，季节不同，开的花也不同，婚姻生活也有四季的变化，所以对爱情小花要细心灌溉。让孩子的心变成一块神奇的土地，让家长播上良好习惯的种子，为孩子提供肥沃的土壤和养分，让孩子成为社会和家庭的栋梁之材。

第二节　单亲家庭的教育心理问题

一、单亲家庭的现状

提到单亲家庭，一般人直觉认为是离异家庭。但随着家庭、社会结构的多元，家庭可能因为各种因素而造成单亲，如离婚、配偶死亡、配偶工作居住两地，甚至未婚先孕，等等。由于单亲家庭的成因不同，及个人本身所拥有的内外在的资源不同，面对单亲的感受及调适也就应该有所不同。

西方各国自20世纪60年代以来离婚率急剧上升，这种急剧上升的离婚大潮同样也波及东方各国。我国一向被公认为婚姻最稳定的国家，也同样地受到这种离婚浪潮的冲击。由于离婚率的快速增长，离婚式单亲家庭比重逐渐上升，从而引发单亲家庭子女的心理及教育的一系列问题。据国家统计局统计，中国现有上亿个家庭，全国约有上千万个单亲孩子，并且每年以50万到60万的数量递增，而且中国的单亲家庭多由母亲与孩子组成，这类单亲家庭大约占单亲家庭总数的85%以上，由单亲母亲支撑的单亲家庭，构成中国单亲家庭的主体。

有调查显示，单亲孩子多表现出孤僻、多疑、敏感、自卑等性格倾向，犯罪率更是高达40%。这些社会问题已引起心理界、教育界、社会学界的普遍关注。下面我们将详细地分析一下单亲家庭对儿童的影响及其原因和对策。

二、单亲家庭对子女的影响

面对破碎的家庭，感到最无助的就是孩子。父母的离异对他们的心理、学习成绩、行为、身体、人际关系都产生非常大的影响。

处于单亲家庭中的孩子内心会有什么感受？孩子会感到强烈的被拒绝感，这是单亲环境中成长起来的青少年的深刻体会，不管是出于哪种情况的单亲家庭，他们都会有被拒绝感。在情绪混乱时，孩子很容易感到愤怒，他们往往会表现出极度失望、想哭、心情烦躁、成绩下降、对朋友具有攻击性。这些孩子通常都不会对离开的一方表达自己的愤怒，反而是向抚养的一方表达自己的愤怒，发脾气。此外，他们会缺乏安全感或有不健全的自尊。他们可能会觉得自己跟其他有完整家庭的孩子有很大的不同，他们会觉得自己与父母有距离，觉得自己被身边的朋友疏离，感到自己没有朋友，十分无助。

全国妇联重点科研项目《离异家庭子女心理特点》的研究结果表明，处于单亲家庭的孩子与来自完整家庭的孩子相比较，他们比较普遍的特点有：①爱哭；②放荡不羁，到处乱跑；③过分胆小和焦虑；④冷漠，无动于衷；⑤情绪低落，快乐不起来；⑥悲观，觉得低人一等；⑦对什么事情都无所谓，做错事后不感到羞愧；⑧喜欢孤独；⑨易烦躁；⑩易发怒；⑪经常发呆；⑫不愿与人交往；⑬惧怕某些动物、情景或人；⑭固执，闷闷不乐；⑮吹牛自夸。

单亲家庭的孩子通常都带着一些错误的想法在成长，他们会觉得自己的人生比同龄孩子不幸，失去了父母的抚爱和保护，对环境的适应力较差，往往表现出焦虑、紧张、惧怕、萎缩甚至有退化的行为反应。

在智力和学习发展方面，单亲家庭孩子受到消极的影响是客观存在的，如果处理不当是非常严重的。家庭作为孩子最初和最重要的生活环境，父母在这个阶段对孩子智力发展产生着至关重要的作用，是任何其他社会角色和因素都无法替代的。离异家庭孩子的学习成绩明显差于完整家庭儿童，除了家庭破损影响其学习动机、学习态度外，也与智力水平比较低密切相关。导致单亲家庭子女成绩不良的主要原因，是学习态度不端正，精神涣散，学习潜力无法得到正常的开发。

在身体健康方面，由于缺乏父母的疼爱，而且单亲家庭收入相对较少，营养也不一定得到保证，因此他们的健康也必然受到一定程度的影响，他们的生长发育比较慢。

在人际交往方面，单亲家庭的孩子对待交往动机和声誉动机更加敏感，他们在作判断时受到自我中心的情绪的影响极大。他们会高度评价和赞赏对他们友好、同情并肯定他们的人。在他们的眼里，获得朋友、同学、教师的赞扬在一定的程度上表明他们无异于身边的人，同样也可以获得旁人的肯定。相反，他们会十分讨厌那些斥骂、责备他们的人，因为这不仅伤害了他们的自尊心，还意味着他们被抛弃、被歧视、不被旁人所接受。他们通常表现得孤僻、不合群，在与同伴相处和协作中都比不上完整家庭的孩子。

三、单亲家庭的教育误区

由于单亲父母自身也受到一定程度的伤害，再加上缺乏儿童教育的心理知识，单亲家庭教育的态度和教育方式存在不少问题，主要有以下几个误区：

误区之一：放任孩子。有的家长因为受到婚姻的打击，或者受到生活的压力，便把一切的错误都责备到子女身上，无心管教子女，采取不管不问、任其自然的态度，使子女丧失前进的动力和方向，觉得自己不被重视、被孤立，像断线的风筝，没有方向，很容易误入歧途，为其走上邪路创造了条件。在这种教育方式下成长起来的孩子自由散漫，感情用事，极易滑到邪路上去，而且，他们会脆弱、依赖、缺乏主见和独立意识，一旦离开了家长，便茫然不知所措。

误区之二：溺爱孩子。有的父（母）亲在离婚之后，对孩子百依百顺，只注重在物质上满足孩子的各项需求，处处迁就以弥补其感情上的缺损，而忽视在思想品德上对孩子进行教育，不知不觉养成了孩子骄横、任性等坏习惯，使孩子的成长出现了偏差，这就是溺爱教育。

由于父母一方的缺失，孩子往往会一方面缺少来自缺失父母那一方的父爱或母爱，而另一方面却背负着来自存留父母的超重的父爱或母爱，后一种情况称为“情感过剩”。在这种教育方式下成长的孩子会表现为在同学和老师面前很任性，好胜心强，寻求各方面的满足。同时受不了一点儿批评，更承受不了挫折与打击，表现出极其脆弱的心理状态。这种为弥补子女的心理创伤，忽略正确的教育原则，对子女百般娇纵的教育方式，对孩子的成长是非常不利的①。

误区之三：对孩子过于严酷。严酷型父母的一个显著特点是关心子女的前途胜过其他一切。为此，他们对子女各方面要求都很严。比如对子女的学习、思想品德、打扮、日常交往等都要干预指点。他们不仅对子女的教育要求严，教育方法上也比较严格，他们往往不苟言笑，一本正经。应该指出，父母对子女比较严格，对孩子的成长在一定程度上是有利的，特别是对人生观尚未定型、易受外界不良影响的中学生来说，父母管教严一点并不是坏事。但是，对于单亲家庭的孩子而言，倘若父母对他们的要求过于严格和苛刻，有可能会使他们产生强烈的抗拒感，缺少家庭的温暖感。

误区之四：对孩子期待过高。由于缺少了配偶，家长便会把孩子作为自己唯一的精神寄托。在家长望子成龙的压力下，孩子会承担过度的压力，心理负担沉重。有些心理素质不佳者，甚至会走向另外一个极端，不思进取，这种做法的主要目的是希望父母可以降低对自己的要求和期望。也有一些孩子会因为家长的期望而奋发图强，但是长期的努力、超负荷的工作，也会导致孩子身心的损伤。一旦某一天超出了所能承受的极限，便有可能走向崩溃，结果更糟糕。

误区之五：重视物质的供给，忽略健康人格的教育。很多家长处于对孩子的一种愧疚，希望可以在物质上尽量给予补偿，而往往会忽略了孩子的人格教育。在孩子人格的形成过程中，父亲和母亲有着无法互相取代的作用。缺少父爱，孩子就会形成所谓的偏阴人格，即表现得懦弱、多愁善感、自卑、缺乏毅力、果断性不强等；而缺少母爱，孩子又会形成所谓的偏阳人格，即表现得孤僻、冷漠、缺乏爱心与同情心、没有安全感、狭隘等。

---

① 晨曦，天戈．11 种类型的父母教子方法的得与失．合肥：安徽人民出版社，2002

四、单亲家庭的教育方式

单亲子女在家庭方面受到了重大的打击，作为父母，本应该给予孩子适当的爱护和教育，而作为单亲的家长，就承担着更加重大的责任了，在这些过程中，要特别注意弥补孩子由于缺少父爱或母爱所带来的消极影响。教育单亲家庭孩子应该注意以下四点：

（一）给孩子充分的爱护和足够的关怀

由于孩子缺少父爱或母爱，所以作为单亲的家长就必须在一定的程度上去弥补这种角色的缺席给孩子带来的伤害，给予他们真挚的爱，给予他们无限的力量。比如对缺少父爱的子女，母亲要加强他们的独立、自主、勇敢、果断等方面的人格教育，让他们多看看有关表现男性优秀品质的影片与书籍，并有意识地带他们多接触一些成熟、自信、有责任心的成年男子，如教师、男同事等，以免形成上面所说的偏阴人格。此外，不可忽视角色教育的问题。在青少年心理成长的过程中，性别学习在孩子成长中起着重大作用。所以，单亲家庭中，家长应注意调动亲戚、朋友中的性别资源，给予孩子适当的影响，以保证男孩的阳刚之气和女孩的阴柔之美，以免造成两性角色上的心理与行为的偏差。

同时，父母需要克服单亲孩子的依赖心理。单亲父母要培养孩子的生活自理能力。凡是孩子能够自理的事，应有意创造机会让孩子去做①。

（二）满足孩子必需的物质需要

单亲家庭的经济条件相对比较困难，但是也应该尽力去创造孩子生活所必需的物质条件，最基本的是使其在生长发育过程中有足够的营养补充，使他们的生活水平和完整家庭的孩子的物质生活水平相差不远。

（三）丰富孩子的课外生活，培养孩子的兴趣和特长

转移注意力是让孩子脱离痛苦的一种有效的方法，在家庭关系破裂之后，孩子的心灵受到伤害，在痛苦的泥淖中挣扎，难以走出痛苦的低谷。因此不要吝啬于赞美孩子，只要他有一点儿可取的地方，都应该肯定他②。而培养孩子的兴趣和特长是转移孩子注意力的一个好办法，这还有利于孩子的发展，在丰富的课外生活中，孩子的性格会变得更加开朗，对于孩子的将来也有莫大的好处。

（四）离婚家庭应该做到文明离婚，延续对孩子的爱

如何把离婚对下一代的伤害减到最低呢？美国一位心理学家这样说道："离了婚的父母，虽然已经不是夫妻，但是最好的办法是继续做孩子的父母。"离婚后，父母和孩子的关系仍然存在，父母还是应该尽好自己的责任，继续关爱孩子。

---

① 周明星，曾令国．家庭教育新区．北京：科学出版社，2001

② 晨曦，天戈．11 种类型的父母教子方法的得与失．合肥：安徽人民出版社，2002

以下是一个离婚后的妈妈的回忆：

我和丈夫离婚的时候，玲玲还是个很小的孩子。这些年来，小孩子也懂得了不少的东西。她经常会眨着天真无邪的眼睛问我："妈妈，为啥你要和爸爸离婚呢?"

我怎么能告诉她事实：你的爸爸吸毒，已经戒毒很多次了还是没法改过来，把家里的钱都快花光了，而且他经常出去鬼混……

我心里隐忍着这些疼痛的事情，但我深深地知道，不能让父母之间的事情伤害到孩子。公公婆婆一直都对我很好，可是我却依然无法原谅他，无法和他继续生活下去。所以在和丈夫协商好后，我对她说了一些善意的谎言，她也懵懂地相信了。

虽然离婚了，但是在玲玲的心目中，除了我和她一起换了一所新房子，不再和爸爸一起住，不再吵架之外，其他一切都没变。每天照常上学放学，周末的时候就回原来的家和爸爸、爷爷、奶奶一起玩耍，玩个痛快。

尽管这样很好，但是随着年龄的增长，孩子还是有点异样的心理问题，比如越来越沉默寡言，偶尔会对我发脾气，埋怨我和她爸爸离婚。但是我都忍住了，并没有在孩子面前骂她爸爸。

我认为大人离婚，千万别连累了孩子。玲玲之所以在学校成绩好，在家很听话，对我和她爸爸都很好，是因为我们都避免让过去的事情对孩子纯洁的心灵受到伤害，而给她更加多的温暖和爱。不让她感觉到在成长的道路上有任何一方的缺失，爱是不能缺席的。

我相信，等到玲玲懂事后，她自己就会明白我们离婚的原因，她会体谅作为做母亲的不容易和艰辛。

第三节 再婚家庭的教育心理问题

一、再婚家庭的现状

随着现代化的发展，再婚者和再婚家庭也会增多。在传统社会，特别是在一贯褒扬婚姻的恒定久远，提倡女子"从一而终"、夫妇"白头偕老"的中国，再婚家庭通常都会被人看成异类家庭，甚至会被排挤，受着异样的目光。20 世纪 80 年代，中国的再婚队伍不断扩大，中国每年进入再婚队伍的，在 50 万至 60 万人之间，20 世纪 90 年代就跃升到 70 万以上。除了个别年份，基本上都是呈现出上升的趋势。

调查显示，再婚家庭中 40.5% 的儿童情绪不稳定。这是因为再婚家庭孩子从小就受父母、祖父母的一致性教育，他们对孩子的需求呵护是发自内心的。而再婚家庭的儿童因为有了继父或继母，内心难以接受或难以完全接受，在心理上会产生抵触情绪。当与亲生父母在一起时，表现为快乐、自由的情绪和行为；而在继父或继母面前，则表现为冷漠，拘谨的情绪和行为，这些都是很常见的问题。

二、再婚家庭对子女的影响

离婚意味着一段错误情感的终结，再婚则是对爱情生活的再次延续和重新尝试。成人的世界变幻莫测，孩子在这个纷繁的世界里，很容易成为父母感情的牺牲品。在自己感情受创的时候，又有多少父母真正关注过他们小小的心灵到底是晴天还是雨天呢?

我们周围离婚的人越来越多了，携子女再嫁或再娶的也为数不少，教育问题就成了再婚家庭的重大问题。虽然再婚在一定程度上给了孩子一个完整的家，给予他们心灵一个慰藉，然而，这就可以弥补他们心灵的空缺了吗？毕竟继父母与孩子没有血浓于水的血脉亲情，继父常缺乏男人应有的宽容，继母也少了女人应具备的温柔，无辜的孩子却不得不面对这一切，承受着本不该由他承担的压力。

再婚家庭子女的心理健康问题是不容忽视的。父母的离异或丧父、丧母已经使这些孩子经历了一次磨难，父母的再婚又使他们面临更为复杂的生活环境。孩子的身心在面对家庭的挫折和压力下很难得到正常的发展。当孩子还没有恢复，没有从阴影中走出的时候，家长的再婚又使孩子面临更为复杂的生活环境，他们无法接受，产生强烈的抵触情绪，用沉默、发脾气、搞恶作剧来表达内心的焦虑、不满和愤怒。儿童的心理承受能力较弱，家庭中成员的丧失和增加都会对其产生极大的心理冲击，更何况是父爱或母爱的缺失，更容易出现忧虑、紧张、压抑等各种消极情绪，而这些问题又得不到及时而妥善的解决。继父母们该如何在新家庭中找到自己的适当位置，使孩子重新获得父母的爱，并健康而快乐地茁壮成长呢?

有人说，再婚家庭就像一个布满裂痕的花瓶，放在高高的地方，只要轻轻一触，就会支离破碎。事实上，再婚家庭的关系往往比一般家庭更脆弱，更容易破裂。再婚家庭有两个敏感“雷区”，一个是对方的前配偶，一个是和前配偶生的孩子。很多人在再婚时已有自己和前配偶生的孩子，这些孩子常常成为引发家庭矛盾的敏感点。那些一进入新的家庭就要准备给别人的孩子当后妈、后爸的，心理自然很紧张。他们深知，和继子女关系的好坏，不仅影响到再婚后的婚姻生活，也影响到自己的社会形象。

再婚就如同续写一个故事，续写的主人公必须要以前面的故事为基础，不能忽略前面的铺垫。过去就像一个挥之不去的阴影，一直笼罩着再婚夫妻将来的生活。因为再婚，我们面对的家庭关系可能要成倍地增加。上一次婚姻留下的最无法忽视的“馈赠物”是孩子。有的再婚家庭夫妇双方都是再婚的，而有的则仅是一方再婚，另一方初婚。初婚一方对继父母的角色往往有一个艰难适应的过程。因为适应不良，会对孩子和婚姻造成极大伤害。

所以，再婚家庭应加强与孩子的沟通，创造宽松的学习和生活环境，尽可能在精神上满足他们，引导孩子减轻心理上的负担，既给这些孩子一个完整的家庭，又给他们完整的父爱和母爱。另外，家庭教育的一致性和一贯性在再婚家庭中格外重要，补偿式的爱或放任自流亦容易造成儿童情绪的异常。

三、再婚父母家庭教育

随着社会离婚率节节升高，重组家庭如雨后春笋，再婚家庭孩子的教育问题也越来越引人关注。继父母们对孩子的教育彷徨、敏感、不知所措，孩子们的心理问题层出不穷。

再婚家庭的孩子受到严重的心灵创伤，是受过风霜雨淋的花朵，不同于一般孩子的，他们需要更多的阳光和雨露才能茁壮成长，才能勇敢地迎接风雨的挑战。作为再婚家庭的父母，为了孩子，为了家庭，应该学会运用正确的方式去教育子女，为孩子的健康成长提供良好的环境。

（1）要真正从心理上去接受现状。尊重和接受“前任”和孩子的关系，他们之间的血缘是永远无法替代的。不要肆意破坏“前任”的形象，并以爸爸、妈妈自居，要用心、用行动告诉他你是爱他的，会像亲生爸爸、妈妈一样照顾他、关心他、爱护他。让他明白你的加入不会让他失去爸爸或妈妈的爱，也不会离间亲生父母的关系。你的加入将会使他得到更多无私的爱，这样循序渐进地，既能减少孩子的抵触情绪，也有利于再婚家庭的稳定与和谐。

（2）不要试图和孩子争夺丈夫或妻子的爱。不要在孩子的面前与丈夫或妻子太过亲密，因为孩子离开亲生爸爸或妈妈，已经感觉到了冷落和难过，已经或多或少地从心底“嫉恨”你了，不能再在孩子的伤口上撒盐。避免说“我和你爸爸关系怎么好，如何的快乐和幸福”。

（3）要了解你所面对的孩子在此年龄阶段的心理特点，具体分析他的问题。多站在他的角度看问题，鼓励和容忍孩子可能有的情感宣泄。尽可能在精神上重视和满足他们，减轻孩子的心理负担，但同时也应避免为了讨好孩子而过度溺爱、言听计从，学会给孩子和自己相对独立的空间，让他们自己学会客观和理智。

（4）以鼓励为主，多发现孩子的闪光点，引导孩子全面发展。这些孩子身上有这种或那种缺点，有很深的自卑感，没有自信心。家长要努力发现孩子身上的闪光点，多鼓励孩子发展自己的兴趣爱好，对于他们的优点要多表扬，使孩子树立自信心。

（5）调动孩子的上进心、积极性，在生活上关心孩子，全方位促进孩子的成长。对于父母离异的孩子，不但需要在功课上努力教育，家长更要积极配合，在心理上对这些孩子倾注更多的爱心，给他们更多的关怀，营造一个适合他们成长的良好家庭环境。

（6）鼓励孩子加入集体的活动，多参加课余活动，转移孩子的注意力。同时，要增加与学校的联系，从班主任处及时了解孩子的表现，给予表扬或教育，与班主任合作把孩子教育好，避免误入歧途。通过参加班集体的活动，还可以增强孩子的协作能力和人际交往能力，使其拥有一个更加宽广的学习锻炼的平台。

孩子总是无辜的，作为父母，既然接受了大人，就应该用爱心接纳孩子，让孩子得到正常的家庭教育。要教育好一个孩子，就要做好打持久战的准备，我们要树立一定能把他教育好的信心，让孩子从心底接纳自己，最终会相互尊重、相互爱护。

总之，孩子对爱和安全的渴望是出自生命的本能，愿我们的父母们给予他们必要的营养和温暖，尽可能地减少离婚及重婚给孩子带来的不利影响，不要让这朵稚嫩的花在刚刚绽开时就遭受严寒的袭击而过早地枯萎，他们未来的路还很长。

第四节　领养家庭的教育心理问题

相关调查显示，不孕不育的比例在已婚人群中已达12.5%~15%。20年来，不孕率翻了四五倍，且以25岁至30岁的青壮年居多。在已婚人群不孕不育比例呈上升趋势的今天，没有孩子确实让很多家庭陷入了危机。

许多夫妻因无法生育孩子而感到孤单寂寞，与此同时，一些孩子流离失所，过着苦不堪言的生活，而收养孩子，就成了沟通彼此的有效桥梁，给予无数人一个完整幸福的家。领养孩子后，快乐与烦恼也随之而来。

一、收养与被收养的条件

从对收养后代的责任出发，为了他们的健康成长，收养孤儿和弃婴的家长必须具备一些必要的条件，我国的法律对此作出了相关的规定。

（一）收养人的条件

（1）根据《中华人民共和国收养法》规定，收养人应同时具备的条件为：

a. 无子女。

所谓“无子女”是指收养人既没有亲生子女，也没有养子女和继子女。

b. 有抚养和教育被收养人的能力。

所谓“有抚养和教育被收养人的能力”，是指收养人应当具有完全民事行为能力，在身体、智力、经济、道德品质和教育子女等方面具有抚养和教育被收养人的能力，能够履行父母对子女应尽的义务。

c. 未患有在医学上认为不应当收养子女的疾病。

所谓“医学上认为不应当收养子女的疾病”，主要是指精神疾病和传染病等。

d. 年满30周岁。

所谓“年满30周岁”，包括30周岁本数在内。夫妻共同收养，则必须双方都年满30周岁。

（2）有配偶者收养子女，必须夫妻同意共同收养。

（3）无配偶的男性收养女孩的，收养人与被收养人的年龄应当相差40周岁以上。

（4）收养三代以内同辈旁系血亲的子女，可以不受“生父母有特殊困难无力抚养子女”“收养人与被收养人的年龄应当相差40周岁以上”和“被收养人不满14周岁”的限制。

所谓“三代以内同辈旁系血亲”，是指兄弟姐妹和第三代堂、表兄弟姐妹；“三代以内同辈旁系血亲的子女”，是指兄弟姐妹的子女和第三代堂、表兄弟姐妹的子女，即侄子女、外甥、外甥女和第四代的堂子女、表侄子女、表外甥、表外甥女。

（5）收养孤儿、残疾儿童或者社会福利机构抚养的查找不到生父母的弃婴和儿童，可以不受收养人无子女和收养1名的限制。

（二）被收养人条件

按照《中华人民共和国收养法》第四条的规定：“不满14周岁丧失父母的孤儿、查找不到生父母的弃婴和儿童、生父母有特殊困难无力抚养的子女，可以作为被收养人。”

所谓“丧失父母的孤儿”，是指父母已经死亡或者经人民法院宣告其父母死亡的儿童；“查找不到生父母的弃婴和儿童”，是指被其生父母遗弃，经查找未找到其生父母的婴儿和儿童；“生父母有特殊困难无力扶养的子女”，是指生父母残疾或患严重疾病，及其他原因造成生活极度困难，没有能力抚养的子女。

二、收养子女的心理问题及原因

造成收养子女犯罪的心理原因包括两个方面：一是收养子女自己的心理原因，这是内因，是主要方面；另一个方面是养父母及其亲属的心理原因，这是外因，是非主要的方面。

因此，不可否认自然血亲与拟制血缘关系相比，它们的父母与子女之间在思想感情上、心理上是有所不同的。被收养的孩子因其特殊结构的家庭，具有与正常孩子不同的心理特点。他们都是未成年人，身心正处于发展、变化阶段。如果遇上不良环境因素的影响，如家庭成员的歧视、养父母的虐待、教育不当等因素影响，极易使收养子女产生遗弃心理和自卑心理，造成收养子女性格孤僻，有的甚至对人生失去信心，对他们的影响非常深远。

养父母及其亲属的不良心理，如养父母的歧视心理、虐待心理、溺爱心理、放纵心理等也是造成收养子女犯罪的心理原因。

养父母及亲属产生这些不良心理主要有以下五个方面的原因：

（1）收养时无子女，收养后又有了亲生子女。在这种情况下，养父母或家庭其他成员就可能产生歧视、虐待收养子女的心理，这对他们的心灵留下了不可磨灭的伤痕。

（2）收养家庭是几代单传独苗，对养子女特别溺爱，视为掌上明珠，娇纵放任，管教不严。这种溺爱、放纵心理对收养子女的健康成长也是十分有害的。

（3）由于收养父母和子女的拟制血缘关系，在财产的继承方面，有时也会产生纠纷。在养子女未成年时出现这类纠纷也会对收养子女的身心造成伤害。

（4）养父母与亲生父母之间对收养子女犯的错误互相推脱责任，放弃或不愿承担教育子女的义务，产生放纵、消极心理。在我们少年法庭审理的未成年人犯罪案件中，时有这种情况发生：有的收养子女犯罪被判入监后，养父母、亲生父母不去探望他们；有些收养子女犯罪刑满释放回家后，养父母不收，亲生父母也不认，孩子无家可归，流浪街头。养子女得不到家庭的温暖，使养子女受到创伤的心，再次雪上加霜。

（5）养父母对养子女的期望值过高，养父母出现心理不平衡的心态。养父母应该对养子女有更多的宽容，接纳养子女。

虽然养父母及其亲属的这些不良心理并不是造成收养子女犯罪的直接的、主要的原因，但它对养子女性格的形成、正确人生观的树立都具有很大的影响，不可忽视。

三、收养家庭的家庭教育

在收养家庭里，难免会受到很多世俗的观念的影响，旁人会对养父母和养子女的关系抱有消极的观点，认为收养家庭缺少生育家庭的真诚与协调，彼此之间会有隔阂，矛盾多。养父母对此应该有心理准备，迎接挑战。

（一）端正收养子女的目的，热爱养子女

收养子女并不是为了享受家庭的天伦之乐，更重要的是为了培养教育好下一代。家庭环境的突然变化，会使收养孩子变得敏感、脆弱，怀疑周围的一切，他们会变得惶恐不安，担心养父母是否会像亲生父母那样再次把他们抛弃，又或者担心他们能否像对待亲生子女那样对待自己。养父母应当用真诚爱护和殷切希望来消除他们心中的陌生感和不信任感。

（二）耐心帮助养子女适应新的家庭生活方式和新的生活环境

养子女无论年龄大小，对于环境的骤然改变，必然会感到陌生、不安。但是养父母不能操之过急，欲速则不达。尊重孩子的选择，倾听他们内心的感受，逐渐地，新家庭就会出现和谐、融洽的局面。

（三）慎重地把握养子女的身世的时机

养父母最大的难题就是不知道该如何向孩子交代他们的出身经历，有些孩子一旦知道自己是收养的子女，平和的心态受到破坏，而变得沉默寡言，所以有些养父母就会选择隐瞒。对此，一般来说，收养家庭可以选择保持子女收养的秘密，但是还要从实际出发，结合具体的情况，如果是不得不说的话，要选择适当的时机，尽量不要伤害到养子女。

（四）要加强对收养子的心理保护，预防收养子女犯罪

收养子女一般对自己的身世都比较敏感，性格也比较内向孤僻。因此，我们更应注意加强对收养子女的心理保护。首先要加强家庭保护，教育收养人及其家庭成员不能歧视收养子女，坚决不能虐待收养子女，要给收养子女以家庭温暖，给他们以父爱和母爱，有亲生子女的收养家庭，对收养女和亲生子女要一视同仁，不能区别对待。收养子女享受《收养法》规定的继承权、受教育权等合法权益。这样有利于使收养子女的身心得到健康发展，培养良好的道德品质。

（五）加强法制教育，提高收养子女自我保护能力

收养子女在生活中往往受到歧视、虐待、教唆等不良生活环境的影响，使他们正常的

心理受到扭曲、伤害，产生逆反心理和变态心理。他们很容易在报复心理支配下去伤害别人，向社会进行报复，走上犯罪道路。因此，我们必须加强对未成年人的法制教育，使他们懂得运用法律保护自己，维护自己的合法权益。对那些已经犯了罪的收养子女，一方面要帮助、教育，另一方面还要督促、教育养父母关心爱护他们，给他们以家庭温暖，不能放弃和推卸抚养、教育的责任。对那些纵容、教唆收养子女犯罪的人要严厉打击，追究刑事责任。

领养子女时，收养一方与亲生一方有法律的契约，养父母是养子女的法定监护人，有义务为孩子创造良好的教育环境和生活环境。收养孩子最重要的原因是我们需要一个完整的家，对于大多数领养家庭来说，出现各种困惑和矛盾是很平常的事情。那些孤儿能够找寻到家庭的庇护伞，有了遮风挡雨的地方是他们的运气和福气。孤单的心灵来到陌生的家庭中，不可避免地遇到各种问题，作为养父母，对于渴望已久的孩子的到来，我们应该做好充分的心理准备，重新组合一个美好的家庭。

第五节　留守儿童家庭教育心理问题

一、留守儿童的现状

由于地区经济发展的不平衡，许多父母为了生计而外出打工，而自己的孩子留在另外的地方生活，这些孩子叫做留守儿童。这群特殊的孩子一般与自己的父亲或母亲中的一人，或者与上辈亲人，甚至父母亲的其他亲戚、朋友一起生活。他们的父母用自己的勤劳和智慧取得了家庭收入，为社会的发展作出了突出的贡献，但是父母与子女相处的时间很短，使这些特殊的留守儿童家庭教育面临着严峻的考验。

目前，中国进城务工的农村劳动力约1.3亿人。根据2005年中国1%人口抽样调查的抽样数据推断，中国农村留守儿童5 800万人，其中14周岁以下的农村留守儿童4 000多万人。和2000年相比，2005年的农村留守儿童规模增长十分迅速。在全部农村儿童中，留守儿童的比例达28.29%，平均每4个农村儿童中就有1个留守儿童。

看到如此庞大的数据，很多人不禁会发出疑问：为什么这些进城工作的劳动力不把孩子带在身边呢?

（1）进城劳务者由于文化水平低，从事的一般都是劳动强度大、工作时间长的工作，难以有足够的时间和精力照顾自己的孩子，所以迫不得已让孩子留在农村生活。

（2）进城劳务者从事的工作性质决定了他们的工资比较低。城市的消费水平比较高，如果加上孩子在城市生活的费用，以他们低廉的工资收入水平难以支撑整个家庭在城市的生活，所以难以把孩子带到城市里和他们一起生活。

（3）户籍管理的严格限制，进城劳务者的孩子难以在工作所在地找到学校学习。即使能够进城里的学校就读，学费会比当地的水平高出很多，父母很难供孩子在城里读书。

（4）社会缺乏对进城劳务者和留守儿童的保障制度。这些为社会发展作出了突出贡献的劳务者应该享有一定的权利，法律应该保障他们的权益。缺乏制度保障的劳务者不仅劳动权利无法得到保障，而且这些劳务者子女的教育权利也难以实现。

二、留守儿童的心理问题

家庭是青少年成长期间的避风港，家庭的温暖是孩子们成长的必要条件，处于身心发展时期，这些缺乏家庭温暖的留守儿童往往会出现更多的心理问题。

（1）由于缺乏父母的慈爱，这些孩子大多数性格上和心理上出现偏差。这些孩子缺少家庭的温暖，会导致其缺乏集体感和同情心，性格比较孤僻，感情脆弱，对身边的事物都很敏感。

（2）祖辈对孩子的溺爱，这些孩子会由于这种隔代亲而变得任性。由于父母不在家，这些祖辈通常会尽力满足孩子的需求，过于娇惯，希望以此可以弥补孩子缺失的爱。久而久之，这些孩子会变得任性，唯我独尊，不顾及身边他人的感受，以自我为中心。

（3）有的家长过分依赖学校的教育，导致留守儿童的智力发展水平比较低。这些家长工作很忙，根本无暇顾及孩子的成长教育问题，而把责任都推到学校和教师的身上，自己则不闻不问。他们把学校教育看得太重，却把家庭教育给忽视了，家庭教育是其他教育无法替代的。

（4）家长的家庭教育意识淡薄，教育方式不当，导致孩子缺乏安全感。由于家长平时工人太忙很难回家，缺乏与子女的沟通，造成亲情淡漠，孩子缺乏安全感。有的家长企图用物质来补偿对孩子缺失的爱，结果导致孩子的价值取向不当。

三、留守儿童的其他问题

（1）留守儿童的安全问题。

父母长期外出打工，无暇去照看孩子，通常由家中的老人充当其监护人，但是这些老人年龄比较大，身体也不灵活，不可能时刻都跟在孩子身边，很难保护好孩子。

（2）留守儿童的学习问题。

父母外出，由于缺乏有效的家庭教育，留守儿童对学习缺乏热情，进取性、自觉性不强，作业不能按时完成，应付了事，亲情的缺失更让他们难以专心学习，学习成绩普遍较差，其智力的发展受到了一定的影响。

（3）留守儿童的行为习惯问题。

留守儿童的自我控制能力比较弱，生活习惯不良，不讲究卫生。花钱大手大脚，不懂得珍惜父母和他人的劳动成果。顶撞家人和教师，不遵守纪律，甚至会出现小偷小摸的行为。

这种有缺陷的幼年生活，对他们的价值观和感情发展都有一定的不良影响。随着他们年龄的增加，会在留守儿童生理和心理的成长中，都打上深深的印记。如果放任这个群体以这样的生存状态长大，也将会增加社会潜在的不稳定因素。

四、留守儿童的家庭教育方式

有调查显示，留守儿童的生活及家庭教育有三种情况：

一是隔代监护型，即由祖辈——爷爷奶奶或外公外婆托管的方式，由于监护人大都年老体弱，文化层次不高，有的是文盲或半文盲，他们无法从心理上和学习上去帮助孩子成长，加之年龄与孩子相差太大，交流沟通上存在困难。

二是亲朋监护型，即把孩子托给亲朋好友，叔婶、姑舅或要好的朋友。他们通常是把孩子的安全放在第一位，其次才是学业成绩和物质上的满足，以便好向孩子的父母交代；而对于孩子行为习惯、心理和精神却很少关注。

三是自我监护型，就是说没有祖辈和亲朋的帮助，监护的责任就落在了孩子自己身上，根本就谈不上家庭教育。

五、留守儿童家庭教育对策

（1）父母应该改变观念，增加对孩子的关爱。不能期望用金钱来弥补对孩子缺失的感情。尽量把孩子带在身边，倘若条件不允许，至少也要留父亲或母亲在孩子身边，以减少对孩子的伤害。

（2）从孩子健康成长这个角度出发，给孩子选择素质比较高的监护人。确定一个素质高的监护人，不仅能够在生活上照顾孩子，而且还能够辅导孩子的学习以及关注好孩子的心理变化。妥善落实好孩子的监护权，给孩子一个良好的模仿榜样。

（3）与孩子的学校保持密切的联系，及时关注孩子的最新动态。父母应该主动联系学校和教师，对孩子在校良好的表现给予表扬，对孩子的不良行为作出提醒或批评。

（4）积极鼓励孩子发展自己的兴趣爱好，转移孩子的注意力。兴趣爱好可以把孩子从悲伤的情绪中拉扯出来，而且对于孩子未来的发展也有一定的帮助。与此同时，参加社会活动也可以无形中使孩子认识更多的朋友，性格更加开朗，改善人际关系。

留守儿童的教育问题并不是单靠家庭教育就可以解决的，还需要社会各界的帮助，社会需要为留守儿童的健康成长提供良好的校园和社会环境。学校也应该给予他们特殊关爱，与家长保持密切联系，方便家长及时了解孩子的动态。增加社会对这群特殊群体的关注程度，发动社会的各种机构来解决留守儿童的问题，建立健全的社会保障体系，通过各种途径去解决留守儿童的家庭教育问题。

第六节　家庭功能不健全儿童的成长

一、家庭功能的含义

家庭功能是由性生活与生育功能、经济生活功能、教育功能、情感功能、精神生活功能五个基本方面组成的一个有机整体。而当这个功能有机体内部不均衡时，就必然会导致家庭功能的失灵。特别是家庭教育功能的弱化则直接影响到未成年人日常的学习和工作，影响到未成年人的世界观、人生观和价值取向的形成，为未成年人犯罪埋下了隐患。家庭教育的目的就是要使家庭成员能够适应社会生活，获得一种可持续发展的能力[①]。

在许多家长眼中，家庭教育仅被狭隘地理解为智育，这使得家庭教育的功能大大缩小，尤其表现在家庭教育中德育职能的逐渐弱化，逐渐被智育和其他一些功利性较强的教育职能所代替，出现家庭道德教育空白的现象。大多数家长对子女的学习情况都了如指掌，但对子女的兴趣、道德品质却不清楚、不了解或者没有注意。这种局面的出现导致孩子人格的严重缺失，所产生的不良后果是显而易见的。

二、家庭教育功能的弱化对孩子的影响及其对策

（一）厌学

厌学是指学生在主观上对学校学习活动失去兴趣，产生厌倦情绪和冷漠态度，并在客观上明显表现出来的行为。

导致孩子厌学的家庭因素有以下四个：

1. 父母对孩子要求过高

对孩子要求过高很容易使孩子产生害怕失败的心理，心里惶恐不安，担心达不到父母的要求，压力过大，精神高度紧张，继而导致上进心丧失和学习动力缺乏。特别是当家长采用强硬专制的手段来强迫孩子达到要求时，孩子便会以一种逆反的行为报复父母。

2. 要求过低或放纵孩子

有的父母想尽力为孩子提供更好的物质生活条件，终日忙碌于工作之中，忽视孩子的心理和学习变化，对儿童的要求过低。一旦孩子在学习过程中遇到困难，认为学习太苦而失去了兴趣和动力，随之而来的就是厌学。

---

① 杨宝忠．大教育视野中的家庭教育．北京：社会科学文献出版社，2003

3. 家庭环境的不和谐

在一个争吵不断的家庭环境中，焦虑的孩子难以喜欢学校的学习生活。同时，倘若孩子在学校遭遇一些挫折没能够得到父母及时的鼓励和指导，就会陷入学习的困境中难以解脱。家长对孩子的成长没有正确、及时地进行引导和教育，会导致孩子的生活能力、责任感、健全人格等教育都极度缺乏。

4. 恶劣的学习环境

恶劣的学习环境表现为父母不爱学习、学习条件太差、学校和社会风气不好等。父母是孩子的第一任教师，如果父母能够给孩子充当好的模范，孩子就会潜移默化地爱上学习。

以下是家长解决孩子厌学问题的措施：

1. 给孩子在学习中找一个适当的定位

不能对孩子抱有过高的期望，也不能对孩子的学习置之不理。主动关心孩子在学校的表现，及时给予表扬或批评，鼓励孩子积极向上。

2. 构建和谐家庭，为孩子提供一个良好的学习环境

不要让父母的情绪影响孩子的学习，夫妻两人应该互相理解，保持和谐的夫妻关系。

3. 父母应该充当孩子的家庭教师，做一个好的学习模范

在给孩子辅导功课时要有耐心，不能越俎代庖，也不能敷衍了事，用心去启发孩子的思路。

4. 对孩子的进步要及时表扬，对孩子的厌学情绪要予以疏导

鼓励孩子努力学习的信心，小孩子没有过多的自我意识，如同一张白纸，你给他描绘上什么颜色，他就会是什么颜色，所以对于孩子我们要多鼓励、多表扬，这样就能激发起他们的学习兴趣。

（二）早恋

早恋，也叫做青春期恋爱，指的是未成年男女建立恋爱关系或对异性感兴趣、痴情或暗恋。在中国，“早恋”一词带有长辈一方的否定性感情色彩，一般指 18 岁以下的青少年之间发生的爱情，特别是在校的中小学生。经过 20 年在中国的调查表明，在中学阶段没有发生过感情的人很少，大多数都是暗恋、单恋，只有相互有好感，才能发展成为早恋。早恋行为是青少年在性生理发育的基础上心理转化为行为的实践。

青少年早恋的现象越来越多，到底是什么原因促使青少年早恋呢？主要有以下五个方面：

1. 青春期性生理和性心理发育的自然本能作用

进入青春期的青少年随着生理的发展开始产生性意识。敏感的他们开始注意异性之间的交往，在同学或朋友的交往中很容易产生对个别异性的朦胧的依恋，逐渐发展为一对一的交往行动，就是我们所说的早恋。

2. 家庭及学校对于青春期教育的缺乏

青少年对于自身以及异性身心上发展的知识不了解，很容易误以为友情是爱情，把朦胧的好感当成对异性的爱，再加上一些客观条件的激发，青少年就很容易产生早恋行为。

3. 青少年独立意识的作用

有些青少年盲目地模仿成人的行为，比如恋爱、抽烟，以为这些行为就可以代表自己成熟，是很片面的。

4. 社会对青少年的不良影响

商业社会的发展，一些商家唯利是图，一些不健康的影视书刊、淫秽录像以及黄色网页流入市场，影响着青少年的身心健康。

5. 家庭缺乏对孩子青春期的指引

青少年早恋与家庭有着密切的关系。比如，父母离异，孩子缺乏家庭的温暖，就会去寻找爱情的慰藉；父母在孩子面前过分地亲昵；父母缺乏对孩子的性知识教育，使孩子不能正确处理异性之间的关系；有的家长对孩子的异性交往不加以指导，对孩子出现的心理问题没有及时疏导。

处于早恋之中的中学生，往往表现出一些反常现象。比如，上课分心走神、精神恍惚，学习成绩突然下降；情绪起伏大，心神不宁；开始注意打扮，突然大手大脚花钱，善于在某个异性面前表现自己；突然有人寄信、打电话来，但寄信人、打电话人不留地址、姓名；经常与某一异性交往，甚至发生各种越轨行为。

父母应该如何对待孩子早恋呢?

处在青春期的孩子，由于各种因素的影响，很容易对异性产生爱慕之情，这是很正常的。家长应该信赖孩子，以朋友的身份、平等的地位与孩子谈心，帮助孩子处理好心理和感情上出现的问题，使孩子自觉地约束自己的行动。

在对待青春期少男少女早恋的问题上，家长可以采取以下具体措施：

（1）当孩子进入青春期，家长在对孩子进行性教育的同时，要进行一些适当的性、恋爱、婚姻教育，先打打早恋的预防针。当发现孩子有早恋的现象时，不要过分紧张，千万不要因此而限制孩子的行为。尽量引导将孩子这种喜欢保持在友谊的层面，不能发展成为早恋。孩子们正处于长身体、长知识的黄金年龄阶段，生理、心理发展尚不成熟。如果因为一些青春期的懵懂心理而荒废自己的学业是非常可惜的。

（2）如果发现孩子陷入早恋，家长绝对不能把事情闹大，弄得满城风雨。最好的办法是理解孩子，体贴孩子，从旁加以引导。当孩子陷入爱情的漩涡时，会受到外界强烈的反对，面对种种压力，如果父母不做好引导工作，反而给他们施加压力，很容易导致他们发生过激的行为。耐心地倾听孩子的心声，要教孩子自尊自爱，区分友谊与爱情的关系，适当地向孩子讲讲爱情的社会道德性和爱情的责任，使孩子对恋爱、婚姻有更进一步的认识。面对孩子的早恋问题，家长的教育不能太过激烈，又要有一定的严肃态度，不能一味地埋怨、责备，帮助孩子走出早恋的泥淖是需要一定的耐心和爱心的，要鼓励孩子勇敢地去面对现实，去解决问题 。

（3）家长应鼓励孩子积极参加对身心健康有益的活动，发展自己的特长爱好，转移孩子的注意力。平时要对孩子多留意观察，多和孩子谈心，预防早恋的发生。

（4）家长应该给孩子足够的爱和关怀，加强情感交流。很多青少年发生早恋，很大程度上是因为心灵的空缺。对于爱的渴求，是每一个人生命的本能，因此父母平时应该多主动关心孩子，多陪孩子参加一些社会性的活动或者旅游。

（三）吸毒

1. 青少年吸毒现状

近年来受国际毒潮泛滥的影响，国内毒品问题不断发展蔓延。青少年已成为毒品的主要受害者，青少年吸毒问题越来越严重。据2004年、2005年、2006年三年《中国禁毒报告》显示，在这三年的全国登记在册的吸毒人员中，青少年吸毒者所占比例分别为73%、70.4%、69.3%。可见青少年吸毒者所占比例居高，吸毒现象严重。

为什么青少年吸毒者的人数如此之多？到底是什么原因驱使青少年吸毒呢？主要有以下四个方面的原因：

（1）主观方面，青少年对毒品缺乏正确的认识。青少年因为心理发育不成熟，头脑比较简单，对事物的分析判断能力也比较差。因此，有些青少年由于没有或严重缺乏关于毒品知识的认识，导致判断失误而发生盲目吸毒。有关调查显示，有70%的青少年吸毒者是在对毒品无知的情况下吸食毒品的。

（2）好奇心的驱使，以为尝试一下不会上瘾。青少年身心发育尚未成熟，世界观、人生观、价值观也尚未形成，对于任何事物都有旺盛的好奇心和强烈的探索欲望，对于未知的事物总是感到奇妙，不知道毒品有多可怕，结果很容易在好奇心的驱使下沾染上了毒瘾。

（3）迷恋于网吧、酒吧等娱乐场所，容易误交损友。青少年缺乏辨别能力，人际交往能力差，极易受到周围朋友的影响，而且在交往中称兄道弟，盲目的从众心理和刻意的模仿心理极强。在这些心理的驱动下，他们看到自己的同班同学吸毒，往往自己也会跟着吸，以显示自己属于这个集体中的一员。

（4）不良家庭环境的影响。作为人生第一任教师的父母的言行，直接影响着青少年的发育成长。本身言行不检点的父母常常成为其子女的恶的榜样，成为子女走上违法犯罪歧途的引路人。在有问题的家庭中，青少年正是学他们吸毒的父母的样子，而开始接触毒品并吸毒的。此外，一些家庭父母离异或者长期外出，孩子得不到正常的教育；一些经济条件好的家庭，父母过分溺爱孩子，无条件地满足孩子的物质要求，使孩子有充分的物质条件去寻求毒品的刺激等，都可能是导致青少年吸毒成瘾的原因。

2. 如何预防孩子沾染毒品

（1）家庭和学校要加强拒绝毒品的宣传工作，增加青少年对毒品的认识，使其深刻地认识到毒品危害的严重性。

（2）作为青少年的第一任老师的父母，首先应自己远离毒品，以身作则，给孩子一个好榜样。其次，尽可能地教给青少年一些毒品知识，使他们更早地对毒品有一些了解，打下预防的基础。

（3）父母双方应和睦相处，为孩子营造一个良好的成长环境。

（4）父母应该严格、科学地管理青少年的学习与生活。不让他们接触社会上的不良东西，不让他们进入迪厅、舞厅、酒吧等成年人活动场所。

（四）网瘾

1. 网络成瘾诊断标准

当父母觉得孩子迷恋于网络，行为异常的时候，你怎么能够判断孩子是否网络成瘾了呢？以下就是网络成瘾的诊断标准：

按照《网络成瘾诊断标准》，网络成瘾分为网络游戏成瘾、网络色情成瘾、网络关系成瘾、网络信息成瘾、网络交易成瘾五类。标准明确了网络成瘾的诊断和治疗方法。

（1）对网络的使用有强烈的渴求或冲动感。

（2）减少或停止上网时会出现周身不适、烦躁、易激惹、注意力不集中、睡眠障碍等戒断反应；上述戒断反应可通过使用其他类似的电子媒介，如电视、掌上游戏机等来缓解。

（3）下述五条内至少符合一条：

①为达到满足感而不断增加使用网络的时间和投入的程度；

②使用网络的开始、结束及持续时间难以控制，经多次努力后均未成功；

③固执使用网络而不顾其明显的危害性后果，即使知道网络使用的危害仍难以停止；

④因使用网络而减少或放弃了其他的兴趣，如娱乐或社交活动；

⑤将使用网络作为一种逃避问题或缓解不良情绪的途径。

网络成瘾的病程标准为平均每日连续上网达到或超过 6 个小时，且符合症状标准已达到或超过 3 个月。

2. 如何解决孩子网络成瘾

（1）平等地和孩子进行沟通交流。

孩子上网成瘾，主要是家长的教育方法出了问题。很多家长诉苦道："大道理、小道理都讲了，各种方法用尽，软硬兼施，就是不起作用。孩子疯狂地上网玩游戏，不学习、不吃饭、逃学，有时三更半夜跑去网吧。真不知道该拿他怎么办。"这还是因为没有把道理给孩子说透彻。其实天下的道理说到底都很简单，但如何让孩子心服口服地接受，就大有学问了。应该理性、平等、友好地和孩子对话。

家长在日常生活中有时不尊重孩子的意见，把自己的地位放得太高，没有倾听他们的心声，使他们有话却不敢说。家长可以尝试设立一个教育底线。比如，可以给孩子设立一个上网时间段，但前提是他们必须完成学习任务，在管理孩子上网时，家长应结合孩子的个性和爱好，跟他们一起聊聊网上的轻松话题，积极引导孩子健康上网，充分利用网络资源来帮助孩子成长。

（2）培养孩子的兴趣特长，转移注意力。

当孩子沉迷网络后，家长不应采取放任或暴怒的极端方法，而应以包容、客观的态度，从自身的行为开始做检讨，找出孩子网络成瘾的原因，对症下药。家长可在生活中对孩子的一些积极行为给予肯定，对孩子的不良行为进行淡化，对孩子的爱好和特长进行有意识的培养，满足他们的好奇心和求知欲，把他们对上网的兴趣转移到生活和学习中来。

（3）鼓励孩子多参加集体活动，积极和同学进行交流。

对于已经上网成瘾的孩子，家长不要急切地逼着孩子迅速扭转，而应给他们一个自我觉悟和转变的时间。同时，迷恋上网的孩子通常在现实生活中存在不愿与人交流、对网络以外的事物反应冷淡、情绪不稳定等现象，家长可让孩子参加一些集体的课外活动，让他们融入集体的生活中，让他们在无法接触网络的环境中，在教师的引导下试着与人交流，使孩子从虚拟的网络世界中摆脱出来。

（五）暴力

家庭结构的稳定与和睦关系到青少年身心的健康发展。一般来说，母亲给子女更多的的生活上的关怀、情感上的慰藉；父亲则较多地培养子女独立勇敢的精神，提高孩子为人处世的能力和独立性。但是近年来我国单亲家庭率一直持续上升，尤其因婚姻破裂而致的离婚率居高不下，为这类家庭青少年子女的健康发展带来极大的负面影响，也是现阶段青少年暴力犯罪中单亲家庭率一直较高的原因。据调查，青少年暴力犯罪者有48%来自单亲家庭。

如何解决孩子的暴力问题？

（1）家长不能因爱而溺爱、放纵子女，更不能动辄以暴力解决问题。要针对孩子在不同成长阶段的特点采用不同的针对性教育方式。家庭暴力深深地影响着孩子的身心健康，孩子很容易潜移默化地养成暴力的倾向。

（2）父母必须加强与子女的思想语言沟通。青春期的子女逆反心理增强，独立的个体意识逐步确立，两代人之间很容易形成代沟，感情上有隔阂，有的父母与子女感情破裂到严重对立的程度。

（3）父母要细心观察孩子。发现他们的不良思想及行为要加以纠正，尤其是带有极端的反社会思想与暴力倾向行为。

（4）家长要引导子女形成健康向上的心理。让孩子学会正确调节愤怒、厌世、报复等消极情绪或心理，父母应着重提高孩子控制情绪的能力并学会调节消极情绪，而不能用暴力来解决问题。

解决青少年暴力的问题，不仅有利于维持家庭关系的和睦，而且还有利于维持社会的稳定和安定。父母应该做孩子的好榜样，用适当的方法去解决家庭矛盾和问题。同时，学校和社会也应给予适当的指引，使青少年往健康的方向发展。

（六）青少年犯罪

家庭是社会的基本细胞，是未成年人生活中最重要的环境，家长与子女关系密切、接触多，对子女的影响也最大。因此，家庭教育是使青少年心理和行为健康发展的最重要因素之一，在预防和减少青少年违法犯罪问题上，家庭起着不可替代的作用。随着社会环境的变迁和经济急剧转变，家庭也面对相应的压力和考验，家庭教育缺陷也日益增加，极易成为青少年违法犯罪的诱因。

1. 家长应该采取正确的教育方式

有资料表明，大部分青少年走上违法犯罪的道路是家庭教育方式不当造成的，使青少年形成逆反心理，或暴力对抗，或悲观厌世，对他人和自己的生命都漠然。溺爱、放任、打骂和要求过高等错误的教育方式都会对青少年产生消极的影响。正确的教育方式会使青少年养成互助、互爱、关心他人、勤奋劳动、独立生活和积极向上的良好品格，增强家庭责任感与社会责任感。

2. 家长在孩子面前应该树立良好形象

父母的言谈举止、态度等对青少年起着潜移默化的影响，青少年好奇心强，可塑性大，善于模仿，但其分辨是非、控制自己意志的能力较差。所以当父母有赌博、酗酒、盗窃、嫖娼等不良行为，都会给子女以暗示。要使青少年养成良好的品行，作为家长的父母要以身作则，自己不能有不良行为，要举止得体，给子女树立一个良好的模仿榜样。

3. 确保家庭和睦，加强沟通与交流

家庭气氛可以成为青少年违法犯罪的直接原因，不和睦或冲突的家庭气氛，与违法行为率关系甚大。不和谐的气氛会给子女带来极大的挫折感和不安全感，长此下去会造成性格内向、孤僻自卑等人格障碍。有些子女为逃避这种不和睦的家庭气氛，极易离家出走、流落街头，一旦受到不良因素的影响，就会走上犯罪的道路。

4. 加强对青少年的家庭保护

青少年的家庭保护主要是指家庭对青少年身心健康发展的保护，具体表现为父母对教育、保护青少年享有一定权利并承担一定的义务，我国的《预防未成年人犯罪法》规定了家庭在预防未成年人不良行为方面的责任。教育孩子不仅仅是道德的要求，还是法律的规定。

家庭教育在孩子心灵上留下的烙印，对他日后的成长发展具有十分重要的作用，父母和子女之间存在着特殊的社会关系，既有血缘上的继承关系、情感上的依赖关系，还有经济上的供求关系、法律上的监护关系。良好的家庭教育对于孩子将来的发展产生着不可估量的作用，作为孩子的父母，必须健全家庭的教育功能，为孩子提供良好的环境，让孩子健康快乐地成长。

第十章　成为称职父母

人生就好比一个大舞台，人的活动就像是舞台上的一个个剧目，人们在这些剧中扮演着不同的角色。父母不仅仅是生理意义上的父母，更是一个具有社会意义的教育者。作为孩子的第一任教师，怎样才能教育好自己的孩子，做一个称职的父母呢?

第一节　父母角色的认同与调适

人生就好比一个大舞台，人的活动就像是舞台上的一个个剧目，人们在这些剧中扮演着不同的角色。比如，在单位，面对下属你是领导；在家里，面对母亲你是儿子，面对妻子你是丈夫，面对孩子你就变成了父亲。如果你依照在单位里领导角色的方法来处理你与母亲、妻子或孩子的关系，那么你注定是要失败的。因为不同的角色必须有不同的行为方式，只有充分认识到自身所有角色的内涵，才有可能选择和采取适当的角色行为。

父母角色是指父母在孩子成长过程中所扮演的角色，是有子女的社会成员固有的社会角色。父母角色是天然不可转移、唯一而不可替代的，其影响是终生的、深远的，所以社会对于父母角色的要求和期望也是最高的。因为父母不仅仅是生理意义上的父母，更是一个具有社会意义的教育者。

一、角色意识和行为的误区

现实生活中，并不是每个父母都能够完美地表现和行使自己的角色行为。由于对自己所承担的角色的理解或认识不同，人们的角色实践也不同。主要分为角色意识模糊、角色行为错位和角色行为偏颇三种。

（一）角色意识模糊

父母角色意识模糊较多地表现在一些“准父母”以及年轻的父母身上。“准父母”以及年轻的父母缺乏对父母角色责任的认知，缺乏一种道德责任感，因此在怀孕、抚养、婚变等问题上，在家庭娱乐方式、社交方式上常常作出不负责任的选择，会导致对子女权利的侵害、心灵的污染、人格的扭曲。

父母角色意识模糊的家长应该认识到，从孩子的孕育到他长大成人，这是一个持续不断地学习如何做父母的过程，因为每个阶段都有不同的特点、任务和挑战，父母也是要再成长的，是伴随着孩子在“遇到问题—解决问题—体验成功”的过程中成长起来的。处于这个阶段的父母不宜操之过急，要慢慢地培养对孩子负责的态度，不能放纵自己，要清楚地认识到自己为人父母的身份，并逐步接受和投入到父母的这个角色当中。那些拒绝学习和帮助、一意孤行、自以为是的家长，只能品尝亲子之间冲突不断、感情淡漠的后果，最令人痛心的还是耽误了孩子的成长。所以，为了孩子的未来，请尚处在角色意识模糊状态的家长赶紧从这个泥潭中走出来。

（二）角色行为错位

如今，孩子受教育问题得到了空前的关注，“望子成龙”“望女成凤”的父母把自身的角色定位为孩子学习的“拐杖”、教师的“助教”，而忽略的恰恰是教孩子做人、做事这些家长角色最基本的东西——这便是家长的角色错位。

家长的角色错位，首先源于对自身角色认识的错误，即没有把教孩子做人、教孩子立足于社会的本领作为父母角色规范最根本的内容；其次是在教育观念上，对人才标准的片面理解，把孩子考高分、上大学作为成才的唯一标准，必然是眼睛只盯着孩子的学习；再就是补偿心理的作用，把孩子将来出人头地当做对自己没有得到的和失去的东西的补偿。归根结底，家长角色错位在很大程度上是应试教育的弊端在家庭教育中的反映，也是不得已而为之。

因此，家长要找好父母角色的定位。首先，要认清现实角色，了解新的角色任务，并积极完善自身，争取在教育中发挥自己的角色作用。其次，家长要认识到品德教育必须放在第一位，先得教孩子怎样做人。父母是孩子的第一任教师，是孩子最先模仿、学习的对象。父母的思想作风、生活习惯对孩子有很大的影响。所以家长应该明白给孩子留下好的印象和良好的品德教育是对孩子健康成长负责的做法。最后，家长一定要改变对孩子的溺爱、迁就甚至包办孩子的小事务的错位角色，放手让孩子自理生活小事，同时要做到严格要求、说话算数、不乱承诺，逐步引导孩子从过强的自我角色意识中走出来，走到关心父母、关心家庭生活的角色中来。

（三）角色行为偏颇

几千年来，中国一直是一个传统的农业国家，在农业社会里，知识经验的传承主要是上代人给下代人口传手教，父母的人生经验更多，担负的责任更重，“思想觉悟”应该更高。作为家长，在处理教育子女的具体问题上，与其苛求孩子单方面变化以致陷入怨天尤人和束手无策的境地，不如主动求变，从自身多找原因，以适应孩子的自然发展变化的要求，最主要的是要改变旧的观念，对父母角色有新的理解，主要需要了解下面五种角色：

1. 指挥者

这种类型的父母喜欢完全控制所有的事件，并且企图去扭转一切负向的情境。面对哭泣的孩子，会自然地警告孩子说：“不准哭，不准再哭了！再哭就……”面对挫折、悲伤的孩子，这种类型的父母常使用命令、指挥和威胁等工具，以保持其优势地位。最常见的例子是：

这是你对妈妈应该有的态度吗？

我警告过你很多次了，不准玩游戏！

如果你再被老师批评，我就把你赶出去。

打电话不要那么久，不然我把电话停了。

2. 说教者

说教者是一个“应该主义者”，时常在与孩子的交谈中有意无意地流露出“你应该这样”“不应该那样”。最常见的例子是：

你都五年级了，应该懂事了。

你是大哥，不应该为了一点小事和弟弟争得面红耳赤。

你不应该这样，这种行为是不对的。

3. 万能者

这种父母会表现出一种无所不知、无所不晓的态度，很喜欢替别人解决问题。喜欢向孩子炫耀他们丰富的人生经历，而采取的沟通方式通常是说教、忠告、教训。他们的目的是要子女认为他们是如何的优秀。例如：

看嘛！我说的没错吧！

用用你的大脑，好好地想一想吧！

想当年，我在你这个年纪就……

4. 审判者

这些父母甚至不经审判就已宣告孩子有罪，其目的是想证明自己永远是对的，而错的永远是孩子。最常见的实例是：

成绩这么差，一定是你不用功。

不要再说了，照我说的去做就不会错。

一定是你先动手打人的。

5. 安慰者

这种类型的父母会以轻松的方式处理孩子的情绪，以避免自己卷入其中，如轻拍孩子的背、草率地安抚等；而在困难重重时，却伪装成一切都没有问题，这就是父母对孩子忧虑、焦急情绪的回应。例如：

放心啦！不会有事的。

别担心，天塌下来有高个儿顶着。

人生不如意十之八九，何必这么在意呢？

这是上天给你的考验，加油吧！

以上五种传统的父母角色，会在家庭教育中，反复地指出问题都是孩子造成的，由此不但无法缓解孩子的负向情绪，反而会增加孩子的压力。这样的方式非但不能为父母与孩子建立起开放式、鼓励性及建设性的正向沟通，反而扼杀孩子表达的勇气，更重要的是这种错误的沟通模式，严重地剥夺了孩子作出果断的决定以及为自己行为负责任的机会。所以，在这五种传统的父母角色中，无论哪种方式，都是家长对自身应承担的角色认识不足的表现，都会对孩子的健康发展产生一些不利的影响。

父母角色学习以及角色扮演直接影响着角色行为的实施，影响着父母在子女心目中的形象并进而影响家庭教育的效果。所以，要想履行好父母角色就必须进行角色学习，建立明确的父母角色意识，了解与父母角色相关的权利、义务和角色规范，强化角色责任感，在与子女的相互交往中认真学习、实践和体验，并能够伴随着子女成长阶段的变化而适当调整，从而建立起正确的角色行为体系。

第二节　有效的教养方式及其训练

现代社会的父母，比过去任何一代的父母都更加懂得教育孩子的重要性。一些父母常十分渴求教育子女的最好方法。他们经常到书店里购买大量关于家庭教育的书籍，但是一旦从书本回到现实，用到孩子的身上时，他们尽管可以从书本中找到一些借鉴的教育方法，但是对孩子的教育成效却不大。在此，我们不能笼统地认为，所谓有效的教养方式家长施行一次两次就能收到立竿见影的效果，这是一个需要时间来验证的过程。正所谓欲速则不达，家长不要操之过急，不要轻易放弃。

一、放飞孩子，给孩子自由

著名教育家陶行知先生提出对儿童必须实行六大解放[①]，即解放儿童的头脑，使他们能想；解放儿童的手，使他们能干；解放儿童的眼睛，使他们能看；解放儿童的嘴巴，使他们能谈、有提问的自由；解放儿童的空间，使他们到大自然、大社会去开阔眼界，取得丰富的学问；解放儿童的时间，使他们有一些空闲的时间干一点他们高兴的事。

爱孩子，疼孩子，不想让自己的孩子吃苦受罪，是普天下父母的“通病”。目前，在家庭教育中普遍存在家长对孩子过分溺爱，大小事包办，一切给孩子安排得妥妥当当的现象。一大早父母帮孩子穿好衣服上学，收拾书包，放学回来连吃饭都是妈妈盛饭。其实在现在的家庭教育中，父母自然会疼爱自己的孩子，但是要注意把握尺度。成功的父母从来都不会这样为孩子包办一切。相反，他们会放飞自己的孩子，让孩子独立去完成该做，从而培养孩子的自立能力。家长不要再为孩子做任何他自己可以做的事情，不妨就从让孩子自己穿衣服、自己整理书包、自己盛饭开始，让孩子承担起自己应该做的事情。放手让孩子自己飞吧，让孩子学会忍受生活中碰到的伤痛，毕竟成长总是需要付出代价的。

此外，有的家长则对孩子管得过严、限制过多，有意无意地剥夺了孩子从小玩耍的权利和自主成长的机会。家长把孩子束缚在自己身边，约束在自己的势力范围内，过多的束缚会扼杀孩子的聪明才智，做家长的一定要丢掉给孩子制定的各种各样的“清规戒律”，让孩子活泼、主动、自由地发展，允许孩子有自己的兴趣爱好和交往范围，这对孩子健全人格的形成是至关重要的。这其中最重要的是让孩子拥有自己的时间。

家长每天给孩子留出可由其支配的时间，让孩子获得最大限度的自由。一些父母总怕孩子的时间空下来浪费了，给孩子安排了不少的兴趣班，孩子刚上完绘画课，接着又安排

---

① 孔屏，张勃．蹲下来和孩子说话．济南：泰山出版社，2004

外语课。这样做的结果只会使孩子没有了自己的意志和想法，进而失去了一个天真活泼、开朗乐观的孩子。值得引起家长们注意的是，给孩子自由，并不是让孩子成为一匹脱缰的野马。自由是需要的，孩子的天空若没有了自由，那将会是灰色的！但是自由不是无边无际的，给孩子自由，并不是让孩子随意地滑向任何一个方向，所以一定要给他立下警示标，明确什么可以做，什么不可以做。

亲爱的家长，给孩子一个自由宽松的环境，让孩子有更多的自主成长的机会，放开双手，让孩子自己腾飞起来吧！

二、赏识孩子：成功起步

赏识在词典里的解释为给人表扬或赞扬，以调动人的积极性，它使被作用对象的生理和心理产生快感，做起事来心情愉快。很多家长都会有这样一种体会：家长的一个微笑和一个赞赏胜过一切，孩子对家长的一句赞赏常常会十分感动。

孩子的心理是特别敏感的。[①] 请设想一下，一个孩子经过一天的学校生活，回到家里，面对的是一张数落自己、唠叨不停的脸，他的心理会怎样？他会失去在家庭中学习的乐趣。如果孩子遇到的是一张微笑的脸，得到的是赞赏、夸奖、鼓励，他的心情一定会特别好，学习积极性就有可能被充分调动起来。

表扬是对孩子积极行为的认可，得到父母的表扬，孩子内心是非常高兴的，他以后就会自觉地要求自己做得更好。因此，不管是孩子做了好事，还是学习上有了进步，家长都应该有意识地予以表扬，这样一来就可以很好地鼓励这个孩子继续朝着积极的方向努力。

赏识教育作为一种有效的教养方式，到底应该怎样去训练与实践呢？

首先，家长要善于发现孩子身上的闪光点，及时给予强化。

正所谓“尺有所短，寸有所长”，任何事物都是一分为二的，再胆小怯懦的孩子，偶尔也会有大胆的举动，调皮好动、表现不好的孩子也会有做得很好的时候。也许在外人看来那是微不足道的，但做父母的必须努力捕捉这些稍纵即逝的闪光点，给予及时的表扬和鼓励。

其次，家长一定要对孩子充满爱心。

世上没有坏孩子、差学生，无论哪个孩子，只要我们耐心去寻找，必定能发现孩子的长处，即使孩子做错了事，也可以从中找到他的闪光点，关键是讲求一个“爱”字。在爱的情感支配下，在耐心的支撑下，才能为孩子的发展创设出一个被理解、被关注的宽松环境。

最后，家长要赏识适度，讲究方式方法。

父母不但要欣赏孩子，还要正确客观地认识孩子，了解孩子的身心需要，特别要注意分析孩子的心理状态。若做得不够，固然会伤害孩子的自尊心，但赏识过度，也会导致孩子自满自傲、任性，不能客观正确地评价自我。父母要发自内心地表扬和鼓励孩子，而不是虚假的表扬。同时也不要笼统地表扬，那些漫无边际的表扬在孩子的心中不会产生什么

---

① 周明星，曾令国．家庭教育新区．北京：科学出版社，2001

激励的效果。

请家长相信，成功的家教中绝没有当头棒喝、泼冷水、指责、埋怨，而只有赞赏、夸奖和鼓励，以及偶尔的适度批评。请家长充分肯定孩子的每一点努力，同时赞赏孩子取得的每一点进步。赏识孩子，让孩子跨出成功的第一步。

三、挫折教育[①]，让孩子成长更快

如今的很多孩子是“生长在温室”的，受到家中众人乃至几代人众星捧月般的呵护。生活中家长唯恐孩子吃一点苦、受一点委屈。其实这些父母没有意识到，挫折教育是一种十分重要的教育方式。

挫折教育是指让受教育者在受教育的过程中遭受挫折，从而激发受教育者的潜能，以达到使受教育者切实掌握知识的目的。在教育过程中，对受教育者进行挫折教育是非常有必要的。许多到达光辉顶点的人往往不是最聪明的人，而是那些在生活中遭受挫折的人，也只有那些生活在逆境中饱经风霜的人，才更能深刻理解什么叫成功。

不少家长认为，孩子的耐挫力差是家庭溺爱造成的，所以只要让他们吃点苦就能解决问题。其实这并不正确。溺爱未必是孩子耐挫力差的主要原因，家庭对孩子期望太高，造成其压力过大的精神伤害远大于溺爱，如果不加以鼓励引导，就会使孩子的耐挫力不断降低。增强孩子的耐挫力，就该从小培养他们的自信心，让他们有力量面对将来的挫折。挫折教育应该贯穿一个人成长的始终，单靠吃几天苦是解决不了问题的。

在挫折教育的引导上，首先，家长要相信孩子具备解决问题的能力，不要一味主观地认为孩子太小，任何事情对他来说都很困难；其次，当孩子自己解决困难时要和他站在一起，孩子才能有安全感，关注孩子的行动，并在孩子实在完成不了时给予帮助；最后，要在这个过程中总结出孩子面对挫折的能力，一步步帮助孩子建立强大的自信心。

长在温室的孩子根本就没有任何挫折可言，但当所有的花朵聚集在一起时，自然有的要被太阳冷落。那些唯我独尊的娇宠儿，只知道索取，而不知道给予和分享，不知道宽容和谅解。家长可以尝试着去创造挫折情境，给孩子施以挫折教育。

在创设和利用困难情境的过程中，必须注意适度和适量。为孩子设置的情境必须有一定的难度，能引起孩子的挫折感，但又不能太难，应是孩子通过努力可以克服的。同时，孩子一次面临的难题也不能太多。适度和适量的挫折能使孩子自我调整心态，正确地选择外部行为，克服困难，追求下一个目标；过度的挫折会损伤孩子的自信心和积极性，使孩子产生严重的挫折感、恐惧感，最后丧失兴趣和信心。

创造挫折情境属于挫折教育的一种方法，但是屡屡的挫折只会让孩子失去自信，所以重要的并不是挫折本身，而是孩子在受挫后是否能恢复能力，要培养孩子面对挫折时无所畏惧的自信心。其实，挫折教育就是要培养孩子寻找幸福的能力，这样孩子在任何挫折面前才能泰然处之，永远乐观。

---

① 欣悦．有效的暗示教养：孩子最容易接受的沟通方式．北京：中国纺织出版社，2003

四、及时地沟通与交流

当社会不断发展、经济水平逐渐提高的时候，很多家长忙忙碌碌地工作，希望用丰富的物质满足孩子的需要，却因缺少沟通和交流，使得越来越多的孩子性格孤僻、待人冷漠，甚至是目中无人、任性狂妄。不难想象，带着这些性格弱点的人，一旦进入社会，就会四处碰壁，无法适应。所以，及时的沟通和交流是家庭教育的基础。

【案例】“我和父母几乎不聊天，他们问我最多的就是学习情况，我特烦问这个。”李杰斌说自己喜欢篮球，特别喜欢美国NBA的火箭队。“我喜欢和同学聊聊篮球，可爸爸妈妈不懂，也不感兴趣。所以他们说我整天只知道玩，也不讨论讨论学习。”现在李杰斌说自己也没有兴趣和父母聊天，感觉没什么话好说的。

大多数学生认为父母不理解自己，虽然经常待在家里，相处的时间很多，但是谈得很少，难得聊一聊却又总是将话题紧紧停留在谈论成绩和对自己的行为干涉上，所以众多孩子并不喜欢这样的沟通，认为家长总用他们那个年代的思想来教育孩子，代沟不可逾越。与此同时，很多家长都以有“代沟”为借口逃避沟通与交流。实际上，家庭教育必须讲究双向沟通与交流，孩子作为一个独立的有生命的个体，对任何问题都有自己的看法，有些家长以为孩子不懂事，没有思想，因而与孩子之间只存在单向说教而没有双向的交流和沟通。其实这是不对的。孩子也有他们的自尊，他们同样希望能被平等看待。提问题时应多用商量的语气，不要将自己的意志强加于孩子的身上。尊重孩子对学习时间的安排，干涉时要谨慎一点。

家长与孩子不能进行有效沟通的原因是多方面的，一方面是单向说教，家长在教育孩子的时候，不允许孩子申辩和解释，这让孩子表面服从，而内心一点也不服从；另一方面，很多家长没有接受过正规家庭教育方面知识的学习，也没有学过心理学，不了解孩子的心理，不懂得孩子心理变化的规律，所以就比较难与孩子进行正常的沟通交流。

解决与孩子沟通、交流问题的方法是多种多样的：

（一）学会倾听孩子，学会向孩子倾诉

家长不仅要学会倾听孩子，同时也要学会向孩子倾诉。沟通是互动的，是双方面的。面对孩子的无理要求时，家长应该和孩子商量，可以给孩子分析，把孩子当做“小大人”，让他来判断是非。例如，妈妈上班回来很累了，但是孩子一直吵着要去逛街，这时妈妈不妨给孩子说：“今天妈妈好累了，假如你刚写完作业，妈妈就叫你继续做练习，这样好不好？人总要学会分配作息时间，有张有弛地工作生活才行，知道吗？明天妈妈再带你去，好不好？”这样的温柔劝说，孩子会自然而然地接受。

（二）把自己变成孩子，和孩子融成一片

在和孩子进行交流时，很多家长喜欢用训斥和居高临下的态度对待孩子，对孩子使用

命令的口气，例如，“我警告你……”“你马上给我……”“你怎么那么笨……”“我不允许……”这些威胁、命令、责备、拒绝的话语会给孩子很大的伤害。试问，一个高高在上的父母会让孩子对父母产生一种距离感和恐惧感，在这样的情况下孩子怎么敢和父母进行沟通和交流呢？因此，父母要放下所谓的威严，把自己变成孩子，做孩子沟通的朋友。

（三）要注意把握沟通的时机

当你很生气时，一定要让自己的情绪稳定下来后再去和孩子进行交谈，因为人生气的时候是会失去理智的，不要让不理智的情绪控制了你的语言。也许你一时控制不住自己说出的一句话，会对孩子幼小的心灵产生重大的影响。

（四）培养共同的爱好

和孩子密切相处，了解孩子的想法和喜好并尝试着去培养共同的爱好。父母要理解孩子，在年龄距离无法改变的情况下，应该努力缩短两代人之间的心灵距离。最好的途径莫过于与孩子共同学习、共同活动，培养共同的兴趣爱好。沟通最主要的一个方式就是聊天，父母们要腾出时间和孩子相处，密切观察孩子对哪些事物感兴趣，了解他最近是否遇到苦恼的问题，然后就孩子的想法和喜好寻找话题进行交流，这样会激发孩子和父母交谈的兴趣，促进亲子关系。

沟通和交流只是一个起点而不是终点，家庭教育中经过有效的沟通和交流之后，需要根据沟通的结果进一步反思，以便下次可以取得更好的效果。家长与孩子之间的有效沟通和交流，对于促进孩子身心健康具有极其重要的作用。相信经过有效的沟通和交流，孩子可以取得更大的进步，家长也可以从中有所体验，建立和谐的家庭。

第三节　称职父母的自我教育

一、称职父母应该是孩子的榜样

家长是子女最直接、最经常的模仿对象。因为孩子一切良好习惯的形成，完全靠父母榜样的力量。称职的父母应该是孩子的榜样。榜样是孩子思想言行规范的参照物，它就像一面镜子，孩子心目中一旦树立了良好的榜样，他就能经常对照这面“镜子”自我检查、发现自己的差距和不足，由此而受到激励，从而自觉地克服缺点，积极上进。

一般说，用训诲打骂的方式来教育子女是困难的，而由榜样示范的途径来教育则是简明易行的。在家庭教育中，榜样示范、家长躬行身教对子女的成长具有重大意义和作用。作家丁玲说，母亲的坚强、热情、勤奋、努力，能吃苦而又豁达的品德是她受到的最好的教育。

家庭是孩子性格着色的第一个染缸，家长是孩子行为塑造的第一任教师，孩子通过观察和模仿父母的一言一行学会生活，有时父母不经意的一笔，往往会出现意想不到的效果：或是大写意的泼墨画，或是污染了整张白纸。父母作为孩子效仿的榜样，应率先垂范，给子女树立良好的榜样。首先，家长要严格要求自己，自觉检点自己的言语行为；其次，凡是要求子女做到的，家长应该事先垂范，亲身做到，只有这样才能为子女树立最具说服力的榜样；再次，家长应该养成良好的行为习惯。

（一）严格要求自己，自觉检点言行

【案例一】周末的一天，天气晴朗，妈妈带着丽倩去海滨公园玩，一种开得特别艳丽的热带花卉吸引了丽倩的目光，她久久不愿离开，蹲下身子，用鼻子闻了又闻，细心的妈妈知道丽倩很喜欢这朵花，为了博得女儿的欢心，妈妈说："妈妈给你摘一朵。"

【案例二】难得的假期，妈妈带着聪聪一起去逛街购物。在一家超市里，聪聪看上了一套精美的玻璃瓶子，在征得妈妈的同意之后，聪聪兴高采烈地跑去拿。妈妈说："玻璃很容易碎哦，你要轻拿轻放哦！"但就在玻璃瓶子放到购物车的一瞬间，瓶子被摔破了。妈妈马上环看四周，发现没有人注意到他们，便低声说道："幸亏没有人看到，快把瓶子放回去！"

【案例三】上小学五年级的浩明平时比较贪玩，爸爸为了激励他把成绩提上去，许诺只要在期中考试取得前十名，就给他买一辆自行车。为了得到那辆自行车，浩明奋发学习，在期中考试取得了第八名的好成绩。然而当浩明要爸爸兑现承诺的时候，爸爸却耍赖说："那是为了鼓励你好好学习，当时是随便说说而已。"

以上三个案例都来源于生活，家长稍稍不注意就会犯这样的错误，现在我们就这三个案例来分析。

丽倩妈妈的行为对于当时的丽倩来说是一件好事，因为她可以得到自己喜欢的东西。但是长远来说，这只会把她教育成一个没有公德意识的孩子，将来走上社会是很难受到他人的欢迎和信任的。就当时这个情景来看，妈妈大可以和孩子一起欣赏这朵开得这么娇艳的花朵，从颜色到形状，从香味到姿态，甚至还可以回家把这朵花的名称、习性、产地乃至价值弄清楚，这样既让孩子加深了对它的印象，还可以增加孩子的知识。如果孩子提出要摘花，那么妈妈必须予以拒绝或阻止，同时抓住机会对孩子进行爱护花草、遵守公共规则、讲究文明道德的教育，父母应当从小就注意培养和熏陶孩子的公德意识①。

聪聪一不小心把瓶子给打破了，妈妈贪小便宜或是为了逃避责任就以"没有人看到"为由，为孩子掩盖过失。殊不知，这样自私、贪小便宜、无责任心的不良意识和习惯会给孩子的成长带来消极的影响。案例中的聪聪虽然是不小心打破了瓶子，但是妈妈也不应该给自己的孩子找理由掩盖。妈妈应该要求孩子主动和超市的工作人员说明情况，商讨商品的赔偿问题。这样就可以很及时、很妥当地教育自己的孩子，让他们知道做错事时，要正视自己的错误，为自己所犯的错误补救，而不是当逃兵。

浩明的爸爸信口开河、言而无信。日常生活中不少家长都有过随便对孩子许诺而不兑

---

① 金舒，朱泓．父母不应该对孩子说的71句话：父母家庭教子中的说话禁忌．北京：海潮出版社，2007

现的事。其实小孩最讨厌也最承受不了被欺骗，他们出于对家长的信任，积极努力地达到家长的要求，但是如果家长缺乏教育观念，言而无信，那么就会失去孩子的信任，降低自己在孩子心目中的威信。不仅如此，长此以往，孩子也就学会说谎，与人交往没有诚意。如果长期生活于这样一个滥许诺言又不能兑现的家庭中，孩子诚实的品格也就会丧失。做父母的言行举动都要十分谨慎，不可轻易许下诺言，更不可以言而无信。

在家庭教育中，家长的榜样作用对于孩子来说有时是自觉的，有时是不自觉的。也就是说，家长的任何言行都会对子女产生影响。所以，事无大小，只要被赋予教育的意义，就不再是小事。父母要严格地要求自己，时时、处处、事事以身作则，自觉地检点自己的言行，让孩子在父母无声的影响下学会做人做事。

（二）凡是要求子女做到的，家长应该率先垂范

有句俗话讲："龙生龙，凤生凤，老鼠的孩子会打洞。"有什么样的父母必然会教出什么样的孩子来。家长的言行对孩子起着潜移默化的作用，家长要求孩子认真做作业，而自己却在打牌、看电视；教育孩子不能上网，自己却在电脑前聊天、打游戏玩得不亦乐乎，这样的家长，孩子会信服管教吗？因此，我们要求孩子做到的，自己必须先做到，而且要言而有信，这样孩子才能心悦诚服地按照你的要求去做。再如，有些家长自己挥霍浪费，却要求孩子艰苦朴素、勤俭节约；自己看不起读书人，却要求孩子学有所成，这样的教育往往事与愿违。

父传子承：著名教育家魏书生就是一个言教身教、率先垂范的好榜样。在子女5岁的时候，魏书生就给孩子布置了一份长期作业，要求儿子天天写日记。为了让孩子能够坚持下来，魏书生就坚持和孩子一起写日记。也许正是有这样一个为自己孩子率先做好榜样的爸爸，儿子才那么执著地遵循父教，坚持道德长跑，执著追求，才培育了一个考取最高学府的儿子。

要求孩子做到的，家长要先做到，这样才能在孩子心中树立威信。如果父母没有威信，尽管态度认真、教育严肃，但孩子仍然当做耳边风；相反，如果父母有威信，不用讲多少道理，孩子也能令行禁止。因为有威信的父母会受到孩子尊重、爱戴和信赖，对父母提出的要求，孩子能自愿地、毫不勉强地接受。

（三）家长应该养成良好的行为习惯

孩子是父母的影子，孩子自一生下来就无时无刻不与父母相接触，父母的一言一行、一举一动都渗透到孩子的思想行为里，影响着孩子，改变着孩子。要想自己的孩子德才兼备，那么父母就要注意培养自己良好的行为习惯，躬行身教，自己先做好一个排头兵，让孩子向自己看齐，也养成良好的行为习惯。

良好的卫生习惯。家长要保持良好的卫生习惯并教育孩子效仿，身教固然重要，但是也不要忘记了言传。身教是一种无声的自然的教育，孩子可能注意到父母的身教，也可能根本没觉察到，孩子可能会模仿，但只知其然而不知所以然，有时甚至会产生误解。身教言传要结合起来。良好的卫生习惯的表现是：勤洗澡洗头，勤剪指甲；饭前便后要洗手；爱护环境，不随地吐痰，不乱扔垃圾……有些家长可能会认为这是用小孩子的标准来教育

家长，但是我们的家长别忘记了自己是要给孩子做榜样的。

诚实守信，是孩子的第一品质。[①] 保罗·艾克曼曾经说过：“孩子说谎的不良品质，是由于受到爱说谎，或言而无信的家长的不良影响而养成的。”上行下效，家长说谎肯定是孩子说谎的一个最重要的原因。毫无疑问，撒谎对每一个人来说都是不可避免的，只是有善意与恶意之分而已。在日常生活中，家长可能会说些无关紧要或无伤大雅的谎话，可是在孩子的眼里，家长的的确确是在撒谎！要想教育子女诚实守信，父母必须率先做到。不要以为在孩子面前灌输一些关于诚信的大道理，孩子就学会了诚实、守信；不要以为在孩子面前说的是一套，自己做的又是另外一套，而没有被孩子识破，孩子就会表现出诚信的行为。孩子的眼睛是真实的，他们往往会以实际为取舍。

家长对孩子许下的诺言，要及时地兑现，让孩子相信自己的父母是个守信用的人，家长自己没有把握的事情就不要轻易地对孩子承诺，要做到言必行，行必果。否则一个在孩子面前说谎、言而无信的家长是无法说服孩子做个诚实的、守信用的孩子的，所以倘若想培养孩子诚实守信的品格，家长千万要给孩子做个诚实守信的榜样。美国著名心理学家大卫·艾尔金德认为：要想让孩子有教养、守道德，父母首先必须是一个品德高尚的人。如果你是一个诚实、正直、守信、正派、富有爱心的人，那么你的孩子也同样会具有这些品质。

上进。父母都是活生生的社会人，都有一定的社会分工，都有一定的社会角色和位置，都需要完成某种任务。家长虽然已经成人，但是不能没有上进心。工作有艰苦轻松之分，待遇有厚薄不同，但每个家长都要表现自己的上进心。上进心表现在哪里呢？工作上职位的提升，家庭生活水平的提高，知识经验的增多，等等。家长做任何一个工作，都要力求表现最高的水平。对知识，要永远有敏感的精神状态，关心社会的发展，关心人类的明天，不要“做一天和尚撞一天钟”。家长即使不断地有所追求，不断地有新的进步、新的目标。这对孩子有很大的激励作用，孩子会从家长的精神风貌中，学到做人的真谛：人生就是一个不断追求的过程。

勤俭。勤俭是一种美德；懒惰和奢侈，却是堕落的开始。法国作家大仲马直言：节约是穷人的财富，富人的智慧。也就是说，勤俭是人生的一大法宝。家长要以自己的勤俭行为影响孩子，用自己艰苦朴素的作风感染孩子，如将洗衣服的水留下来冲厕所，随手关灯、随手关紧水龙头。反之，如果一切以孩子为中心，舍得为孩子大把花钱，有求必应，孩子也根本不知道这些东西来之不易。因此，条件优越的家庭应该利用各种机会，讲讲穷困的过去、悲哀的童年、勤俭发家的历程，让孩子懂得“幸福不会从天降，不下苦功花不开”的道理。每一个家长都应该把勤俭这种美德在自己身上、在家庭里继承发扬下去。

孝敬父母。虽说孝敬父母是中华民族的传统美德，但是在现实中，我们看到更多的是这样的生活镜头：孩子吃过饭后，一扭头就去看电视或出去玩了，父母却在那里忙碌着收拾碗筷。孩子一旦生病，父母便忙前忙后，百般照顾，而父母不适却很少问候。现如今父母对待长辈的态度将直接影响将来孩子对待父母的态度。

从前有一对中年夫妇对年迈的父母很不孝顺，他们把老人赶到一间破旧的房子里住，

① 欣悦. 有效的暗示教养：孩子最容易接受的沟通方式. 北京：中国纺织出版社，2003

每天都用一个小木碗送一些不好吃的饭菜给老人。有一天，他们发现孩子在雕刻着一块木头，就好奇地问他在刻什么，孩子的回答着实让他们吃了一惊，他说："我在刻木碗啊，等你们老了就派上用场啦。"这时他们才猛然醒悟过来，他们这样对待父母是不正确的！

现在一些中年夫妻冷落自己父母的现象还是存在的，有些不仅不照顾自己的父母，而且还千方百计地"搜刮"父母的财物，这给孩子的影响就更不好了。因此，家长不但要管好自己的小家庭，还要时刻不忘照顾年迈的父母亲。如果父母离自己居住的地方比较远，那么平时就要多打电话给予关心和问候。在节假日时尽量抽时间带上孩子去看望父母，同他们共聚共乐，尽一份子女应尽的责任和义务。长此以往，孩子耳濡目染，潜移默化，也会逐步养成孝敬父母的好习惯。

有无孝敬父母的习惯，不单单是子女对父母的态度，同时也关系到子女是否能关心他人。因此，我们不能忽视培养孩子孝敬父母的好习惯。

父母身教示范，是成功家教的根本。父母没有必要过多地强调孩子什么可以做、什么不可以做，而是应该从自身做起，严格要求自己，时时、处处、事事以身作则，不忘给自己的孩子树立榜样，让孩子在父母无声的影响下学会做人做事。

二、称职父母应该给孩子一个良好的环境

家庭是孩子成长的摇篮，是孩子接受教育的第一阵地，也是孩子接触最频繁的环境。良好的家庭环境对孩子起着潜移默化的影响作用，是引导孩子走好人生第一步的关键，它给孩子带来终生的影响。古代"孟母三迁"的故事在今天还是很值得家长们去思考和掂量的，良好的环境对孩子的教育来讲的确非常重要。称职的父母应该给孩子一个良好的环境。

（一）建立温馨、和谐的家庭气氛

一要搞好夫妻关系以及家庭成员之间的关系；二要处理好父母与孩子的关系。父母要尊重、爱护子女，不以家长意志强加于子女；创造良好的条件，鼓励子女的创造性，充分发挥潜能；不娇惯溺爱，培养子女自主自立；建立和睦家庭，避免夫妻争吵；以平等、民主、朋友式的态度与孩子相处，应少一些"专制"式的做法，建立起新型的民主的家庭关系。

如果家庭关系不和睦，如父母经常吵架甚至打架，父母不孝敬老人，这些行为都会影响孩子的智力和品德。研究表明，生活在恩爱和睦家庭中的孩子，不但心理比较健康，而且智商也比较高。美国一位心理学家对4 000多名独生子女调查发现，氛围和睦、常有笑声相伴的家庭，孩子的智商都比不和睦的家庭的孩子智商高。同样的统计表明，在导致未成年人犯罪的社会、学校、家庭及个体的各种因素中，家庭因素所占比例超过1/3；在正在服刑的少年犯中，大约80%与家庭教育方式不当有关，而不完整家庭未成年子女犯罪率占全部未成年人犯罪的25%以上。孩子问题往往是家庭问题的一个反映。

（二）树立端正、良好的家庭风气

优良的家庭风气，是良好家庭环境的重要组成部分，是有效的无形教育手段，对孩子

有重要的影响作用。树立良好的家风，要求家庭成员有良好的伦理道理观念，要形成和睦互助、敬老爱幼、谦让有礼、积极上进、努力学习、诚实守信、热爱劳动、勤俭持家的好风尚。

（三）营造健康的家庭文化氛围

健康的家庭文化氛围对孩子具有吸引作用，能使孩子热爱家庭，也能引导、鼓励和约束孩子，使其积极向上。每个家庭都有自己特有的文化氛围，如有的好交际娱乐，有的爱运动，有的爱文艺，等等。家庭文化氛围可以多种多样，但是一定要健康和积极向上。

信息时代对家庭风气提出新的要求，那就是建立学习型家庭。爱学习、爱看书的家庭一定能孕育出爱看书的孩子。孩子一上学，有的家长就给孩子创造一个安静的环境，营造一种浓厚的学习氛围。他们说，为了培养孩子专心学习的习惯，他们放弃了自己的业余爱好，下班后不看电视，不听录音，自己也读书学习，陪孩子学习到很晚。孩子看到爸爸、妈妈每天都埋头读书学习，非常专心，不好意思打扰他们学习，自己也埋头读书。孩子说："家里充满了读书的气氛，这种气氛对我是一种压力，是一种净化，它使我养成了专心学习的好习惯。"

（四）创设属于孩子自己的小天地①

给孩子设立一个属于他们的小天地，给孩子更多的自由活动时间和空间，让孩子自由地表达自己的心愿和体会。孩子可以在自己的小天地里，凭自己兴的趣选择活动内容，进行积极愉快的学习。同时也可以邀请好伙伴共享愉快时光。

苏联教育家马卡连柯说过："家庭是社会的一个天然的基层细胞，人类美好的生活在这里实现，儿童在这里生活着、成长着……"不错，家庭是儿童成长的第一个生活场所，为孩子营造一种有利于其成长的家庭环境，无疑会使孩子有了奋飞的双翼。为了使孩子健康成长，请在家庭教育环境的营造方面下点工夫，这是教育孩子的真正艺术。如果家长掌握了这门艺术，孩子就能像雄鹰一样振翅高飞！

---

① 孔屏，张勃．蹲下来和孩子说话．济南：泰山出版社，2004

第十一章　家庭教育与青少年学习动机的形成

相关研究表明，家庭教育与青少年学习动机的形成和发展有着重要的联系。本章将运用经典的心理学理论，结合日常生活中的例子，详细介绍家庭教育与青少年学习动机这一重要的内容。首先介绍动机与学习动机的概念，包括学习动机的意义及结构。然后从心理学角度介绍学习动机的四大理论，包括强化论、需要层次说、自我效能感理论和成就动机论。其次，介绍青少年学习动机的特点及其发展。最后，详细而又生动地结合典故及日常生活例子，从心理学的角度分析家庭教育应怎么激发与培养孩子的学习动机。

第一节　学习动机概述

一、动机与学习动机的概念

人们总是在试图解释自己或他人行为的原因，心理学家们一般用动机（motive）这一术语对此进行描述。动机是激发和维持个体进行活动，并导致该活动朝向某一目标的心理倾向或动力[①]。它涉及这样三个方面的问题：①引发行为的起因是什么？②使行为指向某一目的的原因是什么？③维持这一行为的原因是什么？在许多有关动机的文献中，心理学家们往往用动机作用（motivation）这一术语来描述个体发出能量和冲动，指引行为朝向某一目的，并将这一行为维持一段时间的种种内部状态和过程。

所谓学习动机是指直接推动学生进行学习的一种内部动力，是激励和指引学生进行学习的一种需要。学生的学习受多方面因素的影响，其中主要是受学习动机的支配，但也与学生的学习兴趣、学习的需要、个人的价值观、学生的态度、学生的志向水平以及外来的鼓励密切相关。如学生们往往对感兴趣、符合自身需要、对自己有重要价值的学科投入很多的时间和精力，也能从中获得较大的满足感。有人认为，对知识价值的认识（知识价值观）、对学习的直接兴趣（学习兴趣）、对自身学习能力的认识（学习能力感）、对学习成绩的归因（成就归因）四个方面，是学生学习动机的主要内容。学习价值观反映了学生对学习内容是否有用的看法。学习兴趣亦被称为求知欲，是好奇心这一内驱力在学习上的表现。它促使学生积极主动地参加学习活动，从而满足内心对知识的渴求，同时伴随着相应

---

① 黄希庭．心理学导论．北京：人民教育出版社，2001

的情绪体验。

学习能力感指的是学生在学习上的自信心，即对自己学习能力的主观推测，也有人称之为“自我效能感”[①]，其反面为“无力感”[②]。它影响学生参加学习活动的坚持性，激发和维持向困难挑战的精神和达到学习目标的耐力。成就归因指的是对学习成功或失败原因的主观分析。人们经常从内部——外部、稳定——不稳定这样两个维度将成功或失败归结于能力、努力、任务难度和运气这四类原因。将学习成败归结为不同的原因会引起学习期待与情感上的不同变化，从而影响以后的学习。

二、学习动机的意义

学习动机和学习的关系是辩证的，学习能产生动机，而动机又推动学习，二者相互关联。正如奥苏贝尔所说的：“动机与学习之间的关系是典型的相辅相成的关系，绝非一种单向性的关系。”动机可以增强行为方式促进学习，而所学到的知识反过来又可以增强学习的动机。因此，教师在强调动机在学习中的重要作用的同时，也应看到学生在学习过程中，学习本身就是下一步学习的动机。奥苏贝尔和斯金纳都一致认为，就学校而论，动机的问题不是“传递”动机之事，而是安排好学习与研究的条件，使之起强化作用的问题。

动机具有加强学习的作用。尤古罗格卢和华尔伯格[③]考察了大量的关于动机与成就关系的研究报告，分析了其中232项动机测量和学业成就之间的相关系数，发现其中98%是正相关（估计平均相关系数是+0.34）。该调查覆盖面为1~12年级的学生共637 000人，是有一定代表性的。这一研究表明，高动机水平的学生，其成就也高；反之，高成就水平也能导致高的动机水平。有的研究发现，成就动机强的被试较成就动机弱的被试更能坚持学习，学习更有成效。

此外，有不少的研究表明，有些学习既不靠动机给以力量，也不靠内驱力[④]的满足来加强。人类生活中的大量学习，也是可以在没有任何明确学习意向的情况下偶然发生的。动机对于那些没有组织的、短期的、有意义的接受学习的作用，同它对于其他各类学习相比，可能并非必需。但是，要有效地进行长期的有意义学习，动机是绝对必要的。长期的有意义的学习，如掌握某一门学科的教材，需要个体不断的积极努力，把新观念材料组合到自己的认知结构中。它要个体具有集中注意、坚持不懈以及提高对挫折的忍受性这样一些意志与情感方面的品质。

动机对学习的影响，一般说来，并不是直接地卷入认知的相互作用过程之中，也不是通过同化机制发生作用，而是通过加强努力，集中注意和对学习的立即准备去影响认知的

---

① 自我效能感：最初由班杜拉提出，指人们对自己是否能够成功地进行某一成就行为的主观判断。

② 无力感：又称习得性无助，指有机体经历了某种学习后，在情感、认知和行为上表现出消极的特殊的心理状态。

③ 学习动机对学习的影响．http：//www．nbedu．gov．cn/jyzc/article/show_ aartick．asp？ArticleID＝833

④ 内驱力：在需要的基础上产生的一种内部唤醒状态或紧张状态，表现为推动有机体活动以达到满足需要的内部动力。

相互作用过程，犹如“催化剂”间接地产生增强与促进的效果。根据耶克斯—多德森律①，唤起水平与绩效之间的关系是一种曲线关系，唤起水平太高或太低都不能引起最佳的皮质工作状态，从而也不能得到最佳绩效。由此，不少心理学家认为，动机的中等程度的激发或唤起，对学习具有最佳的效果。动机过弱不能激发学习的积极性，达到一个最高点。超过这一点，动机强度的提高会造成学习效率的降低。研究还发现，动机的最佳水平随课题的性质不同而不同。在比较容易的课题中，工作效率随动机的提高而上升；随着课题难度的增加，动机的最佳水平有逐渐下降的趋势。

动机过强或过弱，不仅对学习不利，而且对保持也不利。并且，在难度不同的任务中，动机的强度影响解决问题的效率。

教育实践和教育心理学实验都表明，学习动机推动着学习活动，能激发学生的学习兴趣，保持一定的唤醒水平，指向特定的学习活动。个人的学习动机决定了以什么作为其强化物，如果我们要使行为在频率、持久性等方面有所加强，需要选择对个体产生积极意义的强化物，个体的需要、价值、抱负、兴趣等动机因素决定了什么是对他们有用的强化物。动机对学生的目标行为有所加强。另外，阿特金森（1980）指出，动机决定了在不同行为中的时间分配。他在动机研究中得出的一个最重要的结论是某种行为的动机强度与花在该行为上的时间具有线性的正相关关系。

因此，通过观察学生花费在某种活动上的时间可以知道其动机强度，如通过记录学生花费在学习上的时间，是推知其成就动机水平的一个最好的方法。

三、学习动机的实质及其基本结构

学习动机在学生学习活动中具有重要作用，关于学习动机结构，不同的研究者从不同的角度划分了结构类型。如布鲁纳把学习动机分为内在动机与外在动机两种；比格斯和由穆斯则将它分为四类：外部动机、社会动机、成就动机和内部动机。有的学者将学习动机分为认识的内驱力、自我提高的内驱力、附属的内驱力三种。我国有学者将学习动机又分为学习志向与学习兴趣两种②。学习动机的两个基本成分是学习需要和学习期待。学习需要是指个体在学习活动中感到有某种欠缺而力求得到满足的心理状态，学习需要对学习的作用，就称为学习驱力。学习期待是个体对学习活动所要达到目标的主观估计，是另一个构成学习动机结构的基本要素，学习期待就其作用来说就是学习的诱因。两者相互作用形成学习的动机系统。

奥苏伯尔（D. P. Ausubel）在其《学校学习》一书中指出，学校情境中的学习动机主要由以下三个方面的内驱力组成，即认知的内驱力、自我提高的内驱力和附属的内驱力。其中，认知内驱力也称认知性动机，是一种要求理解事物、掌握知识、系统地阐述并

---

① 心理学家耶克斯和多德森（Yerkes & Dodson，1908）的研究表明，各种活动都存在一个最佳的动机水平。动机不足或过分强烈，都会使工作效率下降。研究还发现，动机的最佳水平随任务性质的不同而不同。在比较容易的任务中，工作效率随动机的提高而上升；随着任务难度的增加，动机最佳水平有逐渐下降的趋势。也就是说，在难度较大的任务中，较低的动机水平有利于任务的完成。

② 夏凌翔，张世宇，王振勇，万黎．高中生学习动机的因素结构分析．青年研究，2000（9）

解决问题的需要。自我提高的内驱力也称成就性动机，是指个体因自己的学业成就或学习过程的表现能力而获得相应的地位和威望的需要，它是一种间接的学习需要，属于外部动机。处于青春期的学生为了表现自我能力，往往会产生强烈的自我提高内驱力。附属的内驱力则是指个体为了获得长者（如教师、家长等）的赞许和同伴的接纳而表现出来的把工作、学习搞好的一种需要，亦称之为交往性动机。

第二节 学习动机理论

由于学习动机的多样化，对学习动机作用的解释也多种多样，由此派生出多种不同的动机理论，分别强调不同的侧面。美国加利福尼亚大学的韦纳教授认为，对学习动机的解释，就如在心理学中许多其他重要概念一样，也可以归到两个类别中：认知的观点和行为派的观点。当然，在动机的领域中还广泛地流行着人本主义的观点。但不管这三种观点有多少分歧，至少有一点是一致的，这就是他们都不同意有所谓没有动机的学生。他们认为所有的行为都是有动机的，哪怕学生在上课时呆呆地凝视着室外，也是由动机所支配的，只不过对于引起动机的原因都有不同解释而已。

行为主义学习理论家在解释行为或学习产生的原因时，总是与刺激、惩罚、强化、接近、示范等概念相联系。他们认为行为最初是由内部或外部的刺激所发动的，如饥饿或闻到炒菜的香味，看到电视上介绍某种食品等，然后有机体就根据过去的经验或已形成的习惯确定他所要采取的行为的方向（定向）。比如饿了，去打开食品柜找点吃的（因为以前就这样），或者是临时做一点吃的。这一找食吃的行为一直到持续的饥饿刺激消失后才停止。也就是说，需要运用强化①、惩罚等来加强、保持或削弱某种行为。学习行为也是这样，如果这次作业想得到高分，那么就要做得用心一点。行为主义者强调外部动机作用，例如，强调外部事件或来自外部的奖赏、强化的作用，而不大考虑学习本身的情况。因此，在实际应用于教育工作时，强调分数、等级以及对学习的其他外部奖赏等。

认知派对动机作用的看法却正好相反，他们认为人们并不是只对外部事件或对象，如饥饿那样的生理状况作出反应，相反他们是对这些事件的理解作出反应。行为是由我们的思维来决定的，并不是简单地由我们能否得到奖赏或惩罚以及生理需要来决定的。比如，大家都有这种体验，当你在从事一项十分有趣的工作或专注于某一设计时，可以达到废寝忘食的地步，虽然错过了午饭时间，你并不觉得饿，直到有人来找你，问你吃了没有，这时你才会想起“我还没吃饭呢”。在这种情况下，我们看到只有当你注意到饥饿时才感到饿，你对食物的缺失需要并没有自动地激发你去寻找食物。由此可见，认知的观点强调的是内部的动机作用。例如，学习的满足或成就。人们被看做是主动地、千方百计地探寻信息去解决与他个人有关的问题，为了专注于自己选择的目标，甚至忍受饥饿或困难。人们

① 强化：指通过某一事物增强某种行为的过程。在经典条件反射中，指使无条件刺激与条件刺激相结合，用前者强化后者。在操作条件反射中，指正确反应后所给予的奖励（正强化）或免除惩罚（负强化）。

喜欢某项工作本身，就会十分努力地工作，完成任务。人们有理解周围环境、自我决定、和周围世界达到平衡这样一种需要。这与皮亚杰理论中的平衡①有些类似，平衡基于将新的信息合理地吸收进原有的认知结构，在认知结构中，动机作用是以选择、决策、计划、兴趣、目标以及对可能的成败的分析等为基础的，特别是对成败的分析，在动机作用的成就理论和归因理论中都起着很重要的作用。

社会学习理论融合了行为派和认知派的观点，它们既考虑行为的结果，又考虑个人信念等的影响。如著名的期望理论②强调，动机可被看作是两个主要因素的产物：个体达到目标的期望和目标对于个人的价值。其中缺一个因素，都不能激起有效的个人行为。例如，在一场乒乓球比赛中，如果我确信自己能战胜对手，且这场比赛对我有重要意义，那么我参赛的动机就强；相反，如果我的对手水平远远高于自己，或是这场比赛对我微不足道，那么我的参赛动机便不是很强。对动机作用的解释除了上述观点以外，还有本能论③、生物需要论等，从有机体组织的需要出发，为保持体内平衡来解释动机，这里就不多作说明了。

现在还有一种所谓第三种力量的心理学，就是指人本主义观点。它是在20世纪40年代时以反对当时占统治地位的行为主义和弗洛伊德的精神分析两个学派而兴起的。人本主义心理学的创始人马斯洛和罗杰斯认为行为心理学和弗洛伊德心理学两者都不能对“人们为什么那样行动”作出适当的解释。他们在解释动机作用时强调个人的自由、选择、自我决定以及力求个人的生长或像马斯洛所称的自我实现。这些人本主义心理学家关于动机作用的观点与许多认知心理学家的研究是趋于一致的，都强调内部的动机。下面我们介绍动机的需要理论时会对马斯洛的观点作进一步的说明。

针对教育实践的需要，本节主要介绍以下几种重要的动机理论：强化论、需要层次说、自我效能感理论、成就动机论。

一、强化论

现代的S－R心理学家不仅用强化来解释操作学习的发生，而且也用强化来解释动机的引起。事实上，在某些S－R心理学家（如斯金纳，1953）看来，无须将动机同学习区分开来。这些心理学家认为，引起动机同习得行为并无两样，都可用强化来解释。人们为什么具有某种行为倾向呢？按照现代S－R心理学家的观点，完全取决于先前这种行为和刺激因强化而建立的牢固联系。如果学生因学习而得到强化（如得到好成绩、教师和家长的赞扬等)，他们就会有较强的学习动机；如果学生的学习没有得到强化（如没得到好分

---

① 平衡：指个体通过自我调节机制使认知发展从一种平衡状态向另一种较高平衡状态过渡的过程。平衡过程是皮亚杰认知发展结构理论的核心之一。

② 期望理论（Expectancy Theory)，又称作“效价—手段—期望理论”，是由北美著名心理学家和行为科学家维克托·弗鲁姆（Victor H. Vroom）于1964年在《工作与激励》中提出来的激励理论。期望理论是以三个因素反映需要与目标之间的关系的，要激励员工，就必须让员工明确：①工作能提供给他们真正需要的东西；②他们欲求的东西是和绩效是联系在一起的；③只要努力工作就能提高他们的绩效。

③ 本能论：指在进化过程中形成的，由遗传固定下来的一种不学而能的行为模式，是人类行为的原动力。

数或赞扬），就缺乏学习的动机作用；如果学生的学习受到了惩罚（如遭到同学或教师的嘲笑），则会产生避免学习的动机。

研究表明，教师的批评与表扬会影响学生的成绩。例如，受表扬的学生成绩上升。事实上，教师表扬所起的强化作用，是受许多因素制约的。例如，教师对学生说："好好干！我知道你们努力做的话，是能够做好的。"对那些感到难以完成任务的学生来说，这番话是种鼓励或强化；而对那些轻而易举完成学习任务的学生说来，这实际上类似于惩罚，因为教师这番话意味着，他们必须经过特别努力才能完成任务。

斯金纳发展了程序教学①技术，这使得强化学生每个正确的反映成为可能，让学生知道正确的答案，激励着学生下一步的学习。当学生通过程序学习时，所期望的最终的行为就逐步形成了。在斯金纳的引领下，许多行为主义学习理论家完善了行为改变技术。学生受到承诺的某种奖励的激励而去完成一定的任务。奖励可以是表扬和分数，可以是向往已久的一样东西，甚至可以是选择自己喜欢的活动的权利。

学习的行为主义解释帮助揭示了学生为什么喜欢一定的科目而不喜欢另一些科目。比如，有的学生带着愉快的心情进入数学课堂，而另一些学生却像被判进入监狱一样。斯金纳认为这种差异可以追溯到过去的经验。喜欢数学的学生由于一系列的积极的经验而塑造为这样的行为反映；相反，不喜欢数学的可能是遭受了一系列消极的经验。

社会学习理论家，比如阿尔伯特·班杜拉提出了观察和模仿的重要性。一个学生认同和欣赏某一门课的老师，他会非常努力地学习，部分原因是他想取悦这位老师，还有部分原因是想成为和这为老师一样的人。一个观察到哥哥或姐姐因为获得高分而得到一定利益的学生可能会努力做得和哥哥姐姐一样。一个小孩子注意到同学因某种行为而得到表扬可能决定去模仿这样的行为从而获得同样的奖励。

当我们经常想或需要运用基于行为主义的动机策略时，应当认识到过分使用和误用这种策略的危害。表扬和奖赏是一种外在动机的形式。也就是说，学习者在寻求一种和活动本身无关的东西，而理想的情况应当是学生能够感受到内在的动机：他们学习一门科目是因为真正地喜欢它。过度使用奖赏会导致情绪上的不满和愤恨，有限的知识迁移和对教师的依赖。学生会认为他们不得不竭尽全力来获得教师的喜欢和奖赏，把学习作为一个暂时的手段而不去想在将来如何运用所学的知识。当奖励是针对是否"做了"而忽略"做得好不好"时，奖赏会破坏内在的动机。但在奖赏是依据预先确定的标准而给予或奖赏很重的情况下能够激发内在的动机。总之，给予奖赏要小心，尤其对那些对孩子们有着自然的兴趣的任务和活动。

二、需要层次说

在众多的动机理论中，马斯洛的需要层次说有广泛的影响。他在解释动机时强调需要的作用，他认为所有的行为都是有意义的，都有其特殊的目标，这种目标来源于我们的需

---

① 程序教学：是一种呈现教材的方法，将教材分印在一些小段或框面上，每一段或框面都包括一项信息（刺激），一个未完成的句子或是待答问题（反应），以及正确答案（强化）。

要。不同的人有不同的需要，而且这些需要会随着时间等因素的变化而变化，这就是两个不同的人在相同的情境下会产生不同的行为，同一个人在不同的时间里产生不同行为的原因。需要影响着人们行为的方式和方向。比如，小王迫切需要一辆新的自行车，于是他便在课余时间拼命挣钱买车，一旦他买到了车，满足了需要，他便不去挣钱了，也就失去了挣钱的动机。

马斯洛把人的需要分为五种，分别为：生理需要、安全需要、社交需要、尊重的需要、自我实现的需要。这些需要从下到上排成一个层级。他将前四种需要定义为缺失需要，这是我们生存所必需的，它们对生理和心理的健康是很重要的，必须得到一定程度的满足，但一旦得到了满足，由此产生的动机就会消失。后一种需要是生长需要，它虽不是我们生存所必需的，但它们很少能得到完全的满足。也就是说，缺失需要使我们得以生存，生长需要使我们能够更好地生活。较低级的需要至少必须部分满足之后才能出现对较高级需要的追求。同时，在一个非常饥饿的孩子面前摆一堆书和一堆食物，让其选择其一，孩子肯定先选食物，吃饱以后再去选书读。可以说，物质的需要未得到满足时，人的动机往往是千方百计地去追求它；如果物质需要得到充分满足，精神需要就应运而生。

但一般说来，学校里最重要的需要是爱和自尊。如果学生感到没有被人爱，或认为自己无能，他们就不可能有强烈的动机去实现较高的目标。那些不确定自己是否惹人（特别是教师）喜欢或不知道自己能力高低的学生，往往会作出较为“安全”的选择，随大流，为测验而学习，而不是对学习本身感兴趣。能够使学生感到很自在、被人所理解并受到尊重的教师，有可能使学生渴望学习，并愿意为创造性的和开放性的新观点承担些风险。所以，在马斯洛看来，要使学生具有创造性，首先要使学生感到，教师是公正的、爱护并尊重自己的，不会因为自己出差错而遭到嘲笑和惩罚。

当学习动机被作为缺失性需要满足时，缺失性需要的不满足便成为学习动机的源泉。这一现象是很普遍的，例如，贫困地区的学生为了摆脱贫困而刻苦学习；下岗工人为了再就业而参加各类培训班，学习新知识和新技能；儿童为了获得父母的喜爱而勤奋学习。

那么，从另一个角度来看，是不是缺失性需要充分得到满足后，学习动机就会自动出现呢？这显然也是不正确的。现实生活中不乏养尊处优却不学无术的例子。

事实上，学习动机[①]是社会和教育对学生学习的客观要求在学生头脑中的反映，它是家庭、社会、学校教育长期潜移默化的结果。一个人不管他的缺失性需要的满足程度如何，只要受到正确的学习动机的教育，便可形成良好的学习动机。从学习动机的这一形成过程我们可以看出，学习动机的培养与激发和缺失性需要的基本满足不应该存在必然的联系。

这个理论将外部动机与内部动机结合起来考虑对行为的推动作用，是有一定科学意义的。但忽略了人们本身的兴趣、好奇心等在学习中的始动作用，有些学习活动并不一定都是由外部动机所激发和引起的[②]。

---

① 徐国庆．也论缺失性需要与学习动机．常州技术师范学院学报，1998（4）

② 张红梅．对四种学习动机理论的评析．科技信息，2007（11）

三、自我效能感理论

自我效能感指人们对自己是否能够成功地进行某一成就行为的主观判断。这一概念是班杜拉最早提出的，在20世纪80年代，自我效能感理论得到了丰富和发展，也得到了大量实证研究的支持①。

班杜拉在他的动机理论中指出，人的行为受行为的结果因素与先行因素的影响。行为的结果因素就是通常所说的强化，但他认为，在学习中没有强化也能获得有关的信息，形成新的行为。而强化能激发和维持行为的动机以控制和调节人的行为。因此，他认为行为出现的概率是强化的函数这种观点是不确切的，行为的出现不是由于随后的强化，而是由于人认识了行为与强化之间的依赖关系后对下一步强化的期望。他的“期望”概念也不同于传统的“期望”概念。传统的期望概念指的只是结果的期望，而他认为结果期望指的是人对自己某种行为会导致某一结果的推测。如果人预测到某一特定行为将会导致特定的结果，那么这一行为就可能被激活和被选择。例如，儿童感到上课注意听讲就会获得他所希望取得的好成绩，他就有可能认真听课。效能期望指的则是人对自己能否进行某种行为的实施能力的推测或判断，即人对自己行为能力的推测。它意味着人是否确信自己能够成功地进行带来某一结果的行为。当人确信自己有能力进行某一活动时，他就会产生高度的“自我效能感”，并会去进行那一活动。例如，当学生不仅知道注意听课可以带来理想的成绩，而且还感到自己有能力听懂教师所讲的内容时，才会认真听课。人们在获得了相应的知识、技能后，自我效能感就成了行为的决定因素。

班杜拉等人的研究指出，影响自我效能感形成的因素主要有：

①个人自身行为的成败经验。这个效能信息源对自我效能感的影响最大。一般来说，成功经验会提高效能期望，反复的失败会降低效能期望。但事情并不这么简单，成功经验对效能期望的影响还要受个体归因方式的左右。如果归因于外部的不可控的因素就不会增强效能感，把失败归因于内部的可控的因素就不一定会降低效能感。因此，归因方式直接影响自我效能感的形成。

②替代经验。人的许多效能期望来源于观察他人的替代经验。这里的一个关键是观察者与榜样的一致性。

③言语劝说。它因简便、有效而得到广泛应用，但缺乏经验基础的言语劝说其效果是不巩固的。

④情绪唤醒。班杜拉在“去敏感性”的研究中发现，高水平的唤醒使成绩降低而影响自我效能，当人们不为厌恶刺激所困扰时更能期望成功。上述四种信息对效能期望的作用依赖于对其是如何认知和评价的。人们必须对与能力有关的因素和非能力因素对成败的作用加以权衡。人们觉察到效能的程度取决于任务的难度、付出努力的程度、接受外界援助的多少、取得成绩的情境条件以及成败的暂时模式。班杜拉的社会学习理论认为，这些因素作为效能信息的载体影响成绩，主要是通过自我效能感的中介影响发生的。

---

① 廖菊红．试谈归因理论对学生英语学习动机的激发．人文社科，2007（9）

班杜拉等人的研究还指出，自我效能感具有下述功能：

①决定人们对活动的选择及对该活动的坚持性；

②影响人们在困难面前的态度；

③影响新行为的获得和习得行为的表现；

④影响活动时的情绪。

自我效能感理论①克服了传统心理学重行轻欲、重知轻情的倾向，日益把人的需要、认知、情感结合起来研究人的动机，具有极大的科学价值，但仍然没有形成一个比较完整的、统一的理论框架。

四、成就动机论

最早集中研究成就动机的心理学家有默里、麦克里兰、阿特金森等人。默里将成就需要定义为：克服障碍，施展才能，力求尽快尽好地解决某一难题。麦克里兰和阿特金森接受了默里的思想，并将其发展为成就动机论。阿特金森认为，最初的高成就动机来源于孩子生活的家庭或文化群体，特别是幼儿期的教育和训练的意向。也就是说，成就动机涉及对成功的期望和对失败的担心两者之间的情绪冲突。追求成功的动机乃是成就需要、对行为成功的主观期望概率以及取得成就的诱因值三者乘积的函数，如果用 Ts 来表示追求成功的倾向，那它由以下三个因素所决定：①对成就的需要（成功的动机）Ms；②该项任务将会成功的可能性 Ps；③成功的诱因值 Is。用公式可表示为：

$$Ts = Ms \times Ps \times Is。$$

这个公式有相对稳定的倾向（这是用 *TAT* 主题统觉测验得到的）；成功的可能性 Ps 指的是认知目标的期望，或是主体理解到的成功的可能性；Is 为成功的诱因值，这一项被认为是与 Ps 有负相关的关系，也就是当 Ps 值减小时，成功的诱因值增加。目标的诱因值是一种叫做对成绩自豪的感情。他认为，一个困难任务取得成功以后所体验到的自豪比一个容易任务成功后体验到的自豪感更强。比如说，在经过了几天苦思冥想后解出的数学题比轻而易举地解一道简单的数学题要高兴得多。阿特金森认为，在与成就有关的情景中既能引起对成功的期望，也能引起对失败的担心。决定对失败担心的因素类似于对成功希望的因素，即避免失败的倾向 Taf 是以下三个因素的乘积的函数：①避免失败的动机 Maf，也就是因失败而体验到的羞愧感的能量；②失败的可能性 Pf。失败的消极式为：

$$Taf = Maf \times Pf \times If$$

同前面一样，$If = l - Pf$，也就是说，失败的可能性减小时，失败的诱因值就增加。失败的诱因值可理解为一种 f 消极的情感，如羞愧、消沉等。在一种容易的任务失败后所体

---

① 张红梅．对四种学习动机理论的评析．科技信息，2007（11）

验到的羞愧感比一种困难任务失败后的羞愧感要强。由以上得出：作为结果的成就动机是由力求成功的倾向的强度减去避免失败的倾向的强度而得出的。

$$Ta = (Ms \times Ps \times Is) - (Maf \times Pf \times If)$$

如果一个人在一种特定的情境中获得成功的需要大于避免失败的需要，那么他就敢于冒风险去尝试并追求成功。根据这一理论，如果一个学生获取成就的动机大于避免失败的动机，他们为了要探索一个问题，在遇到一定量的失败之后，反而会提高他们去解决这一问题的愿望，而且另一方面，如果获得成功太容易的话，反而会削弱这些学生的动机。研究表明，这种学生最有可能选择成功概率约为50%的任务，因为这种选择能给他们提供最大的现实挑战，他们能抵制不可靠的见解，在学校进行的智力测验中能得到较好的分数。他们对完全不可能成功或稳操胜券的任务，动机水平反而下降。相反，如果一个学生对失败的担心大于获取成就的动机，那么，他有可能由于失败而灰心丧气，由于成功而得到鼓励。这种学生在选择任务时，倾向于选择非常容易或非常困难的任务，选择容易的任务可使他们免遭失败，而如果选择的任务极其困难，那么即使失败，也可找到适当的借口，从而可减少失败感。

麦克里兰的实验研究证实了这一点。20世纪50年代末60年代初，麦克里兰在各种实验条件下对不同年龄、不同特征的被试的成就动机作了大量的研究。其中一个实验结果证实了这一点，该实验是用5岁的儿童来当被试的。让一个孩子走进一间屋子，手里拿着许多绳圈，让他用绳圈去套房间中间的一个木桩。孩子们可以自由选择自己站立的位置，并且让他们预测他们能够套中多少绳圈。结果发现：追求成功的孩子选择了距离木桩适中的位置，然而避免失败的孩子却选择了要么距离木桩非常近，要么距离木桩非常远的地方。麦克里兰这样解释道：追求成功的孩子选择了具有一定挑战性的任务，但同时也保证了具有一定的成功可能性。因此，他选择了与木桩距离适中的位置。这个发现在不同年龄、不同的任务中取得了一致的结果。避免失败的孩子关注的不是成功与失败的取舍，而是尽力地避免失败和与此有关的消极情绪。因此，要么距离木桩很近，轻易成功，要么距离木桩很远，几乎没有成功的可能，这是任何人都达不到的，因此也不会带来消极情绪。

成就动机的水平与完成学业任务的质与量紧密相关。高成就动机者在没有外力控制的环境下仍能保持好的表现，在经历失败的过程中，高成就动机者在任务的坚持性上比低成就动机者强[①]。另外，追求成功者有很强的自信心，有很高的成就动机水平和内归因。成功更增强了他们上述的三个特征，使他们更相信自己的能力，一旦失败，他们会认为是自己采取了不合适的策略，没有付出足够的努力，而不会将失败视为是缺少能力，他们会更加努力地去完成任务；避免失败的学生正好相反，他们的自信心不强，倾向于外归因，由于他们认为自己的能力有限，往往设置一些不切合实际的目标，不付出足够的努力，于是导致了又一次的失败。不断地失败导致了他们对自己能力不足的固定看法。将失败归因于缺乏能力，而将成功归因于运气、机遇、任务简单。这样无论成功还是失败对他们都没有积极的

① 贾蕾．从认知角度谈学习动机的激发．开封教育学院学报，2007 (27)

影响：成功了，他们不会再付出努力，而一旦失败，却导致他们进一步去避免失败。

阿特金森（J. W. Atkinson）在一项经典实验中演示了这一点。他在实验中把80名大学生分成四组，每组20人，给他们一项同样的任务。对第一组学生说，只有成绩最好者能得到奖励（$Ps=1/20$）；对第二组学生说，成绩前5名将会得到奖励（$Ps=1/4$）；对第三组学生说，成绩前10名者可以得到奖励（$Ps=l/2$）；对第四组学生说，成绩前15名者都能得到奖励（$Ps=3/4$）。

成功可能性适中的两个组成绩最好；成功概率太高或太低时成绩下降。第一组学生大都认为，即便自己尽最大努力也只有极小的可能性成为第一名；而第四组学生一般都认为自己肯定在前15名之列，于是，这两组学生都认为无须努力了。研究表明，最佳的成功概率是1/2左右。因为大多数学生认为，如果尽自己努力，很有希望获得成功；如果不努力的话，也有可能会失败。

这里需要提醒的是，期望理论并不是在探讨学习任务本身的难易问题，而是涉及成功的标准（如评分标准）的问题。如果学生认为不论怎样努力也肯定会不及格时，他的学习动机就会处于极低水平。因此，这需要教师适当地掌握评分标准，使学生感到，要得到好成绩是可能的，但也不是轻而易举的。

阿特金森的成就动机理论模型提出了需要、期望、诱因价值的综合动机理论，把人的动机的情感方面与认知方面统一起来，并用数学模式简明地表述出来，揭示出了影响成就动机的某些变量和规律，并用实验检验和证实了其理论假设的合理性和客观性，这不能不说是对传统的动机理论的一种突破性的进展，对动机理论的建立和发展有着深远的意义与巨大的贡献。但是这一理论模型还是很不完善的，它并不能很好地说明成就动机的本质，发生、发展的条件以及影响成就动机的各种变量。

关于期望、成就需要、对成功和失败的反映的思考的一个局限性是对这些行为的观察和分析是非常困难的而且缺乏连贯性①。人的成就动机是一种社会性的动机，它的形成、发展和变化都受社会的政治、经济和文化的影响和制约。这个模型忽视或者没有充分地看到这一点，就不可能最终解释个体成就动机的来源，也看不到社会生活条件对人的成就动机和行为的决定性作用。仅仅把成就动机看成是个体经验的产物是很不充分、很不彻底的。对成功的期望水平也会随着学习内容和科目的变化而变化。这一理论虽然是初步把动机的情感方面和认知方面结合起来的模型，但它对认知的作用的了解是模糊的、笼统的、不具体的。实际上，人的期望、诱因价值都要通过人对环境条件和自身条件的认知作用才能影响人的动机。对影响成就和行为的内部因素的了解和探讨也是不全面和不够充分的，成就动机作为稳定的人格特征之一，它和整个人格特征的关系也没有得到充分的研究和探讨。更为近期的归因理论也强调获得成功的需要和对失败的担心，但在考虑这两个要素时更灵活些。

---

① 张红梅. 对四种学习动机理论的评析. 科技信息，2007（11）

第三节 青少年学习动机的发展特点

一、学习动机的特点

（一）学习动机的多元性

每个行为背后都有着一定的动机，相同的动机可以引起不同的行为，而不同的行为也可以由不同的动机所引起。在学生的学习动机里，也有着许多不一样的动机。倪春丽[①]认为，学生的学习动机主要分为四大类：一是为取得父母、教师、同学认可的附属性学习动机；二是自我实现和自我提高的学习动机；三是为以后谋求职业和保证生活的学习动机；四是希望自己事业有所成就的学习动机。这四种不同的动机实际上也表现出了学生在学习中的不同层次和水平。在同一个学生身上，其学习动机也是多种多样的，而不是受其中单一的动机支配的。

（二）以避免惩罚的社交性学习动机为主，认知性学习动机不足

研究表明，学生的社会性学习动机，如获得赞赏、奖励、避免惩罚等，随着年级的升高而逐渐减弱；而认知性学习动机，如求知、探索、创造、贡献等，随年级的升高而逐渐加强。对于很多学生来说，他们都只是以通过考试、避免惩罚为学习动机，只有少数学生持有较强烈的认知性学习动机。这是因为大多数学生的学习素质偏低，学生对自己的期望不高，在学习方面缺少自信甚至有厌烦心理。

（三）学习动机易受压抑

就学习驱力的三个方面来看，学生的学习动机容易受到压抑。

首先，认知的内驱力不足。由于很多学生的学习素质较差，在学习过程中遇到困难时容易处于过度焦虑状态，挫伤学习积极性，久而久之，理解事物、掌握知识的动机就会被弱化。

其次，过往的学习经验可能压抑学生自我提高的内驱力（成就动机）。成就性动机往往与一个人的抱负水平有着密切的联系，抱负水平是指个人对未来可能达到的成功标准的心理需求。如在考试中，有几个学生都得了60多分，抱负水平高的学生会认为自己没考好，失败了；抱负水平低的学生则认为得60分就心满意足了。可见，抱负水平不同的学生，在对学习成功的标准的要求上存在着个别差异。一般情况下，过去在学习上有过成功

---

① 倪春丽．关于激发高职高专学生学习动机的研究．广东水利电力职业技术学院学报，2007（5）

经验的学生，其抱负水平就高；过去有过失败经验的学生，对学习易丧失信心，其抱负水平就低。

二、学生学习动机的发展

长期以来，学校与家庭过分强调教育的选拔功能和工具价值，重视追求学习结果而忽视学生的学习感受，使学生成为学习的奴隶，陷于被动学习之中，体验不到学习和成长的快乐。这种状况即使在大力提倡素质教育、创新教育的今天，也并没有发生实质上的改变。学生之间的竞争日益激烈，从进入学校开始，学生便习惯于被按成绩排队，按能力编班分组，按教师或家长的意志参加各种各样的考试、竞赛，甚至一些娱乐性的活动（包括少儿电视节目）也被设计成伴随着种种外在奖励的竞争、竞赛性活动。当然，提倡竞争、运用奖励在一定程度上对学生的学习有一定的积极影响，对于完成一些简单的学习任务所产生的积极影响可能更大些。但实际上，过分重视运用竞争、奖励等外在的激励措施，对大多数学生的影响是不利的。强调运用竞争奖励手段或过分重视教育的选拔功能，只能影响自我中心的动机系统，它导致学生注重社会比较，注重表现自己的聪明程度，其结果只能是少数能力突出、成绩优秀、在竞争中占有优势的学生具有学习的动力，而大多数能力中等、成绩较差的学生则会因竞争失败而丧失学习的兴趣和动力，甚至故意回避学习情境。

人们已经注意到，一方面，在整个学校教育中随着年级的升高，学生之间的竞争越来越激烈，学生所承受的学习压力越来越大，来自教师和家长的监控也越来越严格。而另一方面，学生学习的热情却在减退，学习兴趣和内在动机缺失的现象日益严重，学习过程中所能获得的愉快体验在渐渐消失，学习行为不得不更多地依靠外在因素的诱发①。事实上，很少发现幼儿身上存在“动机缺失”的现象。年幼儿童有强烈的好奇心，希望学习各种知识，由“我要学”的内在动机推动学习行为。而进入学校以后他们必须按照教师的设计和家长的期望进行学习，原来“我要学”的内在动机被教师、家长“要我学”的外在动机所替代。取悦于教师和家长、取得好成绩、得到奖励，成为推动学生学习的主要动机。

三、中学生学习动机的整体情况

与小学生相比，中学生已经开始渐渐理解自己学习的意义和责任，但他们管理自己的能力还很有限，其学习的自觉性和主动性还不够强，常经不起各种引诱和干扰，学习动机不稳定。

大部分中学生的学习动机水平处于中等水平，仅有小部分学生达到相当强或非常强的水平②，这正反映了当前初中学生不爱学习、害怕考试、学习责任感不强、学习期望值不高的特点。他们的厌学与我国社会上的一些腐败现象和金钱至上观念的蔓延不无关系。由

---

① 井维华．学生学习动机发展研究．天津市教科院学报，2004（1）

② 尹康平，朱红．初中学生学习动机调查与分析．保山师专学报，2007（26）

于青少年品德、价值观念正处于形成时期，缺少价值判断力，社会上出现的“脑体倒挂”现象、某些不正之风以及“下海潮”的涌起，致使部分青少年觉得读书无用、读书吃亏，从而导致其学习积极性不高、学习动力不足。因此，要提高中学生的学习动机水平，就必须改变学生的错误认识，引导学生放眼未来，从社会对人才的需求上纠正他们目光短浅的低水平动机。同时，还必须反对和打击社会腐败，加强社会主义精神文明的建设，为学生好学上进创造一个良好的校园内外环境。此外，教师在教学过程中，除向学生传授书本知识外，还应引导学生正确认识和对待考试，学会有效缓解考试焦虑，使他们在考试过程中能充分发挥实力，取得优异的成绩，获得成就感，从而增强他们的学习责任感，提高其期望水平，积极主动学习。

另外，中学学习动机存在年级差异，具体如下图①。中学生各年级学生的成功动机水平、考试的焦虑感和自我责任心都随年级的增加而下降，这可能与以下因素有着密切的关系：首先，学生学习负担过重，学习时间过长是对学生学习动机产生消极影响的重要原因。随着年级的增加，学生要学习的科目越来越多，学习时间越来越长，学习负担也越来越重，从而导致学生的身心长时间处于疲劳或半疲劳状态，对学习产生厌倦感。其次，随着年级的增加，学生所学内容的难度逐渐增大，很多学生感到学习困难，在学习上饱尝挫折，体验不到成功的愉悦，久而久之，学习兴趣逐渐降低。再次，频繁的考试和强大的升学压力会减少学习活动中积极的情感体验，且随之而来的考试焦虑情绪也会日益增加。这种情况会使学生的学习动机受到强烈的冲击，学生的年级越高，这样的经历就越多，学生的学习动机也就越弱。最后，学生学习动力不足还与教师的教学方法有很大的关系。教师教学方法呆板、讲授内容枯燥乏味，往往会使学生学习的积极性和求知欲锐减。

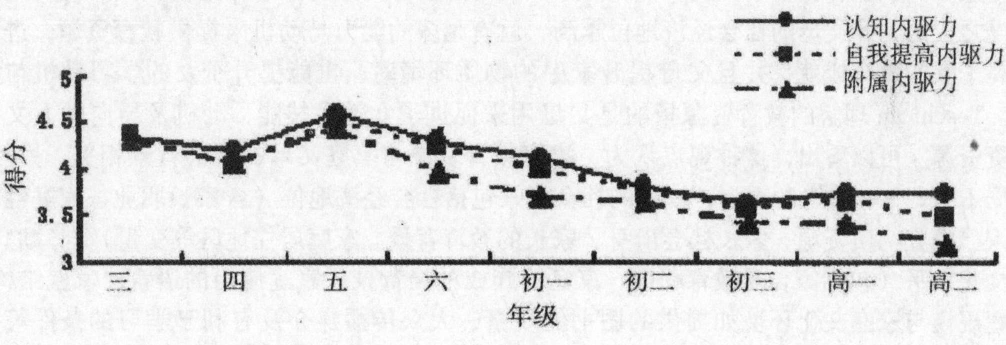

① 李炳煌．中小学生学习动机影响因素及发展趋势研究．湖南师范大学教育科学学报，2005（3）

第四节 家庭教育与青少年学习动机的形成

一、家庭教育资源

家是孩子的第一所学校，父母是孩子的第一任教师。家庭教育的作用对孩子的成长有着不可或缺的作用。孩子在人生最初阶段所处的家庭中发生的社会化过程，担负着构筑人格基础的重要作用。

关于家庭资源，理论研究更多地从经济角度出发①，认为家庭资源分为有形的资源（包括家庭拥有的人力资源和物力资源）与无形资源（包括家庭拥有的声誉、家风、社会声望或“门第”，以及家人的和谐、友爱、各种可联络有用的血亲、姻亲的亲族网络和其他人际关系）。

关于家庭教育资源概念的使用，在名称与内容上有一些差异。有人认为儿童成长所需的家庭资源包括其家庭背景、文化传统、经济状况、和睦程度、成员结构、民族习俗，以及父母的文化水平、专业特长、处世态度、性格特点、合作意识、对子女教育的期望值，以及需求和投入力度等。因此，行使家庭教育功能所需的家庭资源就是家庭的教育资源。有的从教育心理发展方面出发，指出家庭资源就是影响儿童心理发展的各种家庭因素的总和。这些家庭资源内容上包括家庭环境、父母的期望、监控、教养方式与父母学业支持和指导策略。从教育社会学角度，Teachman② 提出的教育资源的概念是建立在其研究的主要假设之上的，即父母的社会经济地位越高，就有越多的能力与动机来提供教育资源，进而提高子女的教育成就，并且父母提升家中的物质环境时，也能提升子女的学习动机与成效。Teachman 理解的教育资源指的是父母用来促进子女学术技能、动机及导向的人文及物资资源。可以看出，这种观点认为，家庭教育资源与家庭父母的社会背景相关。另外，根据 J. P. Keeves③ 的观点，家庭的社会背景包括社会经济地位（含家长职业、家庭经济收入、家庭物质资源、家长社会出身、家长的教育背景、家庭居住地区等变量）与家庭社会文化水平（包括家长受教育程度、家庭民族或种族背景、家庭使用的语言、家庭结构、家庭规模与家庭文化环境如提供的图书的质量、大众传播媒介及有利于学习的条件等变量）。

关于家庭教育资源的研究，台湾学者大都采用家中的教育设备来计数或是讨论是否加入补习教育，其中教育设备部分，包括书桌、书柜以及书架等。

---

① 柴效武．家庭资源配置机制探析．浙江学刊，1999（5）

② Teachman D. J. Family Background，Educational Resource and Educational Attainment. *American Sociological Review*. 1987（52）.

③ J. P. Keeves. *Measurement of Social Background*，*Educational Research*，*Methodology*，*and Measurement*. Pergamon，Oxford. 1998. 930－937.

从家庭教育资源的来源渠道分析，可分为个人性的、家庭性的与社会性的家庭教育资源①。首先，个人性的家庭教育资源，是指作为家庭的成员各自占据着的自我独特的资源状态，它包括家庭成员的年龄、性别、个性特征、认知水平与风俗、教育水平与经济实力等。父母或子女的这种个人教育资源对于家庭教育具有重要影响，其影响的内容与程度有差异，而且会随着家庭生命发展周期的变化，有些资源要素如子女的年龄等是不断发展变化的，它们的教育要素对于人的发展的影响也是不同的。家庭性的家庭教育资源指作为社会集团的家庭组织内部成员中，个人性教育资源的组合配置所形成的新的家庭教育资源优势。它不是家庭个人性教育资源的简单相加，而是家庭教育功能的正常发挥。除了个人性与家庭性家庭教育资源，还有社会性的家庭教育资源，它包括亲属、近邻、朋友等社会关系网络，学校、行政或民间团体组织与个体私人等社会服务机构对家庭教育的社会性援助。

每个家庭都是不相同的，具有的家庭教育资源更是千差万别。所谓家家有本难念的经，不同家庭拥有的教育资源不同，所产生的家庭教育问题总是在内容与程度上也迥异。因此，不同家庭面对家庭教育任务时对资源的认知与评价能力及其尔后的自我改正与调整的状态，将决定不同家庭应对家庭教育问题所能采取行动的直接效果②。

二、家庭教育的误区

随着生活水平的改善，人们把家庭的重心越来越多地放在了孩子的身上，但是由于家庭教育资源的差异，家庭教育的实施过程并不尽如人意，存在着许多错误的观念和行为。下面我们将探讨这些误区的表现、形成的原因及导致的结果等。

1. 过分溺爱

这一代的父母，年轻时或多或少都吃过一些苦，有的就认为现在生活条件好了，绝不能再亏了孩子，对孩子十分溺爱与放纵，表现为家长竭力为孩子提供最好的物质生活条件，包办孩子的一切，包容孩子所有的错误与任性。如某报纸报道，南京一位母亲花一个月的工资坐飞机给儿子送去一碗热腾腾的馄饨，只因为儿子电话里说学校的馄饨没有妈妈做得好吃。

在这样的环境中长大的孩子，往往心目中只有自我，不懂得也不会替别人考虑，缺乏对家庭和社会的责任感；在家长对孩子的过度的照顾与保护下，孩子的独立意识日渐萎缩，缺乏自理能力，应对挫折的能力也很弱；有求必应则易使孩子养成奢侈浪费、盲目攀比的恶习。

2. 过分专制

一些家长极少或从不倾听孩子的意见，忽视孩子的好恶与自尊，对孩子的言行与活动空间予以严格控制，过多干涉子女的自由，甚至连子女的书信、日记都要进行严格的盘查与监督。生活中，家长也很少对孩子表现温情，且严格执行惩罚。对孩子的学习，则更是喜升恶降，要求苛刻。他们常常忽视自己孩子的实际情况，简单地要求孩子一定要考高

① 杨启光．家庭教育资源的内在认知及外在支持．当代青年研究，2007（2）

② 沈涛．家庭教育对青少年学习动机的影响．南通师专学报，1998（14）

分，一旦考试分数达不到自己的要求，便一味指责，甚至施以惩罚，订下许多规定，搞得孩子每每考试都提心吊胆，有的成绩差的孩子干脆破罐子破摔失去信心，有的则弄虚作假，考试作弊，甚至自己改分数欺骗家长。这种"按着牛头强喝水"的做法，容易损伤孩子的自尊心，导致孩子焦虑、自卑。

这样的家长往往受传统教子思想的影响甚深，认为"不打不成才"、"棍棒底下出孝子"，对子女有较高的期望，自然就对子女进行严厉管制与强迫教育。社会环境日益复杂，家长怕孩子上当受骗，跟人学坏，于是出于一种保护心理而制定一系列严格的准则来约束孩子，这也是专制型家教方式出现的一个原因；少数家长纯粹是放不下家长的"尊严与虚荣"。

其实，宽松民主的家庭教育才是对孩子最好的教育方式。父母与子女间充满温情与慈爱的关系，对儿童宽松民主的引导可积极促进儿童内部控制力与认知能力的提高。家长应以现代的教育观念充实自己，塑造恰当的父母角色，放下架子，以平等的态度和子女沟通，尊重孩子的意见。

3. 失控型家教方式

失控型的家庭教育是社会发展到一定阶段的产物，主要表现为家长或监护人对孩子放弃，推诿责任或无力过问，使孩子处于一种脱离家教调控的状态。这种家教方式占的比例并不大，但呈现出一定的上升趋势。分析其原因[①]，主要是：①离婚率上升，单亲家庭增多。近几年来，在现代化浪潮的推动下，离婚比例持续上升，越来越多的孩子处于单亲（或离异）的不稳定的家庭环境之中。离婚前吵闹不休，离婚后又以孩子为筹码，为了折磨对方，不惜伤害亲生子女的父母也不乏其人。部分观念"新潮"的父母（主要是一些年轻家长）为图享受，谁都不愿带个"拖油瓶"而相互推诿，推卸对子女的教养责任。②留守儿童增多，父母由于出国、到外地打工、经商等无暇兼顾孩子而将孩子寄养在隔代人或其他亲友家中的现象也日益增多。监护人因为年迈或其他原因，对孩子无力施教。③父母早亡或不务正业、被判刑等，使孩子在事实上已成为孤儿，生活无着落，无人对其进行正确的教诲与约束。转型社会不安定的因素增多，毒品与赌博泛滥使很多原本幸福美满的家庭走向了分崩离析。破裂型家庭对儿童社会化影响很大，来自这种家庭的孩子，犯罪率明显高于正常家庭的孩子。孩子由于失去归属感与安全感，得不到父母的关爱，易变得敏感而自卑，对生活缺乏正确态度而出现一些偏执型人格[②]特征，又因为得不到及时的劝服与正确的引导，易变得玩世不恭，愤世嫉俗，成为社会不安定因素。政府部门应采取相应的法律手段，尽快明确孩子的归属，确立孩子的生活保障，同时学校也应尽量予以关注，调动一切积极因素保证对孩子实行有效的教育；有关部门要责成家长履行其教养义务，特殊情况不能亲自执行的，监护人也必须是由有教养能力的亲友担任。另外，还要尽力净化社会风气，给孩子一个良好的大环境。

---

① 罗娟．中国家庭教育误区探讨．科教文汇，2006（10）

② 偏执型人格又叫妄想型人格。其行为特点常常表现为：极度的感觉过敏，对侮辱和伤害耿耿于怀；思想行为固执死板，敏感多疑、心胸狭隘；爱嫉妒，对别人获得成就或荣誉感到紧张不安，妒火中烧，不是寻衅争吵，就是在背后说风凉话，或公开抱怨和指责别人。

三、家庭教育与青少年学习动机的形成

纵然我们拥有着这些家庭教育资源，也看清了某些教育误区，那我们应怎样才能让孩子从“要我学”到“我要学”呢？

1. 由外在动机变为内在动机

我们做与不做一件事，都有动机驱使。人的动机分两种：内部动机和外部动机。外部动机，指人们为外在的金钱、名誉、奖励等做事的动机。如果驱使我们做事的是外部动机，我们就容易被外部因素所控制，成为金钱、名利等的奴隶。内部动机，指人们不为外在奖励而是为内心的愿望而去做事情的动机。如果按照内部动机去行动，我们就是自己的主人。

许多家长都希望孩子有良好的学习习惯和强烈的学习动机，但往往都用错了方法。有的孩子学习的主动性差，要催促多次才去学习，这就反映出孩子学习的内部动机不足。孩子不着急，家长看着可着急。于是他们变着法子奖励他们，好说歹说让他们完成作业。如果您的孩子是要这样靠着外在因素才能去学习，那么您的孩子也将会像故事里的孩子一样，要求越来越高，越来越不满足于您的奖励或奖品，甚至会出现“罢学”的现象。

或许我们可以反向思考一下，孩子有什么学习方面的陋习，我们是否也可以像故事中的那样，先是奖励他的这种行为，然后再慢慢递减奖品的“级别”，让他也能放弃这些陋习呢？不管怎样，这都只是权宜之计。要提高孩子学习的自觉性，还是要从培养孩子强烈的内部学习动机开始。

2. 保持孩子的好奇心

动机的源泉是激发和维持孩子的求知欲和好奇心。动机中最重要和最关键的部分是什么呢？毫无疑问，就是求知欲和好奇心，它们是培养和激发学生学习动机的奠基石，只要能把其求知欲和好奇心培养和激发出来，他们就会自动地去学习和发现问题。

有人做过实验，把能跳一米高的跳蚤，放在半米高的玻璃箱内，盖上玻璃盖。跳蚤一开始总是撞到盖子上，过一段时间后，跳蚤就适应了，不再跳那么高，而是把高度控制在接近箱盖，又撞不到盖子的高度。这时候，去掉玻璃盖，跳蚤完全有能力跳出玻璃箱，可是，跳蚤仍然控制着跳的高度，并不超越玻璃箱的高度。

探索世界，不断学习是每个孩子的本能。好奇心是天生的学习动机。我们做家长的，是如何对待孩子最初的探索的呢？当孩子要玩沙子时，我们经常怕脏，不让玩；当孩子要自己穿衣时，我们嫌慢，帮他穿；当孩子想看漫画书，我们说看这个没出息，还是看名著吧……我们忽视了孩子内心的感受，践踏了孩子的好奇心。我们用自己的观念，妨碍着、代替着、控制着孩子对世界的探索。等我们把孩子训练得已经习惯受到约束，什么都不乱动了，什么都不尝试了，我们会发现，这孩子怎么对什么都不感兴趣？孩子再也走不出我们设计的“玻璃”箱了。

面对孩子的探索，正确的做法是：引导孩子，帮助孩子成长！

要想引导好孩子，在未来的社会竞争中获得成功与快乐，就要了解未来社会的需要。目前科技发展迅速，知识不断更新，仅靠知识是不能立足的。未来社会，需要具备创新思

维，能独立思考，有学习能力、积极心态，善于合作、沟通的人。这些比单纯的考试成绩要重要得多。

要引导孩子，还要了解孩子的特点是什么。为什么电脑游戏那么吸引人？因为游戏的情节总是新奇多变，充满想象，不断加分，具有挑战性，给人成就感。我们要吸引孩子，就要用适合孩子的办法引导孩子，了解孩子的需要是什么。

3. 满足孩子的低层次需求

一个爸爸总是很忙，回到家，也是经常在电脑前加班。6岁的孩子希望他能陪自己玩一会儿，爸爸总是说，我要忙着工作赚钱。孩子问爸爸，你一天工作能赚多少钱？爸爸说，很多，你数不清的。孩子又问，你一小时能赚到20元钱吗？爸爸笑着说，“当然能！”过了半年，有一天，孩子拿着20元钱来找爸爸玩，爸爸仍然说要工作，孩子说：“我攒了半年，总算有20元钱了，现在这个钱给你，我要买你一小时时间，赶快陪我玩一小时吧。”

许多家长都想尽自己所能，给孩子最好的一切。可是，孩子想要的是什么，我们是否考虑了？我们想要的是什么？孩子想要的是什么？有没有共同的地方？

美国心理学家马斯洛研究人的动机，提出了五种基本需要理论，依次是生理需要、安全需要、社交需要、尊重需要、自我实现需要。所谓“自我实现”就是要充分发挥个人的潜力和才能，就是不断自我进步、实现全部潜能的愿望。自我实现的形式可因人而异，各种职业、年龄的人，只要尽自己所能，都可以实现潜能。

低层次的需要在成长的过程中没有满足时，是无法产生高层次的需要的。而高层次的需要一旦产生，就可以克服低层次的困难。比如，一些科学家为探索真理，平时能忍饥挨饿，关键时刻能冒生命危险。求知与创造的动机，就属于自我实现需要层次。当然，低层次的需要，也能产生一些学习的动机，但不如最高层次的需要激发出来的动机强大。

现在大多数家庭里，孩子的生理需要都能得到满足，但其他的需要，就不一定了。有的家长自己的工作压力大，整天焦虑担心，情绪不稳定；有的家庭父母关系不好，即使瞒着孩子，孩子凭本能也能感觉到。这些情况，都会使孩子缺乏安全感，不能安心学习。尊重的需要，也是容易被忽视的。四川某学校调查，家长认为自己都尊重孩子，但有40%的学生认为家长不尊重自己。在孩子眼中，不尊重的表现有：对孩子不耐烦，拿孩子出气；随意打断孩子说话、游戏；辱骂孩子，贬低孩子；阻止孩子做自己喜欢的事；抢先回答别人问孩子的问题；做决定不与孩子商量；不告知孩子，等等。

我们希望孩子有强烈的学习动机，就要在孩子成长的过程中，满足孩子的四个层次的基本需要，激发孩子产生自我实现的需要，自然而然地，孩子的学习动机就加强了。

4. 为孩子营造良好的学习环境

“孟母三迁”是大家都非常熟悉的故事，这个故事揭示了环境对孩子的重要性。孟母之所以让人敬佩，是她不推卸自己的教育责任，没有好环境，就主动寻找好环境，创造好环境。在外部环境不容易选择时，家庭内部环境就显得尤其重要。孩子是最善于模仿的，看到什么就学什么。我们的孩子，哪个不希望成绩优异，让人羡慕？孩子不是冰冷的学习机器，而是有心理需要的、成长中的人。

当孩子出现问题的时候，家长就需要反思：自己的教育出了哪些问题？有没有主动给孩子创造好的环境？有没有给孩子扫除成功的障碍？有没有成为孩子的榜样？在孩子遇到压力与困难时，有没有给孩子强大的支持？

我们期待孩子爱学习，就要自己也做爱学习的家长，不断学习，解决好自己的问题，提高教育水平，这样才能给孩子更多的支持。

第十二章　家庭教育与青少年道德行为的形成

道德充满着人类生活，人是“道德动物”，现代人类是道德化的人类。青少年作为社会存在的主体部分，自然置身于社会道德生活之中，成为一个道德主体，以各种方式参与人类道德生活。随着我国社会主义市场经济的深入发展，社会经济成分和分配方式的日益多样化，青少年的全面发展拥有更为广阔的空间。而特殊的成长环境，也使得当代青少年的发展问题格外引人注目，他们在现实生活中所表现出来的与前几代人呈现出“格格不入”的特点，又引发社会各界的议论和思考。青少年是祖国的未来，是中国特色社会主义伟大事业的接班人。加强未成年人的思想道德建设，是关系国家和民族命运的希望工程，是关系亿万家庭实际利益的民心工程，是关系全社会可持续发展的系统工程。

第一节　道德行为的结构

一、什么是道德

（一）定义与特征

关于道德的定义，人们普遍认为，一方面，道德是一种社会意识形态，是人们共同生活及其行为的准则与规范；另一方面，道德是人们依据一定的准则去行动时所表现出来的稳定的特征，也有人把它称为品德或道德品质①。本章所说的道德指的是后者，对于这个定义应作三点说明：

1. 道德依据着一定的准则

道德和文化有密切关系，有些时代又打上意识形态的烙印。不同的时代，不同的社会，往往有一些不同的道德观念；不同的文化中所重视的道德元素及其优先性、所持的道德标准也常常有所差异。所谓“性相近，习相远”，同样一种道德，在不同文化社会背景中的外在表现形式、风俗习惯往往也相去甚远。

2. 道德是在行动时表现出来的

一个人站在那里，我们不能说他是个道德怎么样的人，只有在他对一件事显露在脸部

① 欧阳文珍．品德心理学．合肥：安徽大学出版社，2005

表情上、谈吐与举动中的各种表现，如发表某种观点，表现出肯定或否定等意见时，我们才可以对他的道德进行评价。

3. 道德具有一定的稳定性

它一旦形成，就将持续一段时间，不轻易改变。这个特点之所以存在，是由于道德的形成具有深层的原因，即它是一个人的人生观、价值观等相互作用并建立较稳固联系的结果。改变一种行为容易，但改变一个人的行为特征并不是个轻而易举的事，它涉及整个或部分联系系统的改造。

（二）道德的成分与分类

道德由三个成分组成①：道德认知、道德情感和道德行为。道德认知是对于行为准则的是非、善恶以及执行意义的认识，道德认知包括道德概念的掌握、道德判断能力的发展以及道德信念形成三个方面。道德情感则是伴随着道德认知和道德行为而产生的一种内心体验。道德行为是在实际生活中所表现出来的具有道德意义的行为。每种道德理论都强调了道德的某一成分，把该成分看成是道德的基本内容。

（三）道德形成的过程和规律

把外在的准则规范内化为的自己行为特征，从他律到自律，是道德主体的道德品质形成的过程。道德规范的他律性是客观的社会道德关系和客观的社会道德要求对进行道德实践活动的人们的一种基本节制，甚至说是限制。道德规范的自律性是指道德主体通过对社会的道德规范和要求接纳后逐步认同，并将其内化为自己行为的道德信念，是个体对自己的行为制定准则，对自身的喜好和欲望进行合理节制，最终形成道德良心的过程。这是一个人的道德社会化的过程，是家庭、社会和教育共同熏陶、协调塑造我们的道德人格的过程，其中家庭和社会往往起到潜移默化的作用，而教育是有目的、有意识地塑造人们的道德人格的。

个人道德品质的形成过程是一个从感性认识上升到理性认识，由他律到自律转化的漫长过程，也是道德良心形成的过程。道德品质形成的一般规律为：个人通过生活体验，对社会的道德要求形成自己的道德概念、判断、理论等（道德认知），并内化为内心坚定的信念（道德情感），坚持将自身的道德信念付诸道德实践（形成道德行为）。②

二、道德的功能与作用

（一）道德的功能

人为什么要有道德，这涉及道德的功能问题。总的来说，道德具有适应、价值表现、认识或理解等功能。

---

① 吴荣先．道德心理学的基本理论问题．长沙大学学报，2006，20（3）

② 曹秋梅．关于少年儿童家庭道德教育现状及对策的研究．上海师范大学硕士学位论文，2005

1. 适应功能

适应功能是指人的道德都是在适应环境中形成的，形成后起着更好地适应环境的作用。我们是社会性的生物，一些人和群体对我们都是很重要的，良好的行为道德将使我们从重要的人物（双亲、教师、雇主及朋友等）或群体那里获得认同、赞同、奖赏或与其和谐相处。

2. 价值表现功能

在很多情况下，特有的道德行为常表示一个人的主要价值观和自我概念。比如一个人加入某种群众性活动的行列，他所表现出来的语言与行为，都表明他赞同这一活动主题，并拥有这方面的价值观，以及与某些人认同的自我概念。

3. 认识或理解功能

一个人所表现出的道德行为能给人提供一种作为认识或理解的参照框架，因此它能引起意义感。比如，在公交车上，相对于不让座的人，你似乎更有可能对让座的人产生好感。

（二）道德的作用

道德对一个人的心理与行为具有多方面的影响与作用，已有的相关研究表明它具有多种作用，现仅举三种。

1. 道德是良好行为的前提条件

客观道德现象反映在人的头脑中，经过一系列的心理活动过程成为“理想的意图”，从事着道德行为。很多道德行为总是具有明确的道德动机，并且受一定的道德热情所鼓舞，为一定的道德意志所制约。

2. 道德是决定做与不做的重要因素

在日常生活中，一个人的道德成为他权衡自己该不该做某件事的关键。道德是引导人们追求至善的良师。它教导人们认识自己，对家庭、他人、社会、国家应承担的责任和应履行的义务，教导人们正确地认识社会道德生活的规律和原则，从而正确地选择自己的行为和生活道路。

3. 道德起着自我教育的作用

道德是催人奋进的引路人。它使人有着良好的道德意识、道德品质和道德行为。当一个有着良好道德素质的人做错时，他会马上意识到自己所做的不符合道德准则，从而及时停止这种不良行为。

第二节　道德发展的心理基础

不同派别理论对道德形成有着各自的解释与强调，现在仅介绍其中几个，分别是弗洛伊德的精神分析理论，班杜拉的社会学习理论、认知发展理论以及进化心理学理论。

一、弗洛伊德的精神分析理论[①]

弗洛伊德的精神分析理论在很大程度上关注道德感中的焦虑感、羞怯感、内疚感等情感成分。在弗洛伊德的心理学中，超我[②]代表着人格的道德或伦理，由道德原则和理想原则指导。所以，超我又称"道德化了的自我"。超我对自我具有监督和控制作用，以便保证的行为符合社会规范。超我有两个系统：良知和自我理想。良知是因不适当的行为受到惩罚的经验形成的，告诉我们应该做什么，具有惩罚性的功能。当一个人自我违背超我的道德标准行动或打算行动时，良知就会使他有内疚感。内疚感一个是来源于对权威的恐惧，一个是来源于对超我的恐惧。原始的良知出现在害怕失去父母的爱或得不到父母的称赞，就遵循双亲提出的标准的时候。自我理想是由于儿童表现良好行为受到奖励而发展起来的，告诉我们应该做什么。如果自我不能达到超我提出的完善的标准，就会产生自卑感。后来，这些理想通过对父母亲的自居作用而内化。正常发展的超我发挥着控制性冲动和攻击冲动的作用。

二、班杜拉[③]的社会学习理论

班杜拉的社会学习理论主要强调道德的行为成分。社会学习理论对道德问题的研究集中在模仿学习、抗拒诱惑和言行一致等方面，主要研究方法是实验室研究。班杜拉强调，儿童的道德行为是观察学习和替代性强化[④]的结果。社会学习理论用实验证明了亲社会行为和攻击行为是儿童模仿榜样而获得的。

三、认知发展理论

认知发展理论主要关注道德的认知成分。皮亚杰[⑤]和柯尔伯格[⑥]以平等和互惠的概念作为道德理论的基础。他们把道德发展看成是整个认知发展的一部分，认为儿童的道德成熟过程就是道德认识的发展过程。道德会随着年龄的增长而发生变化，我们可以根据年龄预见道德认知的这种变化。皮亚杰把儿童的逻辑思维能力和道德判断能力看成是一种蕴涵

---

① 精神分析是20世纪最重要的学术思潮之一，也是西方心理学的主要流派之一，研究的是无意识或潜意识及其作用。其创始人是奥地利心理学家弗洛伊德。

② 本我、自我和超我是弗洛伊德的三部人格结构。本我纯粹是潜意识的，依照"快乐原则"，迫使心灵指向本能欲望的满足；自我追求现实，按照"现实原则"，支配人的行为活动方式；超我代表人类心理功能中的道德分支，是理想的化身，按照道德的"至善原则"。

③ 班杜拉（Albert Bandura，1925—　），美国心理学家，社会学习理论的创始人。

④ 替代性强化是班杜拉的社会学习理论中的一个概念，指一种榜样替代的强化。一般来说，学习者如果看到他人成功的行为、获得奖励的行为，就会增强产生同样行为的倾向；如果看到失败的行为、受到惩罚的行为，就会削弱或抑制发生这种行为的倾向。

⑤ 皮亚杰（Jean Piaget，1896—1980），瑞士心理学家，发生认识论创始人。

⑥ 柯尔伯格（L. Kohlberg，1927—1987）美国心理学家，从事认知道德发展研究。

关系。柯尔伯格[1]认为，道德成熟首先是其道德判断上的成熟，然后是与判断相一致的道德行为上的成熟。柯尔伯格主张，道德判断的核心是公正原则。

四、进化心理学[2]理论

进化心理学理论认为，人类的亲社会行为是在人类长期的进化过程中被选择出来的。在动物或人类早期，为了种族的生存繁衍，需要帮助他人甚至牺牲个体。生活在合作的社会群体中的个体更可能受到保护，避免天敌的伤害并满足基本需要，所以那些合作的、利他的群体更可能生存下来，并将利他的特质作为一种基因保留下来、传递下去。在有些群居生活的物种中，个体如果不表现出亲社会行为，该个体有时就会受到整个群体的惩罚。

以上几个理论都只关注道德的某个成分，而霍夫曼[3]（Hoffman）的观点则不同，他对以上四种理论的核心思想进行了综合，对情感、认知、行为三方面都给予了同等的重视，因此，不能简单地将他的理论归入上述任何理论。在他的理论中，一个重要的概念就是移情[4]。移情反应的关键是心理过程的参与使一个人所产生的感受与另一个人的情境更加一致，而不是与他自己的情境更加一致。他用移情作用将道德的各个成分联系了起来。他认为，移情是进化的结果，是人类共有的一种反应，具有神经学基础，是一个人先天具有的特质。在个体将外在的或社会的道德规范内化为一个人内在的道德动机时，移情起着重要的作用。

第三节　青少年道德心理的特点

青少年道德心理在存在的方式上具有独特的特点，主要表现在以下两个方面：

一、青少年道德心理的基本特征[5]

1. 具有明显的自发性

青少年对社会道德现象所产生的心理反应是出自内心的自然而然的直接感受，是自发的，不是强制的，是一种以感性的、情绪的因素为主体的道德意识，只不过每个人的道德心理活动的度与量有差别。当社会道德生活对主体产生作用后，青少年就会情不自禁地对

① ［美］L. 柯尔伯格. 道德发展心理学：道德阶段的本质与确证. 郭本禹等译. 上海：华东师范大学出版社，2004

② 进化心理学产生于20世纪80年代，认为人类的心理（mind）就是一整套信息处理的装置，这些装置是由自然选择而形成的，其目的是处理我们祖先在狩猎等生存过程中所遇到的适应问题。

③ 霍夫曼，美国心理学家。

④ 移情，有多个含义。此处是指使人能够觉知、体验、分享他人的情感，使人能够对他人的情感变得敏感，故在某种意义上它是无须公开说明就能在人与人之间传递态度、情感和判断的非言语化的内隐的交往过程。

⑤ 彭希林，冯惠先. 青年道德心理学研究. 长沙：国防科技大学出版社，2002

某种道德现象作出或热烈、或冷淡、或愤怒、或高兴、或忧心忡忡、或充满希望等不同或相同的反应，这就是道德心理现象的表现。很难想象某种道德心理现象是人们共同有意规定成以一种模式而不是以另一种模式表现出来的。但自发形成和存在的社会道德意识，也不纯粹是偶然的，确实是受到一定思想动机的支配，并且它同人们其他的精神活动以及过去的经验现实的各种经历、感受、氛围、背景条件错综复杂地交织在一起，直接或间接地显示：属于社会某一集团或某阶层的青少年，他们的经济利益和道德要求，并不是无缘无故的灵感爆发。同样，青少年参与社会各种道德关系和道德实践活动所积累的经验，最初也总是以感觉、情绪、愿望、习惯等形式反映在头脑中，形成非系统化、理论化道德心理活动。

2. 具有多重、复杂、隐蔽性

青少年道德心理超出了个人生理素质、个体心理特征、经历等的制约，从总体上体现了处在一定历史与现实条件和道德生活环境下的青少年群体的道德意识特征。由于青少年是置身于各个不同的国家、民族、阶级、集团、群体和各种文化历史背景中的，青少年心理必然受到各种阶级、阶层、集团、民族、宗族、群体和地域等各种社会心理和各种社会意识形态以及文化、历史、传统、现实社会环境和事件等多层次、多结构、多方位的交叉、混合的制约与影响，加上青少年比其他年龄层的人更具有自身复杂的特殊性，因而青少年道德心理在反映内容和反映形式上都表现出交织重叠和多变的复杂多重性。同样，人们的道德活动也都伴随着来自不同层次和方向的心理状况、情感和意向，使得人们对它往往感到难以把握。青少年道德心理的这一特点亦体现了整个社会中人的精神的层次性和结构的复杂性。

3. 青少年道德心理具有一定的“隐蔽性”

社会心理在特定的环境中和一定的时间内，没有明显的表现或显著的反映形式，而仅仅潜在于主体之中，青少年道德也有这个特点。在一定时期、一定环境中，青少年的某种道德心理藏而不露，仿佛一段道德“暗流”，既看不见，也摸不着。它没有严密的逻辑结构，没有统一的整体形式，只是潜在于主体之中，却又不能由此得出结论，认为青少年心理发展变化毫无规律可言。

4. 具有不稳定性

从社会发展史来看，一种社会的生产关系在适应生产力发展的情况下，可以在一定时期内保持相对不变。作为反映这一社会经济基础的各种思想理论体系，如一定时代的宗教思想、法律思想、哲学与伦理思想等，可能适应于整个时代的需要，在较长时期也会呈现相对稳定状态。而青少年道德心理则相对变化较快，它可以极敏感地以直接的方式，及时地反映出生产力和生产关系的一些微小发展变化，国际、国内突发的大小事件和活动，都可以引起青少年产生相关的道德心理活动。青少年的这些道德心理活动往往自生自灭，变化很快。当新的社会现象出现，尤其是重大事件往往使青少年的道德注意力迅速指向新的对象，从而青少年道德心理呈现新的动态。当然，青少年道德心理在宏观上也有稳定的因素，但相比之下，它对社会道德存在的反映要比思想理论意识形态来得快，变化得也比较快，呈现相对不稳定状态。

5. 具有广泛的社会性和鲜明的时代性

青少年心理具有广泛的社会性色彩。因为在社会道德生活中，每一个人都扮演着不同的道德角色，人的心理也就必然具有明显的社会性。从某种意义上看，一个人的成长史也是其道德社会化的历史。它不只是有名望的社会道德人物才具有的，而是一种为一般群众或生活在社会中的各种阶层青少年都具有的社会道德意识。同样，人类社会的文明史不只是少数道德家、领袖的活动史，社会的每个成员都在自觉或不自觉地参与道德活动，创造自己的道德文明。尽管有的青少年或许并不具备或不懂得社会的道德、法律、哲学和伦理等系统的理论知识，但他们置身于社会生活中，就会或多或少、自觉或不自觉地受到社会各种意识形态的影响、熏陶。同时，社会道德生活又总是以各种方式间接或直接地触及人们的各种利益。因而，一般的社会群众都会自觉或不自觉地对社会道德生活采取一定的态度，并在一定的心理活动触发和调节下，评价社会道德现象，参与道德活动。即使有些青少年宣称不过问道德、回避道德、厌倦道德生活，或希望逃避道德生活，这实际上也不过是对现实生活产生的异常道德心理。总之，道德心理对青少年更具有广泛的社会性。

6. 青少年的道德心理还具有很强的时代性

反映社会存在的一定社会道德心理，总是在一定的社会历史条件下形成和发展的。随着历史条件的变化，道德心理的内容或状况也必然相应改变或演化。它既是反映一定社会存在的一面镜子，又是在一定历史时代的社会道德思想、哲学、法律、文学艺术等社会意识形态道德主题歌和道德协奏曲，不同的时代有着不同的道德观。如果说哲学是时代精神的精华，那么，道德心理可以说是时代的产生，它对时代精神有着强烈的反馈作用，对时代的发展起着推波助澜的重要作用，而青少年又是吸引时代产物的先驱，所以说青少年道德具有很强的时代性。

二、客观道德形态与青少年道德心理状态

社会道德现实的存在决定青少年道德心理，或者说道德心理是客观道德现实的反映，而社会道德归根到底又以生产关系为基础，表现为道德心理本身的根源，潜在于客观的经济生活之中。一般说来，道德心理随着经济关系引起的道德关系和社会规范的发展变化而发展变化。社会道德形态以道德环境和道德规范为中介，决定青少年道德心理的不同状态。

第一种情况是当社会道德、经济状态处于相对稳定时期，社会的道德规范、意识形态，主要是占统治地位的道德思想和社会道德基础等社会环境以稳定、持续、有力、长久的方式决定着各种社会道德心理，包括青少年道德心理的内容和动向。这时各种社会道德心理从量到质的变化上，呈现的是相对稳定的姿态。

第二种情况是当社会处于剧烈震荡时期，比如出现社会经济改革、国内外战争、社会革命、社会各种大的动乱、大规模的思想斗争和运动等。这时社会上的各种道德力量急剧变化。各种道德思想相互斗争，人们的利益或共同利益也面临着瓦解，新的道德意识建立时，至少是要经历一次道德心理和道德意识痛苦转变过程。在社会震荡时期，人们可能遭到心理上的巨大挫折、流动和损伤，如果一些心理准备不足，是受不了的，或社会“医治”不力，也可能对一部分人造成某些异常的、消极的或变态的道德心理，尤其是青少年的所谓“信仰危机”和被称为“看破红尘”的后遗症。

第三种情况是各种突发的、意外的、个别短暂的道德现象或事件引起的各种社会道德心理反应和演化。如偶尔的国际小冲突、恐怖事件等。这些事件也许并不都直接涉及人们的切身利益，但同样能引起人们的道德心理活动，表现出人们的道德行为，成为点燃人们蕴藏已久的某种心理情绪之火的火星。人在青少年期特有的心理、生理特点对一些并不直接涉及道德内容的活动或事件所产生的心理反应也有可能转变为道德心理的内容，如重大国际体育比赛的胜败，往往能一时地影响青少年的道德情绪，我国女排的三连冠以及国家足球队多次冲出亚洲的比赛失利，所引起的远不止是仅仅对体育比赛的希望及失望的心理反应和影响。

以上三种不同社会道德环境所反映的道德心理情况都是对社会的客观反映。因此，通过对青少年心理和行为的分析调查和研究，必然能寻找到产生一定道德心理和道德行为的某些社会根源的真实原因。

第四节　家庭教育与良好道德的形成

家庭是未成年人接受思想道德教育的第一所学校，家庭教育对一个人的思维方式、世界观、人生观、价值观的形成起着至关重要的作用，同时也是加强和改进青少年思想道德发展的重要环节。家庭德育有助于家长教导青少年遵守道德规范，形成良好的道德行为习惯，帮助青少年确定发展方向、目标，形成个人理想等，从而有助于他们健康成长。

一、家庭德育

（一）家庭德育的概念

德育这一概念起始于中国近现代教育，有广义和狭义之分。广义德育包括道德教育、政治教育、人生观和世界观教育、法制教育等；狭义德育即道德教育的简称。这里的家庭德育指的是狭义的德育。

道德教育主要指个体与个体，个体与群体、社会，个体与自然的行为规范教育，是教育者根据一定社会和受教育者的需要，遵循道德形成的规律，采用言谈、身教等有效手段，在受教育者的自觉积极参与的互动中，发展受教育者的道德素质的系统活动过程。

家庭德育①是家庭道德教育的简称，指在家庭社会环境中，由父母或其他年长者对子女及其他年幼者施加无意识的影响或有意识的教育，发展受教育者道德素质的一种教育活动。

① 张丽．论体验的家庭德育价值．重庆师范大学硕士学位论文，2007

（二）家庭德育的意义

家庭道德教育是学校教育和社会教育不可替代的，家庭道德教育直接影响到青少年儿童道德品质的优劣，对其个人的成长具有现实意义①。青少年儿童作为我国公民的重要组成部分，是祖国未来的栋梁，良好的家庭道德教育对社会的进步和发展又具有长远意义。只有具备良好的思想道德素质，才能承担起振兴中华民族的重任。

1. 家庭道德教育有助于青少年儿童个人的健康成长

青少年儿童从他律到自律，形成良好的道德品质，其中有许多影响因素，但家庭道德教育起着至关重要的作用。青少年儿童道德品质的形成和发展，只有随其自律意识的增长，才有真正的道德意识的增长，而家庭是青少年儿童道德启蒙教育的第一场所，父母作为孩子道德发展的启蒙老师，其道德言行常常潜移默化地将社会的道德规范传授给了孩子，从而使他们形成相对稳定的道德意识和道德习惯，如为人处世的方法、态度以及责任心。良好的家庭道德教育能为青少年儿童道德品质的形成奠定坚实的基础；与之相反，缺乏家庭道德教育的青少年儿童，其道德品质的形成就缺少了健康成长的营养基础，自然发展比较缓慢、艰难，甚至可能畸形发展。所以，家庭的道德教育对世少年儿童良好道德品质的形成具有重要意义。

2. 家庭道德教育有助于推动整个国家和社会的进步

青少年儿童是国家的未来和希望，对他们进行道德教育有助于推动整个国家和社会的进步与繁荣。青少年儿童良好道德品质的形成以及早期的世界观、人生观和价值观始于家庭教育，良好的家庭道德教育有助于青少年儿童分清是与非、善与恶、美与丑、真与假，培养爱国主义情感，确立远大的志向与抱负。中国的发展后劲是否能持续增强，国际综合竞争力能否不断提高，中华民族能否始终屹立于世界民族之林，都取决于我们能否培养出一代又一代高素质的后备军。家庭与学校、社会共同承担了对青少年儿童的道德教育，而道德教育是一个关系到国家和民族繁荣强盛的重要因素。马丁·路德说过，一个国家的繁荣与否，不是取决于它的国库、城堡、公共设施，而是它的公民的文明素养，如人们所受的教育、人们的远见卓识和品格的高下。

（三）家庭德育现状及存在问题的原因分析

在我们国家，独生子女越来越多，他们成长的家庭环境和个体的心理特征也比以往独特。随着核心家庭②的大量增加，大批新建住宅区的形成，青少年儿童的交往范围、亲情关系都与以往不同了。没有了兄弟姐妹，家庭关系简单化，青少年儿童之间的交往方式和处世态度都呈现出与以往截然不同的特征。面对这些变化，家庭德育没能够及时进行调整和改变，使得我国家庭道德教育的现状不容乐观，存在着许多新问题。

1. 家庭道德教育的现状

虽然我国自古以来都非常重视家庭道德教育，但由于受社会上各种因素的影响，家庭

---

① 曹秋梅. 关于少年儿童家庭道德教育现状及对策的研究. 上海师范大学硕士学位论文，2005

② 核心家庭：由夫妻和未婚子女组成的家庭。

道德教育一直在误区之中挣扎。很多家长只注重智力开发、文化学习，而忽视了家庭教育的首要任务——教育孩子怎样做人，从而导致家庭道德教育事实上的缺失。具体表现为：

（1）家庭道德教育内容上的重智轻德①。

虽然家长们认为在家庭教育中进行道德教育对孩子最重要，但没有实际行动。家长们最关心和实际认为最重要的，还是孩子的学习、分数等智育问题。这表明，家长们在这个问题上存在着比较严重的认识与行为脱节。要让广大的家长转变观念，需要一个长期而又艰难的过程，同时又是一项紧迫的任务。长期以来，不同家庭盲目攀比，望子成龙、望女成凤。而大多数家长眼中所谓的成龙或成凤就是对知识和技能掌握的熟练和精确程度，而不是道德水平的高低，所以家长总是过分强调和追求对子女的知识、技能的教育。为了子女能成“龙”成“凤”，许多家长宁愿花费大量的时间和精力来陪孩子学习，自己省吃俭用为孩子买营养品、学习用品和请家庭教师；不惜重金给孩子报考各类技能级比赛，报读各种各样、五花八门的学习班，但往往放松甚至忽略了对子女的道德教育。结果，常常是子女疲惫不堪，家长苦恼迷惘；有些家长与子女的关系极度紧张，甚至到了子女仇恨父母的地步。孩子厌学、逃课、任性、懒惰、撒谎、不孝、自私自利、不关心他人和集体，家长只能感叹：本想望子成龙，子却成虫！

（2）家庭道德教育的方式上青重他律轻自律②

少年儿童道德行为习惯的养成虽然是一个从他律到自律的过程，但这一过程的形成并不是自然而然的，而是经过各方面的教育所取得的结果，特别是在家庭生活过程中父母不断教育培养的结果。现实中许多家长的教育和评价模式是只要孩子听话就是好孩子、乖孩子。由此，不少家长从来就是以命令的方式，即他律的手段教育孩子应当做什么，不该做什么，因此培养了不少的“乖宝宝”。当孩子小的时候，有的家长总是以孩子小、不懂事为由，无限制地纵容孩子；有的家长读了一些有关国外家庭教育的书，看到外国家庭教育孩子都非常尊重孩子的意愿，不任意干涉孩子的行为，就照搬照抄，无论自己孩子的行为是否正确得体，都放纵随意，没有规则、没有纪律；有的家长则以成人的思维代替孩子的意愿，以大人的规定代替规则，强迫孩子必须遵守，否则，轻者挨骂，重者挨打。而当孩子长大后，有了自己的见解和主张时，就试图摆脱家长的控制，甚至产生逆反心理，家长又往往不知所措，仍然采用打骂等简单方式对待和处理遇到的问题。生活中，许多家长总是抱怨孩子小的时候多么听话、多么乖巧，现在变得不乖巧、不听话了。

（3）教养方式方面，重外在的“保护”而轻内在的心理需求。

一方面，许多家长出于对子女的“爱护”，让孩子从幼年开始就过着衣来伸手、饭来张口的寄生式的生活，甚至连孩子上学的书包都是家长整理的。上课缺东西了，孩子反而责怪家长没有放进书包。家长担心孩子学习分心，也不让孩子参与家庭事务的商讨，导致他们对家庭的责任意识非常淡薄。那些长期忽视子女内心的需求的家长实际上非常缺少与孩子的沟通和交流。由于交流少，他们很难了解自己的孩子，根本不知道自己的孩子喜欢什么，想些什么，孩子对自己家庭的情况也了解甚少。由于当代青少年儿童大都是独生子

---

① 范虹．论家庭道德教育在未成年人道德人格塑造中的作用．湘南学院学报，2005，(26) 4

② 金勤明．论家庭教育与未成年人思想道德建设．广西青年干部学院学报，2005，(15) 6

女，缺乏同龄人交往中相互学习和共同分享的机会，造成了部分青少年儿童存在极度自私的心理而缺乏互助友爱的精神。孩子之间的关爱变少，而竞争意识、嫉妒心理和防范心理却渐渐增强。

2. 家庭道德教育存在问题的原因

（1）家庭道德教育观念比较落后。

其实，迫于生活和社会竞争的压力，家长们潜意识上认为知识技能是比道德教育重要的。很多家长并不明白教育培养是要根据孩子的智力、体力、经验和心理进行的。不少的家长误以为孩子学习知识越多越好，开始学习越早越好，孩子三四岁的时候就被强迫学习跳舞、弹琴，每天学习的时间都排得满满的，即使孩子一点学习的乐趣和兴趣都没有了，还是不肯放过。斯宾塞[①]认为不要过多地期望孩子天生就具备大量的美德；任何高尚的德行，还应该以相应的智力、体力、经验和心理作支撑，否则，孩子会在以后的生活中仅有美好的愿望而无实施的能力。事实上，对青少年儿童的教育并不是简单的会说一口流利的外语、会操作计算机或认识多少字之类的知识教育。事实上，道德教育才是家庭教育的核心，家庭道德教育的宗旨就是要让孩子从小懂得自己要“做什么样的人”和“怎样做人”。此外，家长不了解青少年儿童成长的规律，对他们的评价标准也不正确。许多家长评价自己孩子的标准是听话就是好孩子。只要学习成绩好就行，其他再差劲都无所谓。也许，有些家长看到这句话，就觉得这样的做法很不对，但实际上，他们自己正这样做着，只是没有意识到而已。对孩子身上存在的一些不良习惯和问题可以视而不见，让自己的孩子过着衣食无忧的生活，只会让孩子根本不知道真正的生活是什么以及怎样生活才是有意义的人生，以为只要自己学习成绩优秀就能过上幸福的生活，至于对别人、集体、社会和国家能带来什么，根本不重要，也由此产生了自私和任性。

（2）缺乏良好的家庭教育环境。

斯宾塞认为教育应该是快乐的，当一个孩子处于不快乐的情绪中时，他的智力和潜能就会大大降低。呵斥和指责不会带来好的结果。家长应该努力去营造快乐、亲密和积极向上的家庭氛围，让青少年儿童生活在其中，耳濡目染，养成良好的道德习惯。良好的家庭氛围能促使孩子成为一个乐观、快乐和自信的人，让他们在生活点滴的道德学习和实践的渐进过程中得到价值的体现和获得强烈的成就感，从而更加乐于学习各种与人为善的道德规范，成为一个受人欢迎和尊敬，能给他人带来乐趣的人。反之，不良的家庭氛围则可能导致孩子变成一个消极、悲观和自卑而又不合群的人。长期生活在嘈杂、不和谐的家庭环境中的青少年儿童容易养成许多不良的道德习惯。“有其父必有其子”的说法不无道理。

二年级的学生薛某，父母以开麻将馆为生。他对同伴声称自己是“白天小帅哥，夜间小流氓”。老师与同学对他的评价是不遵守纪律、经常欺负弱小同学、不按时完成作业。

可见，造成薛某一系列不良行为习惯的重要原因就在于他的父母未能给他创造良好的家庭道德教育环境。其父母开设麻将馆聚众赌博，原本就是违反国家法律、法规的行为，无疑造成孩子对法律和纪律的错误认识，从而藐视法律和纪律；在嘈杂的麻将声中，孩子

① 斯宾塞（1820—1903），19世纪英国著名的资产阶级社会学家、唯心主义哲学家和科学教育的倡导者，被西方学术界称为“现代的亚里士多德”。

根本不可能安心学习，加上父母沉醉于麻将桌，根本无暇教育和管理孩子。至于“白天小帅哥，夜间小流氓”的称号，也许他自己并不完全理解，只是从各种聚赌的乌合之众的口里学来的。由于认知能力的局限，他还不能明辨是非，在这样的环境继续存在下去，对他的健康成长是十分有害的。

（3）家庭道德教育面临社会环境变化带来的新挑战。

正如通常所说的，家庭是社会的细胞，家庭道德教育不可能也不应该脱离于社会的大环境而固守陈规，它必须适应社会变化发展的需要，正视社会大环境变化的新挑战。

①社会经济模式变化带来的新挑战。现实中以享乐为核心的消费观念的风行，逐步使传统的道德观念和价值体系走向崩溃，一部分的家长产生了浮躁的心理。由计划经济模式到市场经济的建立和发展，客观上促使人们的价值观念更新和多元化，增强了国人的利益观念。在市场经济大潮的冲击下，人们的思想意识、道德观念、价值取向发生了裂变，日益朝着功利化、物欲化发展，导致人们人生观、价值观的扭曲和变异，过于迷恋对物的占有、享受和崇拜，而对财富是采取何种手段聚敛而来的，人们却不太关注。相比之下，是理性的脆弱、道德的滑坡、精神的颓废。作为家庭道德教育重任的主要承担者，家长面对社会经济模式变化带来的新挑战时没有做好充分的思想和心理准备，这势必影响对孩子的道德品质的教育和培养。

②社会信息化对家庭道德教育的新挑战。社会步入信息化的时代，瞬息万变的信息化社会使得一部分家长在面对社会的巨变时感到无可奈何和不知所措，导致他们在实施家庭道德教育时无所适从。因此，他们发出了感叹：“不是我不想改变，而实在是这世界变化太快。”同时，面对社会信息化带来的冲击，社会各方面又未能适时构建起指导家长有效实施家庭道德教育的体系和渠道。有调查表明，家长非常希望得到专家和教师对他们进行有关家庭道德教育的指导。当家长们无力面对社会的信息化时，受危害最大的是青少年儿童。一些异化的语言如“砍死”、“你死定了”“去死吧”“暴丑”等几乎成了口头禅。而这类词句则大多出自青少年儿童喜爱的卡通片和漫画书。此外，随着社会信息化，家长对孩子进行道德教育的时间逐步减少。电视和电脑日益成为人们业余生活不可缺少的部分。有的家长忙于看电视、上网而忽略了对孩子的精神关爱，青少年儿童的空余时间也大量用于看电视、上网游戏，导致双方互相沟通与交流的时间大大缩减。青少年儿童无论是沉迷于电视还是电脑游戏，关键原因都在于孩子没有朋友，精神需求长期得不到满足及父母未能进行有效的、合适的教育管理，放任孩子无节制的行为，不及时加以疏导，有的甚至到了无法自拔而走向违法犯罪的地步。

③家庭结构变迁带来的挑战[①]一方面，家庭规模日益小规模化，独生子女成为家庭核心，备受呵护。因为每个独生子女家庭只有一个孩子，所以家长唯恐孩子会有闪失而处处加以防护。孩子失去了与同龄伙伴相处学习的机会，家庭也失去了对孩子进行道德教育的一个有效的阵地。另一方面，家庭结构逐步趋于多元化，单亲家庭、重组家庭日益增多，特别是由于家庭离婚率的急剧上升，给这些独生子女又带来了极大的伤害。社会离婚率的上升，造成了大量家庭破裂，也使许多的孩子成为弃儿，他们得不到孩子应当享受的起码

---

① 孟惠娟．当代青少年的家庭德育研究．天津师范大学硕士学位论文，2009

的父母之爱。孩子原本是家庭关系的纽带，而如今纽带的作用在日益减弱，他们成为家庭关系破裂的最大受害者。如以下这个案例：

可怜的杨某

杨某，父母离异后，一直跟父亲一起生活，但父母经常互相推诿自身的教育责任，对杨某爱理不理。杨某经常无故旷课，老师家访，他的父亲居然说："你们开除他好了，他母亲从来不负责，我也不管了，最好，他在路上一头撞死!"

(4) 家庭道德教育缺乏学校、社会方面的有力支持。

当前的家庭道德教育存在问题，一定程度上是与其得不到学校、社会方面的有力支持有关，家长缺少来自学校和社会各方面的有效指导与协调配合。

①家庭与学校未能建立互动的道德教育机制。家长不仅是孩子教育的启蒙者，更是他们永久的教育者，与教师一起为孩子的成长创造有利的环境是家长的职责所在；同时建立更加开放的、更具互动性的全面互相学习、互相合作的家长和教师关系，也是教师的职责。当前由于生活节奏加快，社会竞争加剧，一些家长忙于自己的工作而忽视作为家长所应当承担的教育子女的责任，把责任全部推给了学校、教师，对学校的工作采取消极不合作的做法。不少家长将孩子送进学校就认为自己没有什么责任了，剩下的就看学校和教师如何教育了；而有些学校却更多地关注学生的升学率，未能建立起家庭与学校相互交流和配合的德育教育机制。

②社会上缺乏专门的家庭道德教育指导机构。社会上有许许多多五花八门的培训班，如舞蹈、绘画、柔道、钢琴、小提琴、英语、奥数等，可就是未能见识到家长培训班。国家意识到了优生优育的重要性，设有专门的计划生育部门指导优生工作；医院里也设置了专门的科室指导家长如何喂养孩子，但一般而言，主要侧重于关心孩子的身体健康而不关注心理的健康和人格的健全，一旦入学后就不再有专门的部门来指导家长如何教育孩子。

(四) 加强和改进家庭德育的对策

以科学的发展观理性地研究当代青少年儿童思想道德教育存在的问题和所面临的挑战，正确认识和准确把握青少年儿童成长发育的规律，针对当代青少年儿童的家庭道德教育中存在的种种问题，必须采取一些积极有效的对策，对症下药，以改进家庭道德教育的不足，巩固和加强青少年儿童的家庭道德教育，充分发挥家庭教育的作用。

1. 为家庭道德教育营造和谐、健康和向上的环境

(1) 积极创设优良的家庭德育环境。

家长应当给孩子营造良好的家庭氛围，使孩子在温馨、快乐的环境中学习和健康成长。在日常生活中，家长又该如何创设良好的家庭道德环境呢?

①家长应当树立要"学习知识先学习做人"的教育理念。要强化家庭道德教育，必须树立道德教育才是家庭教育之根本的观念。面对生活在新时代的子女，家长必须更新家庭教育的观念，讲究科学的家教方法。作为父母，如果一味地溺爱孩子，只满足孩子的物质需求是远远不够的，要在关心、体贴孩子的同时，客观分析孩子的思想、心理，与学校、

社区协作配合，讲究策略、方式，要严中有爱、爱中有严。孩子就像一棵小树苗，给孩子过分的爱犹如给树苗施加了过多的水分和养分，不仅不能茁壮成长，反而会危害其正常发展。作为家长要彻底扭转“重智轻德”的做法，重点培养孩子爱自己、爱父母、爱他人、爱集体和爱祖国的思想，从小培养孩子自立、自信、自理和自强的能力。家长还要加强家教理论的学习，善于借鉴他人成功的家教经验，把家庭建设成青少年儿童的“德育学校”。

②创设良好的家庭文化环境。青少年儿童的家庭教育的一项重要任务就是要提高家长的文化道德修养、科学认识水平和培养家长对社会的正确认识，组织和动员家长参加各种各样的社区教育。首先，增加家庭的文化投入，提升家庭的文化品位。如购买一些有意义的家庭藏书，订阅几份好报刊和适合青少年儿童的优秀杂志。因为学龄儿童往往喜欢提出问题，不断探索，对事物充满好奇，还喜欢广泛阅读和思考，所以，家长经常让孩子阅读一些好书，特别是适合青少年儿童阅读的书刊、故事，这对青少年儿童的道德发展具有积极的意义。拥有电脑的家庭，可以开通网络，但要注意控制孩子上网的时间和引导孩子上有意义的网站。有条件的应安排独立的书房，不断添置一些新书和文化学习用品。其次，要组建学习型家庭。父母带头学习，制订出具体的学习计划，不断提高自身的学习能力，客观评价自己的学习成果，积极组建学习型家庭。全家人可以经常共同学习和休闲，形成学习气氛和积极向上的家庭文化氛围。坚持收听收看新闻节目，关心国内外大事，注意培养孩子一定的政治鉴别能力和文学艺术的欣赏能力，每天留出一定时间阅览报刊、杂志和上网学习，养成持之以恒的学习习惯。同时，善于利用就餐、散步、聊天时间，经常与孩子交流学习的感受和体会，共同探讨、分享学习的成果。有的家长自己从不学习，却要求孩子要努力，孩子有时反驳：“你们自己为什么不学?!”家长无言以对，只好用打骂让孩子屈服。俗话说：“己所不欲，勿施于人。”这样的做法是不恰当的。

③积极参与各项社会活动，不断提高家庭生活的质量。家长应当积极参与社区和城市建设的各项活动，为提高孩子的社会交往能力和生存、竞争能力创造机会。善于利用社会的信息资源（如图书馆、博物馆、科技馆及各种文化展览等）支持家庭的学习，要让孩子学会学以致用，每个家庭成员都将掌握的新知识、新能力应用于各自的工作和生活中。逐步提高家庭学习的质量，不断相互促进、相互学习和提高，以取得更高的学习成果，使家长和孩子始终与社会同步发展，从而不至于被社会淘汰。

（2）创设良好的家庭心理教育环境。

家长应当学习掌握一些有关现代青少年儿童心理学的常识，尊重孩子的人格，善于与孩子沟通和做一个好听众，注意倾听孩子的心声，不断发现孩子的闪光点，使家庭成员之间形成和睦、平等、民主的氛围。

①建立良好的亲子关系。做一个合格的家长，就应当多花时间去了解自己的孩子。家长必须合理分配工作和休息的时间，尽量避免让工作和赚钱成为家长生活的全部内容。尤其是要减少看电视的时间，留点时间给孩子，经常与孩子沟通，谈谈他（她）的同学以及在学校发生的小插曲，了解他们的思想和心理状况，及时疏导孩子的心理问题，切忌通过偷看孩子日记或偷听电话等不尊重孩子的方式来了解他们。否则，容易造成亲子关系紧张，不良的亲子关系容易使青少年儿童养成一些不良的行为习惯。孟育群认为，目前在我国青少年中普遍存在、长期困扰着教育工作者的许多问题，诸如厌学、逃学、吸烟以及团

伙违法、犯罪等不良行为，乃至近期屡屡发生的骇人听闻的青少年自杀、杀人等事件，多与家庭中的不良亲子关系有关。特别是少年期，国外有学者称之为“亲子关系危机期”。因此，与孩子建立朋友式的亲子关系，也是搞好家庭德育不可或缺的重要途径。

②建立和睦的婚姻家庭关系。根据马斯洛的需要层次理论，生存是第一需求，但不是最高需求，如果生存需求得到相对充分的满足，就会出现一种新的需要，即安全的需要，其直接的内涵是避免危险和生活有保障；当生理和安全的需要很好地得到了满足后，爱、感情和归属的需要就会产生，处于这一阶段的人希望能拥有幸福美满的家庭，渴望得到一定社会与团体的认同、接受，并希望能建立良好的人际关系，否则，个体就会产生强烈的孤独感、疏离感，产生极其痛苦的体验。如今大多数的青少年儿童物质生活需要都能很好地得到满足，他们如果长期生活在一个不和睦、经常争吵的家庭环境中，就会缺乏安全感。因为在离婚率大大上升的今天，青少年儿童的身边不乏由于父母离异后被抛弃的孩子，使之时刻担心这样的命运会降临到自己的身上。况且，当前许多争吵中的父母，不顾孩子的感受，时常以孩子作为谈判的筹码，或以孩子要挟对方，或把责任都推卸给对方，甚至教唆孩子与对方对抗，这都将对孩子的心理造成严重的伤害，势必影响其人格的健全和道德理念的正常发展。美国大众广播电台的系列节目《父母杂志》的著名主持人波比·康奈尔认为，在孩子成长发育的过程中，最关键的要素之一是安全感，每个孩子都需要安全感和稳定感，这有助于他们的发育、学习和探索，并有利于他们实现自己的目标；如果过分缺乏安全感，孩子就会心理失衡，莫名其妙地感到恐惧和忧虑，这样的孩子长大后，常常有心理变态的倾向，对外界常采取十分偏激的行为。

2. 寓道德教育于家庭生活的点滴中

家长应当明确做人的道理大都不是从课堂上学会的，而是在生活的点滴中父母随时随地教给孩子的。

（1）让青少年儿童在生活中学会自尊和理解、尊重他人。

家庭道德教育要取得好的效果，要让青少年儿童学会自尊和理解、尊重他人，家长首先必须以人为本，尊重青少年儿童在家庭道德教育中的主体地位。

①在尊重和信任的家庭氛围中进行道德教育。要相信和正视青青少年儿童的接受能力。深入了解少年儿童，根据他们的天性和不同年龄段来实施相应的家庭道德教育。并要青少年儿童多参与或开展互动式教育，从而调动他们的积极性、主动性。要改变以家长为中心的思维方式，改变“我说你听”的传统家庭道德教育方式，使青少年儿童由道德教育过程的被动接受者变为主动参与者，在互动式教育中最终达到自我教育的目的，让孩子们懂得自己要求自己，自己监督自己，对自己的行为进行控制。只有青少年儿童真正参与进去了，他们才能有感受，才能在感受中升华道德情感，形成道德认识，真正将道德认识逐步内化为道德信念，完成从他律到自律的道德发展过程。

②在抚养方式上要注意严宠适度。家长应当教育青少年儿童学会生活，培养其自尊自强，要他们从小就具有良好的心理素质和积极的人生态度。教育孩子要讲究尺度，过于严厉和过于放纵都不可取。一方面，家长必须明确尊重不等于放纵，放纵孩子任意妄为，没有规则、没有纪律，是有百害而无一利的。如下例：

陈某的女儿在入学前很少与外界打交道，偶尔到亲朋好友家也没规没矩，父母不干涉，别人也不好意思指出，到了公共场合仍然如此。上学后，他的女儿因为不知道什么是规矩、什么是纪律，老师再三强调的纪律规范，她丝毫没有听进去，多次受到老师的批评。后来，她感受到了老师的厌烦和同学的歧视，开始变得沉默寡言，灿烂的笑容消失了。有一次，当受到老师和同学不公正对待时，她也没有告诉自己的父母。事后，陈某从女儿的同学处得知事情的来龙去脉，与女儿进行了一次长谈，才了解到她当时的感受是多么委屈，终于才意识到自己犯了多严重的错误。

另一方面，过于严厉地管束孩子，对孩子的个性心理发展是非常不利的。要么孩子被迫表面接受了家长的意愿，在家长面前表现得乖巧，甚至唯唯诺诺，背着家长则像一匹脱缰的野马，为所欲为；要么屈服于家长的威严，变得缩手缩脚，做任何事情都要考虑家长的想法，总是视家长的眼色行事，长此以往，孩子就没有了自己的尊严、自己的思想，变得自卑，完全成了父母思想的复印体。不健康的心理发展往往容易导致非正常行为的发生。平时热情、开朗的学生犯的错误，往往相对比较容易解决，而越是那些平时内向、不吭声的学生犯的错误总是让人难以预料。俗话说“无以规矩不成方圆”，青少年儿童是社会的重要组成部分，更是未来社会的主体，他们就必须学会遵守一定的社会规则，具有一定的社会意识。家长要有意识地对孩子进行规则教育，寓教育于生活的点滴中。例如，家里来客人时，可以让孩子帮忙招待，告诉孩子待客之道，尽可能给孩子表现的机会。当表现出礼貌好客等好品质时，给予适当的表扬，客人自然也会大加赞赏，孩子得到表扬和赞赏后，好的行为和品质就获得强化。家长应该多从孩子的思维角度与孩子沟通、交流。当孩子不理解道德规则时，家长应当耐心解释，最好训练孩子进行换位思考，还可以进行场景模拟和角色换位表演，效果比家长成天唠叨或训斥好得多。

（2）让青少年儿童在生活中学会关爱父母、关爱他人。

母亲真的爱吃鱼头鱼尾吗

有一对孤儿寡母相依为命，母亲总是省吃俭用，平时好吃的东西总是自己不舍得吃而留给孩子。母亲隔三岔五地买条鱼给孩子补身体，最好的部位总是先给孩子，然后自己吃孩子剩下不爱吃的头和尾，并欺骗孩子自己就喜欢吃鱼头和鱼尾。孩子渐渐地长大了。一天，家里来了客人，于是母亲买了条大鱼，吃饭时，孩子像往常一样吃最好的鱼肉，并把鱼头和鱼尾留给了母亲，还说母亲平时就最喜欢吃头和尾。听到孩子的话，母亲不禁潸然泪下。

许多的人听完这个故事，都会为母亲愤愤不平，都会为她付出的代价深感不值。然而，值得深思的是为什么母亲为孩子付出了这么多，而孩子却没有体会到母亲的良苦用心呢？但是这位母亲从来都没有教会她的孩子怎样关爱他人，他又怎么可能知道母亲只是为了关心和爱护他而欺骗他呢？孩子原本就是非常纯真的，是一张干干净净的白纸，而家长，特别是母亲，是一个画家，这张纸是否能成为一张美丽的图画，完全在于画家如何把握好笔墨，一味地泼墨如水或一味地惜墨如金都是不可取的，必须把握好尺度。爱护孩子亦是如此，给孩子过分的爱，就如同给苗木浇灌太多的肥料和养分，最终孩子就会像施肥太多的苗木一样地畸形，甚至枯萎。所以，应当有一定的尺度，更重要的是还应当教会他关爱他人，而不是一味地索取，因为他最终仍然是一个社会的人，必须回归社会，否则将因为不懂得社会的人情世故而被社会所淘汰。作为家长应当注重对孩子进行关爱他人的教育，在生活的点点滴滴当中教会他们关心和爱护他人。

①把孩子当成家庭中平等的一员。教会青少年儿童关心和爱护他人的关键在于日常生活的点点滴滴中，要把他们当成家庭中平等的一员，大小事情尽量与之进行沟通和商量，让他们平等参与。许多家长总是把子女看成小孩，而且是永远需要照顾的小小孩，家务事不让他们碰，唯恐伤着这里，碰到那里，更谈不上让他们商量家庭事务了。其实，孩子永远是好奇的也是好学的，为什么不可以让他们在感兴趣时多学习和体会呢？当一个孩子学会了做一件事时，成功的体验会使之兴奋不已，这时再及时给予表扬，那么得到鼓励后，孩子就会继续保持这份学习的劲头。当让他干了一件比较辛苦的事情时（当然是其力所能及的事），父母及时地给予鼓励和赞赏，此时的他不仅亲身体验了劳动的艰辛和快乐，同时又知道了挣钱生活的不易，自然就不会乱花钱，也学会了关心父母，更加强了他的家庭责任感。

②给孩子创造学习交往的机会。家长应当经常带孩子外出，一方面长见识，另一方面是为了让他与更多的小朋友接触，在玩耍过程中学会与小朋友进行正常的交往。经常告诉他要爱护和帮助比自己小的小朋友，因为他是小哥哥（小姐姐）。当他在帮助小朋友时也会非常开心，因为有了表现自己的好机会，更有了因帮助他人而得到赞赏的欣喜。这不仅能让孩子学会关心比自己小的孩子，又可以经常给他表现自我的机会，还能让他体验帮助他人的快乐……当然，教育孩子不是一朝一夕的事，需要父母长期耐心地去做，一口吃不成大胖子，谁都懂这样的道理，关键则在于要实践。实践是检验真理的唯一标准，这是一个客观的真理。

（3）培养青少年儿童独立自主的精神和勇于承担责任的品质。要使青少年儿童具备优秀的道德品质，还必须积极培养青少年儿童独立自主的精神和勇于承担责任的品质。家长都希望自己的孩子成为一个负责任的人，但这要求家长主动创造机会发展孩子的责任感。

①要让青少年儿童学会独立自主、对自己负责。生活中要给机会让孩子学习对自己负责，如学会照顾自己、独立完成作业、学会信守承诺。今天的青少年儿童大都受到父母、爷爷、奶奶等亲人的过分保护，犹如温室里的花，极度缺乏自我独立生存的能力。有的孩子已经上学了，还让大人帮忙穿衣、洗脸，上学路上大部分是家长背着书包，孩子空着双手无所事事。事实上，家长帮忙背负的不是孩子的书包，而是卸下了孩子自己应该承担的责任。文章前面曾提到孩子上学忘带东西会责怪家长没有帮忙，是因为家长平时几乎承包了孩子所有的责任和义务，甚至恨不得连学习也能代替他们，所以孩子缺乏家庭和社会责任感，家长有不可推卸的责任。家长应当从小训练孩子自己的事情自己做，如吃饭、穿衣、整理书包和自己的房间等。可以由协助孩子到逐步放手让他（她）独立完成，遇到特殊情况需要帮助时，要求孩子主动请求，让他们树立对自己负责的态度。尤其是学习上，更应当让孩子独立自主完成学习任务，否则，孩子容易形成错误的认识，认为是家长强迫自己学习的，自己不过是在为家长学习。

②要让青少年儿童学会对家庭负责。家庭内部成员对家务事进行合理分工，可以让孩子帮忙干一些力所能及的家务，如扔垃圾，吃饭时帮助分好碗筷，或做饭时让孩子帮忙挑菜、递东西；还可以教孩子学习做简单的饭菜，如蛋炒饭、凉拌番茄、黄瓜等。总之，不同年龄的孩子可以学习干不同的家务。

(4) 积极引导青少年儿童形成良好的道德行为习惯。

教育孩子养成良好的习惯，避免孩子染上各种恶习，家长就必须对他们进行积极的引导，充分认识到早期教育对习惯养成的重要性。美国的托马斯·里克纳根据柯尔伯格的道德发展理论将青少年儿童的道德发展分成了六个渐进的阶段，认为从出生到3岁是道德发展的基础，3岁的孩子开始需要为他人所认同，也开始积极地参与家庭的各项事务。这与中国传统的看法“一岁看三岁，三岁看八岁，八岁看到老”有异曲同工之妙。由此可见，2岁左右是实施家庭道德教育的关键时期。培养青少年儿童养成良好的道德习惯是孩子今后与人成功交往的基础。

①养成讲文明礼貌的好习惯。

家长从小就应当注意培养孩子养成文明的习惯，如讲礼貌、不说粗话和脏话、多说“谢谢”“你好”等文明用语。一个讲文明、懂礼貌的人总是受人欢迎的对象，比较容易被人接纳。如果孩子从小就养成了讲文明、懂礼貌的好习惯，意味着他很快地被他人和社会认同，能比较好地融入社会，但有的家长往往忽视这一点，日常生活中，在路上遇到熟人或朋友，从来不主动让孩子与别人打招呼；有的家长偶尔听见孩子不知从哪学了粗话和脏话，根本不及时进行批评和教育，有时还可能引起大笑，似乎感觉自己的孩子学习能力不错。

②培养乐于助人的好习惯。

3岁是培养儿童助人为乐习惯的好机会。心理学家认为，3岁的孩子更倾向于认同与合作，处于这一阶段的孩子特别希望和乐于帮忙，家长可以让孩子帮忙收拾洒落在地上的玩具或其他的东西或倒垃圾，也可以让孩子陪同比他小的孩子玩耍（当然，必须有大人照看）。

③学会分享的好习惯。

家长往往对孩子年幼的行为不太在意，总是以孩子小为理由而放任他们的行为。比如，家长往往习惯于将最好的东西留给孩子吃，吃饭时也常常把孩子最喜欢的放在孩子面前，看着孩子吃得欢而满心欢喜，根本不会注意经常这样做也就使孩子养成了挑食、吃独食的不良习惯。当家里来客人时，孩子不管三七二十一把自己最爱吃的菜端到自己面前，而且还精挑细选，客人心里直犯嘀咕：这孩子实在太没规矩！家长一脸的尴尬，孩子却不以为然，根本没有意识到自己的行为有什么不对的地方。平时，家长可以允许孩子经常邀请同伴来做客，让孩子自己招待，家长则在一旁注意观察自己孩子的处事态度和行为方式，以便于发现问题及时纠正。学校组织活动时，家长可以为孩子多准备一些食物，好让孩子与同学、朋友共同分享。

(5) 家庭道德教育过程中要始终发挥家长的榜样作用。

家庭教育是为孩子进入学校，走向社会打好基础的关键。如果家庭的道德教育能成功，奠定了坚实的基础，学校、社会的道德教育即可事半功倍。有了好的教育思想，还必须有好的教育方法、有效的教育手段，才能收到预期的效果。身教重于言教。家长应当重视及早施教，道德教育早开始好。心理学研究也证实，幼儿时期是人类行为观念培养的关键期。身为现代父母者，应当尽到教养的责任，重视身教，以培养子女正确的观念和良好的习惯。如要让孩子从小学会孝顺和尊敬长辈。为人父母者应当成为孩子的表率，如果哪个父母经常辱骂自己的长辈，孩子很自然就学会了。有这样一一个发人深省的故事：

我长大了也打他

有个人经常殴打自己的父亲，于是有看不惯其行为者就问他那不满4岁的儿子："你爸爸老是打你的爷爷，你长大了会怎么样啊?"孩子不假思索地回答："我长大了也可以打他。"

由此可见，父母作为孩子的启蒙老师，自己的为人之道非常重要。日常生活中可以有意识地训练孩子分配食品，要经常反复告诉孩子，对年老的长辈，要注意他们年纪大了，又没有牙齿的特点，应当给他们最好的、最容易消化的东西。长此以往，孩子就很快记住了，以后不用家长说就能自觉地去做。平日，一般最好不要让孩子养成吃独食的坏习惯，不一定要把最好的东西给孩子吃，即使是给他也要说明道理，要经常教他将最好的优先考虑他人。作为父母应当经常将好东西分给左邻右舍共同分享，长此以往孩子也就养成了孝顺长辈和共同分享的好习惯。对青少年儿童实施家庭道德教育，必须提高家长自身的思想道德素养。有的家长出口成"脏"，有的家长带着孩子肆无忌惮地闯红灯，有的家长任意践踏草地，有的家长乱扔垃圾，在公共场合吸烟和大声喧哗的家长随处可见，提高家长的道德文明素养刻不容缓。一方面，家长应自觉严格规范自己的言行，哪些言行能传给孩子，哪些不能传，哪些行为应当受约束，哪些行为要加强，都要有明确的认识。注意通过言传身教，把社会的道德准则，做人、做事的道理及父母良好的品德和人格在不知不觉中传给孩子。家长应当避免为孩子树立坏的榜样，以免将不良的行为习惯传给孩子。少年儿童具有极强的模仿能力。"有其父必有其子"虽得说过于绝对，但不无道理。孩子长期生活在父母的身边，父母的言行举止随时都可能会引起孩子的注意，经过反复强化，自然而然就被孩子模仿和学习。另一方面，必须加强对家长进行社会的规范教育，对屡教不改者可以采取适当的处罚措施，加强严格执法；家长自己也要强化公德意识，提高思想道德修养。

第十三章　家庭教育与良好心理素质的形成

第一节　良好心理素质的结构

一、良好心理素质的定义

现实中，我们经常可以看到，有不少人经纶满腹，却不能如愿以偿向众人表述；有不少学生平时刻苦认真，勤奋学习，却在考试的关键时刻失常；遇到挫折事件做出了过激的反应；在人际交往中由于各种情绪的波动而失去了许多机会，等等。他们紧张、慌乱、胆怯、束手无策、手忙脚乱。多少人为此感到沮丧，又有多少人因此而断送了自己的成功之路。

我们不能认为这全是心理素质的原因，但是不排除这里面有很多心理素质的成因。作为一个社会人，需拥有各方面的素质，如思想道德素质、文化科学素质、劳动技能素质、身体素质和心理素质。它们相互作用、相互影响。其中，心理素质是其他各种素质的载体，是一个人整体素质提高的基础。那么什么是心理素质呢？

有人认为心理素质是指人在心理形态方面比较稳定的特点，包括智力素质和非智力素质两部分。其中，智力素质是人在积极参与认识活动的过程中所展示的一系列稳定的心理特点，由观察力、记忆力、想象力、思维能力与注意力五种心理因素组成；而非智力素质则是智力素质以外的一切稳定的心理特点，主要由动机、兴趣、情感、意志与性格五种心理因素构成。因而，判断一个人心理素质的好差可以从以下方面进行：①智力是否正常；②情绪是否健康；③意志是否健康；④行为是否统一协调；⑤人际关系是否和谐；⑥反应是否适度。如一个人都符合上述要求，那他的心理素质就好，反之就差。一个人心理素质的好坏将对他产生重大的影响，甚至决定着他人生的成败。还有人通过大量的文献研究认为，心理素质概念包括以下三部分：①从人的心理的动—静态维度，分别从心理过程、心理状态和心理结构系统来考察心理素质。②从人的心理的整体性、稳定性和差异性角度，把一个人的心理素质看成个性。③将心理素质与智力因素视为两个相对独立的成分。也有人认为，心理素质是个性品质在人的生活实践中的综合表现。

不管怎么定义心理素质，心理素质经常影响着我们每一个人。而心理素质的好坏都左右着我们对外界的交往与交流，甚至成功与否。

在心理素质中，影响或决定一个人心理健康的部分，即心理健康素质，是心理素质培养所追求的最高层次目标，是人生发展所追求的高级境界。素质教育要塑造劳动者的各种素质，使劳动者的各种素质都得到相应的提高，那么作为奠基工程的心理素质培养，根本的目的也就是培养具有良好心理素质的人。因此，心理健康素质反映了素质教育的本质要求。

心理健康素质（即良好的心理素质）又是怎么定义的呢?

随着社会的不断进步，对于心理健康的重要性、心理健康本身的认识和研究也在不断地深入。心理健康不仅有外在表现，而且还有其本质特征。良好的适应和行为是其外在表现，其实质就是良好的心理素质，特别是心理健康素质。良好的心理素质属于心理素质的一种，心理素质是一种多层次、多维度的概念，但其功能却是中性的（不做正负或积极与消极之分)，对于个体来讲，心理素质存在正性（积极的或健康的）和负性（消极的或不健康的）两种功能之分。那么心理健康素质（即良好的心理素质）就是心理素质中主要影响一个人心理健康的内在稳定因素。

因此，有人将良好的心理素质定义为：个体在遗传和环境的共同作用下形成的某些内在的、相对稳定的心理品质，这些心理品质影响或决定着个体的心理、生理和社会功能，并进而影响个体的心理健康状态。因此，又可以将青少年心理健康素质定义为：青少年在遗传和环境的共同作用下所形成的某些内在的、相对稳定的心理品质。这些心理品质决定着青少年的心理、生理和社会功能，并进而影响他们的心理健康状态。

青少年心理健康素质的主要特征是：

(1）基本性。青少年心理健康素质是一种最一般、最基本的积极的心理品质，是每个青少年都必须具有的最基本的心理特征。青少年之间在心理健康素质上的差异，不是“有”或“无”的差异，而是水平“高”或“低”的差异、“完整”和“不完整”的差异，以及功能发挥程度上的差异。

(2）稳定性。青少年心理健康素质是青少年个体先天生理基础和后天社会环境交互作用的结晶和沉淀，是经过“内化—外化—内化”反复多次转化而形成的内在的、相对稳定的心理特征及其结构。青少年的心理健康素质一旦形成，既不会因一时一事的变化而改变或消失，也不会因一时一事的出现而发展。

(3）内隐性。青少年心理健康素质不能直接观察到，只能通过适应状态来反映。

二、青少年心理健康素质的结构

评定心理健康或者良好心理素质的标准有很多。

国内学者广泛引用美国心理学家马斯洛和米特尔曼（Mittelman）提出的判断心理健康的十条标准：有充分的安全感；对自己有较好的了解，并能恰当地评价自己的能力；自己的生活理想和目标切合实际；与周围环境保持良好的接触；保持自身人格的完整与和谐；具备从经验中学习的能力；保持良好的人际关系；能适度地表达和控制自己的情绪；个性的发挥符合社会或团体的要求；在社会规范允许的范围内，适度地满足个人的需要。

国内学者郭念锋于1986年在《临床心理学概论》一书中提出评估心理健康水平的十

个标准：心理活动强度；心理活动耐受力；周期节律性；意识水平；暗示性；康复能力；心理自控能力；自信心；社会交往；环境适应能力。

心理健康素质是一种个体的心理现象，包含心理现象的所有内容。个体在社会群体当中生活，个体的心理现象是与他人、群体相互作用的结果，所以就应包含与人交往时所表现的人际交往素质。个人的心理现象中“内在的、相对稳定的心理品质”既包含指向于自我的各种心理品质，如自我知觉、自我评价、自我体验、自我调节和自我效能感，又包括指向于其他对象（包括人和物）时所需要和表现的各种心理品质，如个人的性格、心理活动的动力系统以及个人的认知风格、情绪体验和调节、个体的应对风格等。而作为整体的人在社会当中能否健康地生存与发展，主要表现就是适应，即自我适应、社会适应和自然适应。如下图所示：

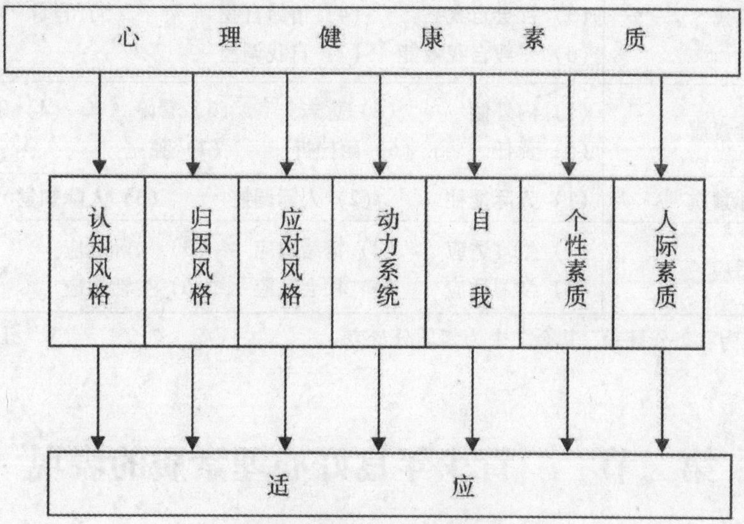

心理健康素质的主要表现

青少年心理健康素质调查表的结构及维度

各分量表	分量表各维度
认知风格	（1）认知方法维度（灵活—单一）　（2）认知加工维度（整体—局部） （3）认知决策维度（自我—场景）　（4）认知行为维度（独立—合作） （5）认知倾向维度（冒险—稳重）
归因风格	（1）内在—外在　（2）稳定—不稳定 （3）可控—不可控　（4）局部—整体

（续上表）

各分量表	分量表各维度
应对风格	（1）行为情境 （2）认知情境 （3）行为生理 （4）行为表达 （5）认知表达 （6）多种策略混合 （7）防御
动力系统	（1）缺失性动机 （2）成长性动机 （3）知行脱节性动机缺失 （4）目的缺乏性动机缺失 （5）认知歪曲性动机缺失 （6）利已性利他动机 （7）利他性利他动机
自我	（1）学业自我 （2）身体自我 （3）社会自我 （4）情绪自我 （5）自尊 （6）一般自我效能 （7）自我调控
个性素质	（1）内外倾 （2）意志 （3）冒险 （4）乐观—悲观 （5）责任 （6）耐挫折 （7）独立
人际素质	（1）人际交往 （2）人际调控 （3）人际知觉
适应	（1）生理适应 （2）情绪适应 （3）人际适应 （4）学习适应 （5）社会适应 （6）生活适应

*表中适应为状态分量表，其余7个为素质分量表

第二节　青少年良好心理素质的表现

在众多的文献和资料中，描述青少年良好心理素质表现的并不多，几乎都是针对青少年出现的各类行为问题、心理问题而得出如何提高青少年心理素质或者如何培养青少年心理素质的。而这种现象也引起了新兴的心理学学科之一即积极心理学的注意。

近年来，青少年的心理健康问题越来越受到人们的重视，越来越多的研究人员及教育工作者致力于青少年心理健康的研究与教育工作。但是，不管是在理论研究还是在教育实践上，当前心理健康教育都基本沿袭了以往的病理心理学或消极心理学（Pathology Psychology）模式，把重点放在预防和矫正青少年的各类心理问题上，其结果是头痛医头、脚痛医脚，既不能从根本上预防各种问题的出现，也不能发展心理的积极层面，促进青少年真正成人成才。要改变当前心理健康教育的现状，必须打破消极心理学一统天下的局面，将积极心理学的理念引入青少年心理健康教育工作。

一、积极心理学对青少年心理成长的新解读

积极心理学是对病态心理学的反叛，是以一种新的视角诠释心理学。正如积极心理学

的倡导者塞利格曼（Martin E·P·Se ligman）所说，“积极心理学并没有改变心理学的研究范式，但不同于以往心理学关注心理疾病和障碍的研究，而将心理学的研究关注放在心理健康和良好的心理状态方面，是一门旨在促进个人、群体和整个社会发展完善和自我实现的科学”。在积极心理学视角下可对青少年心理成长作以下解读：

1. 心理危机提供成长的契机

一位父亲对孩子的成长寄语说：“愿你成长路上一路顺风！”孩子说：“爸爸，与其祝我一路顺风不如祝我百折不挠！”

对于很多家长来说，希望自己的孩子健康顺利成长是必然的，但是事实证明，健康顺利成长，尤其是心理上的健康顺利成长，几乎是不可能的。这个孩子的回答点明了一个道理：成长中的挫折是不可避免的。因此，接纳孩子成长中的问题，教会孩子面对自己的成长问题，是家庭教育中的一个重要课题。

对尚未完全社会化的青少年来说，心理危机是个人成长的伴生物，人的成长就是在心理危机中一次次的自我突破与自我提升，是一次次超越挫折与失败的阻碍达到自我发展与成长的过程，更是一步步深入认识自我、完善自我的过程。因此，正确认识心理危机，就可能在解决心理危机的过程中以此为契机顺势而为实现自我成长。具体说来：首先，他人对个体问题行为的态度和评价给自己提供了自我反思、自我觉醒的机会；其次，问题自身对问题行为的调整和领悟为自己提供了开启潜能、重塑自我的机会。与那些一帆风顺的同龄人相比，从茫然无助、痛苦挣扎到坚定信念、战胜自我的心理历程可以变成青少年人生中的宝贵财富，使他们意志更坚韧、情感体验更丰富、人生目标更清晰。因此，以积极的方式解读心理危机，是自我发现、自我成长的一种契机，是推动个体心理健康成长的积极力量。

2. 过激行为呼唤生命的正常方式

个体对现实生活的不适应造成生命活动方式的扭曲，既是源于个体需要得不到满足引起的心理困境，又是因为个体缺乏利用主客观资源的生活技能。青少年尚未自立，生活多受家庭和学校的支配；同时涉世不深，难以独立适应身边环境的变化，以至于他们很难理性地展现自身正常的生命活动，不可避免地出现某些过激行为。恰恰是他们的某些违规、过激、混乱甚至危险的行为，展示了个体顽强、坚韧、不服输的人格特质，也展示了他们不向危机低头，大胆寻求改变的决心与意志，这也同时呼唤着生命以正常的活动方式来展现。因此，虽然非常规方式不可取，但过激行为背后孕育着的不愿放弃生命价值、为存在意义而尝试奋斗的巨大勇气，对青少年的健康成长具有不可估量的积极意义。

二、良好心理素质的体现

由于积极心理学是新兴的学科，尽管提出了应从积极的角度重新审视对青少年心理健康的教育问题，对于青少年良好心理素质的描述仍然相对较少。因此，我们结合第一节阐述的心理素质结构来阐述青少年良好心理素质的表现。在阐述青少年良好的心理表现时，请读者把握好正常的心理素质的表现，并根据孩子的特点对孩子的良好心理素质进行客观准确的判断。

在阐述上述结构之前，我们不妨来看看十八只狐狸的故事。

在一位农夫的果园里，紫红色的葡萄挂满了枝头，令人垂涎欲滴，当然，这种美味也逃不过在附近安营扎寨的狐狸们的觊觎，它们早就想享受一下了。

第一只狐狸来到了葡萄架下，它发现葡萄架要远远高出它的身高。它站在下面想了想，不愿就此放弃，机会难得啊！想了一会儿，它发现了葡萄架旁边的梯子，回想农夫曾经用过它。因此，它也学着农夫的样子爬上去，顺利地摘到了葡萄。

这只狐狸采用的就是问题解决方式，它直接面对问题，没有逃避，最后解决了问题。

第二只狐狸来到了葡萄架下，它也发现以它的个头这一辈子是无法吃到葡萄了。因此，它心里想，这个葡萄肯定是酸的，吃到了也很难受，还不如不吃。于是，它心情愉快地离开了。

这只狐狸运用的是心理学当中经常提到的“酸葡萄效应”，也可以称为文饰作用或合理化解释，即以能够满足个人需要的理由来解释不能实现自我目标的现象。

第三只狐狸来到了葡萄架下，它刚刚读过《钢铁是怎样炼成的》，深深地被主人公的精神打动。它看到高高的葡萄架并没有气馁，它想：我可以向上跳，只要我努力，我就一定能够得到。“有志者，事竟成”的信念支撑着它，可是事与愿违，它跳得越来越低，最后累死在了葡萄架下，献身做了肥料。

这只狐狸的行为，在心理学上我们称为“固执”，即反复重复某种无效的行为，有时我们也称它为强迫症。它说明，不是任何事情的最佳方案都是解决问题，要看自己的能力、当时的环境等多种因素。

第四只狐狸来到了葡萄架下，一看到葡萄架比自己高，愿望落空了，便破口大骂，撕咬自己能够得到的藤，正巧被农夫发现，一铁锹把它拍死了。

这只狐狸的行为我们称它为“攻击”，这是一种不可取的应对方式，于人于己都是有害无利的。

第五只狐狸来到了葡萄架下，它一看自己的身高在葡萄架下显得如此的渺小，便伤心地哭起来了。它伤心为什么自己如此矮小，如果像大象那样，不是想吃什么就吃什么吗？它伤心为什么葡萄架如此高，自己辛辛苦苦等了一年，本以为能吃到，没想到是这种结果。

这只狐狸的表现我们在心理学上称为“倒退”，即个体在遇到挫折时，从人格发展的较高阶段退到人格发展的较低阶段。

第六只狐狸来到了葡萄架下，它仰望着葡萄架，心想：既然我吃不到葡萄，别的狐狸肯定也吃不到，如果这样的话，我也没什么好遗憾的了，反正大家都一样。

这只狐狸的行为在心理学中称为“投射”，即把自己的愿望与动机归于他人，断言他人有此动机和愿望，这些东西往往都是超越自己能力范围的。

第七只狐狸来到了葡萄架下，它站在高高的葡萄架下，心情非常不好，它在想为什么我吃不到呢，我的命运怎么这么悲惨啊，想吃个葡萄的愿望都满足不了，我的运气怎么这么差啊。越想它越郁闷，最后郁郁而终。

这只狐狸的情况是“抑郁症”的表现，即以持久处于心境低落状态为特征的神经性障碍。

第八只狐狸来到了葡萄架下，它尝试着跳起来去够葡萄，没有成功，它试图让自己不再去想葡萄，可是它抵抗不了，它还试了一些其他的办法也没有见效。它听说有别的狐狸吃到了葡萄，心情更加不好，最后它一头撞死在葡萄架下。

这只狐狸的下场是由于它心理不平衡造成的，在现实生活中我们经常会遇到类似的“不患无，患不均”的现象。很多人在与别人比较的时候，因为心理不平衡选择了不适当的应对方式。

第九只狐狸来到了葡萄架下，同样是够不到葡萄。它心想，听别的狐狸说，柠檬的味道似乎和葡萄差不多，既然我吃不到葡萄，何不尝一尝柠檬呢，总不能在一棵树上吊死吧！因此，它心满意足地离开去寻找柠檬了。

这只狐狸的行为在心理学上我们称之为“替代”，即以一种自己可以达到的方式来代替自己不能满足的愿望。

第十只狐狸来到了葡萄架下，它看到自己的能力与高高的葡萄架之间的差距，认识到以现在的水平和能力想吃到葡萄是不可能的了，因此它决定利用时间给自己充电，报了一个研究生课程进修班，学习采摘葡萄的技术，最后当然是如愿以偿了。

这只狐狸采用的是问题指向应对策略，它能够正确分析自己和问题的关系与性质，找到最佳的解决方案，是一种比较好的应对方式。

第十一只狐狸来到了葡萄架下，它同样也面临着相同的问题。它转了一下眼睛，把几个同伴骗了来，然后趁它们不注意，用铁锹将它们拍昏，将同伴摞起来，踩着同伴的身体，如愿以偿地吃到了葡萄。

这只狐狸虽然最后也解决了问题，但它是在损害他人利益的基础上来解决的，这种应对方式不可取。

第十二只狐狸来到了葡萄架下，这是一只漂亮的狐狸小姐。她想：我一个弱女子无论如何也够不到葡萄了，我何不利用别人的力量呢？因此，它找了一个男朋友，这只狐狸先生借助梯子给了狐狸小姐最好的礼物。

这在心理学上称为“补偿原则”，即利用自己另一方面的优势或是别人的优势来弥补自己的不足，这种方式在一些情境下也不失为一种好方法。

第十三只狐狸来到了葡萄架下，它对葡萄架的高度非常不满，这导致了它不能尝到甜美的葡萄，于是它就怪罪起葡萄藤来。说因为葡萄藤太好高骛远，爬那么高，说葡萄的内心其实并没有表面看上去那么漂亮。发泄完后，它平静地离开了。

这只狐狸的行为在心理学上我们可以称之为“抵消作用”，即以从事某种象征性的活动来抵消、抵制一个人的真实感情。

第十四只狐狸来到了葡萄架下，发现自己无法吃到自己向往已久的葡萄，看到地上落下来已经腐烂的葡萄和其他狐狸吃剩下的葡萄皮，它轻蔑地看着这些，作呕吐状，嘴上说：“真让人恶心，谁能吃这些东西啊！”

这只狐狸的行为在心理学上我们称之为“反向作用”，即行为与动机完全相反的一种心理防御机制。

第十五只狐狸来到了葡萄架下，它既没有破口大骂，也没有坚持不懈地往上跳，而是发出了感叹，美好的事物有时候总是离我们那么远，有这样一段距离，让自己留有一点幻想又有什么不好的呢？于是它诗兴大发，一本诗集从此诞生了。

这只狐狸的行为在心理学上我们称之为“置换作用”，即用一种精神宣泄去代替另一种精神宣泄。

第十六只狐狸来到了葡萄架下，它发现想吃葡萄的愿望不能实现后，不久便产生了胃痛、消化不良的情况。这只狐狸一直不明白一向很注意饮食的它，怎么会在消化系统出现问题？

这只狐狸发生的情况在心理学中我们可以称之为“转化”，即个体将心理上的痛苦转换成躯体上的疾病。

第十七只狐狸来到了葡萄架下，它发现了同样的问题。它嘴一撇，说：“这有什么了不起的，我们已经有狐狸吃过了，谁说只有猴子才能吃到果子，狐狸也一样行！”

这只狐狸所表现的言行是一种情绪取向的应对方式，在心理学中我们可以称之为“傍同作用”，即当自我价值低于他人价值时，寻找与自己有关系的人来实现自我价值。

第十八只狐狸来到了葡萄架下，它心想：我自己吃不到葡萄，别的狐狸来了也吃不到葡萄，为什么我们不学习猴子捞月的合作精神呢？前有猴子捞月，现有狐狸摘葡萄，说不定也会传为千古佳话呢！于是它动员所有想吃葡萄的狐狸合作，搭成狐狸梯，这样大家都吃到了甜甜的葡萄。

这只狐狸采取的是问题取向的应对方式，它懂得合作的道理，最终的结果是既利于自己，又利于大家。

根据上述的青少年心理健康素质结构的7个维度，结合这18只狐狸的故事，我们看见了18只狐狸的不同的认知风格、归因风格、应对风格、动力系统、自我、个性素质以及人际素质等。同时，我们也可以得出以下结论：

（一）良好的心理素质体现在认知风格上

不同的认知风格，可以帮助狐狸采取不同的措施去解决问题，如第一、第二，尤其是第九、第十、第十一只狐狸；也可以使某些狐狸解决不了问题，如第四、第八只。在解决问题的时候，有些方法是我们认同的，如第一、第十只；而有些是我们可能有保留意见的，如第二、第九只；也有我们公认的不是解决问题的好措施的，如第四、第八只。但是，从心理健康的角度上看，第二和第九只狐狸最终也是解决了问题的，并且他们最终能解决问题取决于他们的认知风格，而不会像第七、第八只狐狸那样抑郁而终。

认知风格有5个维度，分别为认知方法维度（灵活—单一）、认知加工维度（整体—局部）、认知决策维度（自我—场景）、认知行为维度（独立—合作）、认知倾向维度（冒险—稳重）。

1. 认知方法维度（灵活—单一）

认知方法维度（灵活—单一）也称聚合—发散思维（convergent - divergent）。这种风格模型由Guilford（1967）提出，作为他的智力模型的一部分，这种认知风格最初是用来区分两类人的：一类是在处理具有常规答案的问题时表现出较强的能力，答案可以从给定的条件中推导出来；另一类人在处理具有不同答案的可能性问题时表现出高度的熟练性。聚合思维者在智力测验中的表现要比在开放式测验中（open - ended）好，而发散思维者恰好相反①。换一个说法，前一类思维者不擅长辨别没有进行明确区分的信息。证据显示这种认知风格具有较强的稳定性②。和其他的认知风格相对照，聚合发散型的思维与心理活动的其他侧面相重合，Hudson 提到“发散型思维者的兴趣超出课程内容，他们喜欢阅读了解流行的事物和艺术，而聚合的思维者则对汽车、广播、模型制造、爬山野营和自然有兴趣”③。Hudson 进一步发展了聚合—发散思维理论，并探讨了对教学与学习过程的含义。这个理论在 20 世纪 70 年代的国外教师培训方面有明显的影响④。

从这个维度看出，认知方法虽灵活但不稳定，虽单一却不失为解决问题的一种好方法。事实上，认知风格的好坏的最直接的评判来自于问题的解决程度。而问题是否解决，我们可以利用积极心理学去看待，尽可能去发现这个问题所带来的好处，更重要的是心理的成长。很多时候对于青少年解决问题时认知方法是灵活还是单一，更多地来自于家长对孩子的评价，即假如家长的认知方法单一，对孩子解决问题的方法也更倾向于单一，反之亦然。在 18 只狐狸当中，第二和第九只狐狸的解决问题的方法，如果放到自己的孩子身上，估计很多家长不仅不会认同，并且会对孩子进行更多负面的评价。但这两只狐狸解决问题的方式却是最灵活的。

2. 认知行为维度（独立—合作）和认知决策维度（自我—场景）——场依存—场独立性

Witkin（1948）等人最初从事知觉方面的研究，他们发现个体在给垂直于特定空间的物体定位时存在着差异，进一步的实验导致场独立—场依存认知风格的发现。Witkin 等人⑤指出：“当呈现一个具有支配作用的场的时候，比较场独立的个体倾向于克服场的组织，或重新构建它，而场依存的个体倾向于依附于给定的场的组织。”Goodenough⑥ 也指出：“一个在知觉情境中表现出分析型的个体，在其他知觉和问题解决情境中也倾向于是分析型的，具有整体型风格的个体在其他情境中也倾向于使用外在的参照物。这样的个体在社会人际环境中喜欢依赖他人进行自我定义。他们特别留意社会刺激。”

后来的研究将焦点放在场依存性对儿童及学习的影响上。人们发现场独立的儿童比场依存的儿童在任务分析上和知觉对象的区分上更有能力。他们更喜欢独立的活动，有自我定义的目标，能对内在的强化作出反应，喜欢对自己的学习进行规划和重新构造。他们更愿意发展出他们自己的学习策略。而场依存的儿童倾向于进行小组学习，即频繁地与同伴

---

① Guilford J. P. *The Nature of Human Intelligence.* McGraw Hill, 1967. 55.

② Magnusson D., Backteman G. Longitudinal Stability Intelligence and Creativity. *Applied Psychological Measurement*, 1978, 2: 481 - 490.

③ Hudson L. *Contrary. Imaginations.* London: methuen, 1966. 71.

④ Rayner S., Riding R. J. Towards a Categorisation of Cognitive Styles and Larning Style. *Educational Psychology*, 1997, 17: 5 - 27.

⑤ Witkin H. A., Moore C. A., Goodenough D. R. Cox. P. W. Field Dependent and Fired Independent Cognitive Style and heir Education Implications. *Review of Educational Research*, 1977, 47: 1 - 64.

⑥ Goodenough D. R. The Role of Individual Differences in Field Dependence as a Factor in Learning and Memory. *Psychological Bulletin*, 1976, 83: 675 - 694.

和教师进行交互作用，他们需要高水平的外在强化和指导，需要在他们的活动中有明确的目标和结构。

在这里，我们将认知行为维度和认知决策维度统一用场依存—场独立性解释。从认知行为维度的独立—合作这种认知方式，我们可以看到两种不同处事风格的青少年，不同认知风格的青少年有着不同处事方式，一旦跟他认知风格的处事方式相违背，行事效率也会相应降低。比如，有些孩子周末的时候去上辅导班，因为他喜欢和其他孩子在一起学习，并且他的学习效率会比较高。可是这时候，在上辅导班时，由于是喜欢合作的，并且喜欢与人交流的，他表现出更多地在教师或家长看来是违反课堂纪律的表现；所以，家长就要求孩子在家独立完成作业。这时，问题就来了，这孩子开始焦虑不安，学习也无法跟别人交流，以至于出现了比原来看似更严重的问题。而反之亦然，假设我们将一个喜欢独立学习，倾向于自我决策的孩子放在一个时时需要合作的团体里学习，他就会处处碰壁，从而使得自己的效率降低，形成了习得性无助。

3. 认知加工维度（整体—局部）

这个标签是由帕斯克和斯考特提出的。整体型思维者对学习任务倾向于采用整体策略，行为反应特征是“假设导向”的；序列型思维者倾向于采用聚焦策略，行为特征是按步骤进行。整体—序列化的认知风格也是根植于知觉功能上的个体差异，它与个性有重叠。在一个自由的学习情境中，序列型学习者喜欢注意或知觉较小的细节，把问题分解成较小的部分，而整体型的学习者则恰好相反，将任务作为一个整体对待。Pask 和 Scott 指出[①]：序列型学习者在学习、记忆和概括一组信息方面，常根据简单的关系将信息联系起来，即信息之间呈现的是低序列的关系，因为序列型学习者习惯于吸收冗长的序列型的数据，不能容忍不相关的信息；而整体型学习者的表现与此相反，学习、记忆和概括时将信息作为一个整体对待，他们倾向于把握“高层次的关系”。

从这个维度，我们可以联想到：在每次班级活动中，我家的孩子总是带头的那个，而且每次活动都组织得有条不紊的；而坐在他旁边的那个孩子，他每次都参加活动，虽然他不像我家孩子那样，看起来可以呼风唤雨，可是没有他却是不行的，因为他总会提醒我家孩子做某件事，才使得每次活动看起来都很不错。在这里，这两个孩子都表现出合作的关系，不同的认知风格组合起来使得他们相互之间也得到一定的互助，从而共同成长。因此两种风格都有其各自良好的表现。

4. 认知倾向维度（冒险—稳重）

这种认知风格最初是由 Kagan 及同事提出来的[②]，采用匹配相似图形测验加以测量（MFFT）。这个认知风格来源于早期调查知觉速率方面的工作，在不确定的情景下个体作出决定的速度是非常不同的。学习者被分为两个不同的类：一类在简短地考察各种可能性后迅速地作出决定，被称为“认知冲动型”；另一类在进行反应前进行深思熟虑的思考，仔细考虑所有的可能性，被称为“认知熟虑型”。

---

① Pask G., Scott BCE. Learning Strategies and Individual Competence. *International Journal of Man-Machine Studies*, 1972: 217-253.

② Kagan J., Rosman BL., Day D. et al. Information Processing in the Child Significance of Analytic and Reflective Attitudes. Psychological Monographs, 1964. 75-78.

这种认知风格对教学和学习过程具有重要意义。赖丁和奇玛认为认知功能的这一侧面对学术和非学术的学习都起作用。

这里，我们要特别强调认知风格的个体差异，并遵循认知风格的应用原则：

（1）认知风格不是能力，而是能力运用过程中的某种偏好方式。它们两者的良好匹配可以创造出一种整体优势，其结果超越单一的认知风格或能力。因此，教学活动中要同时考虑认知风格和能力的差异。

（2）个体不可能单纯地具有某种单一的认知风格，往往是两种甚至是多种认知风格的整合体。

（3）随着任务、情境的变化，个体表现出来的认知风格也会发生变化，某一时间、某一地点表现的认知风格并不一定在另一时间、另一地点有价值，因此，要正确对待学生多种认知风格的价值。

（4）个体所整合的认知风格中的各种“标签”强度不同，例如，同样是整体—言语类型的学习者，有的人倾向于整体型学习，而言语表征较弱；有的人倾向于言语型学习，而整体加工比较弱。因此，不同人在认知风格的弹性应用中灵活性不一样。

（5）认知风格不是一成不变的，它可以通过学习而后天习得。

（6）认知风格没有好坏之分。

（二）良好的心理素质体现在归因风格上

1. 青少年归因风格的特点

研究显示，成人的归因风格存在四个维度，即内在—外在、稳定—不稳定、整体—局部、控制—不可控制性四个维度。我们的研究发现，青少年归因风格的维度与成人基本一致，具有内在—外在、稳定—不稳定和整体—局部三个维度。在探索性因素分析时发现控制—不可控制维度与稳定—不稳定维度难以区分。提示青少年归因风格可能不存在控制—不可控制维度。这可能与青少年对这两个维度含义的理解存在困难有关。他们可能认为，负性事件发生的原因可以控制，就不可能持续很长时间，那么，原因就不稳定；负性事件发生的原因不可控制，就可能持续很长时间，那么原因就是稳定的。就上述研究来讲，青少年对负性事件发生的原因倾向于内在的归因，在稳定—不稳定和整体—局部维度倾向于接近中性的归因。在性别之间未发现归因风格上的差异。随着年龄的增长，青少年对负性事件发生的原因倾向于作出稳定性的归因，而在内在—外在和整体—局部维度上未发现年龄特征。

2. 青少年归因风格与其心理健康水平的关系

自从艾布拉姆森等人根据社会心理学中习得性无助理论而提出抑郁的无助理论以来，学术界对有关归因风格和抑郁的关系进行了很多研究。如果一个人倾向于把生活中的负性事件的原因归结为内在的、稳定的、整体的，则有较大的可能出现抑郁症状。本研究结果与既往的研究结论相似，青少年对负性事件发生的原因作出稳定的和整体的归因而表现出较高水平的抑郁。同时，在焦虑和强迫方面也得出同样的结果。由此提示，对负性事件发生的原因作出稳定和整体归因的青少年的心理健康水平较低：从回归方程的决定系数看，对负性事件发生的原因作出稳定的和整体的归因可以解释青少年抑郁20%的方差、焦虑的

15%和强迫的13%。所以，归因风格对青少年心理健康的影响对抑郁的作用最大，焦虑次之，强迫最小。内在—外在归因对青少年心理健康的作用不大；也可能与内在—外在维度的信度较低，或青少年对该维度归因的评价变化程度较大有关。内在—外在归因对青少年心理健康的影响有待进一步研究。

对青少年归因发展趋势进行分析发现，随着年级的升高，青少年的归因风格发展呈现出了明显的阶段性。从小学五年级到初二年级，青少年的归因风格得分较低，并表现出了波动，而从初三到高三年级阶段起得分有所升高，发展相对平稳，从高三年级到大学阶段，其得分出现了波动变化但又呈现出增长的趋势，这可能与青少年思维发展的特点有关。在不同年级阶段，青少年的思维发展水平也是不同的。整个小学阶段，青少年由具体形象思维逐渐发展为抽象逻辑思维，而初中生思维的最大特点是具有抽象逻辑思维，但是这种思维是不平衡的，变化很大，这可能是小学五年级到初二年级青少年归因风格发展表现出波动的原因；进入高中以后，青少年的思维发展逐渐趋于成熟，因此青少年归因风格也表现得较为平稳；从高三年级到大学阶段，青少年面对新的生活、学习环境以及新的适应任务，使得其行为归因发展受到影响，并进而表现为归因风格发展的波动。

不同年级阶段青少年归因风格各维度差异的相似性并不能表明青少年归因风格的发展在各年级之间也不存在差异性。在研究中发现，在归因风格四个维度上，年级主要效应显著。这可能与不同年龄阶段青少年认知发展的水平有关，在我国青少年认知发展水平的研究中，有研究者发现，我国儿童在六七岁左右认知发达到具体运算阶段；12岁左右达到形式运算阶段。这说明，青少年认知的发展是一个从不成熟到逐渐成熟的过程，在不同年龄阶段，青少年认知水平的发展是不同的，这一结论可以为本研究的结果提供解释。本研究发现，随着年级的升高，青少年内在—外在性、整体—局部性、持久—暂时性维度上的得分呈逐渐上升的趋势，而可控—不可控维度的得分变化并不明显。这表明，随着年级的升高，青少年各不同归因维度的发展趋向成熟，因此可以认为青少年的归因风格在不同年级阶段所表现出来的额差异可能受到了青少年心理成熟及认知发展的影响。

（三）良好的心理素质体现在应对风格上

对应风格作为心理健康素质的一个重要内容，它是指在各种应激情境中都可能会表现出来的、带有个人特点的应对方式的组合形式。一个人的应对风格是其人格特征在应对活动中的表现，具有跨情境的一致性。

本书以梁宝勇编制的量表及其对此所进行的研究为例，对青少年的应对风格和心理素质的联系进行阐述。

梁宝勇编制的《中国青少年心理健康素质调查表·应对风格分量表》分为七个理论维度。这七个维度的含义是：

（1）针对情境的行为应对策略（行为—情境策略）：该维度得分越高，表示受测者在应激条件下越可能采取实际的、针对问题情境的行动，以解决自己所面对的问题或者暂时脱离问题情境。

（2）针对情境的认知应对策略（认知—情境策略）：该维度得分高，说明受测者在应激条件下倾向于采取认知策略来处理问题情境。

(3) 针对情绪的身体策略（行为—生理策略）：该维度表示采用体力活动来减轻应激所引起的生理（身体）反应的努力。得分高，意味着受测者习惯于通过身体活动来减轻压力。

(4) 针对情绪的行为表达策略（行为—表达策略）：该维度得分高，意味着受测者较多地采用各种情绪宣泄和压制等行为方式处理情绪困扰。

(5) 针对情绪的认知表达策略（认知—表达策略）：该维度得分高，意味着受测者经常采用诅咒和祈祷的方式处理情绪痛苦。

(6) 针对情绪的防御机制（防御策略）：该维度由 4 种较成熟的防御机制组成，是个体处理心理应激的“无意识的”心理手段。

(7) 混合策略：该维度所包含的应对方式既可以服务于问题的解决，也可以被用来减轻由应激所引起的情绪困扰。

我国青少年在应对风格量表的行为—生理、行为—表达、认知—表达、防御策略和混合策略维度上表现为从小学五年级逐渐上升至初二年级，之后不断下降，高二年级时达最低，高三年级回升，到大学又有所回落。

分析其中的原因，初二年级是个转折点，在这之前学生的逻辑抽象思维已有相当的发展，但基本上属于经验型，理论思维发展尚差。在遇到应激事件时，还不能自己解决实际问题，而且这个阶段的学生也比较活泼好动，更容易通过一些身体的活动来减轻压力。初二年级以后到高二年级，学生的理论性的抽象逻辑思维开始发展起来。这时，青年开始能对自己思想、观点提出论证。他们力求对各种经验材料作出理论的、规律性的说明，用理论做指导来进一步扩展知识领域。高中学生的抽象逻辑思维达到了较高的水平，所以这一阶段的学生通过身体的活动来减轻压力呈下降趋势。但是到了高三年年级，学生通过活动来减轻压力的趋势又有所上升，这可能与高三年级的学生学习压力大、学习任务重有关，他们把所有精力都放在了学习上，所以这个阶段他们更倾向于简单地用身体的活动来应对所面临的应激事件。

从初一到高二年年级采用各种情绪宣泄和压制等方式处理情绪困扰趋势逐渐下降，分析原因可能是：在中学生的情绪表现中，充分体现出半成熟、半幼稚的矛盾特点。随着中学生心理能力的发展和生活经验的扩大，其情绪的感受和表现形式不再像以往那么单一了，他们已经积累了较多的经验，了解了不同的情绪在人际关系中具有不同作用的事实。因此，他们的情绪表达已不是很外露，并能适当控制某些消极情绪，以相对缓和的形式表现。中学生已逐渐克服了童年时期情绪体验的单一性和粗糙性，情绪表现变得越发丰富和细致。中学生在情绪表现上已逐渐失去了那种毫无掩饰的单纯和率真，在某些场合，可将各种情绪隐藏于心中不予表现。因此，随着年级的升高，学生采用各种情绪宣泄和压制等方式处理情绪困扰趋势逐渐下降。高三年级由于学习任务重，来自各方面的压力大，学生自我调节情绪的能力就削弱了，所以较之于高二年级，他们更多地用情绪宣泄来解决所面临的应激事件。

从初三年级开始到高二年级运用防御策略逐渐降低，分析其原因，可能是随着年级升高，学生的思维发展和解决问题的能力不断提高，他们可以多方面地选择其他的应对策略，因而较少选择防御策略来解决应激事件。

我国青少年行为—情境和认知—情境维度的年级发展趋势具体表现为：小学五年级和初中阶段得分高于高中和大学阶段，从初中阶段开始呈逐渐下降趋势，到高二年级之后回升，在大学阶段呈较快上升趋势。这两个维度所包含的应对方式均属于 Lazanis 和福尔克曼的应对分类体系中的“注重于问题”的应对方式，在应对研究文献中通常被看做是“适应的”或成熟的应对方式。小学和初中阶段较高的得分并不意味着这些学生已经发展形成这些较成熟的应对方式，恰恰相反，这个结果说明他们还没有学会针对问题的有效的解决方法，他们尚处于积极尝试、探索和学习阶段。伴随着对应激问题的认知能力的发展和成熟，到高中阶段，他们逐渐减少或放弃那些对问题解决无效的应对尝试，从高中二年级开始到大学阶段，他们越来越多地尝试面对问题并采取解决问题的认知和行为应对策略及多种多样的应对方法。

（四）良好的心理素质体现在动力系统上

关于动力的概念有不同的观点，一般认为，动力是指偶遇一种目标或对象所引导、激发和维持的个体心理过程，它包括两个要素：①目标；②针对目标的心理努力。动机是动力系统的核心概念，动力系统作为一种重要的非智力因素，是其他非智力因素的前提和基础，也是心理健康素质结构的重要组成部分。青少年正处于人生观、价值观的形成与发展时期，也是对人生态度、生活方式、生存价值等一系列问题开始探讨、并逐渐独立思考的阶段。因此，对青少年动力系统与心理健康关系的研究，既是青少年心理学的重要课题，也能成为青少年行为问题的深入研究，为当前教育实践提供心理学依据。已有的研究证实，目标是超越自我的，即使努力失败，也不会对心理健康产生负面影响。

我国青少年动力系统整体状况绝大部分属于中等偏上范畴，这说明我国青少年动力系统整体发展状况良好。

有相关的研究结果表明，青少年在动力系统总均分上存在显著年级差异。从我国青少年动力系统总均分上的年级变化趋势来看，具体表现为：小学五年级动力整体水平较高，初一年级略有上升，初二年级有所下降，之后动机发展起伏波动，高三年级动机水平最低，从高三年级到大学迅速上升，动机水平整体最高。按常规推理，似乎应该随着年级的升高动机强度呈逐渐上升趋势。也有研究结果显示中学阶段中后期的动机发展起伏波动，动机水平相对较低，而小学五年级、初一年级和大学阶段却呈相对较高趋势。分析其原因是小学五年级学生生活与学习相对比较简单，压力不大，自我效能感较高，其动机易受教师和家长的激发。初一年级学生刚从小学升入中学，对新的环境充满了好奇心和新鲜感，他们对自身也有着较为积极的肯定和确认。进入初二年级以后，伴随着青春期的到来，巨大的生理变化通常会导致心理困惑和产生很多消极的心态，环境新鲜感的忽然减少，学习科目的增多，沉重的学习负担和中、高考的升学压力，使得他们对自身缺乏足够自信，从而导致他们各种动机水平不高的表现，这些方面在高三年级表现得尤为突出。到了大学阶段，象牙塔般的生活和学习充满了憧憬，尽管其生活、学习环境有了较大变化，所经历各种事件有所增加，心理矛盾与心理冲突也会不断产生，但这时他们生理和心理相对已经成熟，对自身的评价也趋于客观和现实，能够更多地以积极的方式去应对各种问题，激发他们的动机，所以其动机水平相对较强。

研究结果表明，不同年级青少年在动力系统各维度上均存在显著差异，但在各维度上呈现出不同的变化趋势。其中，就缺失性动机维度来看，我国青少年表现为小学五年级得分最低，之后逐渐上升，高三最高，大学有所下降。分析其原因，因为是小学五年级学生虽已处于青春期前期，但自我意识发展水平还比较低，激发其动机的诱因在很大程度上来自行为以外获得的间接满足，如教师的表扬、家长的奖励、同学的羡慕等，还不是完全来自行为活动本身获得的满足，因此，他们在与基本性需要有关的动机上表现得相对较弱。进入中学阶段，由于正处于青春迅速发展时期，自我意识也得到不断发展，这时激发他们动机的诱因逐渐转移到行为活动本身获得满足的需要上来。到了高三年级，由于繁重的学习任务和高考的压力，他们对由基本性需要引起的动机表现得相对较强，这一时期的青少年踌躇满志。由于本次测验中所收集的大学生数据大多分布在大学一年级，其他年级所占比例相对较少，因而大学生的缺失性动机特点与数据分布有关。分析其原因，可以认为由于高考压力的解除，使得他们的缺失性动机逐渐减弱。

研究中，我国青少年在成长性动机维度上表现出初一年级得分最高，之后随年级升高逐渐下降，高一年级得分最低，之后逐渐上升。分析其原因，可能是初一年级学生刚升入中学，新的学习环境容易激发他们的成长性动机，相对较小的学习和生活压力，加之青春期的迅速到来，使得他们更渴望获得成长性需要的满足，从而表现出较强的自我实现动机。进入高一年级，尽管初中阶段的学习任务基本完成，但中考阶段强度较高的学习过程对他们的影响并没有完全消失，学习科目的增多，内容难度的加大，同学之间的激烈竞争，加之教师和家长更高的要求，使得他们在成长性动机上表现得相对较弱。之后随着年级的升高、自我意识的不断发展，他们逐渐能够较为客观地对自我进行评价，也能够以积极的方式去应对学习和生活中的各种压力，使得他们的成长性动机得到逐渐增强。

（五）良好的心理素质体现在自我上

江光荣从自我与心理健康的关系角度提出了一个多维度、多层次的“心理健康素质相关自我结构”模型，并据此理论模型编制了自我测量量表。此量表较全面地反映了自我的各方面内容，且有较好的信度和效度。我们来看看该量表的调查结果。

首先了解青少年整体自我的分布特点。整体自我或可称为自我，它由自我认知、自我评价和自我控制构成。整体自我水平的高低意味着自我的整体功能的差异。整体自我水平越高，不仅表现为主体自我对客体自我的认识和评价越真实，与客观评价越一致，而且表现为对自己的把握和控制也越强。对同一年龄的个体来说，整体自我分数越高，个体的自我越积极，其心理健康水平也越高。以均值加减两个标准差来区分的高、中、低得分水平反映了自我发展在真实性、客观性和控制性上的差异表现。从调查结果上看，中间以上水平的人数居多（98.24%），说明绝大多数青少年的自我发展是不错的，青少年心理健康素质的自我因素是好的。

调查结果表明，整体自我、各维度、各因子（除身体自我因子外）的年级变化特点具有普遍的一致性，总的看来具有先随年级增长下降，到大学阶段有所回升的特点。这种变化特征的出现可从两方面理解。一是它反映了个体在整个心理发展过程中的一般规律。青少年个性的发展，思维水平的提高，社会角色的改变等与自我的年级变化特征是协调一致、相辅相成的关系，自我的年级变化特征是与其他心理机能的发展密不可分的。小学五年级阶段的儿童对自我的认识多来源于外部，老师、家长甚至同学的标准起着重要作用，这种评价带有明显的不成熟、不稳定的性质，自我控制能力还没有得到很好的发展，盲目乐观地看待自己、评价标准的改变、较少约束的内外在环境，都可能是高自我得分的原因。然而，随着年龄的增长，知识的增加，社会交往的扩大，他们开始有了自己的认识标准，思想也日趋成熟、稳定，到了大学阶段应该说基本形成了客观、稳定、成熟的认识标准，以内在标准来看待自己的认识和评价，对自我控制能力有了更高的要求，且也有了相当程度的发展。虽然青少年自我的年级变化特征中小学五年级得分较高，但自我的“他律”特征明显。随着心理机能由“他律”向“自律”的变化，青少年自我的年级变化特点与其一致地表现出“自律”的特征。分数的差异只是量上的表现，正确理解自我的年级阶段特征还必须从质的角度加以分析，进行横向的比较，这样才能够更全面地理解青少年自我变化情况。另一方面，自我结构的年级差异可能是这种趋势的又一个内在原因。随着自我研究的日趋深人，自我在年级间的结构差异、学科差异、性别差异等问题得到揭示。不同年级间自我构成成分的不同或权重的改变，不同学科间自我水平的差异，不同性别间的不同变化特点等都可能造成自我在整体、各维度、各因子的不同变化规律。正是在这样相互依赖、相互制约的过程中，青少年的自我的年级变化表现出了既有共性、又有个性的特征。

（六）良好的心理素质体现在个性特征上

个性是个体在先天与后天各种相互作用下形成的相对稳定的和独特的心理行为模式，直接影响着生活和工作的方方面面。无论是众数原则下的心理健康标准还是精英原则下的心理健康标准，都把具有良好的个性素质作为重要内容。培养青少年具备一定的心理健康素质是当前心理健康普遍追求的目标。

个性特征的量表包括七个因子[①]：①内外倾：得分高意味着个体对周围的人和事具有较强的接纳性，在生活中表现为开朗，有较强的交往能力等。②意志：分数越高表明个体在目标完成过程中体现出来的自我约束能力越强，越能够有意识地支配行为并克服各种困难。③冒险：得分越高说明个体具有越强的冒险精神，具体表现为较强的挑战意识和对周围事物的探险欲望。④乐观—悲观：高分意味着个体常常能够以乐观的态度和感情基调看待日常生活和工作中发生的事情。⑤责任：得分高者具有较强的责任感，对分内的事情总能尽职尽责地完成。⑥耐挫折：该因子反映的是共同应付在挫折情境下所产生的烦恼、困惑、焦虑、愤怒等各种负面情绪的能力，分数越高说明其耐挫折能力越强。⑦独立：该因子涉及的是个体日常生活中行为和思想的独立性，得分越高说明独立性越强。

有调查结果显示，我国青少年个性素质各个维度在年级发展上的大体趋势表现为：在内外倾维度上，小学五年级外倾程度较弱，至初二年级逐渐外倾，初三年级达到最外向，高一至大学阶段外倾程度逐渐变弱；在意志、责任、耐挫折、独立维度上，小学五年级得

---

① 薛云珍，梁宝勇．中国青少年心理健康素质·个性素质的研究．心理与行为研究．2007（5）

分较高，从初中呈下降趋势，高中前半阶段继续下降，高中后半阶段到大学又逐渐回升；在冒险、乐观—悲观维度上，小学五年级得分较高，从初中到高中直至大学阶段依次递减。现就个性素质各个维度在年级发展上的趋势分析如下：首先，就本量表的内外倾维度而言，小学五年级至初中阶段逐渐外倾，初三年级最外倾，高中以后外倾程度较弱。原因可能为：小学五年级至初三年级以前，随着青少年社会化程度的提高，与社会接触的增多，个体热衷于探索其周围的事物，包括学习方面的、人际方面的、身体方面的等，表现其次较为外倾、貌似成熟；经过青春期的剧烈动荡，初中生个性发展中的身心不平衡性、极端性、矛盾性特点由凸显变得缓和，个体更渴望探求自身内在的发展特点，不仅如此，高中以后个体渐渐对社会上发生的重大事件及人生的意义进行思考，因而外倾程度较弱。第二，就本量表的意志、责任、耐挫折、独立维度而言，小学五年级的得分依次高于初中、高中前期，而高中后期至大学逐渐回升。原因可能为：随着青少年阅历的丰富，个体的自我意识水平逐渐提高，对自己的认识更加客观，尤其是经过初、高中阶段的积累、沉淀后，在高中后期至大学逐渐提升，从而意志增强，责任、独立、耐挫折水平提高，呈现个性素质总体的回升。因为个性素质的成熟不是凭空而来的，是与社会化的程度，即个体的阅历及生活的历练分不开的。因此，我们推测低年级的高分也许是不成熟的高分，因经不起时间的检验而势必下降的；而高中后期至大学的高分则是成熟的高分，是经得住岁月的考验而节节攀升的。再次，就本量表的冒险、乐观—悲观维度而言，小学五年级至大学的得分依次递减，可能的原因为：个体从小学五年级、初中、高中到大学，其社会化程度逐步提高，个性也相应地渐趋成熟；随着所受教育年限的增长，个体由家长、教师的他律性逐渐向自律性过渡，当初不知深浅的冒险，所谓的初生牛犊不畏虎，以及盲目的乐观倾向渐渐消失，代之以更理智、客观地看待人生。所以，某种程度上，低年级的高分恰恰反应了其社会化程度低、不成熟的一面，而高年级的低分则正好表现了其社会化程度高、成熟的一面。

另外，从描述统计来看，各个年级相差的分数不是很大，尽管有统计学的意义，但现实的或临床的意义也许只是量的区别，并无质的差异。加之国内目前关于青少年个性的研究大都是横断面的研究，纵向比较较少见，尤其是年龄跨度从小学五年级至大学的更为罕见，而个性的发展及影响因素是极为复杂的。因此，在各个维度的表现的解释上可能挂一漏万，还不全面。

（七）良好的心理素质体现在人际关系上

人际心理健康素质（以下简称人际素质）是心理健康素质的重要组成方面，它包含个体在交往过程中的人际交往能力、适于建立良好人际关系的人格品质、交往过程中的自我调控以及交往过程中合作的态度等一系列内在的、相对稳定的心理品质①。

马惠霞、沈德立在总结国内外有关研究基础上，进一步深入、全面地阐释了人际心理素质的内涵。在此基础上编制的《中国青少年心理健康素质调查表·人际素质分量表》②，

① 马惠霞，沈德立．人际关系心理素质探讨．中国临床心理学杂志，2004（14）

② 王晓庄，马惠霞．中国青少年心理健康素质·人际素质的研究．2007（5）

构建了新的人际素质的测量维度。本研究即以人际心理素质内涵及测量维度研究的新视角，以全国各地、处于不同受教育阶段的青少年为对象，对青少年人际素质现状进行分析和研究，从而进一步探析我国青少年群体人际素质的特点和成因。

本研究以马惠霞、白学军等编制的《中国青少年心理健康素质调查表·人际素质分量表》为调查工具。量表共21个条目，包含3个维度。其中，人际交往维度包含11个条目，主要反映青少年在人际交往中，有利于建立积极、良好人际关系的个性品质和能力，包括自信、敏感、热情、机智、表达能力、合作等。人际调控维度包含6个条目，主要反映青少年在交往中，善于根据情境调节交往技能，促进人际互动的心理品质。人际知觉维度包含4个条目，主要反映青少年在交往中，知觉他人的交往需求，体验他人交往的品质和能力以及对交往双方关系的理解力，反映出我国青少年在学校教育、家庭教育及社会环境培养和熏陶过程中，在对社会互动对象的认知、人际交往中角色转换技能以及建立良好人际关系的人格品质等方面呈现出良好的状态。

1. 青少年人际素质的年级差异

调查结果表明，青少年的人际素质在小学五年级、初一年级较高，从初二年级开始至高二年级，随着年级的升高，人际素质逐渐下降。这一变化趋势可能的原因有：首先，小学、初中阶段青少年人际交往的类型、过程和内容相对较为单纯，随着年级增长，青少年面临的人际交往问题越来越成人化，而青少年此时在人际交往技能上却相对不太成熟，心理上还没有做好应对复杂人际关系的准备。同时，初中和高中阶段又经历着步入青春期的转变过程，由自我意识引发的新的自我中心，表现出叛逆性和攻击性，在一定程度上影响了青少年人际素质中的认知成分、情感成分及行为成分的发展。到了大学阶段，大学一年级新生由于环境和角色变化引起的心理不适应，带来人际交往与人际关系上的困惑，从大学二年级开始，随着对大学生活的不断适应，人际交往会有一定改善。其次，小学五年级和初一学生的动机系统较为简单，在人际交往上容易简单地按教师和家长说的去做，而初二年级以后，特别是进入高中阶段，青少年的动机结构发展得较为复杂，内在性较强，行为调控的动力由外部控制为主向内部控制为主发展，自我的独立意向越来越成为支配行动的主导因素，与这一年龄段尚不成熟的心理发展水平形成一定反差，导致了人际交往发展上的变化和波动。此外，青少年时期主要精力都投入到紧张的学习中，学业与升学的压力可能导致学生们没有较为充分的时间有意识地体验和增强各类人际交往。

2. 青少年人际素质3个维度的年级差异

调查结果表明，青少年人际素质3个维度的年级差异均显著，但呈现不同的变化特征。其中，人际交往，除高三年级稍有波动以外，其他各年级随着年级的升高，人际交往得分呈现不断下降趋势；人际调控，初一年级最高，从初二年级开始至高二年级，随着年级的升高，人际调控得分逐渐下降；人际知觉，除高二年级略有波动以外，其他各年级随着年级的升高，人际知觉得分呈现不断上升趋势。在人际素质的3个维度中，人际调控侧重人际互动中的适应性；人际交往侧重人际交往中的人格特征、一般能力、情感和意志过程等成分；人际知觉侧重人际互动中的社会认知成分。青少年在人际交往、人际调控及人际知觉上年级变化趋势的差异，反映了青少年在一般认知、人格特征及社会认知上发展变化的非同步、非等速性，及其在人际关系认知成分、情感成分及行为成分发展上的非同步特征。关于中学生心理发展的研究证明，发展到初中阶段的青少年才能够开始理解社会交互作用，采用较全面的观点看待社会情境，理解社会关系的互惠性质，而自我意识、性格、需要、兴趣及价值观等影响人际素质发展的因素，获得较大发展和初步成熟，要到高中及大学阶段。青少年在一般认知、人格特征及社会认知上发展的非同步、非等速特征，在一定程度上决定了侧重人际互动中的适应性的人际调控发展较早，而以社会认知成分为主的人际知觉的发展相对较晚。此外，由于青春期身心的急剧变化，青少年的社会态度、逆反心理及自我中心特征又可能导致了其在人际交往上的消极情绪和行为，与不断提升的人际认知之间形成较大的反差。

第三节　家庭教育与良好心理素质的形成

学校教给学生技能，而家庭则培养孩子的人格形成。尽管目前我国中小学开始不断开设心理健康教育课程，但是家庭的教育才是孩子形成良好心理素质的决定因素或者是培养孩子良好心理素质的土壤。而这土壤如何，也就决定了孩子这棵心理素质大树长得怎样，是茂密的还是稀松的，是健康粗壮的还是不堪一击的。那么这土壤中会有些什么样的养分影响了这大树的成长？

一、家庭教育要素的影响

各家提出的家庭教育要素中出现频次较高的因素有：①家长素质（尤其是文化和道德素质）；②家庭生活条件（社会经济地位）；③家庭人际关系（亲子关系和夫妻关系）；④家庭教育态度（教育目的和对子女成长期望）；⑤家庭教育内容；⑥家庭教育方法。这些要素值得我们思索和关注。

（一）家长素质与社会经济地位

通过与家长的大量接触和对家长的年龄、文化程度、对孩子教育的态度及家长对家庭教育的有关知识了解等方面进行了解、分析，了解到目前青少年的家长年龄都在40岁左右，步入中年，这个年龄段的家长情况是差异很大的。有的事业有成，有的在生产第一线辛勤工作，有的因单位不景气而为生计奔波。这些家长不管处于一种怎样的境地，都有一个共同的特点，那就是在现代社会中都面临着一种空前的竞争压力。由此他们易产生抑郁的情绪和烦躁的心理。他们的这种心理情绪，往往直接影响了他们对孩子的教育，或对孩子疏于管教，或缺乏耐心，易激动。他们迫切希望孩子成长，早日成熟，但对孩子的心理需求较忽视，因此在管教孩子时，往往容易陷入各种误区。如有的家长对孩子平时关心很少，只看成绩，成绩好就不加节制地加以奖励、放任。有的家长由于所处的环境发生了变化，影响了自身的情绪的平稳，又不善于自我调节和控制，当教师向其反映孩子问题时，往往易发愁，不能平心静气地分析问题。

有的家长在管教孩子方法上也没有意识到对孩子行为的影响，采取家长说了算或粗暴的简单方法，使孩子与其情绪对立。孩子的行为有时是无意识的、冲动型的，犯了错误，往往看到了结果才感到后悔。这时的孩子需要帮他分析、指导、指点迷津，"说了算""粗暴"的方法只能适得其反。而且管教方法也会影响孩子的交往，在处理与同伴发生矛盾时的态度上可看出，正确的引导能使孩子认识到错误行为发生的根源，从根本上去改正，特别是家长的宽容能影响孩子处理好同伴间的矛盾，能谅解对方，适可而止。而家长表现出的烦恼、抑郁、训斥、粗暴既影响了孩子活泼个性的成长发展，也会反映在孩子身上"不讲道理、蛮横、攻击"行为增加，产生明显的好斗心理，这不能不说与家长心境不好、专制管教孩子有关。当同学间产生矛盾时，家长态度的不一，产生的教育效果明显不一样。

（二）家庭人际关系

和谐的亲子关系和夫妻关系是家庭教育的基础。但是当前却从很多侧面或正面可以看到亲子关系和夫妻关系出现问题。和谐的亲子关系和夫妻关系在家庭教育中显得更为珍贵。

天津市12355青少年综合服务平台的一项调查显示，影响天津市青少年心理健康的热点问题主要集中在四个方面：亲子关系问题，大都表现为父母与子女沟通困难，孩子与父母产生对抗情绪或行为；中小学生厌学问题；网络、游戏成瘾问题；青春期交友问题。相关统计显示，近70%的青少年心理问题涉及亲子关系。厌学、网络成瘾等问题，有些也是从亲子关系问题衍生而来的。虽然这来源于天津市的调查，但是这就是社会的缩影，该调查在全国都具有代表性。

著名教育家马卡连柯谈到夫妻对子女身教时说："不要以为只有你们同儿童谈话，或只有教导儿童、吩咐儿童的时候，才是教育儿童。在你们生活的每一瞬间，甚至你们不在家的时候，都教育着儿童。你们怎样穿衣服，怎样跟别人谈话，怎样谈论其他的人，怎样表示欢欣和不快，怎样对待朋友和仇敌……所有这些对儿童教育有很大意义。父母（夫妻）对自己的一举一动的检点，这是首要的和最基本的教育办法。"

"近朱者赤，近墨者黑。"孩子诚实、自信、向上、进步，或是口是心非、言行相悖。或者说孩子的长处或缺点，首先来自于父母，这就是所谓的"染于苍则苍，染于黄则黄"。夫妻对孩子的教育重在身教，夫妻在孩子眼前树立良好的、言行一致的榜样，孩子也会按父母严格要求去做。倘若没有这一条，家庭教育也就成了空谈。

因此，每个家庭、每对夫妻不光要考虑怎样教育孩子，更重要的是自己身体力行地去做、去实施。这样的教育方式才会取得事半功倍的效果。而夫妻关系是否和谐也同样被孩子感受到，并把相应的交往模式带到自己对外的行为交往模式中去。

（三）家庭教育态度

有人曾在10所幼儿园对不同年龄阶段的350名幼儿进行了"你比较喜欢爸爸还是妈妈，为什么"的调查：

妈妈好，妈妈不打我，爸爸常打我的屁股，而且还打得很痛。妈妈说买支枪给我玩，爸爸说不给，我讨厌他！我喜欢妈妈，因为她很听我的话，我叫她做什么她就做什么。我不喜欢爸爸，因为我叫他买变形金刚给我，他不买。妈妈好。爸爸打我时，妈妈帮我对付爸爸。

从这个调查可以看出，在目前的家庭教育中，这种红白脸的教育屡见不鲜。即父亲与母亲在教育孩子时，常常扮演两个截然相反的脸谱：一个演红脸，采用打、骂、训的态度和方式；另一个则唱白脸，采用哄、逗、护的方式。之所以出现这种状况，一方面是父母双方故意为之，希望给孩子一个有人疼、又有人教的环境，另一方面是在潜意识中自然而然形成的。殊不知，对孩子的教育态度和要求不一致，会导致不良后果。

1. 影响孩子是非观念的形成

父母在家教中扮演不同的脸谱，对孩子所做的同一件事作出不同的评判，采取不同的态度，容易使孩子是非混淆、无所适从，不知道应该听谁的，干脆就用无所谓的态度对待自己做的错事。这很不利于孩子是非观念的形成。

2. 不利于孩子性格的全面发展

如果父母在家教中分工，一惩一纵，一严一松，很容易使孩子在家里只怕一个人，只听一个人的话，使孩子把父母分成谁好谁坏，喜欢溺爱、袒护自己的一方，而远离严格要求的另一方。母爱如海，父爱如山，父爱和母爱任何一方的缺失，都不利于孩子性格的全面发展。

3. 影响教育的时效和效果

孩子犯错误时，需要父母立即进行相应的教育，告诉他们错在哪里，为什么会错，以后如何改正。适时的教育不仅效果好，而且孩子也会心服口服。如果在孩子出现过错时，唱白脸的包容袒护、不管不问或管不了，等到唱红脸的回来再旧话重提，其教育效果就会大打折扣。

4. 影响孩子的心理健康

红白脸教育让孩子学会钻空子，谁能答应他的要求，他就去磨谁，甚至因为逃避责罚或迎合表扬而隐瞒过失、编谎说谎。有调查表明，在有心理问题的儿童中，父母采用态度不一致的方式进行教育的比例为 17.3%，明显高于正常儿童家长所采取该教育方式的比例 9.24%。

对一个家庭来说，孩子所受到教育应该说都来自一个合力，即父母的整体效应，双方取长补短形成的最佳合力。需要的不是严父慈母，也不是严母慈父，而是每个家庭成员要在孩子的教育上态度一致，需要严的时候严得起来，需要慈的时候能真正慈，有严有慈，集严慈于一身。如此配合默契才能取得孩子的信任和尊重，也才能给孩子最有利的成长环境。

（四）家庭教育内容

我们从中美两国的教育内容来看其对青少年心理素质形成的影响。

1. 中国家庭教育内容的侧重点

家庭教育的内容具有一定的传承性，我国古代家庭教育的传统会在一定程度上对当代家庭教育产生影响。《曾国藩家书》是了解我国传统家庭教育内容的一部重要文献。曾国藩的家书共有330多封，是历史上家书数量保存下来最多的。这些家书分为治家类、修身类、劝学类、理财类、济急类、交友类、用人类、行军类、旅行类、杂务类等，共10大类。可见，传统中国家庭教育在内容上非常丰富。

曾氏家族向来治家极严，也很有章法，曾国藩受家风熏陶，对子弟也要求极严。在上述各类教育中，曾国藩强调对子女进行修身（勤劳、俭朴、自立、有恒等）、读书与学问等方面的教育。曾国藩克己唯严，崇尚气节，标榜道德，并身体力行，获得上下一致的拥戴；他的文章兼收并蓄，博大精深，堪称近代儒家宗师，其著作为任何政治家所必读。可以说，曾国藩实现了儒家所谓立功、立德、立言“三不朽”事业，他对子女的教育要求也是如此。

“立功、立德、立言”之人生目标服务的传统家庭教育内容对我国当代家庭教育产生了重要影响。一方面，在当代社会，“立功”的主要途径还是学习文化知识，最终考上大学，因此家庭教育强调文化知识教育，但这种文化知识教育带有较强的功利性；另一方面，大多数家庭也注重对孩子进行“修身”品格教育。具体表现如下：

（1）功利性的文化知识教育方面，家庭教育成为学校“知识本位”教育的延伸。很多中国孩子都会有这样的感觉：学校放学了，但自己远未到下课的时候，回家便是回到了另外一个课堂，父母便是自己的“私塾”严师。的确，除了学校以外，我国的家庭教育俨然是进行知识教育的另一个重要阵地。中国的家长们在对孩子进行文化知识教育方面可谓煞费苦心：想方设法为孩子创造舒适、安静的学习环境，特别是考试前夕，只要孩子坐在书桌前，全家人都会将自己活动的声音降至最低；餐桌上，经常会有家长精心准备的益智健脑、增强记忆力的食物；出去逛街，家长最喜欢带孩子去的地方是书店；除了学校的上课时间，家长还不惜重金为孩子聘请家庭教师或者送孩子参加各类补习班。此外，对孩子进行“超前”教育也成为一种普遍现象。

注重功利性文化知识教育的还有一表现是，如果孩子文化知识方面较为薄弱，那么，家长则为孩子选择某方面的技能（如乐器演奏、舞蹈、绘画等）加以训练。让孩子参加各种技能培训班，使之能具有某一方面的特长，已成为我国家庭教育的一种风气，目前全国各地培训市场的火爆是最好的证明。本文之所以将这类培训也归入家庭文化知识教育内容的范畴中，是因为绝大多数家长并不看重艺术本身对孩子的陶冶作用，而是将其作为孩子升学加分的一个有利条件。可以说，这是我国家庭教育重视功利性的知识教育的一种变体和延伸。

（2）品格教育方面，主要表现为对孩子爱心和良好行为习惯的培养。当前家庭品格教育之所以注重上述两方面的内容，其中一个重要原因是出于对20世纪八九十年代独生子女家庭教育问题的反思。20世纪80年代初，在计划生育政策的指导下，我国家庭中出现了大批独生子女。1984年底，我国政府有关部门对实行计划生育政策以后出生的独生子女进行了统计，当时，我国的独生子女已达3 500万，在所有有育龄夫妇的家庭中，独生子女家庭占21.2%。独生子女与提倡“多子多福”的传统家庭结构形成了巨大反差，在大多数家长看来，唯一的一个孩子显得特别珍贵，“溺爱”成为20世纪八九十年代独生子女家庭教育十分突出的问题，独生子女在品格上的一些缺点也渐渐凸现出来，比如，自私冷漠、缺乏爱心、任性妄为等。

近年来，独生子女问题引起了人们的广泛关注，该如何进行独生子女教育成为很多教育者的研究课题。与此同时，家长也积极地从自身着手，改进对子女的教育方式，注重对孩子品格的培养。在爱心培养方面，着重于教导孩子爱家人和爱他人，主要表现在对孩子孝心的培养以及教育孩子要积极地关心、帮助家庭以外需要帮助的人。在行为习惯方面，主要是教育孩子懂得谦让、讲礼貌以及遵守社会公德等。

2. 美国家庭教育内容的侧重点

美国家庭在家庭教育内容的选择上主要侧重以下两个方面：

(1) 社会实践能力和生存能力的培养。

美国人有这样一个信念：成功靠努力争取，而不是靠继承。美国人崇尚个人奋斗，靠自己的能力和努力获得成功。因此，在美国，对孩子进行社会实践和生存能力的教育显得尤为重要。要让孩子更好地在激烈的社会竞争中独立生存，需要培养孩子三方面的能立：自立的能力；自主思考和判断的能力；学会理财。因此，美国家长对孩子的社会实践教育和生存教育主要集中在这三个方面。

①自立能力培养。有人说，中国孩子是抱大的，美国孩子是爬大的，这种说法并不为过。在美国，蹒跚学步的孩子如果跌倒了，父母一般不会主动上前扶起孩子，而只是叫一声“起来”，小孩看到没有大人过来扶，就只好自己站起来，除非摔得头破血流。美国孩子很小就与父母分开睡，孩子单独睡一个房间。一开始，孩子肯定会因害怕和不习惯而大哭大闹，但家长会狠下心来置之不理，以此来让孩子从小学会独立。美国的孩子利用课余时间在校外打零工的现象十分普遍，他们的零花钱大部分来源于这种自力更生的劳动所得，他们视经常向父母伸手要钱为耻。孩子上学靠贷款，工作赚钱后慢慢还债的现象十分普遍，这并不意味着父母不爱孩子，也不是因为父母供不起，而是一种自立能力的锻炼方式。在美国，送报纸是很多孩子赚取零花钱的一个途径，每天清晨四五点钟起床，把报纸事先一份份地分好，然后骑着自行车挨家挨户地送，寒冬腊月也不例外。有时，父母看了心疼，会开着汽车送孩子沿街送报。其实，孩子送报赚回的钱还不够汽油费，但家长认为，培养自立的精神更重要，只有这样，孩子将来才会有出息。美国人把劳动看做自立的手段，劳动致富的观念根深蒂固。20世纪20年代股票交易造就了不少暴发户，人们不凭诚实的劳动而靠投机也能发财。这种现实对劳动致富的观念产生了很大的冲击，使之较之前淡薄了许多。然而，在美国文化深层之处，传统观念仍被许多美国人所重视，尤其是在对孩子进行家庭教育的时候。

②自主思考和判断能力的培养。在孩子的成长过程中，美国家长会留给孩子足够的自主空间。美国家长培养孩子的自主思考、判断能力主要从以下方面着手：

首先，把选择的权利留给孩子自己。在日常生活小事上，比如早上起来穿什么衣服等，家长会把选择权完全交给孩子，让孩子自己决定；在有关孩子自身的较为重要的事情上，如交友、升学、就业等，家长也不会替孩子作出决定，在美国，这被视为对孩子自主权利的侵犯。当然，这并不意味着家长对孩子的问题置之不理，在孩子作选择时，家长会提出自己的意见供孩子参考。

其次，鼓励孩子就自己能理解的事情提出自己的意见。美国家长很注重与孩子之间的平等交流，在很多问题上，他们会征求孩子的意见，鼓励孩子勇敢地说出自己的想法，以培养孩子积极思考、独立判断、对问题形成自己独到看法的能力。

③理财教育。在美国，家长们认为让孩子接触钱、了解钱并学会如何合理使用钱，有利于从小培养孩子的经济意识和理财能力，而理财能力关系到孩子一生的事业成功和家庭幸福。因此，美国父母希望孩子早早学会处理好与金钱的关系，他们把理财教育称为“从3岁开始实现的人生幸福计划”，理财教育成了家庭教育的重要内容之一。通常情况下，中国孩子的习惯是零花钱没了再要，而美国父母是定时定额一次性支付，在下一次领取零花钱的日期还没到来时，如果没有特殊情况，孩子不能再要额外的零花钱。这样做的目的是让孩子从小就学会自己支配零花钱，以培养孩子的预算和合理消费的能力。一旦孩子因使用不当而犯错时，家长不会轻易帮助他们渡过难关。家长认为，只有如此，孩子才能懂得过度消费所带来的严重后果，从而学会对自己的消费行为负责。美国家长还注重培养孩子养成存钱的习惯。他们通常的做法是减少送给孩子昂贵物品的次数，并向孩子解释：如果将来想拥有更有价值的东西，他们现在就不得不放弃一些价值不大的东西。以此激发孩子存钱的兴趣，并养成珍惜劳动所得的习惯。为了帮助孩子为未来生活做好准备，一些美国家庭还让孩子为自己的电话费以及一部分生活开支付账。家长常会翻开家庭开支账本，告诉孩子家中的钱是怎么花的，一方面让孩子学会合理开支，另一方面也让孩子明白家长的辛劳。

（2）注重个性发展的品格教育。

个性张扬是美国人的一大特性，这与美国家长在品格教育方面注重培养孩子的个性是分不开的。美国父母们常能宽容孩子们的顽皮、淘气，不太注意小节，不会以过多的规矩来约束孩子，同时他们也会对孩子的奇思异想给予鼓励，这就为孩子独特个性的形成创造了良好的氛围。美国父母们注重培养孩子的个性不仅表现在对孩子行为和思想的个性培养上，还表现在对孩子生理特性的重视上。有一个故事很好地说明了这一点：曾经有一段时间，根据孩子的体貌定制芭比娃娃在美国风靡一时。一对夫妇也为他们的女儿定制了一个作为生日礼物。礼物送到的那一天，全家人兴奋地打开了包装，一个制作精美、栩栩如生的娃娃展现在大家面前。可奇怪的是，这对父母却要求退货，理由是他们的女儿左眼要比右眼略大一些，而这个娃娃两只眼睛却是一般大。

通过前文的论述，可以看出，中美家庭教育在内容上存在以下几点差异：

（1）中国家庭教育偏向于知识本位的教育内容，美国家庭教育则注重于孩子社会实践和生存能力的培养。

正如本文提及的，掌握一定的文化知识和技能是成才教育目的层面的一个重要的子目标。因此，文化知识教育理应成为家庭教育的重要内容，这是孩子日后成功融入社会的必备素质。但是，在素质教育还得不到应有的重视，分数还是孩子升学的最重要指标的社会大环境下，我国家庭教育中的家长对子女进行的文化知识教育实际上只局限在分数教育层面。考试分数不仅成为孩子的命根，而且也成为家长的命根。这是值得广大家长注意和深刻反思的一个问题。文化知识的教育并不应该是只关注考试分数的教育，它还包括培养孩子爱思考、爱学习的良好习惯，以及掌握如何获取新知识的方法。分数并不是衡量孩子能力的唯一标准，家长们应该将分数看淡一些，还文化知识教育以本真的面貌。毕竟，分数不是万能的，孩子成长路上将会遇到很多困难，而这些困难不是考试能得个好分数就能解决的。美国家长注重孩子社会实践和生存能力的教育内容很好地培养了孩子的自立意识和尽早适应社会、独立生活的能力，很多美国孩子到了18岁都能离开家庭，依靠自己的能力独自生活。但是，这种教育方式也存在很多问题。美国一位大学教授指出，家长不能让孩子过度从事这种业余打工活动，因为长时间的业余打工会干扰孩子完成学业。的确，美国学生的学业质量一直是美国教育方面的一个大问题，除了学校教育系统内部的因素，家庭教育也是导致这一问题难以解决的原因之一。此外，相关专家还认为，孩子花过多时间打工，会剥夺他们参与重要的家庭和社交活动的时间和机会。同时，不应该将家务和零花钱直接挂钩，因为做家务是孩子作为家庭成员所应承担的责任，做一点家务就给予相应报酬的做法可能会让孩子只看到其中的利益关系，而忽视了作为家庭一分子的责任。

（2）在品格教育上，可以看出，中国家长对孩子爱心和良好习惯的培养实质上是对孩子社会性品格的一种培养，有助于孩子更好地融入家庭和社会之中。而美国家庭教育则注重品格教育对于孩子自身的意义，有助于孩子彰显自我个性，发现自我的价值。

（五）家庭教育方法

研究表明，父母长期不当的教育方式易使子女形成难以适应社会的不良心理特征，从而为心理障碍、神经症的发生提供了病前心理基础。父母对子女的健康过分担心，对孩子的事情横加干涉；当孩子提出合理要求时给予无理的拒绝，在旁人面前过分批评、责骂甚至羞辱孩子；当孩子犯错误时给予严厉的处罚，等等，这些行为易使子女产生自卑感、无助感和不安全感，从而成为心理障碍的高危人群。父母的偏爱易使子女在家庭中处于一个比较特殊的地位，受到过分的照顾和溺爱，容易产生任性、自我中心、依赖性和缺乏韧性等不良的心理特点；父母的过度保护可阻碍子女独立性和社交发展，使其缺乏独立生活的能力，以致使子女形成缺乏自信、过分自我约束和依赖等不良的心理特点。相反，在民主、平等的家庭中，子女有心理问题的较少，父母表达的正性情感多，就易使子女形成开朗热情、自信、有独立性、有坚持性，积极情绪较多的心理特点。

麦考贝和马丁①（Maccoby & Martin）提出父母教养方式可分为权威、专制、放纵、忽视四种类型。

1. 权威型

权威型即民主型教养方式下的孩子多数独立性较强，善于自我控制和解决问题，自尊心和自信心较强，喜欢与人交往，对人友好，有很强的认知能力和社会能力。影响家庭教育效果一个重要的因素是父母权威。心理学研究表明，权威型的教养方式是最有利于儿童心理健康发展的。从孩子的角度来看，父母在孩子的心目中具有一定的地位，是可以信赖的和值得尊重的，也就会主动听从父母的教育指导，其社会化过程相应会比较顺利。反之，假如父母权威地位缺失，则会影响孩子对父母的遵从，从而影响孩子的发展。

父母权威缺失现象通常发生在青少年时期。这个时期的儿童由于知识经验的增加及成人感的产生，导致其重新看待父母。假如父母此时自身素质及教育中出现了问题，就会使自己的权威地位下降甚至丧失，这对孩子的教育是非常不利的。

---

① Grace J. Cetal. Childrend Taday（Can，edition）. Prentice－Hall Canada Inc. 2004，6：225－228.

从儿童青少年的心理咨询中发现，那些出现较严峻问题行为的孩子往往是由家长权威的缺失导致的，详细表现为有的孩子一听到父母说话就会表现出烦躁，还有的孩子公开和父母争吵，严峻的甚至打骂父母。

父母权威缺失的原因一方面是自身素质及行为存在问题，比如粗暴、酗酒等，这会使处于青春期追求完美的孩子感到不可接受，从而看不起父母；另一方面就是父母对孩子的教育出现了问题，比如过度教育，时时刻刻都在对孩子进行说教；或过度赏识，对孩子有求必应。

因此，家长首先要注重自身修养，不断学习，完善自身的知识体系和人格。此外，父母自身的言行及良好的环境对孩子进行潜移默化的教育。对孩子需求的满意要适度，给孩子留有一定的需求空间，即让孩子在日常生活中总有一些未得到满足的需求，这些需求就可以成为问题行为矫正的强化物，当孩子表现出好的行为时可以作为奖励，以便让自己成为孩子的良师益友，避免权威地位的丧失。

2. 专制型

专制型的父母命令并要求孩子无条件服从，不允许孩子有任何独立自主的要求，因此他们的孩子容易退缩和恐惧，女孩到了青春期仍然被动、依赖，男孩则可能趋于反叛、攻击；父母在家里操纵着子女的一切，用权力和强制性的训练使孩子听命，享有无上的权威。父母从来不考虑子女的感受，只从父母的主观意志出发，总是代替子女思考，强迫子女接受自己的看法和认识，子女必须要按照父母的认识和意志去活动，不能超越父母的指令。这种类型的父母对子女要求过分严厉，有过高的期望，缺少宽容，有太多的限制和过分的不允许，教育子女语言和方法简单，态度生硬。

专制的父母常对孩子实施“高压政策”，强调绝对服从父母的意志，对孩子的日常活动干涉过多，管教过于严厉。教育中对孩子态度生硬、方式方法简单，只从自己的主观意志出发，强迫子女接受自己的看法与认识，不考虑孩子的心理愿望，不考虑孩子自身的心理感受，用命令式的言行使孩子接受自己的看法和认识，经常以打骂、体罚来使孩子就范。这种教育方式下的孩子经常处于被动、压抑状态，缺乏自制能力，往往会形成两种截然不同的个性：一种表现为顺从、懦弱、缺乏自信、自尊、孤独、性格压抑、心理自卑，从而遇事唯唯诺诺，缺乏独立判断和处理的能力；另一种表现为逆反心理强、冷酷无情、有暴力行为。通常孩子在学习方面处于被动地位，成绩很差。

3. 放纵型

放纵型的父母对孩子极少或根本没有限制，给予孩子的是无条件的爱，使孩子易趋于反叛和攻击，也易趋于自我放纵。溺爱式的放任，字面的含义是“将子女沉浸在父母的关爱之中”，即出于对儿童的关爱，家长对子女有求必应，尽可能甚至超出自己能力范围去满足子女的所有要求和期望，对子女的言行不加分析地给予赞扬或默许，因为这些家长觉得这是对子女最好的“爱”。在我国目前的家庭教育过程中，这是最常见的一种放任型教养方式。一方面是由于我国目前绝大部分家庭都是独生子女家庭，父母把关爱都集中在一个子女身上，另一方面，随着家庭生活条件的逐渐改善，父母也觉得应该尽可能满足子女的需求。

毫无疑问，父母对子女的这种无私的付出是出于善意的，是希望子女尽可能地避免遇到不愉快的事情，这本身无可厚非。但是，父母对子女的这种溺爱，对子女将来的社会化，即对子女今后适应实际的社会生活和独立生活通常会造成很大的障碍。

首先，被溺爱的孩子缺乏遵守秩序和规则的习惯，因为在他们的生活中，秩序和规则总是围绕他们而变化，他们总是觉得，即使有秩序和规则，也是为别人而设，自己总是例外。他们幼年的经历很容易使他们形成这样的思想，即只有别人为自己让步，而没有自己为别人让步，所以，满足自己的利益总是首要的目的。由于在家中只要向父母提出要求，就必定会得到满足，所以，他们在今后的群体生活中，一旦自己的需要一时得不到满足，可能因缺乏自制力而违背社会生活的准则。正是儿童早期经验的潜移默化的影响，造成儿童在长大后形成自私自利、自我中心的思想，并可能发生严重的损人利己乃至违法犯罪的行为。

其次，被溺爱的孩子缺乏克服困难的勇气和毅力。过分溺爱子女的父母实际上剥夺了孩子锻炼自己心理承受能力的机会，因为这些孩子在自己的成长过程中，不需要忍受任何不便，无须做任何需要勇气和冒险的事情，就可以如愿以偿地得到自己想要的东西。在将来进入社会之后，不如意事十有八九，其他人将生活中的困难和挫折当做生活中很自然的事情，但从小受溺爱的孩子要么会认为这是周围环境对自己不公平，因而对周围的人和事产生怨恨情绪，要么觉得这些困难是无法克服的，因此放弃努力。

最后，从亲子关系的角度看，溺爱子女的父母多少会认为，自己对子女是完全的付出，孩子要什么给什么，所以孩子应该和父母的关系十分紧密。可是，这通常只是父母的一厢情愿。因为，随着子女的长大和要求的增加、提高，父母总有不能满足子女要求的时候，这时，子女不一定会将其理解为父母不能再满足自己的要求，而会觉得父母的态度变了，因此对父母产生不满。父母一味满足孩子的要求而缺乏对孩子的解释，子女会认为父母无须任何努力就可以满足他们的需要，因此，也不会对父母怀有感激之情。相反，当他们进入社会独立生活遇到苦难时，他们会开始埋怨过去父母没有给他们解决问题的经验或者剥夺了他们锻炼的机会，这反而导致子女对父母的责怪、怨恨。许多违法青少年的犯罪经历与他们早期在家庭中所受的溺爱是有密切关系的。

4. 忽视型

忽视型父母对孩子既缺乏爱的情感和积极反应，又缺少行为的要求和控制，亲子间交往甚少，父母对孩子缺乏基本的关注与了解，对孩子的一切行为举止采取不加干涉的态度，给孩子一种被忽视的感觉。这样的父母认同“树大自然直”的观念，对孩子采取漠不关心、放任自流的教育方式。这种现象多存在于工作繁忙、交际应酬多、业余时间少的父母之中，他们一心扑在自己的工作上，很少与孩子交流，忽视孩子的内心世界和需要；对孩子的行为与学习不感兴趣，也不关心，很少去管孩子。

在忽视型教养方式下的儿童容易形成冷漠、自我控制力差、易冲动、不遵守纪律、具有攻击性、情绪不稳定等不良的个性特征，使他们在青少年时期很容易出现不良行为问题。由于与父母之间的互动很少，这种成长环境中的孩子出现适应障碍的可能性很高。他们对学校生活没有什么兴趣，学习成绩较差，并在长大后表现出较高的犯罪倾向。也有许多孩子表现为性格内向、情绪不安、对人冷淡、兴趣范围狭窄、缺乏理想。与人交往产生挫折后，易产生对立、仇视情绪，从而发生侵犯行为。

有研究发现，父亲、母亲受教育程度高低对其教养方式产生显著影响，受教育程度高者，选择权威型（民主型）方式的比例就高；反之，选择专制型、放任型、忽视型方式的比例就高。造成这一结果的原因主要在于：家长受教育程度越高，他（她）掌握的知识越多，思维方法更正确，看问题、处理事情更客观、更理智，对他人地位与权利更尊重，更注重他人的内心感受。因而在抚养、教育子女的过程中，能将孩子视为独立的个体来尊重，能结合孩子的生理、心理特点，采取较为科学的态度和适当的方法来教育孩子。而受教育程度低的父母，视野狭窄，所接触的知识有限，易受封建传统观念影响，因此在教育子女时，多凭自身经验办事，对子女不够尊重，较易处于成人中心的立场，不能以科学的态度和适当的方法教育子女；有的虽有良好的愿望，但往往很难达到预期的目的。但现实生活中也有父母受教育程度不高，却能教育出成功的孩子的例子。

还有研究还发现，无论是父亲还是母亲，他们的生育年龄对其采用不同教育方式的影响不具有显著意义。造成这一结果的原因主要在于：现在的孩子，尤其是城市孩子基本都是独生子女，家长对他们关心备至，期望甚高。家长对待孩子的态度和方式不会因为生育孩子的年龄段不同而有所改变，从根本上决定家长教育方式的还是家长自身素质、个性特征及孩子特征等因素。

二、家庭结构的影响

（一）单亲家庭和完整家庭的教养方式无明显差异

在中国，长期以来与单亲家庭这一家庭形式相对应的概念并不是单亲家庭，而是诸如“不完整家庭”“残缺家庭”“破碎家庭”等，这一状况反映了人们对单亲家庭这一特殊家庭的感性认识和直观感受，即单亲家庭是有缺陷的、有问题的。并且往往只强调它的负面影响而忽略其对社会有益的一面，尤其是在单亲家庭对孩子的影响方面，几乎所有的人都认为单亲家庭不利于孩子的成长。这给单亲家庭的父母和生活在这种家庭的孩子带来了许多压力和痛苦。

因此，有的学者指出，不能仅从负面探讨单亲家庭对子女的影响。事实上，单亲家庭对孩子的影响并非都是消极的。巴巴拉·卡申研究了1970年至1980年出版的研究单身女性家长的家庭的社会心理学文献，最后得出的结论是：比起其他具有同等社会经济地位的孩子们，单身女性家长的家庭的儿童更具有感情调适的能力；除非本人因家庭情况而遭欺辱，在一般情况下他们都有高度的自尊心，智力也比较发达；但在青少年时期，犯罪率也较高。卡申的基本结论是单身女性家长的家庭如果不遭受贫困的骚扰，这种家庭的多数孩子就像双亲家庭的儿童一样，都会有所作为。比尔格和考夫曼对单身女性家长的家庭做了跨文化的比较研究，得出了类似的结论。他们认为，在世界任何地方，单亲家庭，单身女性家长的家庭都有哺育儿童和向儿童提供感情支持的功能。当这种家庭与庞大的相关亲属家庭结合起来时，它们就能比孤立的核心家庭为儿童提供更多的感情支持，就能为自己的家庭成员们提供更多的选择机会。从这点来看，没有哪种单一的家庭模式可以为成长中的儿童们提供一个完美的发展环境。母亲—孩子的家庭模式和其他各种家庭模式一样，都可以提供社会化的支持体系和方法，使他们在感情、智力和社会发展等方面得到良好的发展。特别是相对于充满冲突、争吵的家庭来说，单亲家庭对子女往往具有更为积极的作用。苏联著名社会学家B. A. 瑟先科在《夫妇冲突》一书中阐述了家庭冲突对下一代的消极影响：①孩子在充满矛盾、父母要求不一致的环境和家庭气氛中缺少宁静、和平、幸福、安定——一句话，缺少儿童精神与心理健全发展所必需的一切条件；②发生神经、心理病态的危险急剧增长；③行为的放纵与缺乏自制力日趋发展；④孩子的适应能力逐渐降低；⑤道德习惯上瑕疵日益增多；⑥孩子越来越不习惯于人们共同的道德规范；⑦孩子往往会产生对自己双亲的反感，有的甚至对一方怀恨在心。其他学者的一些研究也证实，在形式上完整的、稳定的，但实际上父母唇枪舌剑、冲突不断的家庭环境中，孩子们更易受到不良刺激和加重心理压力。对单亲家庭的实地调查也发现，有的单亲家庭子女学习成绩非常优良，个性发展也相当好，绝不亚于完整家庭的孩子。

（二）父母文化程度不同对教养子女方式的影响

前人的研究结果显示：父母文化程度越高越容易自觉采取温暖理解、偏爱被试等积极的教养方式。即父母教育水平对教养方式的影响趋势是父母受教育水平越高，对孩子采取负面教养行为越少。造成这种差异可能存在的原因有：由于社会舆论的影响，正面的教养方式得到广泛的宣传。使得家长更倾向于采用一种正面的方式去教育孩子。而另一方面，由于被试选取的问题，在不同程度上对实验结果有一定的影响：①被试是在同一个地区的一所学校选取，不具有广泛的代表性；②所选取的学校位于郊区，学生的家长的文化水平普遍较低。在所抽取的问卷中，父亲和母亲拥有大学学历的各只有一位，其他的大部分父母学历都集中在初中和小学。这些因素对实验结果造成了不小的影响。

由于这些学生家长的知识文化水平较低，他们很少学习教养子女的知识，很少去与子女交流，把教育子女的任务大都交给了学校或长辈，他们的主要精力放在了养家糊口或置办家业上，当儿女做错事或表现不佳时，父母非打即骂，因此子女很少甚至不能感受到他们的情感温暖与理解，更感受不到父母的呵护与喜爱。

从上述研究中可以看出，单亲与完整家庭不是影响教养方式的主要因素。尽管存在争论，但越来越多的研究证明，单亲家庭所形成的不良环境只是影响儿童心理发展的一个重要因素，这个因素产生何种作用、导致何种结果取决于家长本身和孩子的互动关系。事实上，一个有责任感的善于自律的单亲，只要给予孩子正常的爱和正常的教育，完全可以培养出一个在一切方面都堪称健全的孩子。特别是如果不在身边的父亲或母亲也能同样担负起对孩子的责任，那么，单亲的孩子就能够与其他孩子一样健康成长，甚至更优秀于其他孩子。正如台湾学者指出：形成单亲的过程对于家庭本身而言是一种“意外性危机”与一种“创伤的经验”，至于对于子女而言，究竟是一种危机抑或是一种催化心智发展的机会，必须视家庭功能的正常运作、家庭成员之间的团结凝聚力及亲和关系而定。换言之，若单亲家庭和谐发展，且亲子关系健全，则子女可能因处于破碎家庭中而更独立、更有责任感，且可分担共同支撑家庭的责任。

长期以来，单亲家庭都被看做是问题子女产生的家庭，但实地调查发现，有的单亲家庭子女的学习成绩非常优良，个性发展也相当好，绝不亚于完整家庭的孩子。然而，在形式上完整的、稳定的，但实际上父母唇枪舌剑、冲突不断的家庭环境中，孩子们更容易受到不良刺激和加重心理压力。中国研究离婚问题的专家、北京大学博士吴德清指出：离婚家庭子女可能在生活安排、心理正常发育、学习成绩、子女品行等四个方面承受不良后果，但离婚家庭子女所承受的不良后果，并不是完全由离婚本身所引起的，许多其他因素也起到了推波助澜的作用。如离婚家庭子女的成绩与他们所处的学校有关，如果教师理解和关心这些子女，那么，他们中的优良者相对会增多，离婚家庭子女的成绩还与他们的监护人有关，如果子女被送到祖母或外祖母家看护，那么他们学习成绩差者相对多一些。此外，有些离婚家庭子女身上的伤痕还受到选择性的影响，离婚夫妇往往具有一些个人特征，如早婚、作风问题、过失行为等。这些个人特征的存在使得夫妇在离婚前就关系不和，子女早就受到影响，因而离婚后子女很多方面差于双亲家庭的子女。对于这种情况，我们应该：

（1）重视单亲家庭子女的成长教育问题。

现在的孩子，既希望家长能够尊重自己、平等相处，又希望得到在学习上的帮助和督促。这就需要家长既要掌握渊博的文化知识，又要掌握教养子女的科学方法。单亲家庭的家长更应重视子女的教育问题。在社会发展变化、家庭结构也发生着深刻变化的今天，家庭模式也将朝着多元化结构方向发展，其中单亲家庭在这个家庭结构中的比例将越来越大。因此，重视单亲家庭子女的成长教育有着十分重要的意义。

（2）更新教育观念。

只有科学的教育方法，才能顺利解决子女存在的问题。要想与子女达到良好的沟通效果，促进子女健康发展，父母在施教时，应注意以下三点：

①关注单亲家庭子女的思想教育。除了家长，教师对于学生的成长也起到很大的帮助。一方面要维护他们的自尊，让他们树立起自信心；另一方面加强与家长的沟通与联系，争取家长的配合和社会力量的支持。

②适度的关爱，适宜的管束。父母对子女的爱应该是有“理智的爱”，是爱与严的统一，而不应是“溺爱”。教育在某种意义上说，如果没有要求，也就没有教育。大量教育实践充分证明，没有严格要求，就不会有成功的教育。因此，一个想把子女教育成才的父母，一定要把自己对子女的爱上升为严格要求，既要民主，又要权威。允许子女在适当的范围内独立自由地活动但不放纵。

③尊重子女，多了解子女的内心世界。家长应学会尊重子女，认真倾听子女的心声，了解他们内心的真实想法，体会他们的思想和感受，站到他们的位置上去听、去看、去想，从而更好地了解他们，理解他们，与他们建立良好的亲子关系。在此基础上对子女实施教育，提出要求，子女也会欣然接受，使教育收到良好的效果。

家庭教育是一种重要的教育形式。家庭是孩子生活的第一环境，父母是孩子的第一任教师，家庭环境、父母的思想境界、文化素质、脾气性格以及和睦与否对子女都起着潜移默化的影响，对子女的成长和心理健康都起着非常重要的作用。因此，家长们应重视家庭教育，提高家庭教育质量，进一步推进家庭教育的社会化和科学化，使家庭教育、学校教育和社会教育紧密配合，共同促进我国教育事业的发展。

拓展阅读

教孩子有教养、有气质、有风度

从孩子的表现中看自己的教育方式

1. 如果您的孩子喜欢谴责别人，是因为平时您对他批评过多。
2. 如果您的孩子凡事喜欢抱怨，是因为您总是挑剔他。
3. 如果您的孩子喜欢对抗，是因为您对他有敌意和强制。
4. 如果您的孩子不够善良，是因为您是一个缺少同情心的人。
5. 如果您的孩子胆小、羞怯，是因为他经常被嘲弄、辱骂。
6. 如果您的孩子不跟您说心里话，是因为您捉孩子的话儿把，翻老账。
7. 如果您的孩子不辨是非，是因为您专制，没有给孩子自主和思考的机会。
8. 如果您的孩子很自卑，是因为您对孩子总是失望，不能耐心鼓励。
9. 如果您的孩子嫉妒、敏感、怕受伤，是因为他的家庭没有宽容和温暖。
10. 如果您的孩子不喜欢自己，是因为您对他缺少接纳、认可和尊重。
11. 如果您的孩子不上进、不努力，是因为您对他要求过高他达不到。
12. 如果您的孩子很自私，是因为您对他太溺爱，要什么给什么。
13. 如果您的孩子不懂父母的苦心，是因为您没有教会他理解别人。
14. 如果您的孩子退缩、逃避，是因为遭到了您的轻视和打击。
15. 如果您的孩子懒惰和依赖，是因为您替孩子做的事和决定太多了。
16. 如果您被孩子控制了，是因为您不敢严厉管教，总是哀求孩子。
17. 如果您的孩子撒谎、骗人，是因为您不够宽容，喜欢惩罚孩子。
18. 如果您的孩子冷漠、攻击他人，是因为您对他的讽刺和冷眼太多。
19. 如果您的孩子有暴力行为，是因为您常用暴力来处理孩子的问题。
20. 如果您的孩子意志不坚强，惧怕困难，是因为您没有给他锻炼的机会。

有以上三种状况就说明您的家庭教育处于“亚健康”状态了；
有以上四种状况就要随时注意您的教育方法了；
有以上五种状况就说明您的家庭教育出现严重问题，必须请专家指导了！

教给孩子的做法

1. 别人给倒水时，不要干看着，要用手扶扶，以示礼貌。

2. 别人对你说话，你起码要能接话，不能人家说了上句，你没了下句，或者一味地说啊啊啊、是是是。

3. 有人盯着你看的时候不要直视对方，假装没注意到。

4. 心情不好，再好的护肤品和化妆品也补救不了皮肤。

5. 睡眠不好，会使人说话语无伦次，反应迟钝，黑眼圈突出。

6. 别人释放“有毒气体”的时候不能嫌恶地躲开或者拿手扇，装作若无其事。

7. 被领导训斥的时候，不要低头，要直视领导，表示接受批评，领导的火就会慢慢消退，否则，领导会火上加油。

8. 女人一辈子不能手心朝上向男人要钱花。

9. 吃完饭退席时说：“我吃完了，你们慢用。”

10. 给人递水递饭一定是双手。

11. 坐椅子不要翘起来。

12. 吃饭要端碗，不要在盘子里挑拣，不要拿筷子敲碗。

13. 最后一个进门要记得随手关门。

14. 送人走要说：“慢走。”

15. 洗了手不要随意甩手，水会甩到人家身上，显得很不礼貌。

16. 递刀具给别人要记得递刀柄那一端。

17. 不揭别人的短处。

18. 听别人说话的时候，眼神不要游移，这样显得很没礼貌。

19. 帮别人倒茶倒水之后，壶嘴不要对着别人。

20. 站有站相，坐有坐相。

21. 遇到那种往里往外都能开的门，拉而不是推。

22. 说到就一定要做到。做不到的就不要承诺。

23. 不要贪小便宜，不要贪财，钱再多也有花完的时候。

24. 屋里有人的时候，出门要轻手关门。

25. 这个世界不相信眼泪。

26. 与其花空心思留住男人，不如让男人花空心思留住自己。

27. 人穷志不短。

28. 盛饭或端茶给别人时，如果中间隔了人，不要从别人面前经过递，而要从别人后面绕过递。

29. 自己有本事才是真的本事。

30. 学会温柔，学会聆听。

31. 去别人家里，不要坐在人家的床上。

32. 在酒桌上与别人碰杯，自己的杯子一定要低于对方的，特别是对方是长辈或领导，敬酒的时候要站起来，以示恭谨。

33. 晴带雨伞，饱带干粮——未雨绸缪总是好的。

34. 如果问别人话，别人不回答你，不要死着脸皮不停地问。

35. 吃饭的的时候尽量不要发出声音。

36. 捡东西或者穿鞋时候要蹲下去，不要弯腰撅屁股——我们是女孩子。

37. 别人批评你的时候，即使他是错的，也不要先辩驳，等大家都平静下来再解释。

38．做事情要适可而止，无论是狂吃喜欢的食物还是闹脾气。

39．到朋友家吃完饭，要主动帮忙洗碗、清理桌子——主人做饭已经很辛苦了，不能事后还让主人清理。

40．生活中会遇见各式各样的人，你不可能与每个人都合拍，但是有一点是放之四海而皆准的：你如何对待别人，别人也会如何对待你。

41．待客不得不大，持家不得不小。

42．把拳头收回来是为了更有力地还击。

43．人活在这个世上，首先要学会一个“忍”字。

44．任何时候对任何人不要轻易告诉对方你的秘密。

45．钱不是靠省的，会花才会赚。

46．学无止境，不仅仅是学书本知识，更要学会怎么待人处事，社会远比你想的要复杂。

47．不要跟同事议论上司或其他同事的是非，你的无心之言很可能成为别人打击你的证据。

48．做事情，做好了是你的本分，做得不好就是你失职。

49．只有错买，没有错卖。不要只顾着贪小便宜。

50．有时候孤单是正常的，不要害怕，要自己调整心态。

51．有真正的朋友，但不知你有没有福气遇到。不管有没有遇到，都不要否认它。不要算计别人，尤其不要算计自己喜欢的人。对自己喜欢的人，不要使用手段去得到。

52．最勇敢的事情是认清了生活的真相之后依旧热爱生活。不要害怕欺骗，但要知道世界上存在欺骗。

53．借钱的时候，心里要有个底，就是要想着这个钱是回不来的。所以借出去的钱永远要在自己能承受的损失范围之内。可以承受的数字以内，即使回不来，也是心里早准备好的。自己不能承受损失的数目，就不能借。

54．最好的朋友之间，除非他穷得吃不了饭了，否则最好不要有经济往来。许多可贵的友谊都断送在钱上。

55．君子可寓意于物，但不可留意于物。

56．出门在外能忍则忍，退一步海阔天空。

57．擦桌子的时候要往自己的方向抹。

58．打电话、接电话第一句话一定要是“喂，您好”；挂电话的时候，对方如果是长辈，或者你的上司，那么就等对方先挂了你再挂。如果你自己就是长辈或上司，那就主动先挂电话，别让电话那边的人等。

59．一次不忠，百次不容。

60．不随地吐痰扔东西，如果没有垃圾箱，就拎回家扔垃圾筒里。

61．多看书对心灵有益，你会看到一个更广阔的世界。

62．是你去适应社会，不是社会来适应你。

63．不要让别人知道自己的真实想法，要笑在人前笑，要哭一个人躲起来哭。

64．走路手不要插在口袋里。

65. 简单的事情复杂做，复杂的事情简单做。

66. 机会只留给有准备的人，天上不会掉馅饼。

67. 不管在什么条件下，仔细刷牙，特别是晚上。

68. 早上一定要吃早餐，没有早餐也一定要喝杯水。

69. 少说别人是非，把自己管牢。

70. 你是无价之宝。

71. 女生，和男孩子出去要自己买单。

72. 要对自己的行为负责，不要怨天由人，在做之前要想想应不应该，出了事要学会自己解决。

73. 要想人前显贵，必先人后受罪。

74. 如果是弹簧门，不管是拉还是推，请先出后进。如果身后有人应主动把门扶好，防止门弹回拍到别人。别人为自己开门一定要说“谢谢”。

75. 有礼貌应该是对所有人，无论是上司、长辈、餐馆服务员或是路边捡垃圾的老者。

76. 不要插队。你争取到的，只是等待的那几秒。可是你失去的，却是别人对你素质的肯定。（如果实在有急事，向排在你前面的人说明情况。这时候，大多数人会主动让你站到第一位）

77. 不要追求笑到最后，要看看谁最后笑。

78. 倒酒倒满，斟茶斟半。在国内倒酒是要倒满的，以示尊敬，在国外，或者对外宾，尤其是倒红酒，不管给谁倒，一定是少于酒杯的一半，一般是三分之一左右。

79. 晚上从朋友家回来，到家后一定要告诉朋友你到家了。不管人家关不关心，这是礼貌。如果有朋友晚上回家，发一个短信问有没有到家。

80. 从外面回来如果家里做好了热饭，不能马上就去吃，要把温度适应一下，最好喝口温水暖暖牙，这样可以防止老年牙疼和掉牙早。

81. 饭局上，每上一道菜，让领导和长辈先动筷，或是主动将菜转动到他们面前。

82. 别人睡觉的时候，尽量放低走路、做事或说话的音量。

83. 节约是好的，但不要小气。

84. 伸手不打笑面人。

85. 在不重要的小事上不要斤斤计较，过去的就让它过去吧。

86. 说话时请和他人保持距离，不要紧贴别人。

87. 说话还是多用“您”“请问”这样的敬辞，多用“麻烦您”“打扰了”“实在很抱歉”之类表示歉意的词，多用“好吗”“行不行”“您觉得呢”等探询语气的词。

88. 别人讲话时不能打断，听完别人的意见，哪怕不同意也要温和地点头以示尊重。

89. 公共场合，将手机铃声、信息提示音音量调小些，最好是震动。讲电话时不要兴致勃勃地提高音量、手舞足蹈，破坏了周围的宁静，让别人都不得不注意到你，那是很失礼的。

90. 正在和众人谈论事情的时候，电话响了，要告诉同事：“对不起，你们先谈，我接个电话。”

91. 去拜访别人。主人送你时，一定要说："请留步，不用送了。"

92. 第一个进电梯时，要摁住按钮，等后面的人都进来。出来时，如果你是下级、晚辈，在时间不太急的情况下，就等别人出去你再出。

93. 别人把她很珍惜的或者很昂贵的东西送你时，最好不要接受。君子之交淡如水，有时，物质会破坏了珍贵的友情。

94. 同学请吃饭，一定要再约时间回请。

95. 当别人向你寻求帮助而你帮不上忙时表示歉意，再想补偿的办法。比如，别人说"你上网查一下。那上面说不定有……"，永远不要生硬地用一个"不"来拒绝别人，那样会显得你特别冷漠、傲慢。

96. 当学弟学妹向你打听你们的学校时，一个新员工向你询问你的单位或者部门时，即使你讨厌这个地方，最好也客观地评价它，不要带自己的主观偏见，把它描述得跟"地狱"一样可怕。实在不愿意，你也可以说："事实不是那样的，待一段时间你就明白了。"在学校没什么，到了社会上各种关系非常微妙，你不经意的一句话，就会飘到领导耳朵里。

97. 抽烟的朋友在递烟给别人的时候，要递两根，接别人烟时，要接远离自己的那根；别人给你点火时，要双手拢上去，点好后轻碰对方手表示已经点好；打火机不要连续给三个人点火，必须点第三个人时，熄灭后再打着点。

98. 夹菜时，若别人先夹，且你所要夹的菜在别人的手的另一侧，就应该等别人先夹好，而不是从下方或上方穿过。

99. 男女一起走路时（靠右行），要让女士走在自己右边，因为右边比较安全。

100. 男女上下楼梯时，男士都要走在下面。

101. 吃饭就餐时，应让女士先就座。

102. 男女乘电梯时，女士先进，男士要挡着门；出电梯时男士要先出，挡门，或是先一步按住电梯开门键，让女士先行。

103. 离开某个房间或会议室时，男生要先行，先开门。

104. 打的时，若是自己拦的车，不能自己抢着坐后排。

105. 男女一起时，若女士拎着电脑或重物时，男士要主动示意帮忙。